ÉLÉMENTS
DE
METAPHYSIQUE
SACRÉE ET PROFANE.
OU
THÉORIE
DES ÊTRES INSENSIBLES.

Par M. l'Abbé PARA DU PHANJAS.

Indocti discant, & ament meminisse periti !
M. HENAULT, Abrégé chron. de l'Hist. de France.

A PARIS,
Chez CH. ANT. JOMBERT Pere, Libraire du Roi,
pour l'Artillerie & le Génie, rue Dauphine.

M. DCC. LXVII.

PRÉFACE

DANS les siécles de la brillante Antiquité, la Philosophie captiva tous les suffrages. La noblesse de son objet, & l'utilité de ses connoissances, lui firent des disciples de tout ce qu'il y eut de génies à lumières supérieures. On n'osa point aspirer au titre de grand homme, sans le titre & le mérite de Philosophe. Dans les siécles de barbarie, la Philosophie subsista ; mais elle ne fut plus connoissable. Ce ne fut plus cette Reine majestueuse, dont le commerce élevoit les sentiments, dont les lumières éclairoient l'esprit, dont les veilles & les travaux étoient profitables à l'humanité. Ce ne fut plus qu'une Esclave rampante, qui n'osa penser que par autrui ; qui ne s'occupa que de pédantesques frivolités ; qui abâtardit le cœur & l'esprit, en ne les nourrissant que d'inepties & de frivoles chiméres. A l'étude de la Nature & des Êtres réels, elle substitua l'étude des *Hirco-cerfs* & des *Etres de raison*. Au style simple & nerveux dont elle habilloit ses idées également claires & sublimes, succéda un grotesque étalage de termes barbares & vuides de sens. Une basse déférence pour l'aveugle Préjugé, étouffa en elle cet amour ardent de la Vérité qui la caractérisoit. Aristote parloit, & l'Expérience & la Raison n'osoient contredire. Telle étoit la Philosophie avant le siécle de Descartes. Descartes parut ! Armé de toutes les forces du génie, il osa lui seul lutter en faveur de la Philosophie & de la Raison, contre l'Univers asservi au Péripatétisme. Le doute méthodique, les principes lumineux, les idées claires & distinctes, le flambeau de l'expérience, l'autorité infaillible ; telles furent les armes avec lesquelles il attaqua le Préjugé ; tel fut le tribunal où furent citées & jugées toutes les connoissances & les opinions humaines. L'Ignorance en murmura : mais le préjugé vit ses fondements s'écrouler ; & la Philosophie ressuscitée rentra dans ses droits. Esprit vaste, sublime, profond, mais peut-être trop audacieux, Descartes aura éternellement la gloire d'avoir traîné le Monde pensant à la découverte de la Vérité, s'il n'eut pas toujours la gloire de l'atteindre lui-même. C'est à cet heureux génie que la Philosophie doit son rétablissement & ses immenses progrès. Victorieuse du préjugé, dépouillée de sa barbarie & de sa frivolité, féconde en connoissances utiles & satisfaisantes, elle fait aujourd'hui plus que jamais les délices du Monde éclairé. Cette portion même de l'humanité, qui ne sembloit née que pour plaire, a osé montrer à notre siécle qu'elle étoit aussi née pour être Philosophe.

La Philosophie a pour objet & les *Etres sensibles*, qui affectent nos sens ; & les *Etres insensibles*, qui ne donnent prise qu'à notre esprit. Les Êtres sensibles sont l'objet de la *Physique* : les Êtres insensibles sont l'objet de la *Métaphysique*. (*) La Métaphysique ainsi conçue, est évidemment la plus

---

(*) Étymologie. *Metaphysica* (suprà vel ultrà *Physicam*), *seu Scientia assurgens suprà vel ultrà res physicas & sensibiles.*

PRÉFACE.

intéressante de toutes les Sciences : puisqu'elle embrasse, comme on le verra en détail dans les Traités suivants, toutes les connoissances qui doivent le plus intéresser l'Homme. Ne seroit-il pas évidemment & plus important & plus satisfaisant pour moi, de bien connoître mon Ame, qui fait la principale partie de moi-même ; de bien connoître mes Sensations & mes Idées, par qui je vis & avec moi & avec mes semblables ; de bien connoître l'Auteur de mon existence, avec qui je dois avoir des rapports si intimes & si essentiels ; de bien connoître ma Fin ou ma Destination, mes Devoirs ou mes Obligations, qui doivent régler ma conduite & mes mœurs, d'où dépend sans doute mon bonheur ou mon malheur : que de connoître les Courbes célestes, la marche des Astres, les loix du Mouvement, toute la théorie de la Nature visible ; choses qui m'étant plus étrangères, doivent conséquemment m'être plus indifférentes ?

Une *Théorie complette de Métaphysique*, où toutes les parties de cette Science seroient clairement & solidement enchaînées à un petit nombre de Principes bien établis & faciles à saisir ; où l'on ne trouveroit ni la triste sécheresse, qui énerve & étouffe le Génie, en voulant l'instruire & le former ; ni la pédantesque subtilité, qui le rapetisse & l'abâtardit, à force de l'aiguiser & de le subtiliser ; ni l'ennuyeuse prolixité, qui le rebute & l'embrouille & l'appauvrit, en semblant l'étendre & l'enrichir ; où de l'Ensemble de toutes les connoissances métaphysiques, se formeroit un Tout solide & bien lié, un Système général de lumière également intéressant & sensible : une telle *Théorie* seroit évidemment un ouvrage infiniment utile à l'Esprit humain, dont il régleroit la marche dans la recherche de la Vérité, qu'il délivreroit du ténébreux cahos où le plongent assez souvent des sciences destinées à l'éclairer. Telle est l'idée que nous nous sommes formée d'un utile Cours de Métaphysique ; telle est l'idée que nous avons tâché de rendre & de remplir dans l'Ouvrage que nous donnons au Public : Ouvrage dont l'utilité regarde également & cette nombreuse partie de la Jeunesse nationale, qui s'occupe utilement des études philosophiques ; & le commun des Chrétiens, qui aime à s'instruire des grands objets de sa Religion ; & un petit nombre de Dames du monde, qui nées avec un esprit capable de connoissances systématiquement liées & approfondies, se plaignent quelquefois qu'une langue morte leur ferme la carrière philosophique, & les éloigne d'une Science qui occuperoit plus utilement leur loisir, que la science des Romans langoureux ou de la petite Gazette médisante.

La Philosophie est comme le fonds ou le sol où doivent être transplantés & nourris, où doivent prendre & leur accroissement & leur développement & leur force & leur richesse, tous les Talents éminents : soit qu'ils se destinent à servir la Patrie & la Religion dans l'état du Sacerdoce ; soit qu'ils se préparent à porter la lumière dans le ténébreux Dédale des Loix ; soit que la brillante profession des Armes doive les donner en spectacle aux Nations rivales, dans les camps & dans les batailles. Les jeunes Éleves de la Philosophie trouveront dans cet Ouvrage, entr'autres choses, toutes les matières que l'on traite, ou que l'on doit traiter, au moins pendant la première année de leur Cours philosophique : matières, que l'ordre & la méthode qui régnent ici, leur rendront peut-être & plus intelligibles & plus sensibles qu'elles ne le sont ailleurs : matières, que seront charmés de prévoir, ceux qui parcourent actuellement cette carrière; & que se rappelleront avec satisfaction & avec avantage, ceux qui l'ont déja parcourue.

S'il y a des Chrétiens stupidement aveugles, qui dans une Religion toute de lumière, n'ont aucune connoissance raisonnée & motivée de leur Religion; qui dédaignant ou négligeant de s'instruire sur un objet aussi intéressant, se bornent à croire en JESUS CHRIST, à-peu-près, (ne craignons point de le dire, à leur confusion!) à-peu-près comme un imbécille Indien croit à Brahma, ou comme un stupide Musulman croit à Mahomet; c'est-à-dire, sans connoissance de cause, sans avoir jamais examiné les motifs & les fondements de leur Créance : Il y a aussi des Chrétiens sages & sensés, qui pensent que le Ciel n'a pas donné aux Hommes une Religion divine, pour que cette Religion divine fût méconnue & ignorée des Hommes; qui jugent que la plus noble fonction de l'Esprit humain, c'est de se mettre en état de rendre raison de sa Foi & de sa Créance; c'est de se rendre capable de confondre victorieusement les petits blasphêmes que l'on vomit journellement contre cette Religion sainte, dans certains Cercles où l'on affiche le libertinage d'esprit, sous le nom de simple liberté de penser. Ces derniers trouveront ici les raisons & les preuves démonstratives, qui établissent invinciblement la vérité & la divinité d'une Religion qu'ils révèrent & qu'ils chérissent. On fait tous les jours de longs & volumineux ouvrages, pour réfuter les blasphêmes imposteurs que l'Impiété renouvelle & ressasse sans cesse contre la Religion ; ouvrages dignes sans doute d'être lûs, mais ouvrages que malheureusement on ne lit guères. Ne seroit-il pas & plus simple & plus utile de faire une fois pour toutes, des Principes & des Preuves irréfragables qui fondent cette Religion divine, *un Cours méthodiquement suivi & démontré*, qui en présentât lumineusement l'enchaînement & l'harmonie ; qui en établît invinciblement la certitude & la vérité ; qui coupât racine aux principales objections qu'on fait contre elle, & d'où émanent toutes les autres ? C'est ce que nous avons tâché de faire dans les intéressants traités de Dieu, de l'Ame, de la Morale ou de la Religion. Les trois Discours qui terminent cet Ouvrage, tendent au même but par une voie différente.

Il y a eu un temps où l'estime qu'on faisoit d'un ouvrage, étoit toujours en raison directe de sa masse & de son poids ; où le plus grand génie étoit celui qui avoit fait de plus gros & de plus nombreux volumes : témoin Albert le grand. Notre siécle ne juge pas tout-à-fait de même : Aujourd'hui on aime mieux avoir une vérité établie & démontrée en une page, quand la chose est possible ; que d'avoir la même vérité établie & démontrée en un in folio. Le goût de notre siécle est-il en cela beaucoup dépravé ? Un ouvrage concis & lumineux, qui presse les principes pour en faire mieux

PRÉFACE.

jaillir les conséquences, qui resserre une matière pour la mieux embrasser & présenter, qui n'omet rien de nécessaire & ne dit rien de superflu, est-il donc moins utile & moins estimable, parce qu'il ne s'est point enflé par une parasite rédondance? Vouloir tout dire sur une matière, c'est avoir une peu favorable idée de l'Esprit humain, à qui il faut présenter le germe de toutes les pensées; mais qu'il ne faut point juger incapable d'en développer quelques-unes par lui-même. La Jeunesse même est capable de ce petit effort. Il est bon de la nécessiter à lire dans un principe, à en extraire les conséquences, à en faire l'application à une foule de cas particuliers, à penser par elle-même. Il est bon de la forcer à mettre quelquefois son esprit à la gêne & la torture : soit pour l'accoûtumer à concentrer ses idées & ses pensées; soit pour imprimer à son flexible génie un élans & un ressort, d'où dépend sa force & son énergie. *Ex impete, fulmen!*

Si quelqu'un nous objectoit que dans un Ouvrage de Métaphysique, où il ne s'agit que des *Êtres insensibles*, nous parlons de la Matière, du Mouvement, du témoignage des Sens, du témoignage des Hommes, du Culte extérieur de la Religion, de l'ordre & de l'harmonie de la Nature, de l'Homme & de la Brute, qui sont des choses sensibles & étrangères à notre sujet; la réponse à une telle difficulté seroit fort simple & fort facile : Nous n'y traitons des Choses sensibles, que pour connoître leur nature insensible. Par exemple, nous contemplons la Matière, le Mouvement & les Accidens de la Matière, pour

PRÉFACE.

en découvrir ou l'Essence ou la Nature ou l'Auteur, qui ne sont point des choses sensibles. Nous sondons le témoignage des Sens ou le témoignage des Hommes, pour en apprécier la force & l'autorité : ce qui est évidemment quelque chose d'insensible. Nous examinons les opérations de l'Homme & de la Brute, pour remonter par les effets visibles, à la connoissance du Principe invisible qui les anime. Nous considérons le culte & l'appareil de la Religion, pour en démontrer la nécessité & l'obligation, qui ne tombent point sous les Sens.

La méthode que nous avons employée & suivie dans cet ouvrage, méthode qui consiste à donner d'abord des définitions qui mettent au fait de la question, à exposer ensuite les raisons démonstratives qui établissent une vérité, à réfuter enfin les difficultés que l'on peut faire contre la vérité établie, est de toutes les méthodes la plus simple, la plus naturelle, la plus propre à éclaircir une matière : Et c'est ce qui nous l'a fait adopter de préférence. Une méthode cesse-t-elle d'être estimable, parce qu'elle imite & retrace autant qu'il est possible, la méthode géométrique ; parce qu'elle n'a pas le hasardeux mérite de la nouveauté ; parce que l'expérience d'une longue suite de siécles, l'a fait juger plus propre & plus efficace qu'aucune autre, pour conduire l'Esprit humain à la recherche & à la connoissance de la Vérité.

Cet Ouvrage est divisé en sept Traités, qui embrassent *tout son Objet*; ou qui embrassent *tous les Êtres insensibles*, dont la connoissance peut intéresser l'Esprit humain.

PRÉFACE.

Le premier a pour objet *la Métaphysique pure*, ou les notions les plus générales & les plus abstraites de toutes les Sciences. La connoissance préliminaire qu'on en donne, est destinée à porter la lumière, & sur ces Objets purement métaphysiques qu'on y définit & qu'on y développe avec toute l'étendue convenable, & sur les traités suivants qui en sont en partie comme des dépendances.

Le second a pour objet *la Certitude humaine*. L'on y explique & l'on y développe tout ce qui fonde & établit cette Certitude humaine; sçavoir, le témoignage *du Sentiment intime*, le témoignage *des Idées*, le témoignage *des Sens*, le témoignage *des Hommes* revêtu de certaines conditions.

Le troisième a pour objet *la Logique*. On y trace & on y démontre les règles de la Dialectique, sur les Idées ou *les Perceptions*, sur les Jugements ou *les Propositions*, sur les Syllogismes ou les différentes espèces de *Raisonnements*. Ce traité est terminé par une notion succinte de la *Méthode* synthétique & analytique, dans la recherche de la Vérité.

Le quatrième a pour objet & *l'Existence* & *la Nature* de Dieu. Après avoir sapé les fondements ruineux de l'aveugle Athéisme, on démontre contre les Athées l'existence de ce Dieu, auteur & moteur de la Nature, par différentes démonstrations, qui en genre de conviction ne cèdent en rien aux démonstrations mathématiques. On établit ensuite, ou contre les Déistes, ou contre quelques Philosophes dont les opinions s'écartent de la vérité, & la *Simplicité*, & la *Providence*, & la *Liberté*, & la *Toute-puissance*, & l'*indéfectible Science* de cet Être adorable.

PRÉFACE.

Le cinquième a pour objet & la *Spiritualité*, & l'*Immortalité*, & la *Liberté*, & les *Facultés naturelles* de l'Ame humaine : matière intéressante, sur tout dans un siècle où l'odieux Matérialisme s'efforce avec acharnement de dégrader & de corrompre l'Homme, en le mettant au niveau de la Brute. Ce traité finit par un examen philosophique de tout ce qui concerne l'Ame des Brutes; que l'on fait consister, d'après des raisons plausibles, dans une substance qui n'est ni *Matière* ni *Esprit*, & qui tient un milieu entre l'Esprit & la Matière. Le contraste entre l'Ame de l'Homme & l'Ame de la Brute, nous a paru propre à répandre un plus grand jour sur ce double objet.

Le sixième a pour objet *la Morale*, ou *la Théorie de la Religion & des Mœurs*. Dans la première partie, on démontre ou contre le Déisme ou contre l'Hétérodoxie, la nécessité d'une Religion, la nécessité d'une Révélation, la vérité & la divinité de la Religion Catholique. Dans la seconde, on expose la Métaphysique du Cœur, dont le grand Mobile dans ses Vertus & dans ses Vices, est l'Amour propre ou l'Amour de soi-même.

Le septième a pour objet *la Théorie métaphysique de la Matière*. On y examine quelle est l'*Essence* de la Matière; quelle est la *Nature* des Accidents sensibles de la Matière : ce qui entraîne nécessairement une exposition assez étendue de la Doctrine catholique sur le Sacrement de l'Eucharistie.

Comme il y a des Personnes dont le goût n'est point fait à la méthode des démonstrations métaphysiques, nous plaçons à la fin de cet Ouvrage, trois Discours, où les preuves qui établissent la

PRÉFACE.

vérité & la divinité de la Religion, sont développées dans un autre genre, dans le genre oratoire. Attachés & par conviction & par sentiment à cette Religion divine, à cette Religion destinée à élever, à consoler, à perfectionner notre nature, nous voudrions pouvoir la servir de toutes les manières possibles. Heureux, si dans un si riche sujet, nous avions du moins l'avantage de faire entrevoir ce que pourroit la sublime & profonde Philosophie, sous les crayons de la simple & nerveuse Éloquence !

Tel est en précis & l'Objet & le Plan de tout cet Ouvrage, dont l'unique but est d'exposer & d'établir les vrais principes de la saine Philosophie ; & de faire voir que, bien loin de heurter & de renverser les grandes vérités de la Religion, la saine Philosophie les cimente & les consolide puissamment, ces vérités éternelles & inébranlables. Unique dans son genre, c'est ou une Analyse développée ou un Cours analysé de ce qu'il y a de plus intéressant dans la Philosophie & dans la Théologie, digne peut-être & par son but & par son objet & par sa manière, d'intéresser & de satisfaire les Personnes qui se piquent d'avoir des Principes sans verbiage, des Lumières sans frivolité, de la Religion sans ignorance.

APPROBATION.

J'Ai lu, par ordre de Monseigneur le Vice-Chancelier, un Manuscrit intitulé, *Eléments de Métaphysique sacrée & profane, ou Théorie des Etres insensibles*. Cet Ouvrage, appuyé sur les bons principes, conséquent & méthodique dans ses détails, m'a paru mériter l'accueil favorable du Public. A Paris, ce 5 décembre 1766. Signé, GENET, Docteur de la Maison & Société de Sorbonne, de l'Académie des Arcades de Rome.

PRIVILÉGE DU ROI.

LOUIS, par la grace de Dieu, Roi de France & de Navarre: A nos amés & féaux Conseillers les Gens tenant nos Cours de Parlement, Maîtres des Requêtes ordinaires de notre Hôtel, Grand-Conseil, Prévôt de Paris, Baillifs, Sénéchaux, leurs Lieutenants civils & autres nos Justiciers qu'il appartiendra, SALUT. Notre amé *le Sieur CHABOZ, Libraire à Besançon*, Nous a fait exposer qu'il desireroit faire imprimer & donner au Public un Ouvrage qui a pour titre : *Eléments de Métaphysique sacrée & profane, ou Théorie des Etres insensibles*, s'il Nous plaisoit lui accorder nos Lettres pour ce nécessaires. A CES CAUSES, voulant favorablement traiter l'Exposant, Nous lui avons permis & permettons par ces présentes, de faire imprimer ledit Ouvrage autant de fois que bon lui semblera, & de le vendre, faire vendre & débiter par tout notre Royaume pendant le temps de *six années* consécutives, à compter du jour de la date des Présentes. Faisons défenses à tous Imprimeurs, Libraires, & autres personnes, de quelque qualité & condition qu'elles soient, d'en introduire d'impression étrangère dans aucun lieu de notre obéissance, comme aussi d'imprimer, faire imprimer, vendre, faire vendre, débiter ni contrefaire ledit Ouvrage, ni d'en faire aucun extrait, sous quelque prétexte que ce puisse être, sans la permission expresse & par écrit dudit Exposant, ou de ceux qui auront droit de lui, à peine de confiscation des exemplaires contrefaits, de trois mille livres d'amende contre chacun des contrevenans, dont un tiers à Nous, un tiers à l'Hôtel-Dieu de Paris, & l'autre tiers audit Exposant, ou à celui qui aura droit de lui, & de tous dépens, dommages & intérêts ; à la charge que ces Présentes seront enregistrées tout au long sur le régistre de la Communauté des Imprimeurs & Libraires de Paris, dans trois mois de la date d'icelles ;

que l'impression dudit Ouvrage sera faite dans notre Royaume, & non ailleurs, en bon papier & beaux caractères, conformément aux Réglements de la Librairie, & notamment à celui du 10 avril 1725, à peine de déchéance dudit Privilége ; qu'avant de l'exposer en vente, le manuscrit qui aura servi de copie à l'impression dudit ouvrage, sera remis dans le même état où l'approbation y aura été donnée, ès mains de notre très-cher & féal Chevalier Chancelier de France, le Sieur de Lamoignon, & qu'il en sera ensuite remis deux exemplaires dans notre Bibliothéque publique, un dans celle de notre Château du Louvre, un dans celle dudit Sieur de Lamoignon, & un dans celle de notre très-cher & féal Chevalier Vice-Chancelier & Garde des Sceaux de France, le Sieur de Maupeou, le tout à peine de nullité des Présentes ; du contenu desquelles Nous vous mandons & enjoignons de faire jouir ledit Exposant & ses ayans cause, pleinement & paisiblement, sans souffrir qu'il leur soit fait aucun trouble ni empêchement. Voulons que la copie des Présentes, qui sera imprimée tout au long au commencement ou à la fin dudit Ouvrage, soit tenue pour dûement signifiée, & qu'aux copies collationnées par l'un de nos amés & féaux Conseillers-Secrétaires, foi soit ajoûtée comme à l'original. Commandons au premier notre Huissier ou Sergent sur ce requis, de faire pour l'exécution d'icelles tous actes requis & nécessaires, sans demander autre permission, & nonobstant clameur de Haro, charte Normande, & Lettres à ce contraires : CAR tel est notre plaisir. DONNÉ à Paris le vingt-unième jour du mois de janvier, l'an de grace mil sept cent soixante-sept, & de notre Règne le cinquante-deuxième. *Par le Roi en son Conseil*, Signé, LEBEGUE.

Régistré sur le Régistre XVII de la Chambre Royale & Syndicale des Libraires & Imprimeurs de Paris, N°. 1048, fol. 150, conformément au Réglement de 1723. A Paris ce 3 février 1767. Signé, GAGNEAU, *Syndic.*

TABLE DES MATIÉRES.

Abstrait, Concret: notion de ces deux termes, Pages 18, 82.
Accidents absolus, ou Sensibilité des Corps, 284, 288.
Accidents modaux, ou Modification des Etres, 10. 285.
Accroissement & Dépérissement du Corps humain, 238, 240.
AME HUMAINE, 165. Sa spiritualité, 166. Son immortalité, 175. Sa liberté, 181. Ses facultés naturelles, 192. Son siége dans le Corps calleux, 201.
AMÉRIQUE. Elle a pu aisément être peuplée par l'Asie. Peuples d'Amérique, 233. Animaux d'Amérique, 235.
Amitiés. Leurs sources & leurs nuances différencielles, 259.
AMOUR PROPRE, ou Amour de soi-même: source & mobile de toutes les Passions humaines, 255.
Amour de la Gloire, licite par sa nature, criminel par son excès, 257.
Amour de la Patrie. Sa source & sa cause physique, 262.
Amour du Sang. Sa source & ses dégrés croissans & décroissans, 261.
Amour des Ennemis. Sa possibilité, 243.
Apparitions miraculeuses, destinées, non à tromper, mais à éclairer les Hommes, 61.
ATHÉISME. Principaux systémes en ce genre, exposés & réfutés, 106, 125.
Attributs de Dieu, absolus & relatifs, 130.
Béatitude, objective & formelle, 251.
BRUTES. Elles ne sont point des Machines : elles ont une Ame distinguée & de l'Esprit & de la Matière, 207, 210.
CAUSES. Cause efficiente, Cause occasionnelle, Cause morale, 11. Théorie des Causes relativement à leurs Effets, & des Effets relativement à leurs Causes, 12.
CERTITUDE HUMAINE. Sa nature, sa division, ses quatre sources, 33. Certitude morale, fondée sur les témoignages humains, 64. Certitude de la Révélation divine, & de certains jugements naturels communs à tous les hommes, 74.
Chronologie, Égyptienne & Chinoise, 124, 133.
Cœur. Cœur physique, 238. Cœur moral, 253.
Compénétration: Elle semble découler du dogme de l'Eucharistie; & elle n'a rien de commun avec la Compression & la Condensation, 269, 273, 279.
Concours de Dieu, médiat & immédiat, 190.
Conservation des Etres: Elle n'est point une continuelle création, 121.
Contingent, Nécessaire. Notion de ces deux termes, 7.
CRÉATION, attestée par l'Ecriture & démontrée par la Raison, 7, 123.
Culte. Nécessité d'un Culte intérieur & extérieur, 218, 296. Sagesse & sainteté du Culte Catholique, 314.
Décrets de Dieu. Décrets prédéterminants, prédéfinissants, indifférents, 156.
DÉISME. Ses principes & ses dangereuses conséquences, 138, 228, 306, 317, 337.

TABLE DES MATIÈRES.

Déluge. Preuves ou Monuments de son existence, 129. On peut supposer avec assez de vraisemblance qu'au temps du Déluge, l'axe de l'Equateur a été incliné sur l'axe de l'Ecliptique : conséquences de cette hypothèse, 140, 242.

Dieu. Son Existence, 105. Sa Nature, 135.

Dissipation. Source du goût général pour la dissipation d'esprit, 264.

Distinctions Philosophiques. Distinction formelle, 20. Distinction virtuelle, 22. Distinction de raison, 23.

Doute, doute méthodique, 8. Source des doutes qui s'élevent contre la Religion, 244.

Définition. Sa nature & ses régles, 77. La Description est une espèce de Définition, 79.

Division. Sa nature & ses régles, 79.

Ecriture, Tradition : Elles renferment le dépôt de la Révélation, 245.

Enthousiasme, Fanatisme : Leurs sources & leurs différences, 265.

Envie, Jalousie : Source & nature de ces deux passions, 263.

Epicure : Son système sur l'origine des Choses, 107.

Erreur, Préjugé. Leur nature & leur source, 9.

Espace, Vuide. Nature de l'espace, 27. Existence d'un espace infini, 28, 153.

Eglise : Elle est érigée en Tribunal infaillible, 247.

Esprits animaux : Leur existence, leur nature, leur fonction, 201.

Essence, Physique & Métaphysique des Etres, 5, 51 : Il n'y a qu'une distinction de raison entre l'Essence & l'Existence des Choses, 346, 347.

Eternité, 31. Elle répugne dans la Matière, & non dans Dieu, 127.

Eucharistie. Doctrine de l'Eglise sur ce Mystére, 271, 237.

Evidence, intrinséque & extrinséque, 4, 42.

Existant, Possible. Qu'est-ce que la possibilité des Etres, 6, 347.

Faits Historiques : Leur certitude, fondée sur les témoignages humains, 65, 72.

Folie, Fureur. Leur nature & leur cause physique, 195, 204.

Genre, Différence, Espèce, Individu, 9.

Grades Métaphysiques, 10.

Habitudes, naturelles & surnaturelles, 267.

Humilité Chrétienne : Sa sagesse & sa perfection, 259.

Idées. Nature, vérité, division des Idées, 36. Le témoignage des Idées donne une certitude infaillible, 39. *Origine des Idées :* Système des Idées innées, des Espèces impresses, des Choses vûes en Dieu, 48. *Résultat :* Les Sens ne sont que la cause occasionnelle de nos Idées ; Dieu en est la cause efficiente, du moins quant aux Idées primitives, 51.

Imagination, active & passive, 195.

Infidéles. Ils ne seront point réprouvés pour avoir méconnu la Loi évangélique, mais pour avoir transgressé la Loi naturelle qu'ils ne pouvoient ignorer, 227, 143.

Jugement, considéré comme une puissance de l'Ame, 194.

Jugement d'Analogie : Sur lui est fondée presque toute la Physique, 31.

Leibnitz : son Optimisme expliqué & réfuté, 146.

Liberté. Liberté de Dieu, 145. Liberté humaine, 181.

Logique : Science destinée à diriger & à perfectionner les opérations de l'Esprit humain, 76.

Loi naturelle : Sa nature & son obligation, 113, 117, 218.

Loi positive, divine & politique, son obligation, 218, 250.
Loix de la Nature : définition de ces termes, 7, 61.
Malebranche : son opinion sur les erreurs des Sens, 52.
Magnan : son système sur les Espèces eucharistiques, exposé & réformé, 287.
Manichéisme : ses absurdes principes, 137, 182.
Matérialisme, exposé & réfuté, 106, 125, 166, 171, 336.
MATIERE. Elle est incapable de pensées & de sentiments, 166. Divers systêmes sur son essence, exposés & réfutés, 269. Son essence reste encore à connoître, 276.
Mémoire : faculté de l'Ame, dépendante des organes, 193, 195.
MER. Les eaux de la Mer ne diminuent point, 129.
Méthode, synthétique & analytique, 102.
MIRACLES. Leur nature, 7, 61, 71. Leur existence, 73, 326. Les Miracles prouvent démonstrativement la divinité de la Religion Catholique, 326, 333.
MYSTERES. Nos Mystéres n'ont rien d'opposé à la raison, 236, 313 : seuls ils expliquent les éternelles contradictions qui se trouvent dans l'homme, 310.
Modification, *Substance* : leur nature & leur division, 10.
MŒURS. Nature & source des Mœurs, 252.
Molécules organiques, de Telliamed & de M. de Buffon, 128, 130.
Montagnes : leur formation selon Telliamed, 128, 132.
MORALE, ou théorie de la Religion & des Mœurs, 215. Sainteté & efficacité de la Morale Chrétienne, 314.
MOUVEMENT, vrai & apparent, 30. Dieu seul est la cause efficiente de tout mouvement dans la Nature, 196.
Nature. Différentes significations de ce terme, 5.
Négations : Elles ne sont rien de réel & d'intelligible par elles-mêmes, 11, 36.
NEGRES. La différence qui se trouve entre les Négres & les Blancs, n'annonce ni une duplicité d'espèce, ni une diversité d'origine primitive, 231.
Objet, *Sujet* : notion de ces deux termes, 3. Objet matériel & formel des Sciences & des Arts, 17.
Optimisme de Leibnitz, exposé & réfuté, 146.
Orgueil, vice qu'anathématisent de concert la Raison & la Religion, 257.
Paralogisme & *Sophisme* : leur nature & leurs sources, 100.
Passions humaines : leur nature, 255, leur violence, 142.
PATRIARCHES. Leur longue vie, attestée par l'Ecriture & par la Tradition, n'est point démentie par la Physiologie, 237.
Pentateuque, *Evangiles* : leur irréfragable authenticité, 331.
Philosophie. Elle ne doit rien adopter de contraire à la Religion, 278, 279.
Plaisir. Plaisirs honnêtes, Plaisirs illicites, 256.
Polithéisme : son absurdité, 137.
Possibilité intrinséque & extrinséque des Choses, 6, 347.
Prescience de Dieu : elle ne nuit point à la liberté humaine, 157.
PRINCIPES. Principes philosophiques, 2. Premier Principe de toutes nos connoissances, 39, 245.
Principe d'individuation, 26.

Probabilité, Vraisemblance : notion de ces deux termes, 8.
PROPHETIES : Elles prouvent invinciblement la divinité du Christianisme, 329.
PROPOSITIONS. Nature, opposition, conversion, équivalence, division des Propositions, 80. Propositions contradictoires & contraires, 85.
Propriétés générales des Etres, 277, 31.
Puissance de Dieu : sa nature & son objet, 149.
Puissance obedientielle : sa nature & ses effets, 14.
Reconnoissance, Ingratitude : leur source, leur nature, 264.
RELATIONS : leur existence, leur nature, leur division, 15.
RELIGION. Nécessité d'une Religion, ou d'un Culte & d'une Loi, 216. 295. Religion naturelle, Religion révélée, 221. Nécessité d'une Religion révélée, 223, 302. *Fausses Religions* : l'Idolâtrie, le Mahométisme, le Protestantisme, &c. 231, 317, 322.
Reproduction. Elle découle du Dogme catholique sur l'Eucharistie, & rien n'en démontre l'impossibilité, 269, 274, 280.
RÉVÉLATION : Sa nécessité établie par des preuves métaphysiques, 223, 303. Son existence établie par des preuves de Fait, 326, &c. L'ancienne & la nouvelle Révélation forment un seul Tout, qui embrasse tous les siécles, 229, 320.
SCIENCES, ARTS : leur nature & leur objet, 17. *Sciences de Dieu* : Science de simple intelligence, 154. Science de vision, 155. Science moyenne, 161. Antériorité de raison entre les Sciences divines, 346.
Secte. Esprit de Secte : ses sources & ses nuances différentielles, 265.
SENS, SENSATIONS. Sensations organiques & mentales, 45, 202. *Cause des Sensations*, organiques & mentales, 46. *Certitude des Sensations* : le témoignage des sens, revêtu de certaines conditions que dicte la raison, 44, ne nous trompe point sur l'existence, sur la figure, sur la grandeur relative, sur le mouvement respectif des Corps, 55, 62. Les Sensations de douleur, relatives à un bras ou à une jambe qu'on n'a plus ; les Sensations qu'on éprouve dans l'état d'yvresse ou de délire ou de démence, relatives à des objets phantastiques ; ne prouvent point que les Sensations nous trompent sur l'existence des Corps, 58, 59.
SENTIMENT INTIME. Sa nature : il donne une certitude infaillible, 35.
SILLOGISME. *Sillogisme simple* : sa nature, ses principes, ses régles, ses figures, 90, 97. *Sillogisme composé* : Sillogisme conditionnel, Sillogisme conjonctif, Sillogisme disjonctif, Dilemme, Gradation, 97, 100.
Sommeil. L'état de Sommeil en contraste avec l'état de Veille : cause des Rêves : mouvements des Somnambules, 203.
Sophisme, Paralogisme ; leurs sources, 100.
Superstition : sa source & ses vices, 265.
Spinosa : son extravagant systême sur l'unicité de Substance, 108.
Telliamed : son systême exposé & réfuté, 110, 128.
TÉMOIGNAGES HUMAINS. Nature, objet, conditions de ces Témoignages, qui peuvent donner une certitude aussi infaillible que l'est la certitude géométrique, 63, 65. Une foule de Faits

de l'Histoire profane & sacrée, & en particulier la Résurrection de Jesus-Christ & la plûpart des Miracles de Moyse, ont ce dégré de certitude, 73.

Tempéraments, bilieux, sanguin, mélancholique, phlegmatique, 254.

Temps, *Eternité*: leur nature & leur définition, 30.

TERRE. La Terre n'a point l'ancienneté que lui attribuent quelques Incrédules, 123, 133. Il est vraisemblable qu'elle est sortie des mains du Créateur, avec ses principales montagnes & ses principaux abysmes, 132. Elle a dû être considérablement défigurée par le déluge, 140.

Tolérantisme: absurdité de ses principes, 221, 301.

Tout, *Partie*: différentes espèces de Tout, 19.

TRADITION: sa certitude, sa division, 246.

TRANSSUBSTANTIATION: par qui physiquement & moralement opérée, 237, 271.

Trinité: La vérité de ce Mystére n'est point opposée au principe qui affirme que deux choses sont identifiées entr'elles, quand elles sont identifiées avec une troisième, 42.

Vérité, expressive & objective, 4, 158. Force de la vérité connue, 65, 69.

Vertu, *Vice*: leur source & leurs caractéres différents, 266.

VIE FUTURE. La raison prouve, de concert avec la révélation, la vérité d'une vie future, 177. 250. 307, 338.

UNIVERSAUX. Toutes les Sciences généralisent leur objet: ce qui se fait par le moyen des *Idées précisives*, 25. Il n'y a point d'Universel indépendant de l'esprit: ceux qui font consister l'Universel scientifique dans des Natures communes & bannales, admettent un systême absurde, 25, 109.

FAUTES A CORRIGER.

Pages.	Lignes.	Fautes.	Lisez.
13	51	Distribué les chatiments	Distribue les chatiments
19	14	Qualité ou grandeur	Quantité ou grandeur
48	32	Aux fibres *de l'air*,	Aux fibres de l'œil,
54	14	Que je rende mes oreilles	Que je rends mes oreilles
63	22	Et invite à la vertu	Et inviter à la vertu
120	18	Eternelle & inadmissible	Eternelle & inamissible
172	6	Avec de l'intellectivité:	Avec l'Intellectivité;
172	26	Qui exclud de la pensée;	Qui exclud la Pensée;
185	23	La moindre raison *de bien*,	La moindre raison de mal,
199	29	Mais selon qu'elles ont	Mais selon ce qu'elles ont
224	46	Privée de lumières	Privée des lumières
236	19	Dans quelquetEat	Dans quelque Etat
239	14	*A pour vaisseaux veineux*,	*A pour vaisseau veineux*
242	31	A l'axe de l'Ecliptique céleste:	A l'axe de l'Ecliptique:
270	50	De parties essentielles,	De parties substantielles,
297	29	II°. De l'idée de Dieu	II°. De l'idée d'un Dieu
298	4	Nous mieme	Nous même
301	4	Les unes & les autres;	Les unes les autres;
313	39	Multiplicité des Personnes:	Multiplicité de Personnes:

Ces petites fautes ne se trouvent pas toutes dans tous les Exemplaires.

PREMIER TRAITÉ

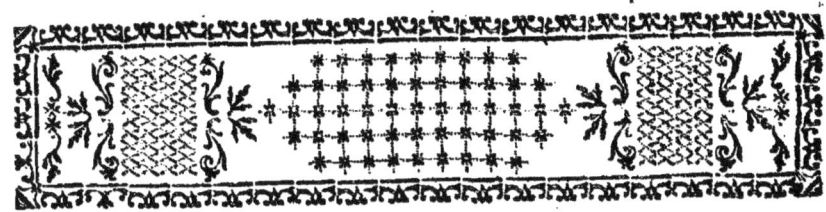

ELÉMENTS
DE MÉTAPHYSIQUE
SACRÉE ET PROFANE.

PREMIER TRAITÉ.
LA MÉTAPHYSIQUE PURE,
OU
NOTIONS GÉNÉRALES.

NOUS destinons ce premier Traité, à fixer les idées sur certains objets généraux de la Métaphysique; & à donner les développements nécessaires à certaines questions isolées, qui doivent répandre la lumière sur les Traités suivants, où elles ne pourroient être incidemment insérées, sans en embrouiller l'ordre & l'enchaînement. La Métaphysique pure, ou la Métaphysique proprement dite, a toujours été un objet de contradiction chez les Philosophes, trop honorée & trop chérie par les uns, trop dédaignée & trop négligée par les autres. Elle a le mérite d'aiguiser l'esprit; de le former à la précision & à la justesse; de l'accoûtumer, tantôt à généraliser ses idées, pour envisager à la fois & d'un simple coup d'œil, de vastes objets; tantôt à analyser & à disséquer ces mêmes idées, pour les envisager plus intuitivement sous l'unique point de vûe qui intéresse. Elle prépare l'esprit aux sciences sublimes & solides: mais elle n'éclaire & n'enrichit pas assez l'esprit par elle-même; parce que restrainte dans sa sphére, elle ne présente pas à l'esprit des connoissances fort utiles & fort satisfaisantes par leur nature & par leur objet. N'être pas Métaphysicien, c'est manquer d'un mérite essentiel. N'être que Métaphysicien, ou se borner aux vaines subtilités de l'abstraite Métaphysique, c'est avoir un mérite très-borné & très-peu utile. Porter le pur & lumineux flambeau d'une saine Métaphysique, sur les grands objets qu'offrent à nos connoissances l'Homme, l'Univers, la Divinité, c'est appliquer la Métaphysique à sa noble destination, à la recherche de la Vérité, dont elle doit toujours frayer la route, & ouvrir le sanctuaire.

LA MÉTAPHYSIQUE PURE,

Principes philosophiques.

1. On distingue en Philosophie trois sortes de principes. Il y a des principes de production, des principes de composition, des principes de connoissance. Les principes de *Production* sont les causes par qui les choses sont produites : c'est en ce sens que Dieu est appellé le premier principe de tout. Les principes de *Composition* sont les constitutifs intrinsèques dont certains êtres sont formés & composés : c'est en ce sens que l'on dit, en Physique, que l'air, la terre, l'eau, le feu, les sels, sont les principes des divers Mixtes. Les principes de *Connoissance*, dont il est ici principalement question, sont des vérités évidentes, lesquelles servent à démontrer d'autres vérités moins connues, qui en découlent. Ainsi pour qu'une vérité soit un *Principe*, il ne suffit pas qu'elle soit évidente : il faut encore qu'elle soit comme une source féconde d'où jaillissent d'autres vérités, ou comme un germe qui s'épanouisse en d'autres vérités.

Les principes de connoissance ne sont point proprement distingués de ce qu'on appelle *Axiômes* en Métaphysique & en Mathématique. Les axiômes sont des vérités évidentes qui n'ont pas besoin de preuve, & qui servent à démontrer d'autres vérités. Une vérité qui découle d'une proposition démontrée, s'appelle un *Corollaire*. Voici les principaux principes ou axiômes philosophiques.

I°. *Il est impossible que la même chose soit & ne soit pas à la fois.* Par exemple, il est impossible qu'Ariste soit existant & ne soit pas existant au même instant : qu'au même instant, & relativement au même objet, Ariste soit équitable & ne soit pas équitable.

II°. *Le tout est égal à toutes ses parties prises ensemble : Le tout est plus grand que sa partie.* On entend par *partie* d'un Tout, une portion quelconque, grande ou petite, de ce tout, laquelle n'est pas le tout.

III°. *Le rien n'a aucune propriété réelle & positive :* car une propriété réelle & positive suppose nécessairement une nature, une essence, un être, que le rien exclut essentiellement.

IV°. *Deux choses sont identifiées entr'elles, quand elles sont identifiées avec une troisième. Deux choses sont distinguées l'une de l'autre, quand l'une est identifiée, & que l'autre n'est pas identifiée avec une troisième.* Etre identifié, c'est avoir, non une nature & une essence semblables, mais une même & unique nature, une même & unique essence. Qu'une idée représente Dieu, qui est la même chose que l'*Etre incréé & infini ;* qu'une autre idée représente le Créateur de toutes choses, lequel est la même chose que l'*Etre incréé & infini :* on connoit que ces deux idées (distinctes en elles-mêmes, puisqu'elles sont deux actes de l'ame) ont un même objet ; parce que l'objet de la première & l'objet de la seconde, sont identifiés avec un troisième objet, avec l'*Etre incréé & infini.*

V°. *On doit affirmer d'une chose, ce que l'on voit avec évidence essentiellement renfermé dans l'idée de cette chose.* Ce principe est la base & le fondement de toutes les connoissances humaines, à l'exception de celles qui ont pour objet le sentiment intime & expérimental de l'ame : comme on l'expliquera & comme on le fera sentir dans le Traité suivant. (74)

VI°. *Qui prouve trop, ne prouve rien*. Ce principe signifie que quand, pour prouver une assertion, on employe un principe d'où découle quelque chose d'absurde ou de faux, la preuve est nulle, & le principe ruineux. La raison en est, que dans un principe vrai il n'y a rien de faux & d'absurde. Donc il n'en peut découler ni absurdité, ni fausseté; donc la raison qu'on donne pour principe, est une raison fausse; donc elle n'est d'aucun poids; donc elle ne prouve rien.

VII°. *Ce qu'il y a de clair & de certain dans une chose, ne doit pas être abandonné à cause de l'obscur & de l'incertain qui pourroit se trouver dans la même chose*. La raison en est, que la vérité ne peut pas être opposée à elle-même; & que par conséquent dès-lors que je connois clairement une vérité dans une chose, je suis assuré qu'il n'y a rien dans cette chose qui soit opposé à la vérité clairement connue, ou qui puisse me faire suspecter cette vérité évidemment connue. Donc une difficulté contre une vérité clairement & solidement démontrée, ne ruine pas cette vérité démonstrativement établie.

PREUVE DIRECTE ET INDIRECTE.

2. UNE vérité est démontrée *directement*, quand par une conséquence bien déduite, ou par un enchaînement de conséquences bien déduites, elle découle d'un principe évident & avoué. Une vérité est démontrée *indirectement*, quand on démontre qu'il y auroit de la contradiction & de l'absurdité à soutenir la proposition contradictoire de celle qu'on voudroit soutenir & donner pour vraie : car comme il est impossible que deux propositions contradictoires soient à la fois fausses (155.); par là même que l'on a démontré que l'une est fausse, on a démontré indirectement que l'autre est vraie.

La démonstration *par l'impossible*, revient à ce que nous appellons ici la preuve indirecte. Dans la démonstration *par l'impossible*, on démontre qu'une chose est telle, non par ses principes, mais par l'absurdité qui s'ensuivroit si elle étoit autrement. Ces sortes de démonstrations indirectes, assez & peut-être trop fréquentes chez les Mathématiciens, ne doivent être employées qu'au défaut de démonstrations directes. Car s'il est visible qu'elles peuvent convaincre l'esprit, il n'est pas moins visible qu'elles ne l'éclairent pas; ce qui doit être le principal fruit de la science. Or notre esprit n'est point satisfait, si en apprenant que la chose est, il ne sçait pas de plus comment & pourquoi elle est : satisfaction que ne peut lui donner une démonstration indirecte, qui se borne à réduire à l'impossible.

SUJET, OBJET.

3. LE *Sujet*, en style métaphysique, est ce qui contient en soi quelque propriété ou quelque modification. *L'Objet* est ce vers quoi se dirige quelqu'une de nos facultés ou de nos puissances. L'ame est le sujet de ses pensées, de ses sensations, de ses jugements, de ses raisonnements : la matière est le sujet des modifications & des accidents qui lui sont propres. Le bien est l'objet de nos puissances affectives : Le vrai est l'objet de nos facultés intellectives. Le sujet reçoit, l'objet termine. (*)

(*) Etymologie : *Subjectum*, quod jacet aut jacitur sub alio : *Objectum*, jacet aut jacitur ob aliud, seu ante aliud.

ÉVIDENCE.

4. L'ÉVIDENCE peut être considérée ou dans son sujet, ou dans son objet. L'évidence *dans le sujet* ou *dans l'esprit*, est la connoissance claire & certaine d'un objet. C'est ainsi que l'on dit : la chose m'est évidente ; je la connois telle avec une lumière ou avec une évidence qui ne me laisse aucun doute. L'évidence *dans l'objet* ou *de l'objet*, est l'intelligibilité claire & lumineuse de cet objet. C'est ainsi que l'on dit : la chose est évidente en elle-même ; vous la concevrez telle en l'examinant & en l'approfondissant.

L'évidence relativement à son objet, est ou intrinsèque, ou extrinsèque. L'évidence est appellée *intrinsèque*, quand elle naît de la nature même de l'objet, que l'on conçoit ne pouvoir être autrement. L'évidence est dite *extrinsèque*, quand elle est fondée sur un motif étranger à la chose, mais infailliblement connexe avec la vérité de la chose. Il est évident d'une *évidence intrinsèque*, que la partie d'un tout est moindre que le tout ; que les trois angles d'un triangle sont égaux à deux angles droits. Il est évident d'une *évidence extrinsèque*, qu'il y aura une résurrection générale des Morts, si Dieu, qui est l'infaillible vérité, a assuré cette résurrection générale. Comme l'évidence extrinsèque se borne à démontrer à l'esprit par un motif évident, mais extrinsèque, que la chose est telle, sans l'éclairer sur la nature intérieure de la chose, il seroit peut-être plus convenable de ne lui donner que le nom de certitude ; la certitude prescindant de l'intelligibilité objective, & l'évidence semblant l'exiger. Mais la dénomination d'une chose importe peu, quand l'idée en est bien fixée & bien déterminée.

VÉRITÉ.

5. LA *Vérité* est toujours une *Conformité*. La vérité est ou expressive, ou objective. La *vérité expressive* est la conformité ou d'une idée, ou d'un jugement, ou d'une proposition, ou d'un tableau, ou d'un signe, avec l'objet exprimé. La *vérité objective* est la manière d'être de l'objet, conforme à l'expression. La vérité de l'idée est une vérité de *représentation* : la vérité d'un jugement est une vérité d'*assertion mentale* : la vérité d'une proposition est une vérité d'*énonciation* : la vérité d'un tableau est une vérité d'*imitation* : la vérité d'un signe est une vérité de *signification*. Une idée est vraie, quand son objet est tel que l'idée le représente. Un jugement est vrai, quand son objet est tel que le juge l'esprit ; ou quand son objet est conforme à l'assertion ou à l'expression mentale. Une proposition est vraie, quand son objet est tel que la proposition l'énonce. Un tableau est vrai, quand son objet est tel que le tableau le peint. Un signe est vrai, quand son objet est tel que le signe, soit naturel, soit d'institution, le signifie.

I°. La vérité d'une proposition consiste dans sa conformité avec son objet, qui est tel que la proposition l'énonce. La fausseté d'une proposition consiste dans ce défaut de conformité avec son objet, qui est autrement que la proposition l'énonce.

II°. Parmi les propositions vraies, il y en a de vraies d'une vérité éternelle ; il y en a de vraies d'une vérité contingente. On a

OU NOTIONS GÉNÉRALES.

propositions *d'une éternelle vérité*, celles qui ne peuvent être fausses dans aucune hypothêse possible. Ces propositions, *le tout est égal à toutes ses parties prises ensemble*; *Dieu est sage & juste*; *un quarré a ses quatre angles & ses quatre côtés égaux*; sont des propositions d'une éternelle vérité: parce qu'on ne peut faire aucune supposition, & qu'on ne peut imaginer aucune hypothêse, où elles soient fausses. Ces propositions, *les corps terrestres gravitent vers le centre de la terre*; *l'homme est pécheur & mortel*; *il y aura une autre vie heureuse pour les uns, malheureuse pour les autres*; sont bien des propositions vraies, parce qu'elles sont conformes à leur objet; mais elles ne sont vraies que *d'une vérité contingente*; parce que si Dieu n'avoit point créé le monde, ou s'il avoit établi un autre ordre de choses, ces propositions aujourd'hui vraies, auroient pu être fausses.

ESSENCE.

6. ON appelle *Essence* d'une chose, les constitutifs intrinsèques qui font nécessairement son être, sans lesquels elle ne peut absolument exister, & sans lesquels il est impossible de la concevoir. (*)

L'essence est appelée *Essence physique*, quand ces constitutifs essentiels sont envisagés tels qu'ils sont en eux-mêmes & dans leur nature. L'essence est appelée *Essence métaphysique*, quand ces constitutifs essentiels sont considérés dans un état d'abstraction & de précision, sous les idées de propriétés génériques & différentielles. Un corps organisé & une ame spirituelle forment par leur union l'essence physique de l'homme. La capacité d'avoir, dépendamment des organes, & des sensations qui le confondent avec les brutes, & des raisonnements qui l'en distinguent, forme l'essence métaphysique de l'homme.

ACCIDENT.

7. ON appelle *Accident*, ce qui peut être ou ne pas être dans un sujet, sans en détruire la nature. L'accident est opposé à l'essence. Tout ce qui est de l'essence, n'est point accident; tout ce qui est accident, n'est point de l'essence. Une ame intelligente unie à un corps organisé, la faculté du moins radicale d'avoir des sensations & des raisonnements, sont des choses essentielles à l'homme. La beauté de caractére, une taille avantageuse, le goût du beau & de la vertu, la couleur européenne ou éthiopienne, tout cela lui est accidentel.

NATURE.

8. LE terme de *Nature* se prend souvent en des sens fort différents, qu'il importe de fixer & de définir.

I°. Il signifie assez communément la collection & l'assemblage de tous les êtres créés qui composent l'univers: c'est en ce sens que nous disons: l'ordre de la nature, ou le spectacle de la nature, est admirable.

II°. Il exprime quelquefois les qualités & les facultés générales

---

(*) Étymologie. *Essentia est id quod intrinsecè facit esse entia.*

ou communes que l'Auteur de la nature a communiquées à certaines espèces d'êtres. C'est en ce sens que nous disons, qu'il est de la nature du chien d'aboyer, de la nature de l'homme de raisonner ; que le cri de la nature nous annonce l'existence d'un Dieu, & la nécessité d'une Religion.

III°. Il désigne assez souvent le caractére personnel & particulier qu'on a reçu du Créateur, ou que l'on s'est formé par l'habitude. C'est en ce sens que nous disons, que de sa nature tel homme est colére, que tel autre est ambitieux ; que le François est badin & frivole ; l'Italien souple & vindicatif ; l'Espagnol fier & grave ; l'Anglois rêveur & profond.

IV°. Il énonce quelquefois les constitutifs intrinséques & essentiels de la chose ; & alors il a précisément la même signification qu'*essence*. C'est ainsi que nous disons, que la nature de Dieu est l'assemblage de toutes les perfections ; que la nature de l'homme consiste dans la puissance d'avoir des sensations & des raisonnements.

POSSIBLE, EXISTANT.

9. L'IDÉE de possible & l'idée d'existant ont trop de liaison & de rapport, pour pouvoir être séparées l'une de l'autre. Elles doivent se prêter un jour mutuel.

I°. POSSIBLE. On entend par *possible*, tout ce qui est capable d'existence : mais il faut bien distinguer la possibilité extrinséque & causale, de la possibilité intrinséque & formelle dont il est ici question. Descartes, qui place la possibilité des choses dans la toute-puissance de Dieu, a confondu la première avec la seconde. Un triangle est possible intrinséquement, parce que la réunion de trois lignes & de trois angles ne répugne pas. Un triangle est possible extrinséquement, parce que ma main ou une autre main peut le tracer. S'il n'y avoit aucune cause capable de produire & de former un triangle, ce triangle cesseroit d'avoir une possibilité extrinséque, sans cesser d'avoir une possibilité intrinséque. L'omission d'une telle distinction a donné lieu à plus d'un paralogisme sur cette matière & sur ses dépendances. Une chose est conçue possible, par là même que ses constitutifs intrinséques ou ses attributs intelligibles ne présentent rien de répugnant qui s'exclue & se détruise réciproquement. Une chose est conçue impossible par la raison contraire.

Un autre soleil est possible, parce que dans les constitutifs intelligibles de ce *globe lumineux*, il n'y a rien qui exclue invinciblement l'existence que le Créateur peut lui donner ; *globe* n'étant point incompatible avec *lumineux*. Un *Cercle quarré* est impossible, parce que les constitutifs de figure quarrée excluent essentiellement la rondeur ; & que les constitutifs de figure circulaire sont essentiellement incompatibles avec la quadrature. De même *Homme-Lion*, faisant une seule & même nature, est quelque chose d'impossible : parce que l'idée d'homme renferme la nature humaine & l'exclusion de toute autre nature, & par conséquent l'exclusion de la nature du lion. Donc la *possibilité des choses doit être placée dans la convenance ou dans la compatibilité de leurs constitutifs intrinséques, ou de leurs attributs intelligibles. Donc par la raison contraire, l'impossibilité des choses consiste dans la répugnance ou dans l'incompatibilité de leurs constitutifs intrinséques, ou de leurs attributs intelligibles. Donc encore la possibi-*

lité des êtres n'est pas quelque chose d'existant, mais simplement quelque chose d'intelligible.

II°. EXISTANT. On entend par *existant*, tout ce qui est hors de l'état de pure possibilité. Le monde, avant d'être tiré du néant par l'action créatrice du Tout-puissant, étoit purement possible : cette action créatrice l'a rendu existant. Ce qui est existant ne cesse pas d'être possible, parce que l'existence ne met dans sa nature aucune répugnance de constitutifs, aucune incompatibilité d'attributs : mais il cesse d'être purement possible, parce qu'il cesse d'être dans l'état où l'existence lui manquoit.

Nous démontrerons ailleurs, (226.) que la Matière n'est point éternelle ; que la Matière a été créée & tirée du néant : donc le principe d'Epicure & de Lucréce, que *rien ne se fait de rien, Rem nullam è nihilo gigni divinitùs unquam*, est un principe faux, de la manière dont l'entend l'aveugle Athéisme. Que signifie donc ce principe, qui a un sens vrai & incontestable ? Il signifie que le rien ne peut être ni un principe de *Production*, ni un principe de *Composition*, pour une chose ou pour un être : mais il ne signifie pas qu'un être possible ne puisse pas être rendu existant par l'action toute-puissante du Créateur. Notre esprit ne conçoit pas le passage de l'état de possibilité à l'état d'existence : mais notre esprit conçoit-il mieux le non-commencement d'existence, ou l'existence éternelle dans la Matière ? Et s'il est démontré que la Matière est créée, a-t-on droit de rejetter cette vérité démontrée, parce que l'on n'en conçoit pas la manière ? Avons-nous droit de nier notre existence & notre vie, parce que nous ne concevons pas comment nous existons & nous vivons ? A-t-on droit de nier que les différents objets se peignent avec ordre à notre œil & à notre ame, parce que l'on ne comprend pas comment les rayons de lumière, se croisant dans leur route en mille millions de manières, viennent peindre sans trouble & sans désordre mille objets différents dans notre œil ? Quand une vérité est démontrée, tout ce qu'elle a d'inconcevable ne détruit point sa certitude.

CONTINGENT, NÉCESSAIRE.

10. ON appelle *Contingent*, ce qui existe tellement qu'il pourroit ne pas exister ; *Nécessaire*, ce qui est essentiellement tel. Tous les êtres créés sont contingents : Dieu seul est l'être nécessaire. La Nécessité est ou absolue, ou hypothétique. La *Nécessité absolue* est indépendante de toute supposition : la *Nécessité hypothétique* dépend d'une supposition. Il est nécessaire d'une nécessité absolue que Dieu existe, qu'il soit sage & juste. Il est nécessaire d'une nécessité hypothétique que l'homme, s'il existe, existe composé de corps & d'ame ; que le triangle, s'il existe, ait trois angles & trois côtés.

MIRACLE, LOIX DE LA NATURE.

11. LE *Miracle* est une interruption des loix de la Nature, faite pour attester la vérité ou la vertu. On appelle *Loix de la Nature*, l'ordre constant établi par le Créateur. C'est une loi de la Nature, que les corps terrestres gravitent vers le centre de la terre ; que le soleil tourne ou paroisse tourner autour de la terre en vingt-quatre

heures, par un mouvement successif & non interrompu ; qu'un malade exténué par une longue maladie, ne recouvre point subitement & tout-à-coup un état de santé parfaite ; qu'un homme expiré ne revienne plus à la vie. Il est évident qu'il n'y a que l'Auteur de la Nature, qui puisse ou interrompre ou suspendre les loix qu'il a lui-même établies.

Doute, Doute méthodique.

12. LE *Doute* est une suspension réfléchie de l'esprit, qui balance entre le pour & le contre. Le Doute est *positif*, s'il naît d'égalité de raisons de part & d'autre. Le Doute est *négatif*, s'il est fondé sur un égal défaut de raisons pour l'un & pour l'autre parti. Ce n'est pas un petit mérite en genre de science & de sagesse, de sçavoir douter à propos. L'ignorant & l'imprudent ne doutent de rien, parce qu'ils manquent de lumière & de réfléxion. Le Pyrrhonien doute de tout, ou s'efforce de douter de tout, parce qu'il veut sottement fermer les yeux à toute lumière.

Le Doute *méthodique* de Descartes, consistoit à refuser son suffrage & son acquiescement aux vérités reçues, jusqu'à ce qu'elles lui fussent constatées par des raisons convaincantes & démonstratives en leur genre. Douter ainsi, ce n'est point être Pyrrhonien ; c'est être Philosophe : ce n'est point ébranler la certitude humaine, c'est l'établir & la consolider. L'opposé du doute, c'est la certitude.

Vraisemblance, Probabilité.

13. LA *Vraisemblance* est une grande apparence de vérité, mais qui ne donne point une certitude entière, & qui n'exclut pas absolument tout doute. Ainsi un jugement est vraisemblable, un système est vraisemblable, quand ils ont incomparablement plus d'apparence de vérité que de fausseté, quoiqu'ils puissent absolument être faux.

La *Probabilité* est une raison grave ou un motif plausible, qui peut être avoué par un homme éclairé & prudent, & qui est capable de déterminer son suffrage. La probabilité dit quelque chose de moins que la vraisemblance. La probabilité & la vraisemblance n'excluent point absolument la fausseté ; mais elles excluent toujours l'absurdité. L'une & l'autre fonde une *Opinion*.

Absurdité, Sens commun.

14. L'*Absurde* ou l'*Absurdité* est ce qui est en opposition ou avec soi-même, ou avec le sens commun. On entend par *Sens commun*, les principes & les connoissances qui fondent & règlent la manière générale de penser & de juger chez les hommes, ou l'usage & l'application de ces principes & de ces connoissances. *Répugnance* dit la même chose qu'absurdité, sous une expression différente. Un système est absurde, quand il renferme en lui-même des contradictions, ou qu'il heurte les vérités généralement reçues & avouées. L'absurde exclut nécessairement & la vraisemblance & la probabilité & la vérité.

OU NOTIONS GÉNÉRALES.

ERREUR, PRÉJUGÉ.

15. L'ERREUR est un jugement faux, fondé sur une raison qui a une apparence de vérité. C'est ou une fausse conséquence mal tirée d'un principe vrai, ou une conséquence légitime bien déduite d'un principe faux qu'on a pris pour vrai. L'erreur en genre dogmatique differe de l'hérésie, en ce que l'erreur suppose une droiture & une bonne foi que l'hérésie exclud.

Le *Préjugé* est un jugement porté ou sans motif, ou sans une attention suffisante au motif. Le préjugé peut être un jugement vrai : cependant par préjugés, on entend communément des jugements faux. Les deux principales sources de nos faux préjugés sont ou l'habitude plus ou moins invétérée de certaines idées que l'esprit a adoptées sans examen, & par lesquelles il se laisse conduire à l'aveugle dans ses jugements ; ou quelque passion puissante, qui ne montrant à l'esprit certains objets que sous une face odieuse qu'elle leur donne, lui arrache des jugements qui seroient désavoués par la raison lucide & tranquille.

GENRE, DIFFÉRENCE, ESPÈCE.

16. LE *Genre* est une propriété essentielle, commune à plusieurs espèces : elle les confond. La *Différence* est une propriété essentielle caractéristique, qui ne convient qu'à une seule espèce : elle la distingue de toutes les autres. L'*Espèce* est une nature semblable dans plusieurs individus, connue sous les idées génériques & différentielles qui la caractérisent, & dépouillée des propriétés individuelles qui distinguent un individu d'un autre individu. C'est l'idée précisive qui fait que cette nature généralisée peut être affirmée de tous les individus qu'elle contient, & à qui elle convient dans cet état d'abstraction & de précision. L'*Individu* est un être unique & isolé, considéré en lui-même ; par exemple, César dans l'espèce humaine ; tel arbre, tel lion, tel fruit, dans son espèce. Un individu n'a rien de commun avec un autre individu, que la ressemblance, laquelle donne occasion à l'esprit de concevoir tous les individus sous une idée qui les confond. Cette ressemblance dans la nature de tous les individus, est ce qu'on appelle quelquefois l'*Espèce fondamentale ;* c'est-à-dire, qui donne fondement à notre esprit d'envisager tous ces divers individus, de telle manière que l'objet de son idée devienne une espèce, telle qu'on vient de la définir.

I°. Le *Genre* peut être plus ou moins vague, plus ou moins étendu, selon qu'il confond la chose à définir, avec plus ou moins d'êtres différents : le *Genre prochain* est celui qui la confond le moins. Par exemple, *être*, *substance*, *vivant*, *animal*, (c'est-à-dire, principe ou sujet de sensations) sont autant de genres de l'homme : *animal* est le genre prochain. Parmi les propriétés différentielles, on appelle *différence dernière*, celle d'où découlent toutes les autres, & qui ne découle elle-même d'aucune autre. Par exemple, de la propriété de raisonnable dans l'homme, découle la faculté d'estimer ce qui est estimable, de rire de ce qui est ridicule, de fuir & de haïr ce qui est haïssable, d'apprécier le bien & l'honnête, de se rapporter à l'Auteur de son existence, &c. Donc parmi les propriétés qui différencient l'homme de la brute, & qui toutes supposent la raison, la propriété de raisonnable doit être regardée comme la différence dernière de l'homme.

II°. L'espèce se divise en espèce *supérieure*, qui contient sous soi plusieurs espèces ; & en espèce *inférieure*, qui ne contient sous soi que des individus d'une nature semblable. L'espèce supérieure peut être un genre par rapport aux espèces inférieures & subalternes : par exemple, *pomme* est une espèce relativement à *poire* & à *prune* ; *pomme* est aussi un genre relativement à *Calville* & à *Rainette*, qui sont deux *espèces dernières*, ne contenant sous elles que des individus.

GRADES MÉTAPHYSIQUES.

17. On appelle *Grades métaphysiques*, les différents attributs essentiels d'une même chose, dans lesquels on passe par une espèce de gradation des plus restreints aux plus généraux, en cette manière qui pourra servir d'exemple. Ariste est homme ; donc il est *animal* ; donc il est *vivant* ; donc il est *substance* ; donc il est *être*. Ces divers attributs dans Ariste ne sont point des choses réellement distinguées en elles-mêmes ; elles ne sont distinguées que par la façon différente dont l'esprit conçoit cette unique & même nature : ils forment non un *concret physique*, mais un *concret métaphysique*, dont nous parlerons plus bas. (41.)

Les idées plus générales prescindent des idées moins générales : les idées plus restreintes renferment ou supposent les idées plus générales. Par exemple, l'idée d'animal prescinde de l'idée de *raisonnable* ou d'*irraisonnable* ; mais elle inclut ou renferme l'idée de *vivant*, de *substance*, d'*être*. L'idée de vivant prescinde de l'idée d'*esprit*, de *végétal*, d'*animal* ; mais elle renferme ou inclut l'idée de *substance* & d'*être*.

SUBSTANCE, MODIFICATION.

18. On appelle *Être*, tout ce qui existe ou qui est capable d'existence. C'est le terme le plus étendu & le plus générique que puisse concevoir l'esprit humain. L'être se divise en substance & en modification. On nomme *Substance*, un être qui existe dans soi, qui est conçu en soi & par soi. On nomme *Modification*, une manière d'être de la substance, laquelle manière d'être ne peut ni exister, ni être conçue que dans la substance. Un globe de marbre est une substance ; la rondeur, la dureté, la pesanteur, le mouvement ou le repos de ce globe, sont des modifications qui ne peuvent ni être séparées, ni être conçues séparées de ce globe.

I°. On peut diviser la substance en matérielle & en immatérielle. La *Substance matérielle* est une substance étendue & impénétrable, du moins naturellement : c'est ce que l'on appelle un *corps*. Le corps se divise en *simple*, qu'on nomme *élément* ; & en *composé*, que l'on appelle *mixte*. La *Substance immatérielle* comprend l'*Esprit* & peut-être l'*Ame des Brutes*. L'esprit est une substance capable de pensée : il se divise en esprit incréé & en esprit créé. L'*Esprit incréé* est unique : c'est Dieu, qui est unité de nature & trinité de personnes. L'*Esprit créé* se divise en Ange & en ame humaine.

II°. Quant aux modifications, qu'on appelle aussi *Accidents modaux*, on se tourmente beaucoup en Philosophie pour sçavoir quelle est leur nature. Les Péripatéticiens soutiennent que les accidents modaux sont des *Entitatules* ou des petits-êtres distingués de la substance modifiée. Quelques Philosophes modernes ont fait jouer tous les ressorts du génie, pour se débarrasser de cette infinie & inconcevable multiplicité d'entitatules sans cesse périssante & sans cesse renaissantes ; mais inutilement : car le célèbre argument qui établit le sentiment péripatéticien, reste encore & restera sans doute éternellement à résoudre. Le voici cet argument qu'ils appellent leur Achille. Soit, par exemple, une boule de cire, dont la rondeur est un accident modal. Ou la rondeur de cette cire dit quelque chose de plus que la substance de la cire, ou elle ne dit rien de plus. Si cette rondeur ne dit rien de plus que la substance de la cire, donc cette rondeur existera tant qu'existera cette cire, même applatie ; ce qui est évidemment faux. Si cette rondeur dit quelque chose de plus que la substance de la cire, ce *quelque chose de plus* n'est pas un rien ; c'est donc un être, & un être distingué de la cire, puisqu'il peut en être séparé.

NÉGATIONS.

19. UNE *Négation* est l'absence ou la non-existence d'une substance ou d'une modification dans un sujet. Si le sujet est propre par sa nature à avoir cette substance ou cette modification, cette absence se nomme *Privation*. Si le sujet n'est pas propre par sa nature à avoir cette substance ou cette modification, cette absence se nomme *Négation*. L'absence ou la non-existence de la vue, est une privation dans l'homme, & une négation dans l'arbre. Les négations ou privations ne sont point des êtres positifs : elles ne sont que l'opposé des êtres positifs qu'elles excluent. Elles ne peuvent être conçues en elles-mêmes & par elles-mêmes ; on ne les conçoit que par les êtres dont elles sont l'opposé & l'exclusion.

CAUSE, EFFET.

20. LA *Cause* est ce qui produit ou occasionne l'existence d'un effet. L'*Effet* est ce qui acquiert l'existence par l'influence de la cause. Une cause est ou efficiente, ou occasionnelle, ou morale.

1°. La *Cause efficiente* est celle qui produit un effet par elle-même & par sa propre vertu ; c'est un principe actif, qui par lui-même donne l'existence ou à une substance, ou à une modification de la substance. C'est ainsi que Dieu est cause efficiente par rapport à l'univers qu'il a créé, par rapport au mouvement de la Nature qu'il a produit & qu'il perpétue. La cause efficiente peut contenir son effet ou formellement, ou éminemment, ou virtuellement. Un nuage contient *formellement* la pluie qu'il épanche sur la terre : parce que ces petites gouttes d'eau étoient dans le nuage sous leur forme & dans leur nature. L'essence divine contient *éminemment* les perfections de la nature humaine : parce que l'essence divine renferme des perfections d'un ordre supérieur & plus éminent, qui peuvent tout ce que peut la nature humaine, & infiniment au-delà. Notre ame contient virtuellement les actes libres de sa volonté : parce qu'elle a dans elle-même la vertu & le pouvoir de les former & de les produire.

II°. La *Cause occasionnelle* est celle qui ne produit pas l'effet par soi-même & par sa propre vertu, mais qui donne occasion à la cause efficiente de le produire. Par exemple, dans l'hypothèse où Dieu est l'unique auteur de tous les mouvements de la nature, une boule lancée contre une autre boule en repos, est la cause occasionnelle du mouvement produit dans la boule heurtée. La boule frappante n'ayant de sa nature qu'inertie, est incapable de donner par elle-même le mouvement à la boule en repos. Dieu qui n'agit que conformément à des régles générales qu'il a établies, ne produiroit jamais le mouvement dans la boule en repos, s'il n'y avoit aucune raison ou occasion de le produire. Le choc de la boule lancée contre la boule en repos, est pour l'Auteur & le Moteur de la Nature, la raison ou l'occasion de produire le mouvement dans la boule qui étoit en repos. La percussion est donc, non la cause efficiente, mais la cause occasionnelle de l'existence du mouvement dans la boule frappée.

III°. La *Cause morale* est celle qui meut la cause efficiente par les motifs d'agir qu'elle lui présente. C'est ainsi que celui qui conseille un crime, qui exhorte à ce crime, est la cause morale du crime commis par un autre ; parce que le crime commis lui doit son existence. La cause morale diffère de la cause occasionnelle. La cause morale est toujours une cause intelligente, qui presse & sollicite l'existence de l'effet, en présentant à la cause efficiente des motifs d'agir. La cause occasionnelle est toujours une cause aveugle, ou considérée comme aveugle, qui étant posée, occasionne l'existence de l'effet sans offrir à la cause productrice aucun motif d'agir.

IV°. Nous n'examinerons point ici la célèbre question qui partage encore les Philosophes ; sçavoir, si les créatures sont des causes efficientes, ou si elles ne sont que des causes occasionnelles (321). Ceux qui sont pour la première opinion, donnent à Dieu le nom de cause première, & aux Créatures le nom de causes secondes. Quoiqu'il en soit de cette dispute, voici quelques assertions qui en sont indépendantes, & qui n'ont rien de douteux.

21. ASSERTION I. *Une cause qui agit, existe : donc par l'effet visible on est bien fondé à assurer l'existence de la cause, même invisible.*

DÉMONSTRATION. L'action est une propriété réelle & physique, qui ne peut convenir qu'à un être existant : Donc un effet qui suppose une action ou une influence de sa cause, suppose aussi l'existence de cette cause : Donc l'effet est un moyen de démonstration infaillible relativement à l'existence de cette cause. C'est ainsi que nos pensées démontrent dans nous l'existence d'un être pensant ; nos actes libres, l'existence d'un principe libre : que l'ordre & le mouvement de l'univers démontrent qu'il y a dans la Nature un principe d'une sagesse & d'une activité infinie, auteur de cet ordre & de ce mouvement : que l'élasticité & la gravitation des corps supposent dans ces corps une cause efficiente ou occasionnelle de cette élasticité & de cette gravitation : que les effets propres à certains végétaux & à certains animaux, nous décèlent dans ces végétaux & dans ces animaux, l'existence de certaines qualités ou propriétés caractéristiques qui nous dévoilent leur nature : que tout effet connu nous mene à l'existence de sa cause, quand même la nature de cette cause seroit d'ailleurs incompréhensible à notre esprit.

22. ASSERTION II. *On ne peut attribuer à une cause un effet qui excède & surpasse la puissance ou l'activité de cette cause : donc tout ce qu'il y a de perfections dans l'effet, doit se trouver ou formellement, ou éminemment, ou virtuellement dans sa cause.*

DÉMONSTRATION. Comme les perfections de l'effet naissent de la cause qui les lui communique avec l'existence, il est évident que l'effet ne peut pas avoir plus de perfections que la cause ne peut lui en communiquer ; & que la cause ne peut pas lui communiquer plus de perfections qu'elle n'en a elle-même : parce que dans une cause la puissance est circonscrite par son être, & ne peut pas excéder l'activité de son être. D'où il s'ensuit qu'on ne peut attribuer la pensée à la matière, si la pensée excède la sphère & l'activité de la matière ; que l'ordre & l'harmonie de la Nature ne peuvent être l'effet de la matière & du hasard, si la matière & le hasard ne sont pas capables de produire l'ordre & l'harmonie de la Nature.

23. ASSERTION III. *Une cause nécessaire agit toujours selon toute la mesure de son activité : donc la quantité de l'effet détermine l'activité de la cause.*

DÉMONSTRATION. Une cause étant supposée nécessaire, elle n'a rien qui arrête ou suspende son action ; une cause qui n'a rien qui arrête ou suspende son action, la déploye dans toute son étendue ; une cause qui déploye son action dans toute son étendue, dévoile toute son activité : donc une cause nécessaire dévoile & exprime toute son activité dans son effet : donc la quantité de l'effet détermine l'activité de la cause. Il n'en est pas de même d'une cause libre qui étant supposée agissante en vertu d'une détermination qu'elle puise dans elle-même, peut à son gré employer ou ne pas employer la somme d'activité qu'elle possède.

24. ASSERTION IV. *Une cause nécessaire produit un effet d'autant plus grand, qu'elle est plus longtemps appliquée à le produire : donc la quantité de l'effet est proportionnée au temps qu'employe la cause à le produire.*

DÉMONSTRATION. Une cause nécessaire accumule & entasse son action dans son effet, pendant tout le temps qu'elle applique son action & son influence à son effet. Par exemple, l'action du feu appliquée à un fer que je veux rougir au feu, pénétre & s'accumule dans le fer, jusqu'à ce que le fer perde d'une part ce qu'il acquiert de l'autre : l'action de la gravité qui pousse un corps vers le centre de la terre, augmente successivement par ses impulsions réitérées, le mouvement qui précipite ce corps vers le centre de la terre, jusqu'à ce qu'une résistance étrangère détruise l'action permanente de la gravité. Donc si le temps employé est double ou triple, l'action de la cause est double ou triple : donc l'effet qui naît de cette action, & qui suit la proportion de cette action, est double ou triple, pour un temps double ou triple. Ce principe porte une grande lumière sur plusieurs points intéressants de la Physique.

25. ASSERTION V. *Une même cause peut produire des effets différents : donc la différence des effets n'annonce pas toujours une multiplicité de causes.*

DÉMONSTRATION. Dieu, un & simple dans sa nature, a créé la substance intelligente & la substance étendue, distribué les châtiments & les récompenses. L'homme, ce composé de corps & d'ame qui n'est qu'un même tout, est en même tems la cause (efficiente ou occasionnelle) & de ses sensations & de ses raisonnements : les effets sont différents ; le principe ou la cause est simple & unique.

26. ASSERTION VI. C'est un axiôme généralement adopté par tous les Philosophes, qu'*il ne faut point multiplier les principes ou les causes sans nécessité* : donc plusieurs effets différents doivent être attribués & rapportés à une même cause, quand une même cause suffit pour produire & expliquer tous ces différents effets : donc par la raison contraire, on doit reconnoître & admettre une pluralité de causes, quand on conçoit qu'une même cause est insuffisante pour produire & pour expliquer les différents effets qu'on observe.

PUISSANCE OBÉDIENTIELLE.

27. On entend par *Puissance* dans un être, le pouvoir de faire ou de recevoir quelque chose. On entend par *Puissance obédientielle* dans un être, le pouvoir de faire quelque chose par le moyen d'un secours surnaturel donné par le Tout-puissant à la puissance naturelle. Par exemple, mon œil a la faculté de représenter les objets : Voilà sa puissance naturelle. Cette faculté de représenter les objets, qui devient nulle quand les objets s'évanouissent dans une immense distance, aidée & élevée par le secours d'un excellent télescope, acquiert le pouvoir de représenter ces mêmes objets éloignés, qu'elle ne pouvoit saisir & retracer sans ce secours. Voilà une image de la puissance obédientielle. Maintenant à la place du télescope, qui est un secours purement naturel, supposez que l'œil soit aidé d'un secours surnaturel que le Tout-puissant peut donner à l'œil : l'œil aidé & élevé par ce secours surnaturel, aura la puissance de voir & de représenter un objet, qu'il étoit dans l'impuissance de représenter auparavant, étant privé de ce secours surnaturel. La puissance de recevoir en soi un secours surnaturel, la puissance de voir par le moyen de ce secours surnaturel ce qu'il ne pouvoit voir sans l'aide de ce secours, voilà la *Puissance obédientielle* de l'œil. De cette définition découlent les Corollaires suivants.

28. COROLLAIRE I. *La Puissance obédientielle n'est qu'une perfection & une extension de la puissance naturelle.* Donc cette élévation de la puissance naturelle à des effets au-dessus de sa nature, ne détruit point sa nature primitive ; puisqu'elle ne fait que l'exercer d'une manière supérieure & plus parfaite.

29. COROLLAIRE II. *La Puissance naturelle ne peut être élevée à produire des effets qui n'ont aucun rapport avec sa nature.* Car quelque télescope, quelque secours naturel ou surnaturel, que je suppose appliqué à mon oreille, je ne conçois pas qu'elle en devienne plus capable de me rendre visibles les objets, & de me peindre les couleurs.

30. COROLLAIRE III. *La Nature humaine peut être élevée à une fin surnaturelle & à des actes surnaturels.* Car il est évident que le Créateur peut proposer à la substance intelligente une fin surnaturelle, par exemple, le bonheur de voir & de posséder Dieu ; laquelle fin ne lui étoit point dûe en vertu de sa nature. Il est de même évident que cette substance intelligente peut recevoir du Créateur, & des lumières surnaturelles dans son esprit, & des mouvements surnaturels dans sa volonté, qui la rendront capable de produire des actes surnaturels, dont sa nature, destituée d'un tel secours, eût été absolument incapable.

OU NOTIONS GÉNÉRALES.

31. COROLLAIRE IV. Il faut bien sentir la différence de ces expressions, *selon la nature, au-dessus de la nature, contre la nature*. Un acte est *selon la nature* d'une cause, quand il est dans la classe de ceux qu'elle est destinée à produire selon ses forces naturelles. Un acte est *au-dessus de la nature* d'une cause, quand il excède la mesure d'activité & de vertu de la cause; quoiqu'il soit dans la classe de ceux qu'elle est destinée à produire, & qu'il n'en diffère que par son excellence. Un acte est *contre la nature* d'une cause, quand il n'est nullement compris dans la classe de ceux qu'elle est destinée à produire; ou qu'il suppose dans la cause quelque chose qui répugne à sa production. La connoissance d'une vérité géométrique, l'amour du bien & de l'honnête, est selon ma nature. La connoissance d'une vérité inaccessible à mes lumières naturelles, l'amour d'un bien qui excéde naturellement mes puissances affectives, est au-dessus de ma nature. La création d'une mouche ou d'un atôme est contre ma nature, qui exclud essentiellement la puissance infinie qu'il me faudroit avoir pour cette création.

LES RELATIONS.

32. UNE *Relation* est l'ordre ou le rapport d'une chose à une autre; ou, si l'on veut, une relation est ce par quoi une chose connue mene nécessairement à la connoissance d'une autre. Par exemple; je ne puis penser à un fils comme fils, sans penser à un pere qui lui a donné le jour : la filiation ou la qualité de fils, est une relation.

33. ASSERTION I. *Toute Relation renferme nécessairement trois choses, le sujet de la relation, le terme de la relation, la raison ou le fondement de la relation*. Le *sujet* de la relation est la chose qui se rapporte à une autre : le *terme* de la relation est la chose à laquelle se rapporte le sujet : le *fondement* de la relation est la raison ou la qualité qui fait que le sujet se rapporte au terme. Dans la relation d'un fils à son pere, le fils en est le sujet, le pere en est le terme, la filiation en est le fondement.

34. ASSERTION II. *Il est évident qu'il y a dans les choses des relations réelles, que notre esprit découvre, mais qu'il ne fait pas*. Notre esprit découvre dans le fils, une relation à son pere; dans l'esclave, une relation à son maître; dans la Créature, une relation à l'Auteur de son existence : Donc ces relations sont dans les choses indépendamment de notre esprit, qui ne fait que les y appercevoir.

35. ASSERTION III. *La relation considérée dans ce qui la fonde, se divise en essentielle, en accidentelle, en arbitraire*. La relation *essentielle* est celle où le fondement de la relation est essentiel au sujet. La relation de la Créature au Créateur, de l'effet à la cause, de la modification à la substance modifiée, de l'idée à l'objet représenté par l'idée, est une relation essentielle. La relation *accidentelle* est celle où le fondement de la relation est accidentel au sujet. La relation du disciple au maître est une relation accidentelle; parce que la doctrine reçue dans le disciple, laquelle fait le fondement de cette relation, est parfaitement accidentelle au sujet qui est devenu disciple. La relation *arbitraire* est celle où l'on juge arbitrairement d'un objet par son rapport avec un autre objet à qui on le compare. Gulliver dans l'île des Pigmées s'estime un géant : Gulliver dans l'île

des Géants devient à ses propres yeux un nain & un pigmée : d'où il résulte que toute grandeur créée n'est que relative.

36. ASSERTION IV. *Le fondement de la relation essentielle n'est point une chose distinguée de la nature même du sujet de la relation ; ou n'est que la nature même du sujet de la relation.* Si je conçois précisément l'essence divine, dépouillée par la pensée de toute entité ou modification étrangère ; je conçois dans cette essence divine une relation essentielle aux êtres intelligibles qu'elle représente, aux êtres possibles à qui elle peut donner l'existence. Si je conçois précisément la nature d'un être créé, dépouillée par la pensée de tout ce que je puis en ôter sans la détruire ; je conçois dans elle une dépendance du Créateur ; & si je veux faire disparoître par la pensée tout ce qui fonde cette dépendance, je conçois que cette nature créée doit périr toute entière, & qu'il ne doit rien rester d'elle-même. Donc le fondement de la relation essentielle ne dit pas quelque chose qui soit réellement distinguée du sujet, qui soit réellement ajoûtée au sujet, qui détermine physiquement le sujet à se rapporter au terme de la relation.

37. ASSERTION V. *Le fondement de la relation accidentelle consiste dans quelque chose d'accidentel au sujet de cette relation.* Il est évident que le fondement de cette relation ne peut pas consister dans l'essence du sujet, ou dans quelque chose d'essentiel au sujet ; sans quoi la relation seroit essentielle ; ce qui est contre l'hypothèse. Il est évident que le fondement de cette relation ne peut pas consister dans le rien : sans quoi la relation ne seroit pas réelle, ou plutôt il n'y auroit point de relation ; ce qui est encore contre la supposition. Il reste donc que le fondement de la relation accidentelle consiste dans quelque chose d'accidentel au sujet. Cet accident du sujet peut être ou intrinsèque ou extrinsèque au sujet.

I°. Cet accident est *intrinsèque* au sujet, quand il consiste dans une action ou dans une passion du sujet : par exemple, dans la relation d'une mere à son fils, le fondement de la relation est la vie & l'accroissement que la mere lui a donné ; ce qui est une action de la mere, & par là même quelque chose d'intrinsèque à la mere.

II°. Cet accident est *extrinsèque* au sujet, quand il consiste dans quelque chose qui n'est point reçue dans le sujet : par exemple, le Sultan de Constantinople donne au Sophi de Perse un esclave : cet esclave a une relation à son nouveau maitre, laquelle n'a pour fondement que l'acte de la volonté de ces deux Souverains, qui est extrinsèque à l'esclave.

38. REMARQUE. La connoissance ou la théorie des relations paroit d'abord assez inutile, assez frivole. Elle le paroit moins quand on fait attention que tout est relations dans la nature : que c'est sur les relations ou les rapports de l'homme à Dieu, comme son Créateur, comme son Bienfaiteur, comme son Maître, comme son Législateur, comme son Juge, comme son Rémunérateur, qu'est fondée & appuyée presque toute la Religion : que c'est sur les relations ou sur les rapports d'un citoyen à un citoyen, d'un sujet à son Souverain, d'un Souverain à son sujet, des peres aux enfants, des enfants aux peres, qu'est établi l'ordre & le lien de toutes les sociétés humaines : que c'est des relations de la partie à la partie, de la partie au tout, du tout à sa fin, que résulte & se forme la beauté & la perfection de ce monde visible, & de tout ouvrage où préside l'intelligence & le

génie. Nous sommes habitués à voir & à sentir par-tout des rapports & des relations ; pourquoi dédaignerions-nous d'examiner un moment la nature de ces relations & de ces rapports ?

SCIENCES, ARTS.

39. LA *Science* proprement dire est une connoissance évidente, qui découle d'un principe évident. La science exclud nécessairement le doute ; parce que la science ne laisse point l'esprit en suspens, & qu'elle prononce absolument & déterminément.

I°. Le garant sûr d'une connoissance évidente, ou ce qui constate indubitablement l'évidence & la vérité d'une connoissance, c'est son évidence même, sentie par notre esprit. Notre ame est propre à sentir l'évidence, comme elle est propre à sentir la joie & la douleur. Le sentiment intime de l'évidence, ce sentiment constant & réfléchi, qu'aucun doute n'inquiéte & qu'aucun nuage n'obscurcit, n'induit jamais en erreur. L'esprit humain, sujet à l'erreur quand il juge des choses sans attention & sans motif, est infaillible & incapable de se tromper, quand il appuie ses jugements sur l'évidence intrinsèque ou extrinsèque des choses. Il paroit fort inutile après cela, d'examiner s'il y a eu de vrais Sceptiques ou de vrais Pyrrhoniens. Quoiqu'il en soit, il est évident que ces hommes qui se donnoient pour douter de tout, ou prétendoient badiner, ou parloient de bonne foi. S'ils prétendoient badiner, il est évident que c'étoit de mauvais plaisants. S'ils parloient sincèrement ou d'après leur sentiment, il est évident qu'ils méritoient tout simplement d'être transférés du Lycée Philosophique aux Petites-maisons.

II°. Un enchaînement de connoissances ou de régles, toutes établies sur l'évidence, est appellée une *Science* : telle est la Géométrie, l'Arithmétique, l'Optique, la Méchanique, la théorie du Mouvement, &c. Une méthode expérimentale & non démontrée de bien faire quelque chose, est appellée du nom d'*Art*. Les Sciences se divisent en *spéculatives*, qui se bornent à contempler leur objet ; & en *pratiques*, qui donnent des régles démontrées de faire leur objet. Les Arts se divisent en Arts *libéraux* & en Arts *méchaniques*.

OBJET MATÉRIEL ET FORMEL.

40. LES Sciences & les Arts ont en même temps & un objet matériel & un objet formel, que nous allons faire connoître. Les Sciences spéculatives atteignent leur objet autrement que les Sciences pratiques.

I°. Les Sciences spéculatives ont pour *Objet matériel* la chose qu'elles considérent, & pour *Objet formel* la propriété qu'elles cherchent à connoître dans cette chose. Par exemple, la Physique s'applique à découvrir les propriétés naturelles des corps qui composent cet univers. Les corps, voilà l'objet matériel de la Physique : les propriétés de ces corps, telles que la dureté, la fluidité, la gravité ; voilà l'objet formel de la Physique.

II°. Les Sciences pratiques ont pour *Objet matériel*, la chose sur laquelle elles opérent ; & pour *Objet formel*, la propriété qu'elles produisent dans la chose. Par exemple, la Médecine s'occupe de la santé du corps humain : le corps humain, voilà l'objet matériel de la Médecine ; la santé, voilà son objet formel. Il en est de même des Arts, par exemple de la Musique : la voix humaine, voilà son objet matériel ; l'élégance de modulation à donner à la voix humaine, voilà son objet formel.

III°. Les Sciences spéculatives supposent existant ou considèrent comme existant leur objet soit matériel soit formel : le Géomètre cherche dans le triangle & dans le cercle, les propriétés que renferme le cercle & le triangle. Parmi les Sciences pratiques, comme parmi les Arts, il y en a qui supposent leur objet matériel existant avant leur objet formel ; il y en a qui produisent l'un & l'autre objet en même temps. Parmi les Arts libéraux, la Sculpture a pour objet matériel le bronze ou le marbre, qui sont indifférents à recevoir ou à ne pas recevoir la forme que le Sculpteur doit leur donner. La Musique au contraire ne dirige pas un son déja existant, n'apprend pas à convertir un ton grave en un ton aigu ; mais elle apprend à former le ton avec la rectitude qu'il doit avoir. Dans le premier cas, la forme est accidentelle à l'objet matériel ; elle lui est essentielle dans le second. La Science ou l'Art dirige toujours l'esprit dans la production de son objet ; dans le premier cas, en lui apprenant à changer la forme accidentelle qu'a actuellement le bronze, en une autre forme qui lui sera également accidentelle ; dans le second cas, en lui montrant parmi les sons possibles, celui qui convient actuellement au chant, & en le déterminant à faire produire un ton juste & concordant, plutôt qu'un ton faux & discordant.

IV°. La Logique & la Morale sont des Sciences pratiques, puisqu'elles apprennent à produire leur objet. La Logique dirige les actes de l'esprit ; la Morale dirige les actes de la volonté. La Logique a pour objet matériel les trois opérations de l'esprit ; & pour objet formel la justesse & la rectitude qu'il faut donner à chacune de ces opérations. La Morale a pour objet matériel les actes de la volonté, & pour objet formel l'honnêteté & la rectitude qui convient aux divers actes de la volonté. La Logique dirige l'esprit en le formant à bien définir, à bien diviser, à bien évaluer ses propositions, à bien tirer ses conséquences. La Morale dirige la volonté en l'inclinant, par le motif puissant du bien & de l'honnête qu'elle lui fait sentir, à produire dans les différentes circonstances de la vie, tel acte juste & vertueux, plutôt que tel autre acte inique & criminel.

CONCRET, ABSTRAIT.

41. LE terme *Concret* exprime un sujet avec sa forme ou sa qualité. Le terme *Abstrait* exprime la forme ou la qualité sans le sujet. *Juste* est un terme concret, qui signifie un sujet ayant la justice ; *Justice* est un terme abstrait ; c'est la qualité ou la forme qui détermine le sujet à être juste.

I°. Le concret se divise en concret physique, en concret logique, & en concret métaphysique. Le *Concret physique* exprime un sujet avec une forme intrinsèque au sujet & accidentelle au sujet : Par exemple, *un sage*, ou un sujet ayant la sagesse qui lui est intrinsèque & qui peut en être séparée. Le *Concret logique* exprime un sujet avec une forme extrinsèque au sujet, & par là même accidentelle au sujet : Par exemple, *vû, applaudi*, ou un sujet terminant la vision & les applaudissements qui lui sont extrinsèques, & qui le déterminent à être dénommé vû & applaudi. Le *Concret métaphysique* exprime un sujet, avec une forme essentielle au sujet & identifiée avec le sujet : Par exemple, *l'homme*, ou sujet ayant l'humanité ; *animal*, ou sujet ayant l'animalité ; *Dieu*, ou sujet ayant la divinité. Dans tous ces concrets métaphysiques, le sujet & la forme ne sont réellement qu'une même chose indivisible ; & l'esprit qui représente cette chose unique & indivisible comme un concret, conçoit d'abord par l'idée précisive un sujet vague & indéterminé, auquel il unit par la pensée la forme qui doit le déterminer à être un sujet ayant l'humanité, ou l'animalité, ou la divinité.

II°. Parmi les nombres, on appelle *abstraits*, ceux qui ne sont appliqués à aucune qualité ou grandeur spécifiée ; & *concrets*, ceux qui sont appliqués à des quantités ou grandeurs spécifiées. Par exemple, *trois, vingt, cent, mille*, sont des nombres abstraits, qui n'expriment ni des hommes, ni des toises, ni des livres, ni aucune grandeur dont la nature soit fixée & caractérisée. *Trois toises, cent livres, mille hommes*, sont des nombres concrets, appliqués à des quantités ou grandeurs particulières, caractérisées dans leur nature.

TOUT, PARTIE.

42. UN *Tout* est un composé de plusieurs parties considérées ensemble : Par exemple, plusieurs sommes prises ensemble font une somme totale ou un tout. On entend par *Partie d'un tout*, une portion quelconque de ce tout, qui n'est pas le tout. Par exemple, je puis diviser la Terre en deux parties, dont l'une sera un grain de sable, & l'autre le reste de la Terre. Le tout se divise en tout physique, en tout logique, & en tout métaphysique.

I°. Le *Tout physique* est un tout composé de plusieurs parties réellement distinguées l'une de l'autre. L'homme, considéré comme composé de corps & d'ame, est un tout physique.

II°. Le *Tout métaphysique* est un tout composé de plusieurs parties qui ne sont distinguées l'une de l'autre que par les idées précisives qui les représentent. L'homme, considéré comme animal raisonnable, est un tout métaphysique ; l'animal & le raisonnable n'étant qu'une même chose indivisible, sçavoir, la nature humaine considérée relativement & à ses sensations & à ses raisonnements.

III°. Le *Tout logique* est l'objet d'une idée précisive, lequel dans cet état de précision peut être affirmé de plusieurs choses distinguées entr'elles. Ce tout est ou un genre qui a sous soi plusieurs espèces, ou une espèce qui a sous soi plusieurs individus. Par exemple, *Animal* est un tout logique, qui convient à l'homme & à la brute ; ce sont ses deux parties. *Homme* est aussi un tout logique, qui convient à chaque homme en particulier : chaque homme est une partie de ce tout logique.

LES DISTINCTIONS.

43. ON appelle *Distinction* en style métaphysique, la différente manière dont on conçoit les choses. Il y a trois sortes de distinctions, sçavoir, la distinction réelle, la distinction modale, la distinction de

raison. La *Distinction réelle*, parmi les créatures, est celle qui se trouve entre plusieurs choses qui peuvent exister séparément, ou l'une sans l'autre. J'ai dit *parmi les créatures* ; car il y a aussi une distinction réelle entre les trois Personnes divines, quoique les trois Personnes divines ne puissent pas exister séparément, à cause de l'identité de la Nature divine qui leur est commune. La *Distinction modale* est celle qui se trouve entre les substances & leurs modifications. La substance peut exister sans telle modification, mais cette modification ne peut exister sans la substance. Il y a une distinction réelle, entre la modification d'une substance & la modification d'une autre substance : par exemple, entre ma pensée & la pensée d'un autre homme. La *Distinction de raison* se fait entre les choses qui sont réellement les mêmes, mais que notre esprit conçoit comme si elles étoient différentes Par exemple, quoique dans Dieu la *sagesse* & la *bonté* soient réellement identifiées avec la Nature divine, & qu'elles ne soient par conséquent qu'une chose unique & indivisible en soi ; cependant notre esprit conçoit ces deux attributs comme différents, à cause des différents effets qui émanent de la même Nature divine, & auxquels la même Nature divine a rapport. C'est cette distinction (que nous appellons distinction de raison) qui seule occasionne les bruyantes disputes de l'École sur la matière des distinctions. Nous allons donner une idée de ces célèbres disputes, assez frivoles pour le fond.

Etat de la Question.

QUAND je conçois l'homme, par exemple, tantôt comme *animal*, tantôt comme *raisonnable*, quel est l'objet fixe & précis de ces deux idées ? Voilà ce qu'il s'agit d'expliquer & de déterminer ! Sur quoi voici trois systèmes imaginés pour résoudre cette question, & pour donner cette explication. Nous prendrons l'homme pour exemple général : mais on pourra faire les mêmes raisonnements sur toute autre espèce d'êtres, sur l'Esprit, sur la Matière, sur le Lion, sur Dieu, &c.

La Distinction formelle Scotistique.

44. SYSTÊME I. Comme dans les concrets physiques la forme est distinguée du sujet ; (41.) de même dans les concrets métaphysiques, selon les Scotistes, la forme est aussi distinguée du sujet : avec cette différence cependant, que les concrets physiques sont constitués par un sujet & une forme distingués, au lieu que les concrets métaphysiques ne sont constitués que par des formalités distinctes De telle sorte que l'homme n'est constitué homme que par l'assemblage de toutes les formalités qui constituent sa nature ; par exemple, par la formalité d'Ariste, par la formalité de raisonnable, par la formalité d'animal, par la formalité de risible, par la formalité d'admiratif, par la formalité de possiblement vicieux ou vertueux, par la formalité de vivant, de substance, d'être, & par une infinité d'autres formalités qui répondent à toutes les facultés possibles de l'homme Dans ce système, l'idée qui dans Ariste ou dans l'homme en général, représente la qualité d'*animal*, a pour objet une formalité qui constitue animal ce sujet ; & l'idée qui représente

présente dans le même homme la qualité de *raisonnable*, a pour objet une autre formalité qui constitue raisonnable le même sujet. Ces deux formalités (& on peut dire la même chose de toutes les autres) sont distinguées entr'elles ; l'une pouvant être niée de l'autre. Il n'y a cependant pas une distinction réelle entre ces deux formalités ; parce que la distinction réelle ne se trouve, disent-ils, qu'entre deux sujets, ou entre un sujet & une forme séparable du sujet : mais il y a entre ces deux formalités une distinction qu'ils appellent *formelle*, en tirant son étymologie des deux formes ou formalités entre lesquelles elle se trouve. Dans ce système, il y a dans le concret métaphysique, par exemple, dans Ariste, quelque chose qui fait la fonction de *sujet vague*, lequel a besoin d'être déterminé par les différentes formalités qu'il possède, à être tel sujet plutôt qu'un autre sujet. Ariste est un sujet déterminé à être animal par l'*animalité* ; à être raisonnable par la *rationalité* ; à être substance par la *substantialité* ; à être un être par l'*entité* ; à être Ariste par l'*Aristéité*.

Ce système, un des plus singuliers qui ayent jamais été imaginés, n'a aucune preuve bien triomphante qui l'établisse ; de vaines subtilités n'étant des preuves convaincantes que pour ceux qui sont prédéterminés à prendre des mots pour des raisons, & le bizarre pour la nature. Parmi plusieurs difficultés qu'on peut faire contre ce système, en voici deux tirées, l'une de la raison, & l'autre de l'autorité, qui semblent l'abattre & le détruire.

Iº. Ces formalités, qui par leur assemblage & leur réunion constituent un concret métaphysique, l'homme par exemple, ou sont des substances, ou sont des modifications. Si ces formalités sont des *substances*, il s'ensuit qu'une seule substance sera composée d'une multitude innombrable de substances, qui ne peuvent subsister l'une sans l'autre : ce qui semble répugner avec l'idée de *substance*, qui dit un être capable d'exister isolé, en soi-même & par soi-même. Si ces formalités sont des *modifications*, comme l'assemblage de ces formalités constitue une substance, Ariste, par exemple, qui est identifié avec l'assemblage des formalités qui le constituent, il s'ensuit qu'une substance sera constituée substance, par un nombre innombrable de choses qui ne sont point substance, & dont la nature exclud essentiellement la qualité de substance. Or, j'aimerois autant dire qu'un homme est constitué *voyant*, par un nombreux assemblage d'aveuglements ; *sain*, par une foule de négations de santé ; *existant*, par une infinité de privations d'existence.

IIº. Ce système ne semble-t-il pas avoir un peu trop de rapport & de ressemblance avec le système de Gilbert de la Porrée, condamné au grand Concile de Rheims, qui se tint en 1148, & auquel assistèrent environ onze cents Prélats ? Gilbert de la Porrée soutenoit, entr'autres erreurs, que dans Dieu la divinité n'est point Dieu, & qu'elle n'est que la forme qui le constitue Dieu : *quod natura divina, quæ divinitas dicitur, Deus non sit, sed forma quâ Deus est ; quemadmodùm humanitas homo non est, sed forma quâ est homo.* Ce Concile, avec le suffrage & l'adhésion de toute l'Église, condamne & proscrit toutes les formes ou les formalités distinguées qu'on voudroit admettre dans la nature divine, entre Dieu & sa divinité, entre Dieu & son éternité, entre Dieu & son unité, entre Dieu

22 LA MÉTAPHYSIQUE PURE,

& tous ses autres attributs absolus. Quelle différence bien caractérisée peuvent montrer les Scotistes, entre ce système de Gilbert de la Porrée, & leur système appliqué au même objet, à la divinité. (*)

La Distinction Virtuelle Intrinsèque.

45. SYSTÊME II. Selon les Thomistes, un même principe, un principe unique, l'homme, par exemple, étant capable en même temps & de sensations & de raisonnements, équivaut virtuellement & intrinsèquement à deux principes distingués, dont l'un seroit capable de sensations, & l'autre de raisonnements. A raison de cette *équivalence* à deux principes distingués, ce principe unique est *virtuellement & intrinsèquement* distingué en lui-même ; ou, si l'on veut, le principe des sensations est distingué du principe des raisonnements, d'une *distinction virtuelle & intrinsèque* ; ensorte que l'un puisse être connu en lui-même, sans que l'autre soit connu en lui-même ; & c'est ce qu'ils appellent *pouvoir soutenir des attributs contradictoires extrinsèques*. Selon ce système, l'idée qui représente l'homme sous la qualité d'*animal*, a pour objet l'homme même, en tant qu'équivalent à un principe qui n'auroit que des sensations ; & l'idée qui représente l'homme sous la qualité de *raisonnable*, a pour objet l'homme même, en tant qu'équivalent à un principe qui n'auroit que des raisonnements : de telle sorte cependant que la première idée ne représente pas ce que représente la seconde, quoique l'une & l'autre représente l'homme tel qu'il est en lui-même.

Ce système n'auroit rien que de raisonnable & de satisfaisant dans ses principes, si on en ôtoit cette distinction virtuelle intrinsèque, imaginée pour faire qu'une nature simple & indivisible soit en même temps connue & non connue, & par là même connoissable & non connoissable : ce qui est une contradiction manifeste. Voici un simple & unique argument que je fais contre ce système à un Thomiste. Quand vous ne connoissez encore dans un objet que l'*animal*, sans rien connoître & sans pouvoir rien affirmer du *raisonnable* qui ne se manifestera que quelques moments après, vous connoissez le terme

---

(*) *Voici le Symbole de foi que fit le Concile de Rheims contre les erreurs qu'il proscrit.* Credimus & confitemur simplicem naturam divinitatis esse Deum; nec aliquo sensu catholico posse negari quin divinitas sit Deus, & Deus divinitas. Sicubi vero dicitur; Domini sapientiâ sapientem, magnitudine magnum, divinitate Deum esse, & alia ejusmodi : Credimus nonnisi eâ sapientiâ quæ est ipse Deus, sapientem esse ; nonnisi eâ magnitudine quæ est ipse Deus, magnum esse ; nonnisi eâ æternitate quæ est ipse Deus, æternum esse; nonnisi eâ unitate unum, quæ est ipse : id est, seipso sapientem, magnum, æternum, unum, Deum. Cùm de tribus Personis loquimur, Patre & Filio & Spiritu sancto, ipsas unum Deum, unam divinam substantiam esse fatemur : & è converso, cùm de uno Deo, unâ divinâ substantiâ loquimur; ipsum unum Deum, unam divinam substantiam, esse tres Personas confitemur. Credimus & confitemur solum Deum, Patrem & Filium & Spiritum sanctum, æternum esse ; nec aliquas omninò res, sive relationes, sive proprietates, sive singularitates, vel unitates dicantur, vel alia hujusmodi, adesse Deo, quæ sint ab æterno & non sint Deus.

de votre connoissance : Or, selon vous, le terme de votre connoissance ou *l'animal*, est réellement la même chose que le raisonnable, est réellement identifié avec le raisonnable : donc vous connoissez ce qui est identifié avec le raisonnable. Or, ce qui est identifié avec le raisonnable, est le raisonnable : donc en ne connoissant que l'animal, sans rien connoître du raisonnable, vous connoissez le raisonnable ; ce qui semble évidemment contradictoire & à vos principes, & en lui-même.

La Distinction de Raison.

46. SYSTÊME III. Ce systême est fondé sur les connoissances précisives que nous allons définir, & que nous rendrons ensuite sensibles, en les appliquant à deux exemples particuliers qui pourront servir de modéle pour tous les objets possibles. Une *connoissance précisive* est une connoissance qui atteint & représente une propriété essentielle d'un objet, sans atteindre & représenter les autres propriétés du même objet. Par exemple, c'est une idée qui représente Dieu relativement aux effets de sa *sagesse*, sans le représenter relativement aux effets de sa *justice* ou de sa *bienfaisance* ; ou qui représente l'homme relativement à ses sensations, sans le représenter relativement à ses raisonnements.

I°. Comme nous ne voyons point en elles-mêmes les propriétés intrinsèques des choses, & que nous ne pouvons connoître ces propriétés que par les effets sensibles que nous observons ; à l'occasion des effets connus, notre esprit remonte à la cause cachée. Par exemple, je passe dans un bois pendant la nuit, & j'apperçois confusément à travers les broussailles un objet inconnu, (homme ou brute, je n'en sçais rien encore) qui dans l'obscurité & les ténèbres s'avance rapidement vers moi avec bruit & fracas. Par ce mouvement progressif, je juge que ce qui s'avance vers moi, a la qualité d'animal ; mais je ne connois pas encore cette qualité d'animal telle qu'elle est en elle-même, raisonnable ou irraisonnable. Mon idée jusqu'à présent a pour objet un *animal vague & indéterminé*, qui peut être joint indifféremment avec le raisonnable ou avec l'irraisonnable. Un moment après je m'entends crier ; la bourse ou la vie ! A ce maudit cri mon esprit s'éclaire, & détermine sa première idée ; & je connois que cet animal, auparavant vague & indéterminé dans mon idée, est un animal doué de la raison dont il abuse. Dans ce systême, la première idée qui représente sous la qualité d'animal, l'objet tel que je l'ai d'abord apperçu, a pour objet non l'animal tel qu'il est en lui-même, identifié avec le raisonnable ; mais un animal vague & indéterminé, un animal considéré dans un état d'abstraction où il ne renferme & n'exclud point le raisonnable dont il prescinde. La seconde idée formée en moi à l'occasion d'un signe connexe avec la raison, a pour objet le raisonnable, considéré dans un état d'abstraction où il ne renferme point & n'exclud point l'animal dont il prescinde ; puisqu'il peut absolument exister un être capable de raisonnements, sans être capable de sensations. Je vois que ces deux qualités, *animal* & *raisonnable*, sont jointes dans un même sujet : & en conséquence je connois & j'affirme que cet objet qui a déterminé mes deux idées, est un animal raisonnable. Ce système simple & satisfaisant, n'a ni la bisarre composition du premier, ni la révoltante contradiction du second.

II°. Les mêmes précisions ont également lieu entre les attributs divins ; par exemple, entre la *sagesse* & la *bienfaisance* divines, qui dans Dieu ne sont réellement que Dieu même. En voyant l'ordre admirable qui brille dans la Nature, mon esprit s'élève à la connoissance d'un principe doué d'une sagesse infinie, qui régle & dirige cet univers. En voyant les bienfaits que la Nature répand sur nous d'une main libérale, mon esprit s'élève à la connoissance d'un principe doué d'une infinie bienfaisance, de qui la Nature tient tout ce qu'elle répand sur nous de biens. La première idée a pour objet simplement un principe infiniment sage, quel qu'il soit : La seconde idée a pour objet simplement un principe infiniment bienfaisant, quel qu'il soit. La première idée ne représente point la bienfaisance ; la seconde idée ne représente point la sagesse ; parce que l'une & l'autre idée ne représente que l'objet qu'elle peint & exprime ; comme un tableau ne représente que les objets dont il contient en soi les linéaments. On voit par là comment notre esprit, en contemplant les différents effets qu'il observe dans la Nature, se représente une cause simple & unique, sous des idées qui semblent la diviser & la multiplier. (237)

III°. Si l'on demande maintenant comment notre esprit peut juger, que l'objet de ses diverses idées précisives, sçavoir, que le sujet qui renferme l'infinie sagesse, & le sujet qui renferme l'infinie bonté, est un seul & unique objet : je réponds, que notre esprit le connoitra par le moyen de l'idée réflexe. Car notre esprit conçoit aisément qu'il ne faut pas multiplier les êtres & les principes sans nécessité. Notre esprit conçoit facilement qu'un seul & même sujet peut être le sujet & de l'infinie sagesse, & de l'infinie bienfaisance ; ou qu'une même nature divine peut s'étendre à des effets de sagesse & de bienfaisance : d'où notre esprit conclura, en réfléchissant sur ces deux idées précisives, que l'objet de l'une & de l'autre est réellement en lui-même un seul & même objet.

IV°. Il y a de la ressemblance & de la différence entre ce dernier système & le système thomistique. La ressemblance consiste en ce que l'un & l'autre système reconnoit que les propriétés essentielles d'un même objet, ne sont réellement qu'une seule & même chose : ensorte que dans l'homme, par exemple, l'animal & le raisonnable ne soient qu'une même & indivisible nature, sçavoir, la nature humaine, envisagée relativement à différents effets qu'on appelle quelquefois ses *Obliques*. La différence consiste en ce que le système thomistique prétend qu'en connoissant l'animal sans connoitre encore le raisonnable, on connoit l'animal tel qu'il est en lui-même dans le brigand qu'on vient de citer pour exemple ; au lieu que le dernier système veut que l'animal connu dans cette même hypothèse, soit non l'animal même qui est dans ce brigand, mais un animal vague & indéterminé, qui, tel qu'il est peint dans l'idée, peut être indifféremment uni ou avec le raisonnable, ou avec l'irraisonnable : ce qui ôte la contradiction qui fait le seul vice du système thomistique.

V°. Comme l'œil ne voit bien un objet visible qui a plusieurs faces, qu'en le considérant successivement avec attention sous ses faces différentes ; de même l'esprit ne conçoit bien un objet intelligible qui a plusieurs propriétés différentes, ou qui s'étend à plusieurs différents effets, qu'en appliquant successivement toute son intellectivité à chacune de ces propriétés séparément prises. De là l'utilité des idées précisives, dans les sciences : elles resserrent & concertrent l'action & la pénétration de l'esprit, pour la porter & la fixer toute entière sur le même point de vûe d'un objet.

LES UNIVERSAUX.

47. LES *Distinctions* multiplient en quelque sorte un simple & unique objet, en le représentant sous divers points de vûe, qui semblent en faire autant de choses différentes ou distinguées. Les *Universaux* semblent ne faire de plusieurs choses différentes qu'une seule & même chose, en les représentant sous un point de vûe commun, qui les confond & les réunit en quelque sorte en un même tout.

I°. L'*Universel*, en style métaphysique, est une nature propre & commune ou à plusieurs espèces, ou à plusieurs individus. Le genre & l'espèce sont des universaux.

II°. Il s'ensuit de cette définition, qu'il n'y a point d'*Universel* indépendant de l'esprit ou de l'entendement : à moins qu'on ne veuille qu'une même nature soit en elle-même & dans le même sens, unique & non unique, commune & non commune; ce qui répugne évidemment. Ainsi ceux qui avec les Scotistes, admettent des natures bannales, ou des natures communes à plusieurs individus & identifiées avec plusieurs individus, (par exemple, une nature humaine identifiée avec Ariste, avec Clitandre, avec chaque homme en particulier, en telle sorte que l'un ne soit distingué de l'autre que par quelques formalités individuelles,) ne méritent pas qu'on se donne la peine de réfuter leur extravagant systême. La nature humaine d'Ariste est semblable à la nature humaine de Clitandre : cette similitude ou ressemblance dit nécessairement multiplicité d'objets, & par là même distinction d'objets ; la similitude ou la ressemblance renfermant nécessairement au moins deux termes, dont l'un étant comparé avec l'autre, est jugé semblable à l'autre : donc la nature humaine d'Ariste & la nature humaine de Clitandre, sont parfaitement distinguées, quoiqu'elles ne soient pas différentes. Deux choses sont simplement *distinguées*, quand elles se ressemblent dans leur nature, & que l'une n'est pas l'autre : Ariste & Clitandre sont deux êtres distingués. Deux choses sont *différentes*, quand la nature de l'une ne ressemble point à la nature de l'autre : un homme & un lion sont deux êtres différents.

III°. Il est constant que notre esprit conçoit des *natures générales & communes*, qui conviennent ou à plusieurs espèces, ou à plusieurs individus : & c'est cette universalité ou cette généralité dans les objets de nos idées, qui prépare & qui fraye la voie aux sciences. Mais comment ces natures deviennent-elles générales & communes ? C'est par le moyen des idées précisives, qui représentent ou plusieurs espèces, ou plusieurs individus, sous un point de vûe commun qui les confond. Par exemple, si je veux connoître scientifiquement les propriétés de la nature humaine, je n'irai pas l'examiner dans chaque homme en particulier, ce qui seroit infini & impossible ; mais par une idée précisive, je me représente la nature humaine dans un état d'abstraction, sans l'attacher à aucun individu en particulier ; & je vois que cet objet de mon idée, que cette nature humaine, ne cessera point d'être nature humaine, soit qu'elle se trouve dans Ariste, soit qu'elle se trouve unie à Clitandre ou à quelqu'autre individu : d'où je conclus que *tout ce que je connoîtrai dans cette nature ainsi généralisée, pourra être affirmé de chaque individu où elle se trouvera*, & par là même de chaque homme en particulier. C'est ainsi que l'universel scientifique se fait par le moyen de l'idée précisive.

48. REMARQUE. Toutes les sciences *généralisent* leur objet. Le Géomètre généralise son objet, lorsqu'en contemplant le cercle ou le triangle, il donne des démonstrations qui conviennent à tout cercle & à tout triangle possible. L'Orateur sacré généralise son objet, lorsqu'il arme l'éloquence chrétienne contre le vice en général, ou contre une espèce de vice déterminé qui peut convenir à chacun, & où personne n'est particulièrement désigné. Le Poëte épique généralise son objet, lorsqu'il trace un portrait sublime de grandeur & de constance dans son Héros, qui ne doit être que la vertu même personifiée. Le Poëte comique généralise son objet, lorsqu'en peignant un avare quelconque, pour le sacrifier à la risée des spectateurs, il entasse dans sa personne tous les ridicules de l'avarice. Le Physicien généralise son objet, lorsqu'il observe & qu'il recherche les propriétés, non d'un corps déterminément pris, mais des corps en général, ou des diverses espèces de corps qu'il se propose de connoître.

PRINCIPE D'INDIVIDUATION.

49. IL n'y a point de nature bannale, comme on vient de l'expliquer & de le démontrer. Tout ce qui existe, existe unique & singulier en soi. Chaque être est un individu, dont la nature totale est isolée & incommunicable à une autre. On demande quelle est la forme, ou le principe & le constitutif formel, qui fait que des natures semblables forment autant d'êtres uniques & isolés.

I°. Les Scotistes prétendent qu'un individu, par exemple, Ariste, est formellement constitué individu par une formalité essentielle & individuelle, ajoûtée à cette nature ; qu'il est constitué *Ariste* par son *Aristéïté*, distinguée de toutes ses autres formalités : explication qui sûrement ne sera jamais applaudie & adoptée par un esprit philosophe, & que nous venons de réfuter d'avance, en exposant & en examinant le système scotistique sur les distinctions formelles. (44)

II°. Pour qu'Ariste & Clitandre, par exemple, soient deux individus, il est évident qu'il ne faut que le corps & l'ame d'Ariste d'une part, & le corps & l'ame de Clitandre de l'autre. Par là même que je conçois ces deux natures, dont l'une n'est pas l'autre, je conçois que ce sont deux individus : donc *le principe formel qui fait d'une telle nature un individu, c'est cette nature même & rien de plus.*

III°. Le principe d'individuation se divise en principe formel & en principe manifestatif. Le *Principe formel* d'individuation, est celui même que nous venons d'examiner & de définir. Le *Principe manifestatif* d'individuation, consiste dans les signes manifestatifs qui nous font distinguer un individu d'un autre, Ariste de Clitandre, une montre d'or d'une autre montre d'or, un arbre d'un autre arbre. Ces signes manifestatifs d'un individu, sont les différents accidents sensibles, qui par leur réunion le caractérisent à nos yeux : ce sont la forme ou la figure sous laquelle il se montre, le temps ou le lieu où il existe, le nom qu'il porte & qui lui est propre, l'origine & la patrie à qui il doit son existence. Voici ces accidents & ces signes exprimés dans ces deux vers philosophiques, où l'on ne cherchera pas sans doute le ton harmonique & pittoresque de la Poësie.

Forma, figura, locus, tempus, cum nomine sanguis,
Patria ; sunt septem quæ non habet unus & alter.

ESPACE, VUIDE.

VOICI une matière où deux grands génies, Newton & Leibnitz, se sont trouvés en opposition. Newton avoit admis avec Gassendi qu'il estimoit, un espace réel & infini, où Dieu voit, discerne, & comprend tout, de la manière la plus intime & la plus parfaite. Leibnitz, que la rivalité avoit déterminé à n'être plus de l'avis de Newton, soutint que l'espace n'est rien, sinon la relation que nous concevons entre les êtres coexistants, sinon leur arrangement & leur distance. Newton, avare de son temps & ennemi des disputes, opposa à Leibnitz un rival digne de lutter avec lui, le célèbre Clarke, son disciple & son ami, & un des plus grands Métaphysiciens qui ayent jamais existé. Clarke eut la gloire de se montrer digne disciple de Newton, & de battre Leibnitz par l'avantage de sa cause, qu'il sçut manier & montrer en grand homme. On ne nous fera pas un crime d'adopter plusieurs de ses idées sur la matière présente.

50. On appelle *Espace*, la capacité de contenir des corps. L'espace prescinde de plein & de vuide. C'est pourquoi on divise l'espace en pénétrable & en impénétrable. L'*Espace pénétrable* est l'espace vuide de corps qui le remplissent. L'*Espace impénétrable* est un espace rempli de corps, qui étant naturellement impénétrables, empêchent que d'autres corps n'occupent la même capacité. Nous examinerons dans notre Physique (*), si le vuide existe dans la Nature, comme l'assure Newton ; ou si tout est plein, comme le prétend Descartes. Quoiqu'il en soit de cette question, voici des assertions qui en sont indépendantes.

51. ASSERTION I. *L'Espace abstractivement pris, n'est ni la matière étendue, ni une modification de la matière étendue.*

DÉMONSTRATION. 1°. L'espace n'est point la matière étendue. Car ce qui reçoit la matière étendue dès le premier instant de son existence, existe avant la matière étendue. Or l'espace reçoit la matière étendue, & on conçoit que la matière étendue ne peut exister, qu'elle ne soit reçue dans un espace préexistant : donc l'espace existe avant la matière étendue : donc l'espace est distingué de la matière étendue.

(*) Ouvrage que nous travaillons actuellement, & qui sera pour la Physique, ce que celui-ci est pour la Métaphysique. Nous espérons qu'il sera fini pour le commencement de l'année prochaine. Il sera intitulé : ÉLÉMENS DE PHYSIQUE, OU THÉORIE DES ÊTRES SENSIBLES.

II°. L'espace n'est point une modification de la matière étendue. Car ce qui peut exister sans la matière étendue, n'est point une modification de la matière étendue ; puisqu'il est évident que la modification n'étant qu'une manière d'être de la chose modifiée, quelque système qu'on adopte sur les modes, elle ne peut exister sans la chose modifiée & hors de la chose modifiée. Or l'espace peut exister sans la matière étendue. Je le démontre. Il est évident que Dieu par sa toute-puissance peut anéantir ou transporter ailleurs les meubles, l'air, le feu, la lumière, enfin toute la matière contenue dans la capacité de ma chambre, en retenant les murs & les planchers dans le même éloignement où ils sont ; & en empêchant qu'aucune matière environnante n'y pénètre. Il n'est pas moins évident que dans cette hypothèse, il restera une capacité ou un espace d'environ quatre toises de longueur, sur trois de largeur & de hauteur ; lequel espace ne sera inhérent à aucun corps ; puisqu'on les suppose tous anéantis ou transportés ailleurs : donc l'espace n'est point une modification ou un accident modal, qui exige essentiellement d'être inhérent à la matière.

52. COROLLAIRE. Il s'ensuit de ce que nous venons de dire & de démontrer, que *le Vuide est évidemment possible dans la Nature :* puisque dans cette dernière hypothèse évidemment possible, il y aura entre les murs & les planchers de ma chambre, une capacité ou un espace, vuide de tout corps.

53. ASSERTION II. *Il existe un Espace infini, vuide de tout corps, au-delà des limites du monde.*

DÉMONSTRATION. I°. Quelque étendue indéfinie qu'on donne à la Nature, dont nous ne pouvons fixer & déterminer les limites, je conçois évidemment qu'un monde infini est impossible & chimérique : donc le monde ou l'assemblage des corps, a des limites & des bornes, au-delà desquelles il n'y a plus aucune matière.

II°. Il m'est évident par le sentiment intime, que je conçois au-delà des bornes du monde, un espace infini où peuvent être créés & placés des mondes sans fin. Il m'est encore évident par le même sentiment intime, que dans l'idée que j'ai de cet espace infini, je vois clairement & essentiellement renfermé, qu'il doit être *illimité*, n'ayant point de bornes assignables & intelligibles : qu'il est *pénétrable*, pouvant recevoir des millions de millions de nouveaux mondes : qu'il est *divisible*, l'espace qui contiendroit un monde, étant distingué & séparé de l'espace qui contiendroit un autre monde ; comme l'espace qui contient le soleil au centre de notre monde, n'est pas l'espace qui contient Syrius ou tel autre globe céleste : qu'il est *immuable*, l'espace qui contiendroit un globe, ne pouvant être déplacé avec ce globe qui le quitteroit : qu'il est *indestructible*, cet espace ne pouvant être anéanti par la puissance même infinie du Tout-puissant : qu'il est *éternel*, cet espace existant & n'ayant jamais pu être créé. Donc je dois affirmer toutes ces propriétés, de l'espace que je conçois au-delà des limites du monde : donc il existe au-delà des bornes du monde un espace infini, tel que nous venons de le dépeindre. Car que pourra-t-on assurer & affirmer, si l'on suspecte le principe fondamental de toutes les sciences, sçavoir, qu'il faut affirmer des choses, ce que l'on voit essentiellement renfermé dans l'idée nécessaire des choses. (74)

Remarque. Il n'y a peut-être rien de plus clair que l'existence de cet espace infini : mais sa nature n'est pas également facile à connoître & à déterminer. Il est évident que cet espace infini en ses trois dimensions, existe : mais qu'est-ce que cet espace infini ?

54. ASSERTION III. *Il est probable que cet espace infini n'est autre chose que l'immensité de la nature divine, capable de recevoir dans soi des corps sans nombre, & incapable de voir épuiser son infinie capacité, quelque nombre de corps qu'on suppose créés.*

DÉMONSTRATION. Il est démontré que cet espace infini existe : la nature de cet espace infini ne paroît point distinguée de l'immensité divine. Il est donc probable que la nature de cet espace infini doit être placée dans l'immensité divine. Il est probable par-là même, que cet espace infini est une vraie substance, sçavoir la substance même de l'immensité divine, dont il ne paroît point distingué. La distinction & la division que nous concevons dans cet espace infini, ou dans l'immensité divine avec qui nous l'identifions, est fondée sur les corps possibles auxquels elle dit relation, & non sur la nature divine elle-même qui ne renferme rien que d'infiniment simple.

55. ASSERTION IV. *Ces espaces infinis sont des espaces réels, & non des espaces simplement imaginaires.*

DÉMONSTRATION. L'ancienne Philosophie qui parloit beaucoup & pensoit peu, donnoit à cet espace infini, dont nous venons de démontrer l'existence & d'indiquer la nature, le nom *d'espaces imaginaires*, lesquels n'avoient de réalité que dans les délires de l'imagination. Il est aisé de démontrer que ces espaces sont réels & non imaginaires, tant par ce que nous avons déja dit, que parce que nous allons ajoûter. Je suppose que je sois placé à la dernière superficie du monde, de telle sorte qu'au-delà de moi il n'y ait aucune matiere ou aucun corps, ce qui évidemment ne répugne point. Sur quoi je raisonne ainsi : dans cette hypothêse, ou je pourrai étendre mon bras au-delà des limites du monde, ou je ne le pourrai pas. Si je puis étendre mon bras au-delà des limites du monde, donc il y a au-delà des limites du monde un espace réel capable de recevoir mon bras étendu. Si je ne puis étendre mon bras au-delà des limites du monde, quel est l'obstacle qui m'en empêchera ? Est-ce un obstacle positif ? Il faudroit pour cela qu'il y eût au-delà des limites du monde quelque chose réelle & positive, capable de résister à l'effort que feroit mon bras pour se déployer ; ce qui est contre l'hypothêse. Est-ce un obstacle négatif ? Mais un obstacle négatif est la négation d'un obstacle, & il est évident que la négation d'un obstacle n'est point un obstacle.

LE LIEU ABSOLU ET RELATIF.

56. Le *Lieu* d'une chose est ou absolu ou relatif. Dans l'hypothêse de la terre immobile, le *Lieu absolu* de Paris est la partie de l'espace immuable & infini, à laquelle Paris répond constamment. Le *Lieu relatif* de Paris consiste dans le rapport fixe & déterminé de distance qu'à Paris avec les endroits remarquables du globe terrestre ; par exemple avec Londres, avec Vienne, avec Madrid, avec Copenhague, avec le Perou, avec la Chine, avec la Russie, &c.

1°. Il suit de cette définition du Lieu absolu & relatif, qu'un corps ne peut changer son lieu absolu, que par un mouvement qui lui soit propre & qui le déplace ; ce qui n'a besoin ni de preuve ni de nouvelle explication : mais qu'un corps peut changer son Lieu relatif, sans aucun mouvement propre qui l'arrache au lieu qu'il occupe. Par exemple, dans le système de la Terre roulant sur son axe en vingt-quatre heures ; si la tour que je vois placée sur la montagne voisine, étoit retenue miraculeusement dans les points de l'espace immobile auquel elle répond actuellement, cette tour, en conservant le même lieu absolu, changeroit incessamment de lieu relatif, & dans une minute sembleroit s'être avancée d'environ dix mille toises vers l'Occident.

115. Dans l'usage ordinaire de la vie, quand on parle de changement de lieu, il n'est question que du lieu relatif. Ainsi un corps est censé avoir changé de place, quand par un mouvement réel ou apparent, il a acquis un rapport différent de distance avec les points ou les lieux remarquables que nous considérons comme immobiles. Par exemple, dans le système de la terre roulant sur son axe, si la tour placée sur la montagne voisine demeuroit fixée aux mêmes points de l'espace immobile, tandis que la terre tourne, cette tour seroit censée avoir changé de lieu ou de place.

LE MOUVEMENT VRAI ET APPARENT.

57. LE *Mouvement* est un changement successif de lieu; ou ce qui revient à la même chose, le mouvement est le transport ou le passage successif d'un corps, d'un lieu en un autre. Le célèbre Borelli définit le mouvement, *le passage successif d'un corps d'un lieu à un autre dans un certain temps déterminé, en parcourant par des attouchemens successifs toutes les parties du lieu ou de l'espace qui se suivent.* Le mouvement peut être ou réel ou apparent. Le mouvement est *réel*, quand le corps par un mouvement propre & non interrompu, change réellement de place à chaque instant. Le mouvement est *apparent*, quand le corps étant lui-même immobile, semble s'avancer vers un autre corps, ou s'éloigner d'un autre corps, que l'on considère comme immobile, & qui a un mouvement réel. Nous nous réservons à traiter au long dans notre Physique, de toute l'intéressante théorie du mouvement : il suffira ici d'en avoir donné une idée générale, & d'en avoir tracé la nature métaphysique.

LE TEMPS, L'ÉTERNITÉ.

58. LE *Temps* est la durée des choses, mesurée par le mouvement réel ou possible. Pour estimer la durée des choses, les hommes ont pris principalement pour mesure fixe & commune, & le mouvement du soleil autour de la terre, qui fait une journée ; & le mouvement du soleil autour du zodiaque, qui fait une année. Ces mouvements, ajoûtés & divisés, sont les diverses mesures fixes du temps, par où l'on apprécie la durée plus ou moins grande des choses. Si tout mouvement cessoit dans la nature, nous ne pourrions plus estimer la durée des choses, parce que nous n'aurions plus de règle & de mesure fixe avec qui nous pussions comparer leur temps ou leur durée. Mais les choses auroient encore réellement une durée ou un temps, qui seroit leur correspondance au mouvement possible ; correspondance que Dieu connoîtroit indéfectiblement, en estimant les diverses révolutions qui auroient pu se faire pendant cette inertie de la nature.

ou NOTIONS GÉNÉRALES.

1°. La durée éternelle de Dieu, durée qui n'est point constituée ou mesurée par aucune variation intrinsèque & successive dans cette nature adorable, durée qui n'est autre chose que l'immuable essence de cette nature divine toujours subsistante & toujours la même, constitue *l'éternité* de Dieu ; éternité par laquelle Dieu correspond immuablement à tous les temps existants & possibles, & excéde ou dépasse tous les temps existants & possibles.

II°. Quelque immense que l'on conçoive le temps, on le conçoit toujours fini, toujours capable d'une augmentation inépuisable. Un temps éternel répugne ; parce qu'il répugne qu'il y ait un mouvement éternel, par la même raison qui démontre la répugnance ou l'impossibilité d'un monde éternel, ou d'une créature éternelle. (258.) L'impossibilité d'une créature éternelle, entraîne l'impossibilité d'un temps éternel, ou d'une durée éternellement successive dans cette créature.

III°. L'ame humaine, destinée à exister éternellement, ou à ne jamais cesser d'exister, n'aura jamais existé un temps infini, ou un nombre infini d'années ou de siécles ; & quelque durée future qu'on lui assigne par la pensée, on conçoit toujours que cette durée passée sera encore finie, & sera éternellement finie ; parce qu'elle pourra toujours être exprimée par des nombres finis.

JUGEMENT D'ANALOGIE.

59. Un Jugement est un acte de l'esprit qui affirme ou qui nie l'identité de deux choses, ou l'identité de l'objet de deux idées. Nos jugements sur les différentes choses soumises à nos connoissances, ont pour objet ou les propriétés *nécessaires & essentielles* qu'elles ont toujours & qui en sont inséparables ; ou les propriétés *accidentelles & variables* qu'elles peuvent avoir ou ne pas avoir, qu'elles ont en un lieu & en un temps, & qu'elles n'ont pas en un autre ; ou les propriétés *constantes & invariables* qu'elles ont toujours & partout, sans qu'elles paroissent être de leur essence.

I°. Un jugement général sur *les propriétés nécessaires & essentielles* des choses, ne dépend que de l'idée même de l'espèce. Je juge que tous les triangles ont trois angles, parce que l'idée généralisée du triangle emporte ou renferme essentiellement trois angles. Je juge que tout homme est un composé de corps & d'ame, parce que l'idée généralisée de l'homme, includ & renferme essentiellement une ame & un corps unis.

II°. Un Jugement général sur *les propriétés accidentelles & variables* des choses, dépend de l'observation de tous les individus, sans en excepter aucun. Je ne puis juger de la figure, des talents, des vertus, de tous les Citoyens d'une Ville, qu'après les avoir tous observés & connus en détail. C'est ce qu'on appelle le raisonnement par *induction*.

III°. Un jugement général sur *les propriétés constantes & invariables* des choses, est fondé sur des expériences & des observations réitérées, faites sur quelques portions d'une espèce de choses. Je juge que toute la masse de l'air est pesante & élastique, parce que les portions de cette masse d'air, qui ont été soumises aux expériences & aux observations, en France, en Italie, en Angleterre, en Asie, en Afrique, en Amérique, ont été trouvées élastiques & pesantes. Je juge

LA MÉTAPHYSIQUE PURE,

de même que toute la lumière contient toujours sept couleurs primitives ; qu'elle se réfléchit par-tout sous un angle de réfléxion égal à l'angle d'incidence ; parce que toutes les observations faites en différentes contrées sur différentes portions de la lumière, nous ont découvert ces propriétés de la lumière. Ce jugement est ce qu'on appelle un *Jugement d'analogie*, dans lequel on juge du tout par la partie, & sur lequel est fondée presque toute la Physique.

Après avoir considéré la Métaphysique abstractivement en elle-même & dans ses notions générales, il nous reste à suivre cette même Métaphysique dans des objets particuliers & déterminés, ou sa lumière devient d'une utilité plus solide & plus satisfaisante.

ELEMENTS
DE MÉTAPHYSIQUE
SACRÉE ET PROFANE:
OU
THÉORIE DES ETRES INSENSIBLES:

SECOND TRAITÉ.
LA CERTITUDE HUMAINE.

60. **P**LACÉ dans un point de l'Univers, l'Être intelligent ne se sent point simplement destiné à y végéter. A peine échappé des nuages de l'enfance, s'il a reçu en partage une ame grande & sublime, il brûle d'un desir ardent de s'instruire, & d'étendre ses connoissances sur le brillant spectacle de la Nature qui l'environne & qui l'enchante. L'amour des connoissances devient pour lui une passion également douce & puissante.

En entrant dans la carrière philosophique, il doit commencer, ou par sonder ou par établir les fondements de la certitude humaine. L'édifice ne présente rien d'assuré, si l'on peut en soupçonner les fondements ruineux.

I°. NATURE DE LA CERTITUDE.

61. LA *certitude* peut être envisagée, ou dans son objet, ou dans son motif, ou dans son sujet. La certitude *de l'objet*, est l'immutabilité ou absolue ou hypothétique de la chose que l'on connoît. La certitude *du motif*, est la force & le poids des raisons irréfragables qui entrainent l'esprit, & qui lui ravissent son suffrage & son adhésion. La certitude *du sujet*, est l'adhésion ferme & inébranlable de l'esprit à une vérité sûre & démontrée.

II°. DIVISION DE LA CERTITUDE.

62. La certitude d'un jugement se divise en certitude métaphysique, en certitude physique, en certitude morale. Un jugement est certain d'une certitude *métaphysique*, quand son objet a une immutabilité à laquelle il est impossible qu'un miracle même déroge. Un juge-

ment est certain d'une certitude *physique*, quand son objet ne peut être autrement sans miracle. Un jugement est certain d'une certitude *morale*, quand il est très-difficile que son objet ne soit pas tel qu'on le juge, quoique absolument cela puisse arriver sans un miracle. Il est certain d'une certitude métaphysique, que le triangle a trois angles & trois côtés. Il est certain d'une certitude physique, que le Soleil ne suspendra point aujourd'hui sa course, comme il fit au temps de Josué. Il est certain d'une certitude morale, qu'une mere irritée contre son fils unique, se laissera enfin fléchir en sa faveur. La certitude métaphysique est fondée sur l'évidence ou intrinséque ou extrinséque. La certitude physique est fondée sur l'ordre constant de la nature, qui ne peut être changé que par l'Auteur même de la nature. La certitude morale est fondée sur les mœurs, dont on connoît la marche & l'influence. La certitude morale, telle que nous venons de la dépeindre, n'est, à proprement parler, qu'une grande vraisemblance qui n'exclud pas absolument le doute; mais comme elle est susceptible de plus & de moins, nous démontrerons ailleurs que cette certitude fondée sur les mœurs connues, peut s'élever à un tel dégré de force, peut-être revêtue de telles circonstances, qu'elle assure inébranlablement l'esprit, & qu'elle en bannisse le doute aussi efficacement que la certitude métaphysique.

III°. Sources de la Certitude.

63. TOUTES les connoissances humaines ont pour fondement & pour source, ou le sentiment intime, ou les idées, ou les sensations, ou le témoignage des Hommes. Le *Sentiment intime* nous instruit des choses qui se passent dans notre ame, & qui l'affectent sensiblement. Les *Idées* nous dévoilent la vérité des principes, la dépendance des conséquences, les essences & les rapports des choses. Les *Sensations* nous instruisent de l'existence & de l'ordre des êtres sensibles. Le *Témoignage des hommes* nous donne en spectacle les événements célèbres, dont l'éloignement des temps & des lieux ne nous a pas permis d'être témoins. De ces quatre sources naissent toutes les connoissances qui enrichissent notre esprit. Chacun de ces objets mérite un développement particulier.

SECTION PREMIÉRE.
Témoignage du Sentiment intime.

64. LE *Sentiment intime* est cette voix intérieure de la nature, qui apprend à la substance pensante & sensible la maniere dont elle est affectée. C'est ce jugement expérimental de l'ame, qui instruit des différentes affections qu'elle ressent. Par exemple, si j'éprouve un sentiment de plaisir ou de douleur, & qu'on me demande sur quoi fondé, j'assure que j'ai réellement de la joie ou de la douleur: je réponds que ma certitude vient *de ce que je le sens*. Voilà le sentiment intime. Sur quoi il faut observer:

1°. Que le témoignage du sentiment intime, n'a pour objet que la sensation intérieure & mentale; & qu'il ne s'étend point à la sensation extérieure & organique. Par exemple, si j'éprouve une fenfation de brûlure que je rapporte à ma main, je fuis bien affuré par le fentiment intime, que je fouffre une fenfation défagréable, que j'appelle *brûlure* : mais il ne me confte point par le fentiment intime qu'il y ait dans ma main une brûlure matérielle, dont l'action du feu foit la caufe ou l'occafion ; puifque je peux éprouver en moi cette fenfation, fans que le feu faffe aucune impreffion fur ma main.

II°. Que le fentiment intime ne nous inftruit pas de tout ce qui fe paffe dans notre ame, mais uniquement des images & des affections qui font fenfibles à notre ame. La grace fanctifiante, la tache du péché, les habitudes infufes, ne font point l'objet du fentiment intime, parce qu'elles n'ont rien de fenfible.

PROPOSITION.

65. *Le fentiment intime donne une certitude infaillible de fon objet, ou eft infailliblement connexe avec l'exiftence de fon objet.*

DÉMONSTRATION. L'objet du fentiment intime, eft pour moi ce que je fens dans mon ame : or ce que je fens dans mon ame, exifte évidemment dans mon ame. Car ce qui n'exifte pas, ne peut pas être fenti ; ce qui n'exifte pas en mon ame, ne peut pas être fenti en mon ame : donc ce que je fens en mon ame, exifte évidemment dans mon ame : donc le fentiment intime eft évidemment connexe avec l'exiftence de fon objet. C. Q. F. D.

OBJECTIONS A RÉFUTER.

66. OBJECTION I. Mon exiftence, mes penfées, mes fenfations, ma joie ou ma douleur, font l'objet du fentiment intime : or tous ces objets peuvent abfolument ne pas exifter : donc le fentiment intime m'apprend l'exiftence de plufieurs objets qui peuvent ne pas exifter, & fur l'exiftence defquels je puis par-là même me tromper.

RÉPONSE. Mon exiftence, mes penfées, mes fenfations, font à la vérité des êtres contingents, qui peuvent abfolument être ou ne pas être : mais quand je les fens, quand ils font l'objet de mon fentiment intime, l'exiftence de ces objets eft néceffaire ; non d'une néceffité abfolue, mais d'une néceffité hypothétique : je ne puis donc me tromper dans le jugement que j'en porte.

67. OBJECTION II. Il y a eu deux Fous finguliers dans les Provinces méridionales de la France : l'un fe croyoit mort, l'autre fe croyoit un poiffon de mer, un Ton. Sur quoi je raifonne ainfi : ces deux Fous avoient le fentiment intime, l'un de fon état de mort, l'autre de fon état de poiffon, & ils fe trompoient tous les deux : donc le fentiment intime ne donne pas toujours une certitude infaillible de fon objet.

RÉPONSE. I°. le Fou qui fe croyoit mort, n'avoit point affurément un fentiment intime de fa mort ; il avoit au contraire un fentiment intime de fa vie, qu'il plaçoit follement dans une région ou parmi une nation de morts. Il fentoit qu'il étoit vivant : voilà l'objet du fentiment intime. Mais abufé par les délires de fon imagination, il fe perfuadoit qu'il vivoit dans des tombeaux, féparé a commerce des vivans, enveloppé de draps funèbres, entouré d'o bres & de cadavres ; persuasions qui ne sont point fondées sur le sentiment intime. II°. Le Fou qui se croyoit un poisson de mer, un Ton, avoit aussi le sentiment intime de son existence ; & dans son délire il se figuroit son existence comme semblable à l'existence du poisson, qui lui avoit frappé l'imagination. Son existence ; voilà l'objet du sentiment intime, sur lequel objet il ne se trompoit point. La ressemblance de son existence & de sa nature, avec l'existence & la nature des Tons ; voilà un objet totalement étranger au sentiment intime & au jugement expérimental de l'ame : c'est l'objet d'un jugement spéculatif qui n'étoit fondé sur aucun motif, & sur lequel uniquement se trompoit ce Fou.

SECTION SECONDE.
TÉMOIGNAGE DES IDÉES.
I°. NATURE DES IDEES

68. L'IDÉE est l'image spirituelle d'un objet dans notre esprit. L'objet de l'idée, c'est la chose représentée : l'idée même, c'est l'acte représentant.

I°. Il est constant que les idées sont des images, que nous avons & que nous conservons dans notre esprit. Car si j'ai conçu le plan d'une machine ou d'un édifice d'un goût nouveau, que j'aie donné à exécuter à un Artiste ou à un Architecte ; l'ouvrage fini, pour sçavoir s'il est bien exécuté selon l'idée que j'en ai donnée, j'examine s'il est conforme ou non conforme au modéle original que le sentiment intime me montre existant dans mon esprit. De même, en genre de goût & de mœurs, nos jugements sont toujours dirigés par des images préexistantes de la perfection qui convient aux choses dont nous jugeons. Je juge que telle action est honnête ou déshonnête, juste ou injuste, noble ou ignoble ; parce que je la vois conforme ou non conforme à l'idée exemplaire d'honnêteté, de justice, de noblesse, que je sens empreinte dans mon esprit. Je juge que tel édifice est plus ou moins régulier, que telle ode est plus ou moins harmonieuse, que telle tragédie est plus ou moins touchante, que tel discours est plus ou moins éloquent ; parce que je les trouve plus ou moins conformes aux idées exemplaires de proportion, d'harmonie, de pitié, d'éloquence, auxquelles je les compare. On juge quelquefois nécessairement mal en certains genres, ou parce qu'on n'a pas des idées exemplaires qui servent de terme de comparaison, ou parce qu'on s'en est formé de défectueuses.

II°. L'Idée est une image spirituelle. Car l'idée étant une modification d'une substance spirituelle, il est évident qu'elle ne peut être que spirituelle. Nous sentons qu'il seroit absurde de demander quelle longueur, quelle couleur, quelle figure a une pensée. L'idée peut représenter une substance étendue & figurée, sans être figurée & étendue en elle-même ; comme un tableau peut représenter un objet vivant & passionné, sans avoir en lui-même ni vie ni passion.

69. COROLLAIRE. Le Rien, le Chimérique, ne peuvent être l'objet d'une idée : parce que le rien & le chimérique n'ont aucunes propriétés, aucuns linéaments matériels ou spirituels, qui puissent être peints & retracés. Le rien, le chimérique, le vice, se conçoivent par leur
opposé

opposé. Quand nous concevons les ténébres, nous ne concevons que l'exclusion de la lumière, ou la lumière absente : quand nous concevons le vice, nous ne concevons que l'absence ou l'exclusion de la vertu : l'idée de l'avarice a pour objet la générosité, qu'on ne trouve point où elle devroit être. Il suit de ces principes, que *tout ce qui est l'objet d'une idée, est un objet réel, existant ou possible.*

II°. *VÉRITÉ DES IDÉES.*

70. Toute idée est essentiellement conforme à son objet : puisque toute idée est essentiellement conforme, d'une conformité de représentation, à ce qu'elle représente, & que ce qu'elle représente est son objet. Toute idée est donc essentiellement vraie ; puisque la vérité de l'idée, n'est que la conformité de l'idée avec son objet. On donne assez souvent aux idées, différentes dénominations, qu'il est à propos de remarquer, pour en fixer le sens.

III°. *DIVISION DES IDÉES.*

I°. Les idées par rapport à l'objet qu'elles retracent, peuvent se diviser en idées essentielles, & en idées accidentelles. L'idée *essentielle* d'une chose, exprime une propriété essentielle à la chose représentée : telle est l'idée qui représente l'homme comme capable de raisonner. L'idée *accidentelle* d'une chose, exprime une propriété accidentelle à la chose représentée : telle est l'idée qui me représente un homme comme riche ou comme vertueux, qui représente une planette comme actuellement en mouvement. Quand je me représente une planette en mouvement, ce mouvement de la planette, ce passage successif d'un point A à un autre point B d'Occident en Orient, est évidemment quelque chose d'accidentel à la planette. Ce mouvement que je me représente dans la planette, n'est pas simplement le mouvement possible : puisque je ne me représente pas simplement la planette, comme pouvant passer du point A au point B ; mais que je me la représente comme passant actuellement du premier point au second.

II°. L'idée d'une chose est ou *inclusive*, ou *exclusive*, ou *préscisive*, ou tout cela à la fois. L'idée d'un triangle *includ* trois angles & trois côtés ; *exclud* un quatrième angle & un quatrième côté ; *prescinde* de la grandeur des angles & des côtés. De même l'idée d'un homme *includ* l'union d'un corps organisé, & d'une ame spirituelle ; *exclud* la nature de l'automate & de la brute ; *prescinde* ou ne dit rien des talents, des vertus, de toutes les qualités & propriétés accidentelles à l'homme.

III°. L'idée d'une chose est ou explicite, ou implicite. L'idée *explicite* d'une chose, exprime clairement & nettement cette chose, sous ses propres traits & par ses propres linéaments intelligibles. L'idée *implicite* d'une chose, exprime non la chose même, mais simplement quelque rapport ou quelque relation avec cette chose. Par exemple, l'idée d'une loi naturelle obligatoire, exprime *explicitement* l'obligation qu'impose cette loi naturelle ; & *implicitement*, l'existence d'un Être suprême, d'un Législateur éternel, sans lequel cette loi naturelle ne peut être obligatoire. De même l'idée d'un Être éternel & infini, exprime *explicitement* la nature de cet Être éternel & infini ; & *implicitement*, son infinie sagesse, son infinie bonté, son infinie justice, son absolue indépendance, sa toute puissance illimitée & inépuisable; sans lesquelles il ne peut être ni éternel dans son existence, ni infini dans ses perfections.

IV°. ORIGINE DES IDÉES.

72. COMMENT se forment en nous nos idées? Quelle en est la cause & la source? problème intéressant, mais qu'il n'est pas si facile de résoudre. Comme la plus grande partie de nos idées nous vient à l'occasion des sens, la solution de ce problème est une dépendance de la théorie des sensations; & c'est pour cela que nous nous réservons à traiter cette matière dans la section suivante. (94.) Mais quelle que soit la source & l'origine de nos idées, la certitude qu'elles donnent, en est totalement indépendante.

IV°. QUESTION SUR LES IDÉES.

73. ON demande si on doit affirmer d'une chose, tout ce qui est renfermé dans l'idée de cette chose? Avant de donner une réponse définitive, il est nécessaire de commencer par un développement qui mette bien au fait de la question.

I°. Je suppose que j'aie dans mon esprit l'idée *d'un homme* d'une taille gigantesque, d'une sagesse supérieure, d'une force sans égale, d'une probité à toute épreuve; & je cherche dans l'idée de cet homme, ce qui le constitue essentiellement *homme*. De cette idée je fais disparoître par la pensée, & la taille gigantesque, & la force, & la sagesse, & l'équité, que je me représentois dans cet homme; & je conçois que dépouillé de toutes ces qualités, il sera encore homme. De cette idée j'efface par la pensée, ou le corps ou l'ame; la capacité d'avoir des sensations ou des raisonnements: & je conçois que si j'ôte une seule de ces choses, il n'y aura plus d'homme. Je conclus donc, sur le témoignage de mon idée, que s'il existe un homme, il aura nécessairement un corps & une ame; qu'il sera nécessairement capable de sensations & de raisonnements: parce que tout cela est essentiellement renfermé dans l'idée de l'homme. Mais je ne conclus pas sur le témoignage de mon idée, que s'il existe un homme, il ait une taille de nain ou de géant; qu'il soit vicieux ou vertueux, ignorant ou éclairé, parce que rien de tout cela n'est essentiellement renfermé dans l'idée de l'homme.

II°. Je suppose de même que j'aie l'idée *d'une substance étendue*, dure, pesante, ronde, livrée au mouvement ou au repos; & je cherche dans l'idée de cette substance, ce qui la constitue *matière*. Par la pensée j'efface de cette idée, ou la dureté, ou la rondeur, ou la pesanteur, ou le mouvement, ou le repos, ou tout cela à la fois; & je conçois que la substance représentée, ne cesse point pour cela d'être matière. De l'idée de cette substance, je bannis encore l'étendue, & toute étendue propre & réelle; & je conçois que s'il n'y a absolument plus d'étendue il n'y aura plus de matière. Je conclus donc, sur le témoignage de mon idée, que l'étendue est une propriété inséparable de la matière; que s'il existe une matière, elle a nécessairement de l'étendue; parce que l'étendue entre essentiellement dans l'idée de la matière. Mais je ne conclus pas, que s'il exiſte une matière, elle ſoit ou ronde, ou dure, ou peſante, ou en mouvement, ou en repos: parce que rien de tout cela n'eſt eſſentiellement renfermé dans l'idée de la matière.

II.º. De même, pourquoi affirmé-je que *l'etendue matérielle* ne convient point à Dieu, à l'ame, à la penſée ? parce que dans l'idée qui me trace l'eſſence de Dieu, de l'ame, de la penſée, je vois néceſſairement renfermée l'abſence & l'excluſion de l'étendue matérielle. Pourquoi au contraire n'exclus je pas de *l'ame humaine*, la vertu ou le vice, les lumières ou l'ignorance ? Parce que l'idée de l'ame humaine ne renferme point néceſſairement, & n'exclud point néceſſairement, la vertu ou le vice, les lumières ou l'ignorance ; & que par conſéquent je ne puis rien affirmer en ce genre par le ſeul motif de l'idée.

IVº. Après ce développement, nous allons donner les preuves démonſtratives qui établiſſent la propoſition ſuivante, que nous regardons comme le premier principe de toutes les ſciences. On appelle *premier principe* de connoiſſance, celui qui prouve tous les autres, & qui n'eſt prouvé par aucun autre.

PROPOSITION FONDAMENTALE.

74 *ON doit affirmer d'une choſe, tout ce qui eſt eſſentiellement renfermé dans l'idée de cette choſe : On doit nier d'une choſe, tout ce qui eſt eſſentiellement exclus de l'idée de cette choſe.*

Ière. DÉMONSTRATION. La vérité de cette propoſition eſt ſûre & inconteſtable, ſi cette propoſition eſt le premier principe de toutes les ſciences : or telle eſt cette propoſition ; & je le démontre. Cette propoſition eſt le premier principe de toutes les ſciences, ſi la vérité de cette propoſition demeurant inébranlable, toutes les démonſtrations conſervent leur force ; ſi la vérité de cette propoſition étant ébranlée ou ſuſpectée, toutes les démonſtrations tombent & s'écroulent : or telle eſt la vérité de cette propoſition. Car la certitude de toute démonſtration a pour baſe & pour fondement, la connexion qui ſe trouve entre l'idée de la choſe & la nature de la choſe. D'où ſçais-je, par exemple, que deux choſes identifiées avec une troiſième, ou égales à une troiſième, ſont identifiées ou égales entr'elles ; ſi ce n'eſt parce que dans l'idée d'identité ou d'égalité de deux choſes avec une troiſième, eſt néceſſairement renfermée l'identité ou l'égalité entr'elles ? D'où ſçais-je que le tout eſt plus grand que ſa partie, ſi ce n'eſt parce que l'idée d'un tout includ néceſſairement un excès ſur ſa partie ? D'où ſçais-je qu'il eſt impoſſible que la même choſe ſoit & ne ſoit pas en même temps, ſi ce n'eſt parce que l'idée de l'être exclud eſſentiellement ſon non-être. Donc en adoptant tous ces principes, nous ſuppoſons toujours néceſſairement comme une vérité ſûre, que tout ce qui eſt eſſentiellement renfermé dans l'idée d'une choſe, convient néceſſairement à cette choſe. C. Q. F. D.

REMARQUE I. Cette propoſition étant le premier principe de toutes les ſciences, elle ne peut être prouvée directement par aucune autre vérité plus générale & plus lumineuſe : mais elle peut être prouvée indirectement, en montrant qu'abattre cette vérité, c'eſt abattre tous les principes. Dans la démonſtration donnée, nous ne prouvons point la vérité même de cette proposition ; mais nous montrons la dépendance de toutes les vérités, relativement à cette vérité fondamentale.

REMARQUE II. Notre esprit ne voit point les choses en elles-mêmes ; il ne les voit que dans leurs idées & dans leurs images. Par exemple, je ne vois point en France les propriétés d'un cercle ou d'un triangle, que je suppose existant en Angleterre : je ne puis les voir & les connoître, ces propriétés, que dans les idées que je m'en forme. Donc si notre esprit est assuré d'avoir quelque connoissance certaine des choses, il suppose que la nature des choses est fidélement exprimée dans les idées qu'il en a.

IIème. DÉMONSTRATION. Je vous demande à vous, qui doutez de la vérité de la proposition que nous donnons pour un principe incontestable, si l'on peut faire un raisonnement, ou si l'on ne peut pas faire un raisonnement ? Si vous niez qu'on puisse faire un raisonnement, la dispute est finie : on ne raisonne point avec un homme qui nie la raison ou la faculté de raisonner. Si vous accordez qu'on puisse faire un raisonnement, donc vous supposez la vérité & la certitude des idées. Car d'où tirez-vous, & sur quoi fondez-vous, la force & la certitude de votre conséquence ? D'où sçavez-vous, en faisant un raisonnement, que votre raisonnement est juste & concluant ? Vous ne le sçavez, que parce que votre esprit voit infailliblement que votre conséquence est bien renfermée dans les prémisses, & bien déduite des prémisses. Donc vous supposez essentiellement dans les prémisses, ce que votre esprit voit clairement & indubitablement contenu dans les prémisses : Donc vous supposez que l'objet des prémisses contient essentiellement ce que votre esprit voit évidemment & essentiellement contenu dans l'objet des prémisses : Donc si vous accordez qu'on puisse faire un raisonnement, vous avouez par là même que votre esprit n'est point un miroir trompeur, qui représente dans un objet ce qui n'est point dans un objet : Donc vous avouez que les idées ne sont point trompeuses ; & que l'on doit affirmer des choses, ce que les idées représentent essentiellement contenu dans la nature des choses. C. Q. F. D.

IIIème. DÉMONSTRATION. Toutes les démonstrations mathématiques sont fondées sur le témoignage des idées. Car les Mathématiciens affirment des choses, & tout ce qu'ils voyent, & uniquement ce qu'ils voyent, essentiellement contenu dans l'idée des choses. Donc les Mathématiciens supposent dans leurs démonstrations, qu'il faut affirmer des choses, ce que l'esprit voit essentiellement contenu dans l'idée des choses. Or aucun homme sensé ne révoque en doute les démonstrations mathématiques : donc aucun homme sensé ne doit révoquer en doute le principe sur lequel sont fondées toutes les démonstrations mathématiques, lequel principe est précisément la proposition fondamentale que nous avions à développer & à établir. C. Q. F. D.

OBJECTIONS A RÉFUTER.

75. OBJECTION I. La vérité des choses ne dépend point de nos idées : Donc nous ne devons point conclure de nos idées à la vérité des choses.

Réponse. La vérité des choses ne dépend point de nos idées, quant à son existence ; mais elle dépend de nos idées, quant à sa manifestation. Il est vrai indépendamment de nos idées, que les triangles semblables ont leurs côtés homologues ou correspondants, proportionnels ; mais cette proportion des côtés homologues ou correspondants, ne nous est indubitablement manifestée que par le témoignage infaillible de nos idées.

76. *Objection II.* L'entendement divin est toujours infaillible, parce qu'il est toujours infini : Donc par la raison contraire, l'entendement ou l'esprit humain est toujours faillible, parce qu'il est toujours fini.

Réponse. Tout être fini renferme & des perfections qui constituent son être, & des imperfections (ou des négations d'ultérieure perfection) qui bornent & qui circonscrivent son être. Si notre esprit avoit une intellectivité infinie, en vertu de cette infinie intellectivité, il atteindroit & embrasseroit toute vérité : il seroit infaillible en tout comme Dieu. Si notre esprit n'avoit aucune intellectivité (ou s'il avoit la négation de toute intellectivité), il ne pourroit connoître aucune vérité : il seroit semblable en ce genre à la pure matière, à un bloc de marbre. Notre esprit tient une espèce de milieu entre ces deux extrêmes : il a en genre d'intellectivité, & des perfections qui le rendent capable de connoître infailliblement certaines vérités, & des imperfections qui le mettent hors d'état d'atteindre certaines autres vérités, placées au-delà de sa sphére. Les bornes & les imperfections de l'esprit humain, ne détruisent donc pas absolument son infaillibilité en certain genre. Placé, pour ainsi dire, entre deux abysmes, entre l'infinie intelligence & le défaut de toute intelligence, que l'esprit humain, en contemplant ses perfections & ses imperfections, apprenne *à être sage avec sobriété*, selon le conseil du grand Apôtre (*) : qu'il s'efforce de s'enrichir de connoissances utiles & proportionnées à son intelligence, pour ne point rendre vains les dons qu'il tient du Créateur ; mais qu'il se garde sagement de porter des regards trop audacieux sur des vérités d'un ordre supérieur, qu'il a plu à Dieu de lui cacher, s'il ne veut pas s'égarer & se perdre dans des abysmes inaccessibles ! Qu'il n'oublie jamais que *la Science finit, où la Foi commence*.

77. *Objection III.* Dieu peut produire un homme qui se trompe toujours, & qui pense ne jamais se tromper : & quelle preuve puis-je avoir que je ne suis pas cet homme ? Un insensé, livré à une folie permanente, est toujours dans l'erreur ; & peut-être se croit-il le seul sage.

Réponse. 1°. Ce n'est pas circonscrire & borner la toute-puissance divine, que d'assurer qu'elle ne peut rien faire qui soit indigne de sa sagesse. La toute-puissance de Dieu ne peut rien faire, qui n'ait une fin sage & honnête : Or quelle fin sage & honnête pourroit avoir le Créateur, en créant & en produisant immédiatement par lui-même un homme, pour le livrer constamment & invinciblement à l'erreur ? II°. L'état d'un homme livré à une folie perma-

_____

(*) *Non plus sapere quàm oportet sapere, sed sapere ad sobrietatem.* *Rom.* 12.

nente, n'est point un état qui vienne immédiatement & directement de Dieu ; ou que Dieu ait eu immédiatement intention de produire. Cet état, qui naît d'un dérangement accidentel dans les organes de cet homme, est occasionné par les causes secondes, que Dieu n'est pas obligé de changer & d'interrompre miraculeusement pour conserver l'usage de la raison à tel homme en particulier.

III°. Quel que soit l'état des choses dans une cervelle livrée à une folie ou à une illusion permanente, il ne s'ensuit pas que je puisse me soupçonner dans ce même état, lorsque j'ai le sentiment intime de ma réfléxion & de ma raison ; lorsque j'ai le sentiment intime de l'évidence des choses, de cette évidence soutenue & inébranlable, que la raison observe & avoue, & qui ne laisse aucun doute dans l'esprit. (39)

78. OBJECTION IV. Un homme séduit par un paralogisme, (c'est-à-dire, par un faux raisonnement qui paroit concluant & qui ne l'est pas,) croit avoir l'évidence ; & cependant il se trompe : Donc le sentiment intime de l'évidence, n'est pas toujours évidemment connexe avec la vérité.

RÉPONSE. L'évidence est comme la lumière, plus ou moins vive, plus ou moins sensible, plus ou moins efficace & puissante. L'évidence *simple & prochaine*, est comme une grande lumière, répandue sur un objet prochain & bien sensible. L'évidence *éloignée & compliquée*, est comme une lumière foible & mêlée de nuages, répandue sur un objet éloigné & confusément peint à l'ame. Après cette explication ou cette comparaison, je dis :

I°. Qu'il n'y a jamais de paralogisme, que lorsque dans une démonstration compliquée, l'esprit passant de conséquence en conséquence, aboutit enfin à une proposition éloignée du principe, qu'il prend pour vraie & que je suppose être fausse.

II°. Que dans cette hypothèse, l'homme peut bien être persuadé de la vérité de sa démonstration ; mais que cette persuasion, toujours foible, toujours inquiéte, toujours mêlée de quelque crainte d'erreur, n'a point ce degré de force & d'assurance, que donne une démonstration simple & bien lumineuse, qui exclud victorieusement toute crainte d'erreur, & qui donne à l'esprit une assurance constante & parfaite. C'est le sentiment intime de cette dernière évidence, que nous assurons être toujours infailliblement connexe avec la vérité.

79. OBJECTION V. La foi nous apprend que dans la Trinité, le Pere est identifié avec la Nature divine ; que le Fils est identifié avec la Nature divine ; que cependant le Pere n'est pas identifié avec le Fils. Donc il est faux que deux choses identifiées avec une troisième, soient identifiées entr'elles : donc un des principes fondamentaux de nos connoissances, est faux.

RÉPONSE. Dans la Sainte-Trinté, le Pere est Dieu, sans être tout ce qu'est la Nature divine : le Fils est Dieu, sans être tout ce qu'est la Nature divine. La Nature divine est identifiée totalement avec les trois Personnes divines prises ensemble : mais elle n'est pas identifiée totalement avec une seule Personne divine. Ce mystére adorable n'a rien d'opposé à notre principe, dans lequel il s'agit toujours d'identité totale & complette de deux choses avec une troisième.

80. OBJECTION VI. Un même sujet peut avoir en même temps l'être & le *non-être* ; par exemple, un bloc de marbre a en même temps l'être de matérialité, & le non-être d'intellectivité : donc l'être & le non-être ne sont pas toujours incompatibles ; ce qui détruit un de nos principes, sçavoir, qu'*il est impossible que la même chose soit & ne soit pas en même temps*.

RÉPONSE. Le même sujet peut avoir en même temps l'être en un genre, & le non-être en un autre genre : ce qui est le caractère de tout être fini dans sa nature. Mais un même sujet ne peut pas avoir en même temps, & l'être & la négation du même être ; la matérialité & la négation de la matérialité ; l'intellectivité & la non-intellectivité : & c'est là l'unique sens du principe dont il s'agit.

81. OBJECTION VII. L'idée d'une chose matérielle & étendue, pour être conforme à son objet, doit être matérielle & étendue ; & telle est en effet l'idée d'un triangle, dans laquelle je vois clairement trois angles & trois côtés, distingués & séparés. Or une idée matérielle & étendue, peut-elle être une image spirituelle ? Il est donc faux que l'idée soit, comme on la définit, une image spirituelle d'un objet. (68)

RÉPONSE. L'idée d'une chose matérielle & étendue est conforme à son objet, non d'une conformité de nature, mais d'une conformité de représentation. Les angles & les côtés d'un triangle sont séparés réellement dans l'objet représenté, & non dans l'idée qui les représente. Pour que le tableau d'un guerrier semant l'épouvante & le carnage, soit conforme à son objet, il n'est pas nécessaire que le tableau ait en soi la même nature que l'objet représenté ; qu'il soit en lui-même vivant & agissant, comme l'objet représenté : il suffit que ce tableau ait en soi des traits & des linéaments, capables d'exprimer l'action ou la passion qu'on veut peindre dans son objet. De même l'idée exprime fidèlement son objet, sans contenir, autrement qu'en représentation, les propriétés de son objet. Toujours spirituelle en sa nature, elle représente les choses matérielles, en exprimant leurs propriétés matérielles ; & les choses spirituelles, en exprimant leurs propriétés spirituelles.

82. OBJECTION VIII. Voici des propositions qui sont évidentes, & qui ne peuvent être évidentes sans que l'on conçoive & que l'on connoisse leur sujet : *le rien n'a aucune propriété réelle* ; *la chimère ne peut être connue en elle-même* ; *un Dieu injuste ne peut exister* ; *le vice est odieux*. Or ces propositions ont pour sujet le *rien*, la *chimère*, *un Dieu injuste*, le *vice*. Donc l'on connoit le rien, la chimère, le vice, un Dieu injuste ; ce qui est contraire aux principes que nous avons établis. (69)

RÉPONSE. Ces quatre propositions sont évidentes, & on connoit leur sujet ; mais quel est le sujet de ces propositions ? C'est ce qu'il faut examiner. Ces propositions ont dans l'esprit un ordre ou un arrangement, différent de celui qu'elles ont dans l'expression ou dans les mots. Voici l'ordre naturel & analytique de ces propositions, telles qu'elles sont dans l'esprit. Une propriété réelle ne peut être la propriété du *rien*, ou de ce qui a la négation d'être. Une représentation ne peut pas être la représentation de la *chimère*. Un

Dieu ne peut pas exister *injuste*, ou ayant l'injustice qu'il exclud. La vertu a une amabilité propre, qui n'est point dans le *vice*; c'est-à-dire, dans ce qui est son exclusion ou sa négation. (69)

SECTION TROISIÈME.
TÉMOIGNAGE DES SENS.
I°. OBJET DE CE TÉMOIGNAGE.

83. LE témoignage du *Sentiment intime* ne nous instruit que des affections intérieures & sensibles de notre ame. Le témoignage des *Idées* ne nous éclaire que sur les propriétés essentielles des choses, que nous découvrons par l'idée essentielle des choses. Le témoignage des *Sens* nous ouvre un théâtre bien plus étendu & bien plus intéressant de connoissances à acquerir sur les êtres sensibles. Leur existence, leur situation, leur figure, leur proximité ou leur éloignement, leur fluidité ou leur solidité, leur legéreté ou leur pesanteur, leur mouvement ou leur repos, & telles autres qualités sensibles; rien de tout cela n'est dans notre ame; rien de tout cela n'est de leur essence; tout cela peut nous être dévoilé & manifesté par le rapport des sens; voilà l'objet du témoignage des sens.

II°. CONDITIONS DE CE TÉMOIGNAGE.

84. POUR que les sens nous donnent des connoissances sûres & infaillibles sur leur objet, il faut:

I°. *Que nos sens soient sains & en bon état.* Il nous conste que nos sens sont sains & en bon état, & par notre propre expérience, qui ne sent aucun vice & aucun dérangement dans nos sens; & par l'accord des jugements que nous portons d'après leur témoignage, avec les jugements des autres hommes avec qui nous vivons.

II°. *Que le témoignage de nos sens soit constant & soutenu, & que la raison préside à l'examen de leur témoignage.* Si le rapport de mes sens aujourd'hui est différent de celui qu'ils me faisoient hier; si le rapport du tact est démenti par celui de l'œil ou de l'oreille; si la legéreté & la frivolité m'empêchent de donner une attention mûre & réfléchie à certains rapports ou témoignages de mes sens: Ces témoignages sont suspects. Quand ces rapports se contredisent, on corrige l'un par les autres; celui qui est suspect, par ceux qui sont sûrs & indubitables.

III°. *Que l'objet sensible soit assez présent au sens qu'il doit affecter, pour que l'impression qu'il doit faire sur lui, soit bien nette, bien marquée, bien caractérisée.* Une tour fort éloignée paroit ronde à mon œil, quoiqu'elle soit quarrée: l'œil plus voisin recevra une impression plus sensible & mieux caractérisée, & il n'aura plus de cause d'erreur. L'Optique & l'Astronomie nous apprendront comment & par quelles régles scientifiques, les sens nous donnent des connoissances certaines sur la grandeur & la figure & la distance de certains objets, imménsément éloignés de l'organe du sens.

Ces conditions exigées & mises en pratique, préviennent ou détruisent presque toutes les objections frivoles, qu'on fait contre la certitude du témoignage des sens.

III°. NATURE DES SENS.

85. L'AUTEUR de la Nature nous a donné *cinq Sens*, ou cinq moyens d'appercevoir les objets matériels & sensibles qui nous environnent. Ces sens sont des organes dans notre corps, par le ministére desquels notre ame apperçoit les choses corporelles, s'étend en quelque sorte jusques à elles, en sent l'existence & les propriétés, par les sensations qu'elle en reçoit.

IV°. DIVISION DES SENSATIONS.

86. LA sensation est ou *extérieure* & dans l'organe matériel des sens, ou *intérieure* & dans la substance même de l'ame.

I°. La sensation *extérieure & organique*, est une commotion ou une impression faite dans les organes du corps animé. Telle est la sensation extérieure & organique de la *Vision*; ou cette commotion & cette impression faites dans les fibres de l'œil, par l'action de la lumière, qui leur imprime une agitation & un ébranlement différents, selon la nature des objets qui l'envoyent dans l'œil. Telle est la sensation extérieure & organique du *Goût*, ou cette commotion & cette impression faites dans le palais de la bouche, par l'action des particules différentes, qui élancées du sein des aliments broyés, pénétrent & ébranlent différemment les fibres & les canaux du palais. Telle est la sensation extérieure & organique de l'*Odorat*, ou cette commotion & cette impression faites dans les fibres du nez, par l'action des différents corpuscules, qui s'échappant par une émanation continuelle du corps odoriférant, viennent l'atteindre & le frapper. Telle est la sensation extérieure & organique de l'*Ouie*, ou cette commotion & cette impression faites dans les fibres de l'oreille, par l'action de l'air, qui différemment agité par les vibrations du corps sonore, frappe les touches de l'oreille avec différentes modifications. Telle est enfin la sensation extérieure & organique du *Tact*, ou cette commotion & cette impression faites dans les fibres, par exemple, de la main, par l'action d'un corps qui les affecte différemment, selon qu'il est d'une nature ou d'une configuration plus ou moins résistante. La sensation extérieure & organique est toute dans l'organe matériel : ce n'est qu'une modification diversifiée du corps organisé & animé.

II°. La sensation *intérieure & mentale*, est dans l'ame une modification spirituelle, relative aux qualités sensibles d'un corps dont elle lui annonce l'existence & la présence; ou ce qui revient à la même chose, c'est la connoissance d'une qualité sensible, relative à un corps existant & présent. La sensation intérieure & mentale ne porte point, comme l'idée, la lumière sur l'essence & la nature de son objet; elle se borne à en annoncer la présence, & à en manifester quelques qualités ou propriétés sensibles.

V°. QUALITÉS SENSIBLES DES CORPS.

87. PAR un préjugé général, (longtemps adopté par l'aveugle

Péripatétisme, & enfin abattu par la Philosophie moderne) nous nous persuadons faussement qu'il y a dans les corps qui nous environnent, des *qualités sensibles*, semblables aux sensations intérieures qu'éprouve notre ame en les appercevant. Par exemple, nous nous imaginons qu'il y a dans le feu une chaleur intrinséque, semblable à la sensation de chaleur que nous éprouvons en palpant un charbon ardent : nous nous imaginons qu'il y a dans l'écarlate une couleur rouge, semblable à la sensation de rouge que nous avons en regardant cette espèce d'étoffe. Nous prouverons d'une manière solide & satisfaisante, au commencement de notre Physique, qu'il n'y a dans la Nature sensible, que matière & mouvement ; qu'une matière homogéne & purement semblable, avec diverses configurations dans ses éléments, avec différents mouvements dans ses molécules, suffit pour expliquer ce que nous entendons par l'amertume de l'absynthe, la douceur du sucre, les couleurs de la lumière, la chaleur du feu, & ainsi du reste.

Cette erreur, dont nous avons été imbus depuis notre enfance, est née, non du témoignage des sens ; mais d'une fausse conséquence, tirée du témoignage des sens. Nos sens nous apprennent qu'il y a dans les différents corps, une propriété capable d'exciter en nous une sensation d'amertume, de douceur, de froid, de chaleur, de couleur gaie ou triste, d'odeur agréable ou disgracieuse, de goût apétissant ou révoltant : ce qui est vrai. De là nous concluons que ces qualités des corps, que nous n'avons jamais senties ou apperçues en elles-mêmes, sont quelque chose de distingué de la matière, de la configuration de la matière, du mouvement de la matière : conséquence fausse, qui doit être imputée, non à nos organes, qui sentent & ne concluent pas ; mais à notre esprit, qui par un jugement téméraire & mal fondé, tire d'un principe une conséquence qui n'est point renfermée dans ce principe.

VI°. CAUSE DES SENSATIONS.

88. Nous prouverons ailleurs (330) que Dieu seul est la cause efficiente de tout mouvement, soit dans les corps animés, soit dans les corps inanimés. Mais quand même cette assertion seroit fausse ou douteuse, voici des assertions qui en sont indépendantes, & dont on ne peut révoquer en doute la certitude.

89. ASSERTION I. *La sensation extérieure & organique, a toujours pour cause ou pour occasion, le choc d'un corps qui ébranle les organes du sentiment.* L'ébranlement produit ou occasionné dans les yeux, par les rayons de la lumière ; dans l'oreille, par les différentes vibrations de l'air; dans les fibres du tact, par la diverse résistance des corps palpables ; voilà la sensation extérieure & organique. Cette sensation dit toujours relation à un autre corps qui la produise ou qui l'occasionne : car l'expérience nous apprend que, *c'est une loi de la Nature, que dans les corps terrestres, l'ébranlement ou le mouvement ne soit communiqué à un corps, que par le choc d'un autre corps.*

90. ASSERTION II. *La sensation intérieure & mentale, a toujours pour cause ou pour occasion la sensation extérieure & organique, ou l'ébranlement des fibres de l'organe.* Par exemple, une étincelle élancée d'un tison ardent, ébranle les fibres de ma main ;

voilà la sensation extérieure & organique. A cet ébranlement des fibres de ma main, répond dans mon ame une sensation caractérisée que j'appelle sensation de brûlure ; voilà la sensation intérieure & mentale, qui dit toujours relation à un ébranlement dans un organe ou dans un de nos sens. Car l'expérience nous apprend que, c'est une loi de la Nature, que notre ame n'ait aucune sensation intérieure, sans une sensation organique qui en soit la cause ou l'occasion.

91. ASSERTION III. *Ce n'est point la sensation organique, ou l'ébranlement de l'organe matériel, qui produit dans l'ame, comme cause efficiente, ou la sensation intérieure & spirituelle, ou l'idée & l'image qui souvent accompagnent cette sensation.* Par exemple, je rencontre en me promenant, un Fort construit en poligone, dont je n'avois ni la sensation ni l'idée. La lumière réfléchie par le poligone, frappe mes yeux ; & fait naître en mon ame la sensation & l'idée de ce poligone. Quelle est la cause efficiente qui forme & produit en mon ame cette sensation & cette idée ? I°. Ce n'est point la lumière réfléchie : car la lumière réfléchie n'est qu'une matière en mouvement, où je ne conçois aucune vertu capable de produire une sensation & une idée spirituelles. II°. Ce n'est point l'organe de l'œil ébranlé par la lumière ; car l'organe de l'œil n'est qu'un amas de fibres infiniment délicates, qui par le nerf optique répondent au cerveau matériel. Or quelque mouvement que je conçoive & dans les fibres de l'œil, & dans le nerf optique, & dans le cerveau, ce n'est toujours qu'une matière aveugle en mouvement, en qui je ne conçois aucune prise sur une substance spirituelle ; que je conçois du moins évidemment incapable de graver & d'imprimer en mon ame des sensations & des images caractérisées, dont la production est infiniment au-dessus de toutes mes lumières. III°. Ce n'est point la correspondance & l'union de l'ame avec les organes du corps ; car cette union de l'ame & du corps, ne dit évidemment que la *com-présence* de l'une & de l'autre substance, avec une loi du Créateur qui a établi une dépendance mutuelle entre ces deux substances, ensorte que certaines opérations de l'ame dépendent du corps, & que certains mouvements du corps soient dépendants de l'ame. Cette union est la condition & l'occasion de cette mutuelle dépendance ; mais il est évident que cette union, que cette modification qui unit l'ame au corps, prise en elle-même, séparée de l'action du Créateur, ne contient & ne renferme en elle-même aucune vertu capable d'imprimer & de produire dans l'ame, ou la sensation, ou l'idée spirituelles.

92. ASSERTION IV. *Ce n'est point l'ame qui produit elle-même, comme cause efficiente, ses sensations intérieures.* Car il nous conste par le témoignage du sentiment intime, que nos sensations étant pour le plus grand nombre douloureuses & désagréables, notre ame bien loin de les produire en soi, fait au contraire de vains efforts pour s'en garantir ou pour s'en délivrer : & que pour les sensations qui nous sont agréables ou indifférentes, il n'est pas au pouvoir de notre ame de se les donner à volonté. En vain un aveugle, aidé de toute la théorie & de tous les raisonnements d'un Newton, voudroit-il produire en soi la sensation ou l'idée de la lumière & des couleurs : tout ce qu'il pourra faire, après bien des raisonnements & des réfléxions, ce sera de se figurer encore la

couleur rouge, comme reſſemblante au ſon éclatant d'une trompette.

93. *RÉSULTAT général.* Il conſte par les principes que nous venons d'établir, que nos ſenſations intérieures, & les idées qui les accompagnent ſouvent, ne peuvent être produites en notre ame, ni par la matière qui ébranle l'organe, ni par l'organe qui eſt ébranlé, ni par l'ame qui en eſt affectée. Il reſte donc & il réſulte, que *les idées & les ſenſations ſpirituelles, ſoient occaſionnées par les organes, & produites par le Créateur; ou que Dieu en ſoit la cauſe, & que la ſenſation organique en ſoit ſimplement l'occaſion.*

VII°. ORIGINE DES IDÉES.

94. NOUS ne voyons point les choſes en elles-mêmes; nous ne les voyons que dans leurs idées & leurs images: tous les Philoſophes ſont d'accord ſur ce point. Mais comment avons-nous les idées repréſentatives des choſes? Comment ſe forment ou ſe trouvent en notre ame, les tableaux ſpirituels qui nous expriment & nous font connoître les choſes? Voilà ſur quoi l'on diſpute. Nous allons expoſer & examiner les divers ſyſtêmes, pour nous attacher au plus probable.

95. *SYSTÊME I. Les Idées innées.* Dans ce ſyſtême, l'Auteur de la Nature a formé & imprimé dans notre ame, en lui donnant l'exiſtence, toutes les idées & les images qu'elle peut avoir, ou qu'elle doit avoir. Mais ces idées & ces images ſont comme aſſoupies, juſqu'à ce que le développement des organes & l'impreſſion faite ſur les ſens, les réveillent & les mettent en jeu. Par exemple, avant que j'aye jamais vu un Éléphant & un Rhinoceros, j'ai dans mon ame l'image innée du Rhinoceros & de l'Éléphant: mais cette image ne me montre point ces animaux, & ne me les fait point connoître, parce qu'elle eſt encore aſſoupie & ſans action. Le corps du Rhinoceros ou de l'Éléphant devient-il préſent à ma vûe? La lumière qu'il réfléchit, imprime une image matérielle dans mon œil, repréſentative de cet animal. Cette image matérielle, par l'ébranlement donné aux fibres de l'air, réveille l'image ſpirituelle, exiſtante dans mon ame, & analogue à l'image organique; & cette image ou idée ſpirituelle, réveillée en mon ame, lui peint le Rhinoceros ou l'Éléphant.

Ce ſyſtême, fort accrédité autrefois, & preſque univerſellement abandonné aujourd'hui, paroit très-peu raiſonnable. Car, I°. Il ſuppoſe ou il entraîne bien de l'inutile: puiſqu'il ſuppoſe dans l'ame une infinité d'idées ou d'images qui ne doivent jamais être réveillées, qui ne doivent jamais être d'aucune utilité. II°. Il eſt ſujet aux mêmes inconveniens que le ſyſtême des ſenſations & des idées, formées & produites dans l'ame par les ſenſations organiques. L'image ou l'impreſſion organique, n'a aucune priſe ſur l'eſprit pour y former une ſenſation ou une image: (91) Comment & pourquoi auroit-elle priſe ſur l'eſprit pour y réveiller une image, pour y choiſir parmi mille millions d'images, celle qui lui eſt analogue & correſpondante?

96. *SYSTÊME II. Les Eſpèces impreſſes & expreſſes.* Dans ce ſyſtême péripatéticien, les objets extérieurs & ſenſibles élancent dans

nos sens des espèces ou images d'eux-mêmes, qui s'impriment dans nos sens : Par exemple, une rose vûe ou sentie, élance de son sein, & imprime ou dans les fibres de mon nez, ou dans les fibres de mon œil, une image d'elle-même : voilà les *Espèces impresses*. Notre ame extrait de nos sens ces espèces ou images matérielles qui y étoient imprimées, les retravaille, les met à son moule, les convertit en images spirituelles : voilà les *Espèces expresses*, & l'ouvrage de l'*Intellect agent*. Ces espèces étant réformées & spiritualisées, notre ame les reçoit en elle-même, les imprime dans sa substance, s'en modifie : voilà l'ouvrage de l'*Intellect patient*, & la digne fin de toute la métamorphose.

S'il y eut jamais deux délires bien marqués de la raison humaine, celui-ci peut bien compter pour un : délire cependant que renouvellent sans y penser quelques Philosophes célèbres, qui font naître de nos sens & de nos sensations organiques, nos idées & nos sensations mentales. Car s'ils veulent suivre & développer leur systême, on les défie ou de dire autre chose, ou de dire quelque chose de moins déraisonnable. Messieurs Locke & d'Alembert n'ayant rien donné de probable & de satisfaisant en ce genre, on espére qu'aucun Philosophe n'aura plus le courage ou la témérité d'épouser l'absurde systême, qui fait naître des sens matériels, nos sensations & nos pensées. Ce systême auroit acquis de la vraisemblance ou de la probabilité, par les lumières & les ressources de ces deux beaux génies, si le génie étoit capable de rendre bonne une mauvaise cause.

97. SYSTÈME III. *Les choses vues en Dieu*. Selon Malebranche, nous voyons tout en Dieu, ou dans les idées divines. Mais comment voyons-nous tout *en Dieu*, ou dans les *Idées divines* ? C'est ce que cet Auteur paroit ne pas expliquer assez nettement. Est-ce la faute de Malebranche, qui n'a pas assez suivi & développé son systême ? Est-ce la faute de son systême, qui n'étoit pas susceptible d'une plus grande intelligibilité & d'un plus lumineux développement ? Quoiqu'il en soit, nous allons tâcher de deviner & de saisir son idée. Voici donc ce systême tel que nous l'avons conçu d'après ses principes. 1°. L'essence divine contient en soi les idées exemplaires & représentatives de tous les êtres existants & possibles : puisque c'est uniquement d'après ces idées exemplaires & prototypes, que Dieu les rend existants, ou que Dieu peut les rendre existants ; la nature de ces divers êtres ne pouvant être créée par le Tout-puissant, sans être antérieurement représentée par les idées directrices du Tout-puissant. II°. Dieu, dit Malebranche, est le lieu des Esprits, comme l'espace est le lieu des corps : & comme les corps sont nécessairement unis à l'espace, les esprits sont nécessairement unis à Dieu ou à la substance divine. III°. Notre ame, intimement unie à l'essence divine qui la pénètre, voit ou le soleil, ou les planettes, ou les volatiles, ou les poissons, ou les végétaux, ou tel homme ou telle brute ; selon qu'elle est actuellement attachée & appliquée à l'idée divine représentative ou du soleil ou des planettes, ou des volatiles, ou des poissons, ou de tel homme, ou de telle brute. IV°. L'ame, pour voir, n'a qu'à desirer : son desir est la cause occasionnelle de sa vision ; sa vision formelle, ou la forme qui rend l'ame voyante, c'est l'idée divine à laquelle elle est unie & appliquée. V°. Les

idées représentatives des divers objets, ne sont point intrinséques à notre ame, ou ne la modifient point intérieurement & dans sa propre substance : elles ne modifient intrinsèquement que la substance divine, dans laquelle, sans déroger à sa simplicité, elles sont éternelles, incréées & infinies, par leur nature & par leur essence. Notre ame n'est modifiée intrinséquement, selon cet Auteur, que par ses sensations ; telles que sont les sensations de douleur & de plaisir, les sensations de la lumière, des couleurs, des odeurs. Les perceptions ou les idées sont, pour ainsi dire, superficielles à l'ame ou extrinsèques à l'ame. Ces idées représentatives des objets sont pour notre ame, ce qu'est un miroir pour notre œil : nous voyons par le moyen du miroir, les objets qu'il peint & qu'il retrace, sans que le miroir représentatif soit lui-même dans notre œil, auquel il est étranger.

Ce système, ingénieux & séduisant à certains égards, ne peut soutenir longtemps le sévère examen & la perçante lumière d'une rigoureuse Philosophie. I°. Un système aussi opposé aux idées reçues & à la façon générale de penser, devroit être fondé sur des preuves triomphantes ; & on ne donne aucune raison solide & satisfaisante qui l'établisse. Toutes les raisons que donne Malebranche pour l'étayer, ne tendent & n'aboutissent qu'à démontrer que Dieu est la cause efficiente de nos idées : ce que nous n'avons garde de lui contester (98) ; & ce qui est fort différent du système qu'il veut ou qu'il semble vouloir adopter (*). II°. Il nous conste par le sentiment intime, que nous

---

(*) REMARQUE. Malebranche veut que Dieu, ou l'Agent universel de toute la Nature, agisse dans les esprits, comme il agit dans les corps, c'est-à-dire, de la manière la plus simple. Or il est plus simple, continue cet Auteur, de voir & de connoître tout en Dieu, que de voir & de connoître par le moyen d'une infinité d'idées, que Dieu seroit obligé de produire sans cesse dans les divers esprits. On voit par là, que Malebranche ne se borne pas à dire que Dieu est l'auteur ou la cause efficiente de nos idées ; mais que cet Auteur prétend que nous voyons & connoissons tout en Dieu même, de la manière que nous venons de tracer & d'expliquer. Ce qui fait encore mieux connoître le vrai sentiment de cet Auteur, c'est ce qu'il dit en parlant de la démonstration de l'existence d'un Dieu *par l'idée*; démonstration qu'il adopte & qu'il développe à sa manière, & d'après son système sur l'origine des idées. Voici le fond & le précis de cette démonstration. L'idée représentative d'un être infini, est une idée infinie en elle-même : une idée infinie en elle-même ne peut exister que dans un sujet infini : donc si cette idée existe, son sujet ou Dieu est existant. Or cette idée existe ; puisque nous avons l'idée de Dieu, idée que nous ne pouvons avoir qu'en Dieu & par le moyen de Dieu : donc Dieu existe. Cette idée de Dieu ne nous est point appliquée & communiquée à la vérité dans toute sa perfection, telle qu'elle est en elle-même, infinie en sa nature. Participable dans un nombre infini de dégrés décroissants, elle ne nous est communiquée que dans une portion infiniment petite d'elle-même. Cette idée telle qu'elle est en Dieu, est à cette idée telle qu'elle est en nous, comme l'unité est à un infiniment petit, ou comme l'unité entière est à l'unité divisée par l'infini : ce qui donne toujours une quantité positive, suffisante pour annoncer & pour démontrer & l'existence de cette idée, & l'existence de son sujet ou de Dieu. Cette démonstration n'a d'autre vice, que le fondement frivole & ruineux sur lequel elle porte : ce qui suffit assez pour la rendre vaine & infructueuse. Elle peut aller de pair en genre de conviction, avec une autre prétendue démonstration que

avons une foule d'idées distinguées & différentes entr'elles ; l'idée du triangle, par exemple, est distinguée & différente en soi de l'idée du cercle & du quarré : donc si nous voyons tout en Dieu ou dans les idées divines, il faut qu'il y ait dans Dieu une pluralité d'idées distinctes & différentes, non-seulement quant à la chose représentée, mais encore quant à la chose représentante ; ce qui est incontestablement faux. III°. Il n'y a dans Dieu qu'une simple & même essence représentative de tous les objets différents, existants ou possibles : donc l'ame unie & appliquée à cette essence représentative de tous les objets, devroit & tout voir à la fois, & tout voir dans toute la perfection de l'idée représentative. Ou si l'on répond que l'idée ou l'essence divine est tantôt plus & tantôt moins appliquée à l'ame, c'est se plonger & se perdre dans des mystères ; c'est donner à une chose fort obscure, un éclaircissement encore plus incompréhensible & plus ténébreux.

98. *Résultat général*. Le système le plus vraisemblable, s'il n'est pas rigoureusement démontré, c'est que Dieu seul forme & produit en nous les idées & les images du moins primordiales des choses : & c'est le système que nous allons établir & développer.

I°. Il ne paroit point probable que l'ame produise elle-même en soi les idées & les images primitives qu'elle a des choses. Car en supposant même que l'ame ait la vertu de produire des idées ; pour que l'ame produisît en soi l'image primordiale d'un Rhinoceros ou d'un Oranger, il faudroit à l'ame une idée exemplaire & directrice, qui lui apprît à former & à produire en soi l'image représentative du Rhinoceros ou de l'Oranger : il faudroit par là même, ce qui répugne, que l'ame eût cette idée avant d'avoir cette idée. D'où il s'ensuit que *toutes les idées primitives ou primordiales des choses, sont produites en nous par le Créateur.*

II°. L'expérience nous apprend que la privation des sens laisse l'ame dans une espèce de stupidité ; que le fond de nos connoissances croît & se perfectionne avec nos organes ; que presque toutes nos idées nous viennent par le moyen de nos sens : donc l'ame unie au corps a bien des avantages qu'elle n'auroit point, isolée du corps ; puisque les sens contribuent, de quelque manière que ce soit, à l'enrichir de connoissances utiles & satisfaisantes. Mais les sens ne sont

---

donne le même Auteur, pour établir le méchanisme carthésien dans les brutes. Si les brutes avoient une ame sensible, dit Malebranche, Dieu seroit injuste : puisqu'il feroit ou laisseroit souffrir les brutes, sans qu'elles eussent mérité de souffrir. Preuve frivole & caduque dans son principe ! Car où trouve-t-on démontré que toute nature sensible exige essentiellement par ses constitutifs d'être exempte du mal physique, émané des loix générales de l'univers ? En supposant que les brutes ont une ame sensible, (hypothèse dont Malebranche nie la réalité, mais dont il ne nieroit pas la possibilité) par où démontreroit-il que le Créateur fût obligé de changer ou d'interrompre les loix de la gravitation, pour empêcher qu'une pomme, arrivée à sa maturité, en tombant du haut d'un arbre, n'écrasât par sa chûte un hanneton ou une fourmi, à qui le Créateur ne doit ni une béatitude non interrompue, ni une existence toujours permanente ? Est-il permis de bâtir des systêmes philosophiques en matière intéressante, sur des fondemens aussi mal assurés ? Raison humaine, seras-tu donc toujours condamnée à t'endormir quelquefois chez les grands hommes ! *Quandoque bonus dormitat Homerus !* Mais quel titre mérite-t-on, quand on n'imite & qu'on n'adopte des grands hommes, que leurs rêves & leurs écarts ?

point par eux-mêmes la cause efficiente de ces idées (91) : donc *les sens sont simplement la cause occasionnelle de presque toutes nos idées.*

III° L'expérience nous apprend que nous pouvons combiner & modifier les idées primitives que nous avons des choses ; & que nous pouvons à notre gré en former & en produire une foule d'autres, à l'imitation & sous la direction de ces idées primitives : par exemple, j'ai vu nager les poissons, j'ai vu voler les oiseaux ; & à l'occasion & sous la direction de ces deux images, je forme en moi à volonté, l'image ou l'idée d'un poisson volant : donc *il est probable que l'ame peut produire & se donner par elle-même certaines idées ou images, à l'imitation des idées primitives qu'elle trouve en soi :* & c'est peut-être en cette vertu de produire des idées d'imitation, que consiste en grande partie l'*Imagination*, dont nous parlerons ailleurs.

99. REMARQUE. Cette Théorie des sensations & des idées, n'altére en rien la liberté de l'homme. Dans tous les principes que nous venons d'établir, (dans l'hypothèse même où Dieu est l'unique cause efficiente de tout mouvement) l'homme n'est pas moins maître de ses opérations libres, que s'il étoit lui-même la cause efficiente & de ses sensations, & de ses idées, & de ses mouvements. Par exemple, je veux librement & avec réfléxion porter à ma bouche un verre de limonade, pour connoître le goût de cette liqueur que je suppose m'être inconnue. L'acte de ma volonté ou ma volition, que mon ame produit elle-même librement, est la cause occasionnelle du mouvement de ma main : le mouvement de ma main est la cause occasionnelle du mouvement qui porte la limonade à ma bouche : la limonnade en ma bouche est la cause occasionnelle de la sensation organique, faite sur les fibres de mon palais : la sensation organique faite dans les fibres de mon palais, est la cause occasionnelle & de la sensation intérieure de goût dont je suis affecté, & de la connoissance que j'acquiers sur la liqueur qui me rafraichit : & le tout dépend primitivement, comme on voit, de l'ame, qui est toujous la maîtresse de mettre ou de ne pas mettre la cause occasionnelle primitive, qui doit donner le branle à tout.

VII°. SYSTÊME DE MALEBRANCHE SUR LES SENS.

100. Ce Philosophe célébre, grand homme jusques dans ses égaremens, a employé toutes les forces du génie, pour montrer que les sens nous trompent & nous abusent en tout ; qu'ils nous égarent sur la grandeur & la figure & la distance & le mouvement des corps ; qu'ils nous montrent des corps, où il n'y a absolument point de corps ; & qu'on ne peut par conséquent établir aucune connoissance certaine sur leur témoignage & sur leur rapport ; que, malgré toutes les sensations que j'ai éprouvées en moi depuis que j'existe, sensations toutes relatives & à un corps qui m'appartient, & à des corps qui m'environnent, il peut se faire que je ne sois moi-même qu'un être purement intellectuel, sans aucun corps organisé qui me soit propre ; & que j'existe seul avec Dieu seul, dans un monde purement idéal & intelligible. Prétention également frivole & bisarre, & qui semble également heurter dans ses conséquences, & la Raison & la Foi. Nous allons démontrer contre lui, que nos sensations, en tant que relatives à divers corps, & en tant que connexes avec la suprême véracité d'un Dieu, dont nous supposerons ici & dont nous

démontrerons

démontrerons ailleurs l'existence, sont un motif & une raison irréfragable, qui nous constatent indubitablement & l'existence & l'ordre de la Nature, telle qu'elle nous est connue.

PROPOSITION I.

101. *Les sensations constantes & unanimes que nous éprouvons en notre ame, nous donnent une certitude métaphysique de l'existence de notre corps.*

DÉMONSTRATION. Il nous conste par le sentiment intime, que nous éprouvons dans nous des sensations constantes & unanimes, relatives aux différents organes d'un corps que nous regardons invinciblement comme notre corps : or ces sensations constantes & unanimes sont un motif métaphysiquement sûr, qui nous constate l'existence de ce corps. Je le démontre. Ces sensations constantes & unanimes sont un motif métaphysiquement sûr, qui nous constate l'existence de notre corps, s'il est impossible qu'elles soient trompeuses : or il est impossible qu'elles soient trompeuses. Je le démontre. Si ces sensations constantes & unanimes, relatives aux différents organes d'un corps qui nous appartienne, étoient trompeuses; Dieu lui-même seroit trompeur & imposteur : (ce qui répugne, comme nous le supposons & comme le suppose l'Auteur du systême que nous combattons). Je le démontre. C'est être trompeur & imposteur, que de nous induire & constamment & invinciblement à croire une chose fausse. Or si ces sensations constantes & unanimes, relatives à différents organes d'un corps qui nous appartienne, étoient trompeuses, Dieu nous induiroit & constamment & invinciblement à croire une chose fausse. Je le démontre. I°. Dieu nous induiroit à croire une chose fausse, sçavoir, l'existence de nos yeux, de nos oreilles, de notre bouche, de notre nez, de nos mains, de nos pieds, auxquels se rapportent nos sensations. Car d'où nous vient l'impulsion & le penchant qui nous entraînent à cette persuasion, sinon de l'Auteur même de notre nature ? II°. Dieu nous induiroit constamment à croire une chose fausse. Car ces sensations relatives à un corps qui nous appartienne, parlent & se font entendre de la même manière à tout le monde, aux enfants & aux vieillards, aux sages & aux insensés, à ceux qui veillent & à ceux qui rêvent. Leur cri & leur langage est toujours permanent & toujours le même, sans jamais se contredire & se démentir : de sorte qu'il n'y eut jamais de témoignage plus constant, mieux soutenu, plus authentique. III°. Dieu nous induiroit nécessairement & invinciblement à croire une chose fausse. Car en premier lieu, il n'est pas en notre pouvoir de nous abstenir du jugement que nous portons sur l'existence de notre corps; comme il nous conste par le sentiment intime. En second lieu, si ce jugement est faux, nous n'avons aucune voie, aucun moyen, pour en découvrir la fausseté. Donc si nous sommes dans l'erreur en jugeant que nous avons un corps qui nous appartienne, Dieu en est évidemment la source & la cause; Dieu est évidemment trompeur & imposteur. Mais il est certain, d'une certitude métaphysique, que Dieu ne peut être trompeur & imposteur : donc il est également certain, d'une certitude métaphysique, qu'il existe un corps qui nous appartienne. C. Q. F. D.

PREUVE confirmative. L'Être créateur, l'Être infiniment sage, ne fait rien d'inutile & d'inepte : c'est un axiôme ou une vérité authentique, que ne nie aucun Philosophe. Or si nous n'avons point de corps à sustenter & à conserver, (ce qu'on donne nécessairement pour possible dans le systême que nous combattons) quelle fin digne de sa sagesse a pu se proposer le Créateur, en imprimant dans notre ame purement spirituelle, le desir des aliments dont elle n'a pas besoin, l'amour d'un corps imaginaire qui n'existe pas, la crainte d'une destruction & d'une dissolution qui sont chimériques ! Pourquoi a-t-il fallu que pour avoir la sensation de la lumière, de la chaleur, des aliments, des odeurs, d'une mélodie, je sois dans la fausse persuasion que j'ouvre mes yeux à la lumière, que je suis assis auprès de mon feu, que je broye des aliments dans ma bouche, que j'applique mon odorat à un corps odoriférant, que je rends mes oreilles attentives à un concert mélodieux ? Il est évident que tout cela est inutile & inepte, si nous n'avons point de corps. Il est donc évident que le Créateur, qui ne fait rien d'inutile & d'inepte, nous a donné un corps.

PROPOSITION II.

102. *Les Sensations constantes & unanimes que j'éprouve dans mon ame, me donnent une certitude métaphysique de l'existence & de divers hommes, & de divers corps, dans la Nature.*

Iere. DEMONSTRATION. Par le sentiment intime je suis sûr d'une certitude métaphysique, que depuis que je pense & que je me connois, *il me semble* que je converse avec d'autres hommes ; que je vois dans le Ciel des astres brillants de lumière ; que je contemple dans l'atmosphère des phénomènes, tantôt amusants, tantôt effrayants ; que j'admire sur la terre une prodigieuse variété de plantes & d'animaux. Sur quoi je raisonne ainsi. Ces sensations constantes & unanimes que je sens en mon ame ; ces sensations relatives, & à des hommes qui conversent avec moi, & à des corps qui me sont présents & qui m'environnent, ou sont trompeuses, ou ne sont point trompeuses. Si ces sensations ne sont point trompeuses, donc les hommes & les corps dont elles m'annoncent l'existence, sont réellement existants. Si ces sensations sont trompeuses, donc Dieu, qui forme en moi ces sensations trompeuses dont je n'ai aucune raison de me défier, est un imposteur & un charlatan qui me joue & m'abuse, semblable à ces vils bâteleurs qui mettent leur misérable gloire à en imposer par de vaines apparences. Or, il est impossible que Dieu soit un charlatan & un imposteur : donc il est impossible que mes sensations soient trompeuses : donc je suis métaphysiquement sûr par le motif de mes sensations, qu'il existe dans la nature, & des hommes semblables à moi & des corps de différente espéce C. Q. F. D.

IIème. DEMONSTRATION. Je suis métaphysiquement sûr, par le témoignage du sentiment intime, que *j'ai cru* lire des histoires, qui m'exposant les phénomènes de la nature & les révolutions des empires, m'ont appris qu'il y a eu des tremblements de terre, des éclipses de soleil & de lune, des orages & des tempêtes dans l'atmosphère, des Villes saccagées & détruites, des campagnes inondées & désolées, des nations acharnées à se battre & à s'égorger.

Sur quoi je raisonne ainsi : ce que j'ai appris dans ces histoires réelles ou imaginaires, ou est vrai, ou est faux. S'il est vrai ; donc il est incontestablement sûr & certain que je ne suis point l'unique ouvrage du Créateur, qu'il y a eu & d'autres hommes, & d'autres corps, tels que ceux que me tracent mes yeux. S'il est faux ; il est évident que ces faussetés dont j'ai été imbu & persuadé, ne me viennent que de Dieu, seul auteur de l'illusion & de l'imposture. Or, il est impossible & absurde que Dieu soit l'auteur de la fausseté & de l'imposture ; qu'il m'ait faussement persuadé que je feuilletois des volumes, que je lisois des histoires, que je gravois dans mon esprit des événements vrais, du moins pour le fond : donc il est évident qu'il a existé des hommes qui ont composé, & qui m'ont transmis ces histoires ; qu'il y a eu des événements qui en ont été l'objet, & qui les ont fait naître : donc il est incontestablement sûr pour moi, qu'il y a eu & des hommes & des corps, tels que je crois en appercevoir encore dans la nature. C. Q. F. D.

IIIème. DEMONSTRATION. S'il est vrai, comme l'a prétendu Malebranche, que l'existence des hommes & des corps ne nous soit indubitablement constatée, que par la révélation ; toute notre Foi n'a plus que des fondements douteux & ruineux. Car notre foi est appuyée & fondée sur le témoignage des sens(*), qui nous ont manifesté les événements & les prodiges miraculeux, sur lesquels elle est inébranlablement établie : donc si les sens peuvent toujours nous abuser & nous tromper, tout sera douteux pour nous dans notre Religion ! Il sera douteux s'il y a eu un Moyse, s'il y a eu des Prophétes, qui ayent donné aux hommes l'ancienne révélation. Il sera douteux si Jesus-Christ a existé, s'il a fait des miracles, s'il a enseigné quelque chose aux hommes, s'il a eu des Apôtres & des Martyrs pour répandre & pour constater son Evangile. Il sera douteux si les Livres Saints que nous révérons, ne sont point des Livres imaginaires & fantastiques : si l'Eglise que nous écoutons & à qui nous nous soumettons, n'est point une Eglise fictice & fabuleuse. Enfin tous les points & tous les fondements de la révélation, seront suspects, équivoques & douteux. Sur quoi je raisonne ainsi : Il est sûr, d'une certitude métaphysique, de l'aveu même de Malebranche, qu'il y a une révélation divine, dont l'objet est certain, d'une certitude métaphysique : donc le témoignage des sens, qui fonde & qui constate cette révélation divine, est sûr & certain en lui-même d'une certitude métaphysique : donc l'existence des hommes & des corps, sur laquelle est appuyée la certitude de la révélation divine, est également sûre & certaine en elle-même, d'une certitude métaphysique. C.Q. F. D.

PROPOSITION III.

103. *Le témoignage des sens, ce témoignage constant, unanime, revêtu des conditions qu'exige la raison & que nous avons marquées, nous donne une certitude métaphysique sur l'existence de certaines loix générales de la nature, sur la figure, la situation, la distance, le mouvement respectif, & la grandeur relative des corps en général.*

DEMONSTRATION. Je juge & je juge nécessairement d'après le té-

---

[*] Fides ex auditu, auditus autem per verbum Christi. Rom. 10.

moignage constant & unanime de mes sensations, que ma chambre, par exemple, est un quarré ou un rectangle ; que ma chambre a telle situation relativement à la citadelle & à la rivière : que ma chambre est distante à-peu-près de tant de pas, d'un autre appartement avec lequel elle communique ; que ma chambre est plus petite que la Métropole ; que ma chambre conserve toujours le même rapport de distance avec la maison voisine, & qu'elle ne conserve pas ce même rapport de distance avec un carrosse qui passe dans la rue ; que les meubles de ma chambre ont une pesanteur ou une tendance vers le centre de la terre ; que ces mêmes meubles de ma chambre ne changent point de place, s'il n'y a point de cause ou d'occasion qui les détermine au changement ; que l'eau que je verse dans un coin d'une cuvette, se met par-tout sensiblement au niveau dans cette cuvette : qu'un flambeau que j'allume à minuit, répand en tout sens une lumière qui se propage par des lignes droites ; & qui tombant sur un miroir plan, se réfléchit sous un angle, égal à l'angle d'incidence, &c. On peut dire la même chose de tout autre objet, sur lequel le témoignage de nos sens aura la même prise. Sur quoi je raisonne ainsi : ou il est possible, ou il n'est pas possible, que je me trompe dans ces divers jugements, que je porte d'après le témoignage constant & unanime de mes sens. S'il est impossible que je me trompe, donc le témoignage de mes sens me donne une certitude métaphysique sur ces divers objets. S'il est possible que je me trompe ; supposons que je me trompe réellement, & que ces objets sont en eux-mêmes tout autrement que je juge : dans cette hypothèse, c'est Dieu lui-même, unique auteur de ces sensations, qui m'induit & constamment & invinciblement en erreur. 1°. Dieu m'induit, par exemple, à croire ma chambre quarrée, quoiqu'elle ne soit pas quarrée. 2°. Dieu m'induit constamment à croire ma chambre quarrée : car toutes mes sensations s'accordent unanimément & persévéramment à me rendre le même témoignage. 3°. Dieu m'induit invinciblement à croire ma chambre quarrée : car en premier lieu, il n'est pas en mon pouvoir de m'abstenir de ce jugement, & je passerois avec raison pour un insensé, si je formois le moindre doute en ce genre. En second lieu, si ce jugement est faux, je n'ai aucun moyen d'en découvrir la fausseté. Donc si je suis dans l'erreur, Dieu en est évidemment la source & la cause ; ce qui répugne évidemment à sa nature & à son essence. On peut dire la même chose de l'objet des autres jugements, fondés sur le rapport & le témoignage des sens, dont je viens de parler. C. Q. F. D.

Preuve confirmative. Une chose doit être regardée comme évidemment sûre & indubitable, quand elle est estimée telle par le suffrage unanime des hommes, & qu'il n'y a aucune raison solide qui en prouve la fausseté : or, tels sont les objets énoncés dans la proposition précédente. Donc, &c.

PROPOSITION IV.

104. *Le témoignage des sens nous donne dans chaque circonstance particulière, non une certitude métaphysique, mais simplement une certitude physique, sur l'existence d'un corps en particulier.*

DEMONSTRATION. 1°. Il conste par la première proposition, que nous avons un corps qui fait partie de notre être. Il conste par la seconde proposition, que nous ne sommes point des êtres uniques & isolés dans la nature, & qu'il y a autour de nous, & d'autres hommes & des corps de différente espèce. Il conste par la troisiéme proposition qu'il y a dans la nature des loix générales & constantes, que Dieu seul peut suspendre & interrompre, & qu'une de ces loix générales & constantes, c'est qu'*un corps ne reçoit une impulsion sensible, qu'à l'occasion d'un autre corps existant & présent*. Donc toutes les fois que je vois ou j'entends un homme, par exemple, je suis sûr qu'il y a auprès de moi un homme ; à moins que dans cette circonstance particulière, par un miracle ou par une interruption de la loi générale, Dieu n'ait produit en moi cette sensation, sans la présence d'un homme ; ce qu'il a fait plus d'une fois dans l'ancien & dans le nouveau Testament, & ce qu'il peut faire évidemment encore à chaque moment, pour des raisons dignes de sa sagesse. II°. Mais comme il n'y a point de circonstance particulière, point de moment déterminément pris, où Dieu ne puisse faire ce miracle, il s'ensuit que nos sensations, qui nous donnent une certitude métaphysique de l'existence des hommes & des corps en général, ne nous donnent qu'une certitude physique de l'existence d'un tel homme ou d'un tel corps en particulier. C. Q. F. D.

Objections a réfuter.

105. *Objection* I. Nos Sensations constantes & unanimes, ces sensations relatives, ou à un corps qui nous appartienne, ou à des hommes & à des corps qui nous environnent, peuvent être produites dans notre nature, purement spirituelle, par l'action toute-puissante du Créateur. Car il est évident que Dieu peut produire par lui-même en mon ame, sans le secours ou le concours de mes sens, tout ce qu'il y produit par le secours ou le concours de ces mêmes sens : que Dieu peut par lui-même faire sur mes sens, (supposé que je sois composé d'une ame spirituelle & d'un corps organisé) les mêmes impressions que produiroient ou qu'occasionneroient dans mes sens des corps environnants ; par exemple, la lumière sur mes yeux ; les sons sur mon oreille ; la diverse résistance des corps sur mon tact : donc ces diverses sensations qu'éprouve mon ame, ne sont point nécessairement & infailliblement connexes avec l'existence des corps, auxquels elles se rapportent.

Reponse. J'accorde que ces sensations sont produites en notre ame par l'action du Créateur qui en est l'unique cause efficiente : (93) mais je nie que le Créateur puisse produire en notre ame ces mêmes sensations relatives à différents corps, sans que les différents corps, auxquels elles se rapportent, existent réellement ; à moins qu'on n'avoue, ce qui répugne, que Dieu est un charlatan & un imposteur. (101. 102.) Dieu pourroit, en conservant mon ame, anéantir & mon corps & tout le reste de l'Univers, qu'il a tirés du néant : mais dans cette hypothêse, Dieu pourroit-il produire en mon ame, ainsi isolée, les mêmes sensations, constamment & unanimément relatives aux mêmes corps ? Non, à moins qu'on ne suppose encore une fois, que Dieu peut être un charlatan & un imposteur : Ce qui répugne évidemment à l'idée que j'ai de cet Être suprême, dont la nature renferme essentiellement toutes les perfections, & par conséquent l'infinie sagesse & l'indéfectible véracité.

106. *OBJECTION* II. Notre ame peut éprouver des sensations relatives à un corps qui n'existe pas ; par exemple, un illustre Militaire, à qui un boulet de canon avoit emporté le bras droit à la bataille de Fontenoy, éprouve encore quelquefois des douleurs relatives aux doigts, à la main, au coude, de ce bras qui n'existe plus : donc nos sensations peuvent être relatives à des corps comme existants, quoique ces corps n'existent pas réellement.

RÉPONSE. Le moyen de notre démonstration, le motif inébranlable de notre certitude, c'est la constance, l'accord, l'unanimité du témoignage de nos sensations : ce qui n'a point lieu dans l'exemple qu'on objecte. Car 1°. Les sensations de ce Militaire ne sont point constantes : la douleur relative au bras, comme existant, ne se fait pas sentir constamment & en tous temps, mais seulement par intervalles. 2°. Ces sensations de douleur ne sont point d'accord avec les autres sensations : si d'une part, la sensation de la douleur annonce à l'ame l'existence de ce bras ; d'une autre part, la sensation de la vûe & la sensation du tact, annoncent à l'ame d'une manière bien plus forte & bien plus persuasive, l'absence & la privation de ce même bras : une sensation corrige l'autre ; & l'ame n'est point induite en erreur.

107. *EXPLICATION de ce Phénomène.* Si on demande comment & pourquoi celui qui a perdu un bras, éprouve encore de temps en temps une douleur relative à ce bras qu'il n'a plus ; en voici l'explication. I°. C'est une loi de la nature, loi établie par le Créateur, en conséquence de l'union de l'ame avec le corps, que *notre ame éprouve une telle sensation intérieure, à l'occasion d'une telle commotion organique, faite dans les fibres du sentiment.* II°. Celui qui a perdu un bras, a encore dans le moignon ou dans l'épaule, les mêmes nerfs & les mêmes fibres, qui auparavant s'étendoient jusqu'à l'extrémité de la main. III°. Si ces fibres & ces nerfs restants, qui d'une part s'étendoient dans tout le bras, & de l'autre aboutissent encore au cerveau, se trouvent avoir la même agitation, ou le même ébranlement qu'ils avoient, lorsque le bras étoit encore uni à l'épaule ; en conséquence de cette agitation & de cet ébranlement, l'ame par la loi générale, doit éprouver la même sensation, qu'elle avoit coûtume d'avoir avant que le bras eût été séparé du corps : la cause étant la même, l'effet ne doit point être différent. IV°. Supposons maintenant que quelques molécules frigorifiques, s'insinuant dans les fibres & dans les nerfs qui restent adhérants à l'épaule après le bras coupé, les ébranlent, les affectent comme ils étoient affectés & ébranlés, lorsqu'avant la perte du bras, la main étoit plongée dans un eau glacée : l'ame, en vertu de la loi générale qu'on vient de citer, doit éprouver une sensation de froid, qu'elle rapportera comme auparavant à la main. V°. Ainsi la sensation organique faite sur ces fibres & ces nerfs restants, est la cause occasionnelle qui détermine le Créateur, en conséquence de la loi par lui établie, à produire dans l'ame la sensation intérieure & spirituelle qu'elle éprouve : & comme c'est encore une loi établie par le Créateur, que *l'ame rapporte habituellement ses sensations à l'extrémité naturelle des fibres affectées*, ce Militaire doit rapporter les sensations de douleur qu'il éprouve, à l'endroit où se terminoient les fibres ébranlées, au coude, au poignet, aux doigts, avant qu'il eût perdu son bras. VI°. Mais si nous n'avions point de corps, si nous étions une substance purement spirituelle, il n'y au-

roit aucune cause occasionnelle qui déterminât le Créateur à produire en nous ces sensations mentales, relatives ou à notre bras, ou à notre pied, ou à notre tête ; & nous serions par l'imposture du Créateur, dans une erreur permanente & invincible.

108. OBJECTION III. Dans l'yvresse, dans un rêve, dans un délire, dans un état de folie, l'ame éprouve des sensations relatives à des corps qui n'existent point : donc nos sensations relatives à des corps comme existants, ne sont point infailliblement connexes avec l'existence de ces corps.

REPONSE. 1º. Dans ces différents états, qui doivent leur origine à un désordre & à un vice accidentel à notre nature, l'ame n'a pas des sensations fixes & permanentes, qui se rapportent constamment au même objet. Un homme en délire voit des spectres & des monstres ; mais le témoignage d'une sensation est continuellement détruit par le témoignage contradictoire de la sensation qui la précéde ou qui la suit. IIº. Dans ces différents états, l'ame n'a en sa faveur, ni cette certitude intérieure & expérimentale qui lui constate le bon état de ses organes, dont elle soupçonne au moins le dérangement ; ni cette rayonnante lumière de la raison qui l'assure de la bonté & de la vérité de ses jugements, que le doute & une incertitude flotante accompagnent toujours. IIIº. De quelque manière que se passent les choses dans ces têtes dérangées, (ce que je ne suis nullement curieux de sçavoir) ce qu'il y a de bien certain pour moi, c'est que si elles voyent les choses comme je les vois moi-même ; c'est que si elles ont des sensations en tout semblables aux miennes, il est impossible qu'elles se trompent sur l'objet de leurs connoissances.

109. OBJECTION IV. La principale force de notre démonstration se tire de la constance de nos sensations, lesquelles nous annoncent, non pendant un seul moment, mais habituellement & perséveramment, l'existence de notre corps, & des divers corps qui composent la nature. Raison vaine & frivole ; car les sensations que j'avois la semaine passée, l'année dernière, & aux années précédentes, n'existent plus aujourd'hui : donc elles ne peuvent aujourd'hui avoir aucune influence, pour produire en moi la certitude qu'elles sont supposées y produire.

REPONSE. Les sensations que j'avois, & la semaine passée, & l'année dernière, & aux années précédentes, n'existent plus aujourd'hui d'une existence physique ; mais elles existent aujourd'hui d'une existence morale dans ma mémoire, laquelle est comme un réservoir & un magasin qui me garde en dépôt & mes pensées & mes sensations passées, & qui me les retrace, ou me les fait revivre à mon gré. Ma mémoire donne donc à mes sensations passées une espèce de permanence, en vertu de laquelle ces sensations passées, d'accord avec mes sensations présentes, deviennent pour moi un motif constant & inébranlable de certitude.

110. OBJECTION V. Nos sensations constantes & unanimes nous rapportent qu'il y a dans les corps des qualités sensibles, quoique l'existence de ces qualités sensibles soit fausse, ou du moins douteuse : (87) donc nos sensations constantes & unanimes peuvent nous tromper sur l'existence de leur objet.

REPONSE. 1º. Nos sensations constantes & unanimes nous rapportent, qu'il y a dans le feu une propriété capable de produire ou d'occasionner en nous une sensation de chaleur; qu'il y a dans l'absynthe une propriété capable d'occasionner en nous une sensation d'amertume; qu'il y a dans l'écarlate une propriété capable de réfléchir les rayons rouges; qu'il y a dans les rayons rouges une propriété capable d'exciter en mon œil une sensation organique, à laquelle répondra en mon ame une sensation de rouge ; qu'il y a dans un corps en mouvement, une propriété capable de produire ou d'occasionner le mouvement dans le corps heurté ; ce qui est incontestablement vrai : & en cela nos sensations ne nous trompent point. II°. Mais nos sensations ne nous apprennent pas que ces qualités sensibles des corps, soient quelque chose de distingué de la matière & du mouvement. par exemple, nos sens qui sont affectés par l'amertume de l'absynthe, n'apperçoivent pas cette *amertume formelle* de l'absynthe, comme un être distingué & de cette matière & des modifications de cette matière, qui forment & composent la plante d'absynthe III°. Il y a dans les différents corps des qualités sensibles, en ce sens que ces corps sont propres à exciter ou à occasionner en nous différentes sensations : voilà ce qui est du ressort des sens, & sur quoi leur témoignage est infaillible. Mais quelle est la nature de ces qualités sensibles, & en quoi consiste-t-elle ? la décision de cette question est purement une affaire de spéculation & de raisonnement, sur laquelle les sens n'ont aucune prise, & sur laquelle leur témoignage ne peut être d'aucun poids.

111. OBJECTION VI. Le méchanisme de nos sens nous est inconnu: la nature de nos sensations ne nous est pas plus connue. Je vois avec des yeux dont je ne connois pas, ou dont je ne connois que très-imparfaitement les constitutifs & l'artifice : les sensations de chaleur, de plaisir, de douleur, d'amertume, de rouge ou de verd, que j'éprouve en mon ame, ne me donnent point une connoissance claire & lumineuse de leur nature & de leur objet. Un moyen de démonstration aussi obscur, aussi inconnu, peut-il produire une démonstration évidente & irréfragable ?

REPONSE. Mes sens peuvent m'être inconnus relativement à *leur nature*, sans m'être inconnus relativement à *leur fonction* & à leur destination. Quel que soit le méchanisme de mon œil, quelle que soit la nature intrinséque des sensations organiques & mentales que mon œil me donne ; je conçois indubitablement que l'Auteur de la nature ne peut pas m'avoir donné & des yeux & des sensations, qui me trompent & m'abusent constamment & invinciblement : je conçois donc & je sçais indubitablement que la fonction & la destination de mes sens, est de m'instruire sur les objets qui sont à leur portée. Quant aux sensations intérieures, leur triple destination est : I°. D'affecter intérieurement l'ame qui en est le sujet : II°. De se rapporter extérieurement à l'organe ou au sens qui en est la cause ou l'occasion : III°. D'annoncer l'existence & la présence d'un corps étranger, qui affecte l'organe ou le sens. Claires ou obscures, connues ou inconnues dans leur nature, nos sensations mentales remplissent toujours sûrement & indubitablement cette triple destination, qui est la base de la démonstration que nous en tirons.

112. OBJECTION VII. Toutes les démonstrations précédentes supposent comme une chose sûre & indubitable, que Dieu ne peut pas nous tromper : ce qui est évidemment faux ; puisque Dieu a trompé autrefois & Abraham, & Tobie, & Saint Pierre, en leur montrant des Anges revêtus d'un corps humain, en leur montrant des hommes

où il n'y avoit pas des hommes. Pourquoi Dieu ne pourra-t'il pas faire toujours, ce qu'il a fait quelquefois ?

RÉPONSE. I°. Les différentes apparitions qui sont rapportées & dans les Livres Saints & dans l'Histoire de l'Église, sont des miracles destinés, non *à tromper*, mais *à éclairer* les hommes. Le miracle est le langage de la Divinité. Dieu, quand il veut annoncer quelque nouvelle vérité aux hommes, ou réveiller & mieux inculquer dans les esprits quelque vérité déja connue, ou arrête le soleil dans sa course, ou ranime un cadavre pourri, ou revet un Ange d'un corps humain, ou interrompt quelqu'autre loi de la nature. A l'occasion du miracle, il naît quelquefois dans l'esprit de celui qui en est témoin, une illusion innocente & passagére, fruit d'un jugement trop précipité qui estime inconsidérément qu'il n'y a point de miracle, là où il est évidemment possible qu'il y ait un miracle. Mais à la suite de cette illusion passagére, Dieu fait éclater une vérité d'un ordre supérieur, qu'il vouloit annoncer ou rappeller aux hommes. Ainsi dans le miracle, bien loin d'être trompeur, Dieu est un maître adorable, qui nous apprend de salutaires vérités. Par exemple, à l'occasion du miracle des Anges, revêtus d'un corps humain, Dieu apprend à Abraham la naissance d'un fils, dont la postérité doit donner le jour au Messie promis; Dieu apprend à Tobie le tendre intérêt qu'il prend aux ames charitables & bienfaisantes, dont il affectionne & récompense les bonnes œuvres; Dieu apprend à Saint Pierre le soin & la protection qu'il donne à son Église, en la sauvant miraculeusement du danger auquel l'expose la perte de son chef visible. Donc ces miraculeuses apparitions, bien loin d'être trompeuses, sont instructives. II°. Mais dans la ridicule hypothèse, où Dieu nous joueroit & nous abuseroit continuellement par de fausses apparences, non-seulement Dieu ne nous apprendroit aucune vérité utile & salutaire, puisqu'en trompant toujours il est supposé ne jamais rien apprendre de vrai; mais il nous entraîneroit & constamment & invinciblement en une infinité d'erreurs grossières & ridicules, de mensonges stupides & insensés : ce qui répugne évidemment à sa nature.

113. OBJECTION VIII. Dieu peut interrompre quelquefois les loix générales de la nature : Donc il peut également les interrompre constamment & persévéramment ; & s'il peut interrompre constamment & persévéramment les loix générales de la nature, qui l'empêchera de me montrer constamment & persévéramment des hommes, où il n'y point d'hommes ; de me faire voir constamment & persévéramment une terre, des cieux, des corps quelconques, là où il n'y a ni terre, ni cieux, ni aucun corps.

RÉPONSE. I°. Il est évident que Dieu peut à chaque moment, séparément pris, pour des raisons dignes de sa sagesse, pour notifier aux hommes quelque vérité utile & salutaire, interrompre quelque loi de la nature : donc il n'y a point de circonstance particulière, où Dieu ne puisse faire un miracle sur un objet isolé & déterminé : donc nous n'avons dans chaque circonstance particulière, qu'une certitude physique sur l'existence & la nature de cet objet isolé & déterminé, qui frappe ou semble frapper nos sens (104.)

II°. Il ne s'ensuit pas de là que Dieu puisse interrompre constamment & persévéramment les loix générales de la nature. Car dans cette hypothèse contradictoire, il y auroit des loix générales fixes & constantes, par la supposition ; & il n'y auroit pas des loix générales fixes & constantes, puisqu'elles seroient constamment & persévéramment interrompues ; ce qui répugne évidemment en lui-même.

III°. Il suit de ces notions, que les loix générales sont & doivent être habituellement fixes & constantes ; & que l'interruption de ces loix générales fixes & constantes, n'arrive & ne peut arriver que rarement, & pour des cas particuliers, où Dieu veut manifester aux hommes quelque vérité utile, par une voie surnaturelle.

IV°. Il suit encore de tout cela, que quand après un certain temps de sensations constantes & unanimes, Dieu ne m'a point fait appercevoir de miracle relativement à l'objet de mes sensations ; je suis sûr, d'une certitude métaphysique, de l'existence réelle de cet objet. Par exemple, il y a cinq ou six ans que je converse avec un ami, qui se présente actuellement à moi sous sa figure ordinaire : je ne suis sûr que d'une certitude physique, que je vois actuellement mon ami, lui-même & sans illusion. Mais j'ai une certitude métaphysique que je l'ai vu réellement lui-même & sans illusion, pendant le long espace de temps que j'ai vécu & conversé avec lui : puisque je n'ai pu être trompé dans ces différentes entrevûes, que par un ou plusieurs miracles ; & que je suis assuré qu'il n'y a point eu de miracle, par-là même que Dieu ne m'a révélé & manifesté aucune vérité qui ait suivi mon illusion passagére, & qui est toujours le fruit & la fin nécessaire du miracle.

114. OBJECTION IX. Les sens nous trompent, & sur la grandeur, & sur la situation, & sur le mouvement, & sur la figure des corps : car 1°. Ils nous peignent la lune aussi grande que le soleil, & plus grande que les étoiles. 2°. Ils nous montrent la terre comme immobile, comme située au centre du firmament, ce qui ne s'accorde point avec l'astronomie. 3°. Ils nous représentent comme plane, la surface d'un puits & d'un petit lac ; quoiqu'elle soit sphérique, comme celle de la mer & de la terre.

RÉPONSE. Dans les conditions que nous avons fixées & exigées pour la validité du témoignage des sens (84.), ces objections & mille autres toutes semblables, sont déja prévues & réfutées.

1°. La lune, le soleil, les planettes, les étoiles, sont placés à une trop grande distance de nous, pour se prêter facilement à nos observations : c'est à l'Optique & à l'Astronomie de nous donner des régles sûres & démontrées, pour diriger le témoignage des sens dans ces immenses distances.

II°. Les sens nous apprennent qu'il y a un mouvement respectif ou relatif entre la terre & le soleil ; soit que ce mouvement se trouve dans la terre qui tourne sur elle-même, ou dans le soleil qui tourne autour de la terre. Mais dans ces distances immenses, le témoignage des sens a besoin de régles extrêmement délicates, fruit de la raison & de la réflexion, pour déterminer le mouvement absolu & la situation exacte des corps répandus dans l'abysme immense des cieux ; & c'est ce que doit nous apprendre l'astronomie.

III°. La surface de la mer, prise dans une distance de dix à douze lieues, paroît bien sensiblement courbe ; parce que la courbure dans cette distance est assez considérable, ou assez différente de la ligne droite, pour faire une impression bien marquée & bien distincte dans l'œil. Mais dans un puits ou dans un petit lac de quelques toises de diamétre, cette courbure étant comme infiniment petite,

elle ne fait point dans l'œil une impreſſion différente de l'impreſſion que feroit une ligne droite ; & par conſéquent cette courbure
doit être inſenſible & imperceptible, comme elle l'eſt effectivement (*).

SECTION QUATRIÉME.
TÉMOIGNAGE DES HOMMES.
I°. OBJET DE CE TÉMOIGNAGE.

115. LE témoignage des ſens nous inſtruit de l'exiſtence des êtres
ſenſibles qui nous affectent, de l'ordre & de l'arrangement
de la nature qui nous environne, des événements frappants qui ſe
paſſent ſous nos yeux & dont nous ſommes les témoins. Mais ſi ces
objets ſenſibles ne nous ſont point préſents ; ſi leur action féconde
en grands événements s'eſt paſſée, ou dans des ſiécles antérieurs, ou
dans des régions éloignées, comment & par quelle voie pourrons-
nous en avoir des connoiſſances aſſurées ? Ce ſera par le témoignage
des hommes.

Voici comment les choſes ont dû ſe paſſer. Dans tous les ſiécles,
chez toutes les Nations, il y a eu des hommes obſervateurs, qui con-
temploient & remarquoient avec une curioſité empreſſée, les événements frappants qui méritoient l'attention publique. Parmi ces événements il y avo t des phénoménes ſinguliers & curieux, qui ſe bor-
noient à exciter la ſurpriſe & l'étonnement: il y avoit des actions
honnêtes & louables, qui pouvoient ſervir d'exemple, & inviter à la
vertu par l'imitation : il y avoit des crimes infames & odieux, dignes
d'être ſacrifiés à une haine & à une ignominie éternelle, afin d'en
inſpirer de l'effroi & de l'horreur. Un peuple avoit-il été ſpecta-
teur & témoin de quelqu'un de ces événements, dignes d'être
connus des Nations voiſines, & d'être tranſmis à la poſtérité ? Pour
en répandre & en éterniſer la mémoire, ou il conſignoit dans des
hiſtoires authentiques, ou il gravoit ſur le marbre & ſur les mé-
taux, ou il perpétuoit par une tradition fidéle & permanente, ce
qu'il avoit vu lui-même de ſes propres yeux, ce qu'il avoit entendu
de ſes propres oreilles. Voilà le témoignage des hommes, ce témoignage qui ſemble reproduire & multiplier notre exiſtence, qui
nous rend en quelque ſorte préſents, & à tous les ſiécles, & à toutes
les contrées. Ce témoignage des hommes a pour objet, des événements ſenſibles & frappants, dont les ſens ayent pu donner une
connoiſſance nette & infaillible, & dont le ſouvenir ait pu ſe con-
ſerver & ſe tranſmetre avec fidélité & avec certitude.

II°. NATURE DE CE TÉMOIGNAGE.

116. LA baſe & le fondement de ce témoignage, ce qui lui donne

---

[*] REMARQUE. Dans un lac de cinquante toiſes de longueur, la ligne
courbe ne différe de la ligne droite que d'un tiers de ligne. Dans un lac de
quatre mille toiſes de longueur, la ligne courbe s'abaiſſe ſous la ligne droite,
de quatorze pieds huit pouces.

son poids & sa force, c'est l'autorité dont il est appuyé. Une *autorité* est un témoignage étranger, qui incline à croire ce qui est rapporté : c'est ce qui fonde la foi. La foi en général, est un acquiescement de l'esprit à une chose qu'on regarde comme vraie. La foi est ou divine ou humaine. La *Foi divine* est un acquiescement fondé sur le témoignage de la Divinité : la *Foi humaine* est un acquiescement fondé sur un témoignage humain. La certitude fondée sur le témoignage des hommes, est appellée *certitude morale* ; soit parce qu'elle tire son existence & sa force, des *mœurs* observées & connues ; soit parce qu'elle est destinée à régler en bien des points, la vie & les *mœurs* des sociétés humaines.

La certitude morale est susceptible de plus & de moins ; mais élevée à son plus haut dégré de force, elle égale en quelque sorte la certitude métaphysique & géométrique : parce que dans l'ordre moral, elle ne donne pas moins d'assurance à l'ame, elle ne bannit pas moins efficacement tout doute de l'esprit ; qu'un axiôme ou une démonstration, dans l'ordre métaphysique ou géométrique. Sans avoir jamais vu l'Empire d'Allemagne, je suis aussi sûr de cette vérité, *il existe un Empire germanique* ; que je suis sûr de celle-ci, *la partie est moindre que le tout* : quoique la première ne soit qu'une vérité dans l'ordre moral, laquelle ne m'est constatée que par le témoignage des hommes ; & que la seconde soit une vérité dans l'ordre métaphysique, fondée sur l'idée & l'essence même des choses.

III° CONDITIONS DE CE TÉMOIGNAGE.

117. LA certitude morale, pour être dans sa plus grande force, pour donner à l'ame une assurance entière & complette, pour exclure & bannir absolument tout doute de l'esprit, exige pour conditions essentielles :

I°. *Le nombre des Témoins*. Il faut qu'il soit assez grand, pour qu'un homme sensé ne puisse pas raisonnablement en demander davantage, afin de constater la vérité d'un fait.

II°. *La gravité des Témoins*. Il faut qu'ils soient d'une trempe & d'une maturité d'esprit, incapable ou de vouloir tromper par un frivole & inepte badinage, ou de se laisser tromper par une ignorance & une légereté imbécilles.

III°. *La droiture des Témoins*. Il faut qu'on ne puisse raisonnablement les soupçonner, ni de passion qui les engage à trahir la vérité, ni de collusion pour se concerter dans le mensonge.

IV°. *La constance & la persévérance dans les témoignages*. Il faut que les Témoins ou les Historiens se constent dans leur narration ; & qu'ils ne détruisent pas en un endroit, ce qu'ils établissent en un autre.

V°. *L'accord & l'unanimité morale dans les témoignages*. Il faut que les différents Témoins ou Historiens s'accordent à faire le même rapport, du moins pour le fond de la chose : ou s'il y a quelque témoignage contraire à la multitude & au torrent des témoignages, il faut que ce témoignage contraire soit très-futile, de très-peu de poids, & digne d'être compté pour rien. Quand les témoignages sont contraires, leurs forces opposées se détruisent réciproquement.

VI°. *La possibilité & la sensibilité dans l'objet des témoignages*. Il faut que les choses qu'on raconte & qu'on rapporte, soient des *choses possibles*, qui puissent arriver ou naturellement ou par miracle, qui conviennent ou à l'ordre naturel, ou à l'ordre surnaturel ; *des choses bien sensibles*, sur lesquelles les sens ayent une prise facile, ou dont on puisse juger sûrement & infailliblement par le ministére des sens. Ce qui répugne, n'a pas pu être un fait existant : ce qui est insensible, n'a pas pu être un fait connu : le témoignage est donc évidemment nul pour ces deux cas.

IV°. FORCE DE LA VÉRITÉ CONNUE.

118. LE sentiment intime nous apprend que nous avons dans nous un penchant naturel pour la vérité connue, & que nous ne trahissons la vérité connue, que quand quelque passion puissante, par exemple, la crainte, la vengeance, l'esprit de parti, l'intérêt, nous engage à trahir la vérité, & à nous déclarer pour le mensonge. On peut donc établir comme un axiôme moral, qu'*il y a dans la vérité évidemment connue, une force qui nous incline à lui accorder notre suffrage ; & que nous ne trahissons la vérité connue, en faveur du mensonge, que quand notre ame est dominée par quelque passion déréglée :* donc tout autre motif cessant, nous nous attachons à la vérité évidemment connue, par le seul & unique motif de l'amour de la vérité.

PROPOSITION.

119. *Le témoignage des hommes, revêtu des conditions que nous venons de tracer* (117), *est un motif certain & infaillible, qui nous constate la vérité de certains événements célébres & sensibles qui en font l'objet.*

DÉMONSTRATION. Pour que la démonstration de cette proposition soit entière & complette, il faut examiner & approfondir & la *théorie* & l'*existence* du témoignage en question : & c'est ce que nous allons faire.

1°. Quant à *la théorie de ce témoignage*, il est évident que le témoignage des hommes est certain & infailliblement connexe avec la vérité des choses qui en sont l'objet ; s'il est impossible que ceux qui rendent ce témoignage, soient ou trompés ou trompeurs. Or tel est le témoignage des hommes, revêtu des conditions que nous avons tracées & exigées. Car, 1°. Il est évident qu'un grand nombre de témoins, de témoins graves & sensés, de témoins attentifs & prudents, qui ont vu de leurs propres yeux, ou qui ont entendu de leurs propres oreilles la chose qu'ils rapportent, ne peut pas être *trompé* sur un événement illustre & bien sensible, (tel que seroit une éclipse totale de soleil, la résurrection subite d'un mort déja à demi pourri, l'existence d'une ville ou d'un homme célébre) à moins que Dieu, par une imposture indigne de sa sagesse & de sa sainteté, n'ait pris soin de les jouer & de les tromper lui-même ; ce qui répugne à sa nature. 2°. Il est évident qu'un grand nombre de témoins, de témoins qui ont de la probité & de la droiture, de témoins qui évidemment n'ont aucun motif de trahir la vérité, de témoins dont le témoignage ne se dément point & n'est point contredit par des témoignages contraires, ne peut pas être *trompeur*, en donnant pour vrai un fait faux & supposé. Donc le témoignage des hommes, revêtu des conditions que nous avons requises, est infaillible & nécessairement connexe avec la vérité des faits & des événements qui en sont l'objet.

II°. Quant à l'*existence de ce témoignage*, il est en notre pouvoir de nous en assurer. Car ou nous voyons & entendons les témoins eux-mêmes, qui nous rapportent les faits & les événements dont il est question ; ou nous contemplons & palpons les monuments authentiques, où ces faits & ces événements sont consignés : monuments qui ont la même autorité & qui donnent la même certitude, que les témoins eux-mêmes qu'ils représentent & qu'ils remplacent. Donc par le témoignage des sens, témoignage que nous avons démontré infaillible (104), nous pouvons nous assurer de l'existence du témoignage des hommes : & il n'est pas à craindre qu'un miracle nous induise en erreur sur l'existence des témoins ou des monuments ; car il répugne que Dieu fasse un tel miracle, un miracle qui n'auroit d'autre fin & d'autre but que de produire & de répandre la fausseté & l'imposture.

Il résulte de là, qu'aucun homme sensé ne doit & ne peut révoquer en doute le témoignage des hommes, quand il est revêtu des conditions que nous avons requises : puisqu'il est clair qu'un tel témoignage est sûr & certain en lui-même ; & que nous sommes nous-mêmes sûrs & certains de l'existence d'un tel témoignage. C. Q. F. D.

Preuve confirmative. Il est évident que le témoignage des hommes est la base & le fondement & de la Société & de la Religion. Car, d'où sçavons-nous, par exemple, que la Maison de Bourbon a un droit incontestable & exclusif au trône de France ; que le Pontife régnant, Benoît XIII, est le légitime successeur de Saint Pierre ; que tel volume qu'on nous met entre les mains, est l'ancien ou le nouveau Testament ; que telle terre ou tel domaine ou telle maison, appartient légitimement au maître qui la possède ? D'où sçavons-nous qu'il a existé un Moïse, auteur de l'ancienne révélation ; un Jésus, fils de Marie, auteur de la révélation nouvelle ; qu'ils ont l'un & l'autre commandé en maîtres à la Nature & aux élémens ; qu'ils ont fait un grand nombre de miracles du premier ordre, par lesquels ils ont démontré à des Nations entières qui en étoient les témoins, l'un qu'il étoit le ministre & l'envoyé de Dieu, l'autre qu'il étoit fils de Dieu & Dieu lui-même ? Nous ne sçavons tout cela que par le témoignage des hommes.

Sur quoi je raisonne ainsi. Ce seroit un vice & un défaut énorme dans l'ordre moral, vice & défaut dont Dieu lui-même seroit la source & l'auteur, s'il n'existoit pas une certitude entière & parfaite, une certitude propre à exclure efficacement tout doute raisonnable, sur des vérités d'où dépend & la Religion, & la Société : donc une telle certitude existe. Mais une telle certitude ne peut naître que du témoignage des hommes : donc le témoignage des hommes doit être capable de produire une certitude qui bannisse efficacement tout doute, qui donne à l'esprit une assurance en un sens égale à l'assurance que donnent les vérités métaphysiques & géométriques. L'antécédent est évident : car un fait passé, de quelque nature qu'il soit, (par exemple, la ruine de Carthage & de Babylone ; la victoire de Pharsale ou de Fontenoy ; l'existence de

Jules Céſar ou de Louis le Grand, dans leurs ſiècles) un fait paſſé ne peut être démontré ni par le témoignage du ſentiment intime, ni par le témoignage des idées, ni par le témoignage des ſens : il reſte donc, & il faut néceſſairement, que ce fait paſſé tire ſa certitude du témoignage des hommes ; & que le témoignage des hommes ſoit capable de produire une certitude qui exclue abſolument tout doute raiſonnable ; cette certitude étant abſolument néceſſaire dans l'ordre moral, ordre établi par le Créateur dont la ſageſſe n'eſt jamais en défaut. C. Q. F. D.

OBJECTIONS A RÉFUTER.

120 OBJECTION I. Une vérité, pour avoir une certitude entière & complette, doit être ſuſceptible de démonſtrations métaphyſiques ou géométriques. Or les faits & les événements paſſés, établis ſur les témoignages les plus riches & les plus authentiques, ne ſont point ſuſceptibles de démonſtrations métaphyſiques ou géométriques : donc ces faits & ces événements paſſés, ne doivent point être regardés comme des vérités qui ayent une certitude entière & complette.

RÉPONSE. Pour conſtater une vérité de l'ordre métaphyſique ou géométrique, il faut des démonſtrations métaphyſiques ou géométriques, dont elle eſt ſuſceptible. Pour conſtater une vérité de l'ordre moral, il eſt abſurde & contradictoire de demander & d'exiger des démonſtrations métaphyſiques ou géométriques, dont elle n'eſt pas ſuſceptible ; il ſuffit qu'elle ſoit établie & conſtatée par des preuves irréfragables de témoignage, preuves dont elle eſt uniquement ſuſceptible, & qui peuvent lui donner une certitude entière, laquelle ne laiſſe aucun doute dans l'eſprit. Nier ou ſuſpecter la vérité d'un fait hiſtorique, parce que la vérité de ce fait hiſtorique ne peut pas être démontrée par un genre de démonſtration étranger à ſa nature, c'eſt nier ou ſuſpecter l'exiſtence des ſons, parce qu'on ne les voit pas ; l'exiſtence des couleurs, parce qu'on ne les entend pas ; l'exiſtence du ſoleil & des étoiles, parce que le tact ou l'odorat ne les apperçoit pas. Malheur à la Philoſophie qui égare & renverſe ainſi la raiſon ; qui exige qu'on démontre l'exiſtence de Rome ou d'Alexandre, comme on démontre un théorême d'Algêbre ou de Géométrie ! Qu'elle apprenne de là combien une incrédulité effrénée eſt limitrophe de la démence !

121. OBJECTION II. L'évidence intrinſèque des choſes, le témoignage conſtant & unanime des ſens, l'infaillible autorité de Dieu qui atteſte une vérité, ſont des motifs qui donnent préciſément une certitude entière & complette : Or le témoignage des hommes eſt un motif d'un moindre poids & d'une moindre force que ces différents motifs : donc le témoignage des hommes n'eſt point un motif ſuffiſant pour donner une certitude entière & complette.

RÉPONSE. L'évidence intrinſèque des choſes, le témoignage conſtant & unanime des ſens, l'infaillible autorité de Dieu qui atteſte une vérité, ſont des motifs lumineux & triomphants, qui font évanouir le doute avec plus de promptitude & de facilité. Le témoignage des hommes eſt un motif plus compoſé & plus compliqué, qui demande plus de circonſpection & d'examen, qui exclud plus lentement & plus difficilement le doute ; mais qui ne l'exclud pas moins réellement & moins pleinement. Et quand le doute est entièrement & pleinement banni de l'esprit, qu'importe qu'il ait été banni ou par le motif plus prompt & plus simple, ou par le motif plus lent & plus compliqué ! Dans l'un & l'autre cas, il ne reste plus de doute dans l'esprit, & la certitude est égale.

122. OBJECTION III. Ce qui a pu absolument être faux, ne peut pas être démontré vrai : or les faits les plus authentiques ont pu absolument être faux, ou être autrement qu'on les rapporte ; car la bataille de Pharsale, gagnée par César, a pu absolument ou n'être pas donnée, ou être perdue par César : donc les faits les plus authentiques ne peuvent pas être démontrés vrais.

RÉPONSE. Ce qui a pu absolument être faux, ne peut pas être démontré vrai par des démonstrations métaphysiques, tirées de l'exigence essentielle des choses ; mais il peut être démontré vrai par des démonstrations morales, appuyées sur des motifs infailliblement connexes avec la certitude & la vérité de la chose. Il auroit pu exister un autre ordre de choses, dans lequel la bataille de Pharsale, par exemple, ou n'eût point été donnée, ou eût été perdue par César : mais il est impossible qu'il y ait eu tant de graves témoignages qui rapportent cet événement mémorable, sans être contredits par personne ; & que la bataille de Pharsale n'ait pas été gagnée par César.

123. OBJECTION IV. Chaque témoignage distributivement pris ne donne qu'une probabilité plus ou moins grande, sur la vérité d'un fait historique : donc une foule de témoignages ne donne qu'une foule de probabilités, qui ne font jamais une certitude ; car une probabilité jointe à une seconde & à une troisième probabilité, & ainsi de suite, ne peut faire qu'un assemblage de probabilités.

RÉPONSE. 1°. Un témoignage est une autorité ; un second témoignage est une seconde autorité, qui augmente & fortifie la première. Quand plusieurs autorités graves & d'accord sont en assez grand nombre pour exclure absolument tout doute, sur la vérité d'un fait historique ; alors ces autorités ainsi accumulées & fortifiées l'une par l'autre, sont un motif, non de probabilité, mais de certitude. Une seule autorité peut ne donner qu'une probabilité, parce qu'elle n'a pas encore assez de force pour bannir efficacement tout doute de l'esprit ; mais cette force toujours croissante par la multiplicité des témoignages ou des autorités, peut devenir enfin assez grande pour faire évanouir entièrement le doute & la perplexité : & alors elle donne à l'esprit une certitude entière & complete.

II°. Ce raisonnement est vicieux ; parce qu'*il prouve trop*, ou qu'il prouve quelque chose de faux. Car par un semblable raisonnement, on prouveroit que l'existence de l'Italie ou de l'Angleterre n'est point *certaine*, mais simplement *probable*, pour un François éclairé, qui n'a point vu ces deux contrées, & qui n'est instruit de leur existence que par les divers témoignages des hommes. Or il est clair qu'on regarderoit avec raison comme un insensé, un homme qui diroit que l'existence de l'Italie ou de l'Angleterre n'est que probable ; & qu'elle n'est point certaine d'une certitude entière & complete, qui tranquillise entièrement l'esprit, & qui bannisse absolument tout doute sur cet objet.

124. OBJECTION V. Plus un témoignage s'éloigne de sa source & de son origine, plus il est foible & suspect; car l'expérience nous apprend que les événements, en passant de bouche en bouche, s'altérent & se falsifient: donc, quand même un même fait fort ancien, auroit été certain dans les siécles passés; il ne l'est plus aujourd'hui, à cause de l'affoiblissement de l'autorité ou du motif qui le rapporte.

RÉPONSE. I°. Il est faux qu'un témoignage authentique s'affoiblisse en s'éloignant de sa source ou de son origine: parce que les monuments publics qui le conservent, & la tradition générale qui s'accorde avec ces monuments publics, remplacent & éternisent en quelque sorte les témoins qui ont rapporté & attesté le fait historique, qui est l'objet de ce témoignage. Donc les monuments publics, d'accord avec la tradition publique, ont & auront toujours la même autorité qu'auroient les témoins eux-mêmes, s'ils étoient vivants & présents.

II°. Les faits de peu de conséquence, les circonstances peu intéressantes des événements célébres, (quand les uns & les autres ne sont pas consignés dès leur origine dans les monuments publics qui les fixent & les transmettent invariablement à la postérité) s'altérent en passant de bouche en bouche : mais les faits importants & mémorables, & les circonstances essentielles & caractéristiques de ces faits, ne s'altérent point en passant de siécle en siécle ; sur tout quand ces faits avec leurs circonstances intéressantes, ont été consignés en leur temps dans des monuments publics, qui en fixent la nature, & qui en éternisent la mémoire. Il n'est pas moins certain aujourd'hui qu'au siécle d'Annibal, qu'il y a eu une bataille de Cannes, & qu'Annibal fut vainqueur : quoiqu'aujourd'hui nous ignorions probablement quelques particularités accidentelles de cette victoire, qui n'étoient point inconnues à ceux qui vivoient au siécle d'Annibal.

125. OBJECTION VI. Chaque témoin en particulier pouvant trahir la vérité, il est évident que dix & cent témoins peuvent également mentir & en imposer. Quelle certitude peut donc naître d'une source toute suspecte de mensonge ?

RÉPONSE. Un témoin isolé peut avoir quelque motif particulier qui l'engage à trahir la vérité : mais il est évident qu'une grande multitude de témoins tels que nous les exigeons, ne peut pas avoir le même motif de la trahir. Après la bataille de Fontenoy, un Soldat pouvoit avoir quelque motif, ou d'espérance, ou de crainte, ou de bizarrerie, qui le portât à assurer que la bataille avoit été perdue par les François : mais la multitude des Soldats François, Anglois, Hollandois, Autrichiens, n'a pas pu avoir le même motif de se déclarer pour le mensonge. Il y a parmi les hommes (& cette remarque équivaut à une preuve démonstrative en faveur de la certitude de témoignage) il y a parmi les hommes une si grande opposition de caractére & d'éducation, une si grande rivalité de prétentions & d'intérêts, un si grand conflit d'opinions & de Jugements, un esprit & un goût de contradiction si dominant & si général, que le seul amour de la vérité connue, peut concilier & réunir leur suffrage & leur jugement sur un même objet. Quand tous les autres motifs cessent, l'amour & le goût de la vérité deviennent le motif général & permanent, qui engage l'homme à se déclarer pour la vérité (118).

F

126. OBJECTION VII. Le témoignage presque général des hommes a accrédité & répandu bien des choses, ou fausses ou douteuses : par exemple, qu'il y a eu des Dieux & des Déesses dans le Paganisme : que le soleil tourne autour de la terre immobile : que les brutes ont une ame distinguée de la matière & du mouvement ; qu'il y a dans les corps des qualités sensibles, distinguées de la matière & des modifications de la matière : donc le témoignage des hommes doit toujours être suspect & douteux.

RÉPONSE. Il n'y a jamais eu de témoignage des hommes, revêtu des conditions que nous avons marquées, qui ait été faux ou douteux.

1°. Bien des hommes ont rapporté qu'il y a eu des Dieux & des Déesses dans le Paganisme : mais ce témoignage a toujours été contredit par des témoignages d'un bien plus grand poids : & d'ailleurs il manque à ce témoignage la sixième condition, qui exige que la matière & l'objet du témoignage soient une chose qui ne répugne pas en elle-même. Or les crimes & les infamies qu'attribuoient à ces Dieux fictices, ceux qui rapportoient & attestoient leur existence, ne sont-ils pas évidemment incompatibles avec la Divinité qu'on leur suppose & qu'on leur attribue ?

II°. Bien des hommes ont assuré que la terre étoit immobile au centre du firmament, & que le soleil & les étoiles tournoient chaque jour autour de la terre : mais il manque encore à ce témoignage la sixième condition, qui exige que la matière & l'objet du témoignage soient une chose bien sensible, dont on puisse facilement juger par les sens. Or le mouvement absolu du soleil ou de la terre, est une chose qui ne peut être déterminée que par des observations très-délicates & très-réfléchies, qui passent la portée du commun des hommes.

III°. Bien des hommes ont dit que les brutes ont une ame distinguée de la matière & des modifications de la matière : mais que cette assertion soit vraie ou fausse, (ce que nous examinerons ailleurs) il est clair que cette ame des brutes peut bien être l'objet d'une opinion conjecturale, mais non l'objet du témoignage des hommes, lequel objet doit être une chose sensible en elle-même, ou qui donne prise aux sens. Or, qui a jamais vu, ou entendu, ou palpé cette ame des brutes en elle même ?

IV°. Il en est de même des qualités sensibles des corps : ces qualités sensibles peuvent être l'objet d'une conjecture & d'une opinion, & non l'objet du témoignage des hommes ; le témoignage des hommes ayant toujours nécessairement pour objet une chose qui soit en elle-même du ressort des sens. Or les sens ont-ils jamais pu appercevoir & saisir en elle-même, isolée de la matière & des modifications de la matière, ou la *douceur formelle* du sucre, ou l'*amertume formelle* de l'absynthe ? Et ainsi du reste.

127. OBJECTION VIII. Pour qu'un fait historique soit certain, *il faut qu'il s'accorde avec les observations constantes & communes* : or les miracles sont des faits historiques qui ne s'accordent point avec les observations constantes & communes ; car nous ne voyons pas constamment & communément faire des miracles : donc les miracles ne sont pas des faits certains : donc on ne doit pas croire aux témoignages, même les plus authentiques, lorsqu'ils rapportent des faits miraculeux.

Reponse. L'incrédulité semble ne jamais se montrer, que pour heurter de front la saine raison.

I°. Un fait historique (soit qu'il soit ordinaire & commun, soit qu'il soit insolite & extraordinaire) étant également sensible, étant également appliqué & proportionné à l'action des sens, demande-t'il des yeux plus perçants pour être vu, des oreilles mieux organisées pour être entendu, un tact plus subtil & plus fin pour être palpé & senti ? Pour voir & pour entendre Lazare ressuscité, falloit-il de meilleurs yeux & de meilleures oreilles, que pour le voir & l'entendre avant sa mort ? Donc l'insolite & le merveilleux n'ôtent rien à la certitude d'un fait historique.

II°. Bien plus, il semble au contraire que l'insolite & le merveilleux doivent ajoûter à la certitude d'un fait historique : car plus un fait est extraordinaire & surprenant, plus il excite l'attention & la curiosité des spectateurs, qui l'examinent & l'observent avec une circonspection plus scrupuleuse & plus réfléchie ; & par là même, plus ce fait paroit insolite & merveilleux, plus il acquiert de certitude & d'authenticité, par l'examen plus sévére & plus réfléchi qu'en ont fait ceux qui le rapportent. Donc un fait extraordinaire & miraculeux, rapporté par des témoignages bien authentiques & bien irréfragables, n'est pas moins sûr & certain, que si ce fait étoit ordinaire & commun. Donc la régle imaginée par l'incrédulité pour juger la certitude des faits, est une régle évidemment fausse, évidemment désavouée par la raison.

III°. Il résulte de là qu'*un miracle*, quand il est appuyé sur des témoignages revêtus de toutes les conditions que nous avons exigées, est un fait aussi sûr & aussi incontestable, qu'aucun fait de l'histoire profane, appuyé d'un témoignage d'égale force ; & par conséquent, qu'un tel miracle est certain d'une certitude qui ne laisse pas plus de doute, que la certitude géométrique.

128. *Objection IX.* Le *Miracle* est une interruption des loix constantes de la Nature : or une telle interruption est impossible. Car le Créateur ne peut changer l'ordre de la Nature, sans changer de dessein & de volonté ; sans être en lui-même changeant & inconstant ; ce qui répugne à sa nature. Donc il n'y a point, donc il ne peut point y avoir de miracles dans la Nature.

Reponse. Le Créateur, dans ses desseins éternels & immuables comme lui, a déterminé à la fois & l'ordre général ou commun, & l'interruption de cet ordre général ou commun pour telle circonstance particulière. Par exemple, le Créateur a voulu & décerné de toute éternité, que la Terre roulant uniformément sur son axe en vingt-quatre heures, exposât successivement ses différentes contrées à la lumière vivifiante du soleil ; & que ce mouvement journalier de la Terre sur son axe, fût suspendu pour vingt-quatre heures à la prière de son serviteur Josué. La loi générale & la loi particulière, l'une & l'autre établie & fixée de toute éternité, ont leur effet dans le temps : donc il n'y a point de changement & d'inconstance dans Dieu, qui ne fait qu'exécuter dans le temps ce qu'il a voulu & résolu de toute éternité. Quand Dieu fait un miracle, il fait une chose qui est nouvelle pour nous, mais qui n'est pas nouvelle pour lui. On peut dire de tout autre miracle, ce que nous venons de dire du miracle de Josué, que nous expliquons dans le système de la Terre mobile ; & qu'on peut expliquer de même, si l'on veut, dans le système du Soleil mobile autour de la Terre.

129. OBJECTION X. Pour que le témoignage des hommes nous donnât une certitude infaillible, il faudroit qu'il nous constât que ce témoignage est revêtu de toutes les conditions qui doivent lui donner l'infaillibilité ; ce qui est impossible. Car parmi les conditions qu'on exige, on compte avec raison la *gravité* & la *droiture* des témoins ; gravité & droiture dont on ne peut jamais s'assurer, le masque & l'apparence pouvant facilement en prendre la place & être confondus avec la réalité.

Réponse. Un petit nombre de témoins peut affecter de la gravité & de la droiture, pour répandre & accréditer une fausseté qui lui est avantageuse. Mais il est contre la nature & contre les mœurs des hommes, qu'une multitude de témoins de divers ordres & de divers états, prenne le masque de la gravité & de la droiture pour accréditer & répandre une fausseté ; quand il est évident qu'une telle imposture ne peut leur être d'aucun avantage. Dans ce cas, l'amour de la vérité devient le motif général & unique qui fixe le suffrage de la multitude, comme nous l'avons observé, pour ne pas dire démontré, dans la réponse à la sixième objection précédente. En général, les témoins doivent être censés graves & intègres ; quand on ne voit rien ni dans leur personne, ni dans leur narration, qui rende suspect & douteux leur témoignage.

I°. La *Personne* d'un témoin doit être suspecte, si ce témoin est diffamé par des crimes : s'il a été atteint & convaincu de faux en d'autres occasions : s'il ne paroit pas être assez instruit & assez au fait des choses qu'il rapporte : s'il montre un jugement vicié & déréglé : s'il paroit avoir quelque assez grand intérêt à corrompre ou à cacher la vérité.

II°. La *Narration* d'un témoin doit être suspecte, si elle renferme des particularités & des circonstances qui s'accordent mal & semblent se détruire : si elle rapporte des choses fabuleuses, qui ne quadrent ni avec l'ordre naturel, ni avec l'ordre surnaturel ; le Créateur n'ayant établi que ces deux ordres de choses : si les faits qu'elle avance, ne s'accordent pas avec le récit qui en a été fait par d'autres témoins dignes de foi.

130. OBJECTION XI. Exiger tant de conditions pour établir la certitude des faits, c'est équivalemment anéantir cette certitude. Car quels faits seront certains, si pour l'être, il faut qu'ils soient attestés par des témoignages revêtus de toutes les conditions qu'on exige ?

Réponse. Les conditions rigoureuses qu'on exige dans le témoignage des hommes, pour élever en ce genre la certitude à sa plus grande force, ne le rendent point illusoire & chimérique. Combien de faits de l'histoire profane & de l'histoire sacrée, sont appuyés sur des témoignages revêtus de toutes les conditions que nous exigeons !

I°. Un témoignage revêtu de toutes les conditions que nous exigeons, nous constate l'existence des Villes, des Provinces, des Peuples, des Empires, répandus de nos jours sur la surface de la terre ; l'existence & les grandes révolutions des Monarchies & des

Républiques célébres, qui ont joué un grand rôle dans l'Antiquité ; l'exiftence d'un Céfar, d'un Alexandre, d'un Charlemagne, d'un Louis le Grand, d'un Ciceron, d'un Virgile, d'un Socrate, d'un Homére, d'un Moïfe, d'un JESUS de Nazareth, dans leurs fiécles, &c.

II°. Un témoignage revêtu de toutes les conditions que nous exigeons, nous conftate entr'autres miracles, le grand miracle *de la Réfurrection de JESUS-CHRIST*: Réfurrection dont plus de cinq cents perfonnes furent témoins oculaires, pendant quarante jours : Réfurrection qui peu d'années après l'événement, fut confignée dans l'hiftoire, par plufieurs de ces mêmes hommes qui en avoient été les fpectateurs & les témoins : Réfurrection qui fut dès-lors annoncée & prêchée dans prefque tout le monde connu, par ceux même qui en ayant été les témoins, en devinrent les Apôtres & les Martyrs; & qui expirerent tous, ou prefque tous, au milieu des fupplices les plus infames & les plus rigoureux, pour en attefter d'une voix unanime, la vérité & la certitude : Réfurrection, publiée & atteftée d'abord par ce grand nombre de témoins qui l'avoient vue de leurs propres yeux ; reçue & recueillie enfuite par d'autres témoins oculaires & auriculaires, qui avoient entendu les inftructions & vu le martyre des premiers ; portée & tranfmife enfin jufqu'à nous par les monuments les plus authentiques, & par une tradition toujours permanente & toujours d'accord avec ces monuments. A quel fait de l'hiftoire profane ajoûterions-nous foi, s'il falloit toujours d'auffi grands témoignages pour le conftater ?

III°. Un témoignage revêtu de toutes les conditions que nous exigeons, nous conftate la plûpart des *Miracles opérés par Moïfe* : miracles qui eurent pour fpectateurs, la nation entière des Hébreux : miracles qui furent écrits par celui-même qui les avoit opérés ; & qui furent reconnus pour vrais & pour inconteftables, par la nation entière qui en avoit été l'objet & le témoin : miracles enfin dont la nation entière des Hébreux a toujours confervé la mémoire, toujours garanti la certitude, toujours attefté la vérité ; & qui font venus en notre connoiffance avec toute l'authenticité que peuvent donner & l'hiftoire la plus inconteftable où ils font écrits, & les mœurs d'une nation toujours fubfiftante où ils font encore peints & retracés, & la tradition la plus conftante & la plus unanime, qui n'a jamais ceffé d'en renouveller d'âge en âge le fouvenir & chez les Hébreux & chez les nations où font difperfés les Hébreux.

131. OBJECTION XII. Du moins il y a bien des faits qui paffent pour certains chez les hommes éclairés, & qui cependant ne font pas appuyés fur des autorités auffi grandes que celles qu'on exige : donc plufieurs des conditions qu'on exige, font inutiles & frivoles.

RÉPONSE. La certitude hiftorique eft fufceptible de plus & de moins : elle eft ou plus grande ou moins grande, felon que le motif qui la fonde a plus ou moins de force & d'autorité. Nous allons tracer ici les différents dégrés de cette certitude.

I°. La certitude eft dans fa plus grande force & dans fon plus haut dégré, quand elle eft fondée fur des témoignages revêtus de toutes les conditions que nous avons tracées & exigées. (117)

II°. La certitude eft d'une moindre force, mais elle eft encore affez grande pour exclure le doute chez les perfonnes prudentes & judicieufes, quand elle eft appuyée fur le témoignage de quatre ou cinq Historiens ou témoins, qui assurent qu'ils ont vu eux-mêmes la chose qu'ils racontent, ou qu'ils l'ont apprise de témoins oculaires & dignes de foi : pourvu que le fait qu'on rapporte, soit un fait possible & bien sensible, que ceux qui le rapportent soient d'une probité & d'une prudence bien reconnues, & que ce qu'ils racontent ne les intéresse en rien & ne tourne point à leur avantage.

III°. Une certitude égale à la précédente, ou également capable de bannir le doute de l'esprit, c'est celle qui est fondée sur le témoignage uniforme & unanime de personnes habiles & expérimentées en leurs genres : quoique le fait qu'elles attestent, soit un fait moins à la portée des sens, & qu'il demande une grande sagacité pour être observé & saisi. C'est ainsi que les expériences physiques & les observations astronomiques, qui se font dans les Académies célèbres, ont le dégré de certitude qu'on leur attribue.

IV°. Une certitude inférieure aux deux précédentes, mais suffisante encore pour déterminer & fixer le jugement d'un homme sage, c'est celle qui est fondée sur le témoignage d'une seule personne, mais d'une personne de poids & de probité, laquelle assure avoir vu de ses propres yeux le fait qu'elle rapporte. L'amour de la vérité empreint chez les ames droites & bien nées, la honte qu'il y auroit à être convaincu ou soupçonné d'imposture, sont des motifs assez puissants pour empêcher un honnête homme d'en imposer par un vil & odieux mensonge.

Tout ce qui est de moindre poids en genre de témoignage, n'a point assez de force pour fonder & établir une vraie certitude. Il pourra peut-être encore être un motif de vraisemblance ou de probabilité, mais il ne sera jamais un motif de certitude.

132. OBJECTION XIII. La certitude que donne la révélation divine, la certitude que donnent certains jugements naturels communs à tous les hommes, ne sont fondées ni sur le témoignage du sentiment intime, ni sur le témoignage des idées, ni sur le témoignage des sens, ni sur le témoignage des hommes. Donc il est faux que toute certitude chez les hommes découle d'une de ces quatre sources.

RÉPONSE. La certitude que donne la révélation divine, est infaillible, & la plus infaillible de toutes les certitudes. La persuasion générale des hommes sur certains objets indépendants des sens & des passions, donne aussi une certitude infaillible qu'on ne peut suspecter. Mais ces deux espèces de certitudes sont fondées sur le témoignage des idées.

I°. La certitude que donne *la Révélation divine*, est fondée sur le témoignage des idées. Pourquoi assuré-je avec certitude que tout ce que Dieu me révèle, est vrai, soit que j'en saisisse, soit que je n'en saisisse pas la vérité ? C'est parce que je conçois évidemment que Dieu, qui est l'infaillible sagesse & l'indéfectible véracité, ne peut me tromper ; soit qu'il m'instruise par lui-même, soit qu'il m'instruise par ses envoyés & par ses ministres, qui par des signes authentiques & indubitables, me démontrent qu'ils me parlent en son nom.

II°. La certitude que donnent *certains Jugements naturels* communs à tous les hommes, sur des objets indépendants des sens & des passions, est fondée sur le témoignage des idées. Pourquoi assuré-je que la persuasion générale des hommes sur l'existence d'un Être suprême, sur la nécessité d'un culte & d'une loi, sur la vérité d'une autre vie, sur la distinction du vice & de la vertu, fonde une preuve démonstrative sur ces objets ? C'est parce que je conçois évidemment que cette façon générale de penser & de juger chez les hommes, ne peut venir que de l'Auteur même de la Nature; & que l'Auteur de la Nature ne peut pas avoir donné aux hommes une façon générale de penser & de juger, qui les entraîne à l'erreur & au mensonge : sans quoi cet Auteur de la Nature seroit trompeur & imposteur ; ce qui répugne évidemment à son essence.

Nous venons de fonder ou d'établir les divers fondements de la certitude humaine : fondements universels, sur eux portent toutes les sciences, toutes nos connoissances ; fondements solides & inébranlables, on ne peut les suspecter qu'en cessant d'être raisonnable & sensé.

ELEMENTS DE MÉTAPHYSIQUE
SACRÉE ET PROFANE :
OU
THÉORIE DES ETRES INSENSIBLES.

TROISIÉME TRAITÉ.
LA LOGIQUE.

LA *Logique* est une science qui régle & qui dirige les actes ou les opérations de l'esprit. Notre esprit conçoit, juge, raisonne. 1°. On appelle *concevoir*, la simple vûe ou la simple perception des choses qui se présentent à notre esprit, sans qu'il forme sur elles aucun jugement : cette action de l'esprit qui se borne à concevoir & à représenter les choses, par exemple, Dieu, l'ame, un arbre, la terre, s'appelle *idée* ou *perception*. 2°. On appelle *juger*, l'action de notre esprit, par laquelle comparant ensemble diverses idées, il affirme que l'objet de l'une est l'objet de l'autre, ou n'est pas l'objet de l'autre. 3°. On appelle *raisonner*, l'action de notre esprit, par laquelle il forme un jugement de plusieurs autres jugements ; ou par laquelle il extrait un jugement de plusieurs autres jugements, dans lesquels il est renfermé implicitement. L'idée, le jugement, le raisonnement ; voilà les trois opérations de l'esprit, & l'objet de la Logique.

1° La Logique consiste donc dans un amas de régles certaines & démontrées, sur *les idées* ou *les perceptions*, pour apprendre à bien définir & à bien diviser ; sur *les jugements & les propositions*, pour apprendre à les bien évaluer, à en bien fixer l'étendue & l'opposition ; sur *les raisonnements*, pour apprendre à tirer de justes conséquences, & à découvrir le vice de celles qui sont mal déduites. Ces régles sont dûes aux observations & aux réflexions de la Philosophie, qui en observant la marche de l'esprit humain, a vu comment & par quelle manière il opéroit bien ; & qui en conséquence, a érigé en régle cette marche & cette manière d'opérer. Fruit précieux du génie, ces régles ont le double avantage, & de montrer la route de la vérité, & de faire voir démonstrativement que cette route est sûre & infaillible. Nous terminerons ce traité par une notion succinte de la *Méthode*, qui n'est autre chose que l'art de chercher la vérité inconnue, ou de démontrer la vérité connue.

II°. Après des milliers de Logiques qu'on a données, oserons-nous encore entreprendre d'en donner une nouvelle? Et pourquoi non? puisque la meilleure de toutes est encore assez diffuse & assez ennuyeuse, pour être peu utile. Quel inconvénient y auroit-il donc d'essayer d'en donner une, qui renfermant la clarté & la briéveté, eût le mérite d'éclairer & de perfectionner l'esprit, sans l'ennuyer & le rébuter; qui simple & lumineuse, pût présenter une utile analyse aux Maîtres, & une suffisante instruction aux Disciples!

SECTION PREMIERE.

Regles sur les Perceptions.

LES régles que donne la Logique sur les idées ou les perceptions, ont pour objet & la définition & la division, dont nous allons traiter.

I°. La Definition.

134. La *Définition* est un discours qui exprime & éclaircit la nature d'une chose: ou si l'on veut, la définition est l'expression & le développement d'une chose qu'on veut rendre plus intelligible. Il faut donc *que la définition, ou l'idée définissante, présente à l'esprit une plus grande lumière, que l'idée à définir* : sans quoi la définition, destinée à éclaircir la nature de la chose, ne l'éclairciroit pas, & ne rempliroit point son but & son objet. Et pour que la définition ait la clarté convenable, il faut *que la définition ne renferme rien d'inutile & de redondant* : car tout ce qui est inutile & redondant, ne sert qu'à obscurcir la chose, en partageant & détournant l'attention de l'esprit. De cette notion de la définition, découlent les régles suivantes.

135. REGLE I. *La définition doit convenir, & à toute la chose & à la seule chose, qu'on définit.* Car comme la définition est destinée à exprimer & à développer la nature de la chose à définir; & que cette nature convient, & à toute la chose & à la seule chose qu'on définit; il est évident que la définition, qui est l'expression de cette nature, doit convenir, & à toute la chose où se trouve cette nature, & à la seule chose où se trouve cette nature. Si la définition renferme quelque propriété étrangère à cette nature, elle la défigure en la composant, ou en lui attribuant ce qu'elle n'a pas: si la définition omet quelque propriété essentielle à cette nature, elle la défigure en la tronquant, ou en lui ôtant ce qui la constitue. Dans l'un & l'autre cas, bien loin d'éclaircir & de faire mieux connoître la chose à définir, la définition en donneroit une connoissance fausse & trompeuse: ce qui est contre sa destination & son essence. C. Q. F. D.

136. REGLE II. *La définition doit être convertible avec la chose à*

définir : c'est-à-dire, que l'objet de l'idée définissante, & l'objet de l'idée à définir, doivent pouvoir être affirmés réciproquement l'un de l'autre. Car la définition & la chose à définir étant une seule & même nature, exprimée par deux idées plus ou moins claires, il est évident que l'objet de la première idée peut être affirmé de l'objet de la seconde idée, & réciproquement. Si Dieu est l'assemblage de toutes les perfections, il est évident que l'assemblage de toutes les perfections, est Dieu. Si le quarré est une figure dont les quatre angles & les quatres côtés sont égaux, je puis conclure qu'une figure dont les quatre angles & les quatre côtés sont égaux, est un quarré. Dans ces définitions, le sujet peut devenir l'attribut, & l'attribut peut devenir le sujet ; ce qui est le sens de la régle. C. Q. F. D.

137. REGLE III. *La définition doit exprimer, & les propriétés communes & les propriétés caractéristiques de la chose à définir.* Car comme la nature des différents Êtres est constituée & par de propriétés qui leur sont communes avec des espèces différentes, & par des propriétés qui leur sont propres & qui ne conviennent qu'à leur espèce ; il est évident que la définition qui doit exprimer toute leur nature, doit renfermer nécessairement & les propriétés communes & les propriétés caractéristiques, qui par leur réunion la constituent en entier. De là le genre & la différence dans les définitions. (16) C. Q. F. D.

138. REGLE IV. *La définition doit exprimer, autant qu'il se peut, la chose à définir, par ses attributs positifs, & non par ses attributs négatifs.* Car la définition est destinée à exprimer & à faire connoître la chose à définir : or dire ce que la chose n'est pas, ce n'est point dire ce qu'elle est ; & par-là même, ce n'est point la manifester & la faire connoître. Mais quand la chose à définir a des propriétés positives qui sont circonscrites & caractérisées par des attributs négatifs, alors la définition est exacte & remplit sa destination, en exprimant à la fois, & les attributs positifs qui constituent la chose, & les attributs négatifs qui la limitent. Par exemple, ceux qui définissent la brute, un animal irraisonnable, donnent une définition qui n'offre rien de vicieux : parce que cette définition exprime ce qu'il y a de positif dans la brute ; sçavoir, le principe des sensations ; avec la différence essentielle & caractéristique de la brute ; sçavoir, ce défaut ou cette négation de raison ; & que la nature de la brute ne peut être bien connue & bien caractérisée, que par l'expression de ce défaut ou de cette négation de raison. C. Q. F. D.

Un défaut assez commun chez quelques Orateurs triviaux, c'est de donner des définitions négatives, qui coûtent peu au génie, & qui ne laissent pas de remplir la page, & de sonner quelquefois assez bien chez des oreilles peu scrupuleuses en fait d'exactitude & de goût.

139. REMARQUE. La définition est facile dans les matières mathématiques, où les choses ne renferment que ce que l'esprit y met, & par là même que ce qu'il connoît bien. La définition a encore lieu assez souvent dans les matières métaphysiques, où l'esprit envisageant les choses sous des idées abstraites, les dépouille par la précision de ce qu'il ne connoît pas assez. Mais quand il s'agit de peindre & de faire connoître les choses naturelles & sensibles, telles qu'elles sont en elles-mêmes, par exemple, un arbre, un taureau, un éléphant, l'air, le feu, la lumière, & telles autres choses dont

on ne connoît pas assez les propriétés essentielles qui les constituent intrinsèquement ; alors la définition par le genre & la différence est impossible : il faut donc pour les faire connoître, employer une autre espèce de définition qui mene au même but ; c'est la description.

140. La *Description* est un discours qui exprime & fait connoître une chose, en développant & les causes à qui elle doit son origine, & les élémens ou les principes qui la composent, & les différents effets qu'elle produit, & les accidents & les propriétés qui la caractérisent. La définition proprement dite, est toujours simple & seche : La description est susceptible de la plus grande énergie & de la plus grande richesse. Une description pour être exacte, pour remplir sa destination, doit être soumise aux quatre régles que nous venons de donner pour la définition.

LA DIVISION.

141. La *Division* est le partage d'un tout en ses parties. Elle facilite la connoissance des choses, en fixant successivement toute l'intellectivité de l'esprit sur chaque partie isolée d'un tout, qu'il faut connoître en entier. (42.)

La division partage un *tout physique*, quand elle le divise, ou en ses parties essentielles, ou en ses parties intégrantes, ou en ses parties accidentelles. La division partage un *tout métaphysique*, quand elle le divise en genre & en différence ; ou qu'elle l'envisage, & sous ses propriétés communes, & sous ses propriétés différentielles. La division partage un *tout Logique*, quand elle divise un genre en ses espèces, une espèce supérieure en ses espèces subalternes, une espèce dernière en ses individus. Par exemple diviser la brute en quadrupedes, en volatilles, en poissons, en insectes, &c. c'est partager un tout logique ; c'est diviser ou un genre en ses espèces, ou une espèce supérieure en ses espèces inférieures qui auront encore sous elles d'autres espèces subalternes. De la notion que nous venons de donner de la division, découlent les régles suivantes.

142. *REGLE I. Tous les membres de la division, pris ensemble, doivent précisément égaler le tout, sans excès & sans défaut.* Car les différents membres de la division sont toutes les parties auxquelles on divise le tout : Or le tout n'étant point distingué de toutes ses parties prises ensemble, & le tout ne pouvant être ni plus grand ni plus petit que lui-même ; il est évident que tous les membres pris ensemble, qui sont le tout, doivent précisément égaler le tout. Si tous les membres pris ensemble excédoient le tout, le tout seroit plus grand que lui-même : une telle division feroit mal connoitre le tout ; puisqu'elle feroit connoître dans le tout, ce qui n'est pas dans le tout. Si les différents membres pris ensemble étoient moindres que le tout, le tout seroit plus petit que lui-même : une telle division ne feroit pas connoître exactement & parfaitement le tout ; puisqu'elle manqueroit de faire connoître dans le tout, une chose qui est du tout. C. Q. F. D

On pécheroit contre cette régle par défaut, si on divisoit les Citoyens de l'ancienne Rome en Sénateurs & en Plébéiens ; puisqu'il y avoit encore les Chevaliers. On pécheroit contre cette régle par excès ; si on divisoit les Chrétiens en Catholiques, en Protestants, en Schismatiques, en Mahométans ; puisque ces derniers n'appartiennent en rien au tout logique qu'il falloit diviser en ses parties.

143. *REGLE II. Les différents membres de la division doivent ne point être inclus les uns dans les autres ; ou doivent être, tels que l'un ne puisse point être affirmé de l'autre.* Car 1°. Les membres qui sont inclus l'un dans l'autre, ou qui peuvent être affirmés l'un de l'autre, ne sont point deux parties du tout, mais une seule & unique partie du tout : on ne doit pas les distinguer, & les donner pour deux différentes parties du tout. II°. La netteté & la clarté qu'on cherche par la division, exigent qu'on s'abstienne de charger l'esprit d'un fatras de mots & d'idées, qui reviennent à la même idée & qui ne présentent que le même objet. C. Q. F. D.

Le défaut le plus commun dans les divisions, c'est celui que proscrit cette seconde régle : il faut pour l'éviter, beaucoup de précision & de sagacité dans l'esprit. Un lourd & pesant Orateur, dont on vouloit faire un Orateur de conséquence, s'avisa dans un Sermon sur la Passion de diviser l'adorable Victime, immolée pour le salut du monde, en victime de son amour pour nous au Jardin des Olives, en victime des passions humaines dans la Ville de Jerusalem, en victime de la justice divine au Calvaire. Le stupide ! on ne put jamais lui faire concevoir que les membres de sa division rentroient tous l'un dans l'autre ; & que le Sauveur du monde étoit par tout réellement & indivisiblement victime, & de son amour & des passions humaines & de la Justice divine, soit au Jardin des Olives, soit dans Jérusalem, soit au Calvaire.

144. REMARQUE. La division est le flambeau des ouvrages d'esprit : elle y répand la lumière. Le Poëte épique divise sa narration en plusieurs chants ; le Poëte tragique ou comique, son action en plusieurs actes & en plusieurs scènes ; l'Orateur sacré, son discours en plusieurs points. La division dans un ouvrage d'esprit, fait & qu'on l'entend mieux, & qu'on le retient mieux. Mais si c'est un défaut de ne point faire de divisions, ce n'est point un moindre défaut d'en faire un trop grand nombre. De deux Auteurs qui donnent dans ces défauts opposés, l'un ne guide & n'éclaire pas assez l'esprit ; l'autre le partage & le dissipe trop.

SECTION SECONDE.

RÈGLES SUR LES PROPOSITIONS.

La nature des propositions, l'opposition des propositions, la conversion des propositions, la division des propositions, l'équivalence des propositions, tel est l'objet de cette section.

I§. NATURE DES PROPOSITIONS.

145. UNE *Proposition* est l'expression d'un jugement de l'esprit. La proposition a deux termes, liés par le verbe substantif ou par

t verbe équivalent au verbe substantif: l'un de qui l'on affirme ou de qui l'on nie, se nomme le *sujet*; l'autre que l'on affirme ou que l'on nie, se nomme l'*attribut*. (*)

I°. Si le sujet est un terme commun pris dans toute son étendue, la proposition est *universelle*: par exemple, *tout homme est mortel: aucun Chrétien n'est Mahométan*.

II°. Si le sujet commun est restreint par le mot *quelque* à une partie indéterminée de son étendue, la proposition est *particulière*: par exemple, *quelque homme est juste; quelque François est frivole*.

III°. Si le sujet est singulier & unique, la proposition est *singulière*: par exemple, *Louis XV est Roi de France*. La proposition singulière revient à la proposition universelle, en ce sens que dans l'une & dans l'autre le sujet est pris dans toute l'étendue qu'il peut avoir. Cette proposition singulière, *Ariste chante*, équivaut à celle-ci; *Ariste est chantant: Ariste* est le sujet; *chantant* est l'attribut.

146. REMARQUE. Il suit de ce que nous venons de dire sur la nature des propositions: I°. Que toutes les propositions sont ou *affirmatives*, ou *négatives*: II°. Que toutes les propositions affirmatives & négatives se réduisent en *universelles* & en *particulières*; puisque la singulière revient à l'universelle. La Dialectique employe des signes pour désigner & distinguer ces quatre sortes de propositions, comme l'Algébre en employe pour distinguer & exprimer des grandeurs: ce qui ne donne assurément rien de barbare ni à l'une ni à l'autre. Ainsi en Dialectique A signifie une proposition universelle affirmative; E signifie une proposition universelle négative; I signifie une proposition particulière affirmative; O signifie une proposition particulière négative. La Dialectique a fabriqué ces deux vers théchniques, pour exprimer & pour fixer dans la mémoire ces quatre significations.

Asserit A, negat E; verùm generaliter ambo:
Asserit I, negat O; sed particulariter ambo.

Axiômes sur le Sujet & l'Attribut.

VOICI maintenant & sur l'attribut & sur le sujet des propositions, quelques régles qui n'ont besoin que d'être expliquées; & qui portant en elles-mêmes leur démonstration, peuvent être regardées comme autant d'axiômes de la Dialectique.

147. RÉGLE I. *Dans les propositions affirmatives, l'attribut n'est point pris selon toute son étendue.*

EXPLICATION. Cette régle est évidente: car lorsque je dis, *tout marbre, ou quelque marbre, ou tel marbre est matière*; je n'affirme pas que le marbre soit tout ce qui est matière; ensorte que l'attribut de matière, ne puisse convenir à aucune autre chose qu'au marbre dont il est question. J'affirme simplement que le marbre en question, est une des choses auxquelles convient la qualité ou la propriété de matière.

(*) Étymologie. Attribut, *quod attribuitur subjecto, aut prædicatur de subjecto; Attributum, Prædicatum.* Sujet, *quod jacet sub attributo, seu res de quâ affirmatur aut negatur attributum.*

148. RÈGLE II. *Dans les propositions négatives, l'attribut est pris selon toute son étendue.*

EXPLICATION. Cette régle est encore évidente : car lorsque je dis, *aucun esprit n'est matière*, j'exclus toute matière de tout esprit ; ou je nie qu'il y ait aucune matière quelconque, qui soit esprit. De même quand je dis, *Ariste n'est pas Roi*, j'exclus d'Ariste tout Roi quelconque, de France, d'Espagne, d'Angleterre, & ainsi du reste.

149. RÈGLE III. *Ce qu'on affirme ou qu'on nie du sujet d'une proposition universelle, doit être affirmé ou nié de tous les individus auxquels convient le sujet de la proposition universelle.*

EXPLICATION. Cette régle est évidente : car la vérité d'une proposition universelle entraîne la vérité de toutes les propositions particulières qu'elle renferme. Il ne peut pas être vrai que *tout homme est mortel*, qu'il ne soit vrai que *quelque homme*, que *tel homme, est mortel*. Il ne peut pas être vrai qu'*aucun homme n'est un pur esprit*, qu'il ne soit vrai que *quelque homme*, que *chaque homme en particulier, n'est pas un pur esprit*.

150. RÈGLE IV. *Dans une proposition, l'attribut est communément affirmé ou nié comme concret, & non comme abstrait* (41).

EXPLICATION. Cette régle n'est pas moins évidente : car lorsque je dis, *Ariste est juste*, j'affirme non qu'il est la justice même abstractivement prise ; mais qu'il est un sujet ayant la justice.

Voici sur cette régle, quelques développemens & quelques éclaircissemens, qui sans être bien nécessaires, méritent cependant de n'être pas absolument dédaignés & négligés.

I°. Le genre peut être affirmé de l'espèce ; ou bien, les termes plus universels peuvent être affirmés des termes moins universels. La raison en est, que l'on peut toujours affirmer d'une chose, ce que cette chose est nécessairement, ce que cette chose ne peut jamais manquer d'être. Or l'objet exprimé par l'espèce, ou par le terme inférieur & moins universel, ne peut jamais manquer d'être ce qu'exprime le genre, ou le terme supérieur & plus universel : parce que le terme inférieur & moins universel contient nécessairement en soi, tout ce qu'exprime & renferme le terme supérieur & plus universel (17). On dit donc exactement : *un Lion est un animal, est une substance, est un être* ; parce qu'un Lion ne peut être Lion, sans qu'il soit animal, sans qu'il soit substance, sans qu'il soit un être.

II°. L'espèce ne doit point être affirmée du genre ; ou bien les termes inférieurs & moins universels ne doivent point être affirmés des termes supérieurs & plus universels. La raison en est, que l'on ne doit point affirmer d'une chose, ce que cette chose peut ne pas être. Or il peut se faire évidemment que le genre ne soit pas l'espèce ; puisque le genre prescinde de ses espèces, ou n'includ point ses espèces. On ne dit donc point : *l'animal est un Lion, est un Cheval, est un Éléphant* ; parce qu'il peut se faire qu'un être soit animal, sans être Lion, sans être Cheval, sans être Éléphant.

III°. L'abstrait ne doit point être affirmé du concret (*). La raison

---

(*) Étymologie. Concretum à concresco, quasi ens quod concrevit & conflatum est ex subjecto & forma : Abstractum ab abstraho, quasi ens quod à subjecto per mentem abstractum est, seu avulsum & separatum est ; seu quasi forma à subjecto abstracta.

en est, que le concret est un composé, ou est considéré comme un composé, d'un sujet & d'une forme ; & qu'on ne peut pas dire que l'abstrait ou la forme isolée, qui est la partie, soit le concret ou la forme & le sujet pris ensemble, qui sont le tout. On ne dit donc pas : *un objet blanc est la blancheur ; l'homme est l'humanité ;* parce qu'il n'est pas vrai de dire qu'un tout soit sa partie.

IV°. Le concret ne doit point être affirmé de l'abstrait. La raison en est, que les concrets sont des touts actuels, ou sont considérés comme des touts actuels, dont la forme & le sujet sont les parties ; & qu'on ne peut pas dire que la partie soit le tout. C'est pour cela qu'on ne dit point : *la blancheur est l'objet blanc ; l'humanité est l'homme ;* parce qu'il est faux de dire que la partie soit le tout.

V°. Un abstrait ne doit point être affirmé d'une autre abstrait, à moins que l'abstrait qui est l'attribut ne soit un genre pour l'abstrait qui est le sujet ; ou qu'on ne démontre que les deux abstraits sont réellement en eux-mêmes & dans la chose, une seule & même entité. La raison en est, qu'un abstrait ne renferme point dans son idée un autre abstrait ; ou si l'on veut, que deux abstraits dans un même sujet, ou sont deux formes dont l'une n'est pas l'autre ; ou sont considérés comme deux formes, dont l'une n'est pas l'autre ; & qu'on ne peut pas dire de deux choses distinguées ou considérées comme distinguées, que l'une soit l'autre. On ne dit donc point : *dans le sucre, la blancheur est la douceur ; dans l'homme, l'animalité est la rationalité ;* parce que dans le sucre la douceur n'est point la blancheur ; & que dans l'homme, l'animalité ou la faculté des sensations, & la rationalité ou la faculté des raisonnements, sont considérées comme différentes, à cause de la différence de ces deux effets. On dit au contraire avec exactitude : *la justice est une vertu ; l'animalité est une entité ;* quoique dans ces deux propositions le sujet & l'attribut soient des termes abstraits : parce que la qualité de vertu est renfermée nécessairement dans toute espèce de vertu, & que la qualité d'entité est renfermée nécessairement dans toute espèce d'être : ce qui revient à ce que nous avons dit d'abord ; sçavoir, que le genre peut être affirmé de l'espèce, ou que les termes supérieurs & plus universels peuvent être affirmés des termes inférieurs & moins universels où ils sont nécessairement contenus. On dit aussi avec exactitude, que *dans l'homme l'animalité est réellement la rationalité ;* que *dans Dieu la sagesse est réellement la justice :* parce qu'alors on établit & on démontre, que l'animalité & la rationalité, considérées telles qu'elles sont dans l'homme, & non relativement aux sensations & aux raisonnements de l'homme, sont réellement identifiées avec l'homme ; que la sagesse & la justice, considérées telles qu'elles sont dans Dieu, & non relativement aux effets extérieurs qui émanent de Dieu, sont réellement identifiées avec Dieu ; & qu'il est évident qu'une chose peut toujours être affirmée d'elle-même.

VI°. Les actions & les passions s'affirment en concret, des personnes & des suppôts. On dit, par exemple : *Ariste est malade*, ou est un sujet ayant la maladie ; quoique ce ne soit que sa jambe cassée & gangrenée qui soit en mauvais état : *Clitandre parle*, ou est un sujet parlant ; quoique ce soient sa langue & son gosier qui forment les sons : *ma table est rompue*, quoiqu'il n'y ait qu'un pied de cette table qui soit en pièces. La raison en est, que les parties étant pour le tout, leurs actions & leurs passions doivent être attribuées au tout, en qui se concentre l'intérêt général de toutes les parties, & qui par cet intérêt général représente à juste titre pour toutes les parties. Les termes d'*Action* & de *Passion* ne signifient ici que les modifications *actives* ou *passives* d'un sujet; soit qu'il se les donne lui-même, soit qu'il les reçoive d'une autre cause.

On entend par *Personne* & par *Suppôt*, un individu circonscrit & limité en soi, une nature non unie à quelqu'autre nature plus excellente, à laquelle doivent être attribuées & ses actions & ses passions. *Personne* se dit communément des êtres intelligents; & *Suppôt*, des êtres non intelligents. Dans Ariste il y a une personne humaine: parce que la nature humaine d'Ariste étant restreinte & isolée en soi, n'étant unie à aucune nature plus excellente qui la domine & qui la perfectionne, fait seule tout le mérite ou le démérite de ses actions, est le terme principal ou unique auquel doivent être rapportées & attribuées toutes ses actions. Dans l'Homme-Dieu, il n'y a point de personne humaine: parce que la nature humaine de l'Homme-Dieu étant unie hypostatiquement à la nature divine, cette nature humaine cesse d'être limitée & circonscrite en soi, cesse d'être séparée de toute nature plus parfaite qui la domine & la perfectionne, cesse d'être la cause unique du mérite de ses actions & de ses souffrances, lesquelles tirent leur principale excellence de la Personne divine, de qui elles empruntent un caractére de divinité. C'est pour ces raisons que l'on dit exactement en parlant de l'Homme-Dieu: *Dieu a souffert, Dieu est mort, Dieu est ressuscité*; quoique toutes ces actions ou souffrances du Tout Théandrique, ne soient reçues que dans la nature humaine, seule capable & de souffrir, & de mourir, & de ressusciter.

151 RÈGLE V. *Dans les propositions affirmatives, on affirme l'identité entre le sujet & l'attribut; & dans les propositions négatives, on nie l'identité entre le sujet & l'attribut.*

EXPLICATION. Cette règle est encore évidente: car dans cette proposition, par exemple, *Ariste est prudent*, on affirme qu'Ariste & un sujet doué de prudence sont identiquement une unique & même chose; & dans cette autre proposition, *Ariste n'est pas méchant*, on nie qu'Ariste & un sujet qui a la méchanceté en partage, soient identiquement une unique & même chose.

Mais il ne s'ensuit pas de cette identité entre le sujet & l'attribut, que toute proposition soit identique. Une proposition est appelée *identique*, quand le sujet & l'attribut sont une même chose présentée sous la même idée: par exemple, *Dieu est Dieu*; *le Créateur du monde est le Créateur du monde*. Mais cette proposition, *Dieu est le Créateur du monde*, n'est point une proposition identique: parce que quoique Dieu & le Créateur du monde ne soient qu'une même chose, cette même chose est présentée sous deux idées dont l'une explique & développe l'autre. La proposition identique est toujours inepte & ridicule.

II°. OPPOSITION DES PROPOSITIONS.

152. DEUX propositions qui ont le même sujet & le même attribut, sont opposées ou selon leur *qualité*, quand l'une est affirmative, & l'autre négative; ou selon leur *quantité*, quand l'une est universelle

selle & l'autre particulière. L'opposition de deux propositions qui ont le même sujet & le même attribut, est ou contradictoire, ou contraire : car nous ne parlerons point de deux autres espèces d'opposition, dont la connoissance n'est d'aucune utilité (*).

Opposition contradictoire.

153. DEUX propositions sont contradictoires : I°. Quand ayant le même sujet & le même attribut, l'une est affirmative & l'autre négative, & que l'une est universelle & l'autre particulière. Par exemple, *tout homme est mortel; quelque homme n'est pas mortel: aucun pécheur n'est heureux; quelque pécheur est heureux.* II°. Quand ayant l'une & l'autre un sujet particulier, l'une affirme précisément ce que l'autre nie. Par exemple, *Ariste est juste; Ariste n'est pas juste.* III°. En général, deux propositions sont contradictoires, quand l'une nie précisément ce qui est nécessaire pour rendre l'autre fausse.

Opposition contraire.

154. DEUX propositions sont contraires : I°. Quand ayant le même sujet & le même attribut, elles sont toutes les deux universelles; l'une affirmative & l'autre négative. Par exemple, *tout vicieux est malheureux, nul vicieux n'est malheureux.* II°. Quand ayant pour sujet, l'une l'espèce entière, & l'autre une partie déterminée de la même espèce, l'une affirme & l'autre nie le même attribut : Par exemple, *tout homme est François, Ariste n'est pas François; ou bien, aucun homme n'est prédestiné, Judas & l'Ante-Christ sont prédestinés.* III°. Quand ayant le même sujet & le même attribut, & étant toutes les deux affirmatives, l'une avance quelque chose d'incompatible avec ce qu'avance l'autre : Par exemple, *Clitandre est un grand homme de bien; Clitandre est un grand scélérat.*

155. REGLE I. *Deux propositions contradictoires ne peuvent être en même temps vraies & en même temps fausses; mais l'une est nécessairement vraie, & l'autre nécessairement fausse.*

DÉMONSTRATION. I°. Soient ces deux propositions contradictoires, *Ariste est juste, Ariste n'est pas juste.* Pour que ces deux propositions fussent *en même temps vraies*, il faudroit que leur objet fût en même temps comme l'énonce l'une & l'autre. Pour que ces deux propositions fussent *en même temps fausses*, il faudroit que leur objet fût en même temps autrement que l'une & l'autre l'énonce (5). Or il est impossible que l'objet de ces deux propositions, sçavoir, *Ariste*, soit en même temps ou comme l'une & l'autre l'énonce, ou autrement que l'une & l'autre l'énonce. Car pour que l'objet de ces deux propositions fût en même temps comme l'une & l'autre l'énonce, il faudroit qu'Ariste fût juste & ne fût pas juste en même temps : pour que l'objet de ces deux propositions fût en même temps autrement que l'une & l'autre l'énonce, il faudroit que leur objet,

---

(*) I°. L'opposition *sous-contraire*, & selon la seule qualité : par exemple, *quelque homme est juste; quelque homme n'est pas juste.* II°. L'opposition *subalterne*, & selon la seule quantité : par exemple, *tout homme est juste, quelque homme est juste; aucun homme n'est juste, quelque homme n'est pas juste.*

sçavoir, Ariste, fût privé de la justice & ne fût pas privé de la justice en même temps : ce qui répugne évidemment ; comme il conste par ce principe, *il est impossible que la même chose soit & ne soit pas en même temps.*

II°. Maintenant à la place de ces deux propositions contradictoires, qui ne sont opposées que selon leur qualité, mettons ces deux autres qui sont opposées & selon leur qualité & selon leur quantité : *tout homme est juste, quelque homme n'est pas juste.* Pour que ces deux propositions fussent ou en même temps vraies ou en même temps fausses, il faudroit également que *ce quelque homme indéterminé* fût en même temps juste & non juste ; ce qui est impossible. C. Q. F. D.

156. COROLLAIRES. Il suit de la proposition que nous venons d'exposer & de démontrer :

I°. Qu'*il n'y a point de milieu entre deux contradictoires* : parce qu'il n'y a point de milieu pour le sujet de l'une & de l'autre proposition, entre être & ne pas être ce dont il est question.

II°. Que *pour démontrer la vérité d'une proposition qu'on ne peut pas démontrer directement en elle-même, il suffit de démontrer la fausseté de la proposition contradictoire à celle qu'on veut adopter & établir* : car par là même que l'une est démontrée fausse, l'autre est démontrée vraie ; & c'est ce qu'on appelle *une démonstration indirecte.* La dispute est censée terminée & finie, quand on a forcé quelqu'un à reconnoître pour vraie, la contradictoire de la proposition qu'il avance & qu'il soutient.

III°. Que *pour trouver & déterminer une proposition de Foi, opposée à une proposition condamnée comme hérétique, il n'y a qu'à prendre la contradictoire de la proposition condamnée par l'Église* : cette contradictoire sera la proposition de foi ; puisqu'elle est l'opposée de la proposition anathématisée comme hérétique, & par là même comme fausse.

157. RÈGLE II. *Deux propositions contraires peuvent être en même temps fausses ; mais elles ne peuvent pas être en même temps vraies.*

DÉMONSTRATION. I°. Deux propositions contraires peuvent être en même temps fausses. Soient ces deux propositions contraires : *tout homme est juste, aucun homme n'est juste.* Il est très-possible que dans la multiplicité des hommes, il se trouve quelque homme juste, & quelque homme non juste ; & dans ce cas, il sera faux que tout homme soit juste, & qu'aucun homme ne soit juste : donc ces deux propositions contraires seront en même temps fausses.

II°. Deux propositions contraires ne peuvent pas être en même temps vraies. Car pour cela, il faudroit (ce qui répugne par la règle précédente) que deux propositions contradictoires pussent être en même temps vraies. Je le démontre. Dans les deux propositions qu'on vient de citer en exemple, il ne peut pas être vrai qu'aucun homme n'est juste, qu'il ne soit en même temps vrai que quelque homme n'est pas juste (149) : mais s'il étoit vrai que tout homme est juste, & que quelque homme n'est pas juste, les deux contradictoires seroient vraies à la fois : donc si deux contradictoires ne peuvent être en même temps vraies, deux contraires ne peuvent pas non plus être vraies en même temps. C. Q. F. D.

REMARQUE. I°. Ces deux propositions, *tout homme est François, Ariste n'est pas François,* sont deux propositions contraires, &

non contradictoires. Elles ne sont point *contradictoires* : car pour que la première soit fausse, il n'est pas nécessaire que tel homme en particulier ne soit pas François ; il suffit qu'il y ait quelque homme indéterminé qui ne soit pas François. Elles sont *contraires* : parce que l'énoncé de l'une est incompatible avec l'énoncé de l'autre. Elles peuvent être fausses l'une & l'autre : mais il est impossible qu'elles soient à la fois vraies. II°. Ces deux propositions, *quelque homme est François, quelque homme n'est pas François*, ne sont ni contradictoires ni contraires : parce que leur sujet indéterminé peut sans contredit être un individu pour la première, & un autre individu pour la seconde. Ces deux propositions étant les deux contradictoires de deux propositions contraires universelles, il s'ensuit qu'*elles peuvent être toutes les deux vraies*, mais qu'*elles ne peuvent pas être toutes les deux fausses*. (157)

III°. LA CONVERSION DES PROPOSITIONS.

158. La *Conversion* des propositions consiste dans une transposition de termes, qui fait du sujet l'attribut, & de l'attribut le sujet ; & en vertu de laquelle on peut conclure d'une proposition à l'autre. La conversion des propositions est ou *simple* ou *accidentelle* : dans la conversion simple, le sujet & l'attribut entiers changent simplement de place ; dans la conversion accidentelle, ce n'est point tout l'attribut, mais seulement une partie de l'attribut qui devient le sujet.

159. REGLE I. La *conversion simple* a lieu : I°. Dans la proposition universelle négative ; *aucun Chrétien n'est idolâtre*, donc aucun idolâtre n'est Chrétien. II°. Dans la proposition particulière affirmative ; *quelque François est homme équitable*, donc quelque homme équitable est François.

160. REGLE II. La *conversion accidentelle* a lieu : I°. Dans la proposition universelle négative ; *aucun Chrétien n'est idolâtre*, donc quelque idolâtre n'est pas Chrétien. II°. Dans la proposition universelle affirmative ; *tout Chrétien est baptisé*, donc quelque baptisé est Chrétien. Voici un vers thecnique qui exprime les régles que nous venons de donner, & sur la conversion simple, & sur la conversion accidentelle des propositions :

E I simpliciter convertitur ; E A per accid. (*id est, per accidens*.)

161. REMARQUE. Il faut bien prendre garde dans la conversion de certaines propositions, de ne pas se tromper sur l'attribut ; ce qui rendroit la transposition fausse & vicieuse. Par exemple, I°. *Ariste aime Clitandre* ; donc Clitandre aime Ariste : conséquence fausse ! l'attribut de la première proposition est, non *Clitandre*, mais *aimant Clitandre* ; & il faut convertir ainsi cette proposition : donc quelqu'un aimant Clitandre, est Ariste. II°. *Tout homme mort a été vivant* ; donc quelque homme vivant a été mort : conséquence fausse ! l'attribut de la première proposition est *quelqu'un qui a été vivant* ; il faut convertir ainsi cette proposition : donc quelqu'un qui a été vivant, est mort. III°. *Aucun vieillard ne peut devenir jeune homme* ; donc aucun jeune homme ne peut devenir vieillard : conversion vicieuse ; l'attribut de la première proposition est *pouvant devenir jeune homme* ; & il faut convertir ainsi cette proposition : donc aucun qui peut devenir jeune homme, n'est vieillard.

IV°. ÉQUIVALENCE DES PROPOSITIONS.

162. L'*Equivalence* ou l'*Equipollence* des propositions, est une même valeur & un même sens qu'on donne à deux propositions contradictoires ou contraires, par le moyen de quelque négation placée avant ou après le sujet.

163. *REGLE I. Deux propositions contradictoires auront le même sens & la même valeur, si on place une négation devant le sujet de l'une des deux.*

EXPLICATION. Soient, par exemple, ces deux propositions contradictoires : omnis homo est peccator ; aliquis homo non est peccator. Cette proposition, non omnis homo est peccator, a le même sens que celle-ci, aliquis homo non est peccator : de même cette proposition, non aliquis homo non est peccator, a le même sens que celle-ci, omnis homo est peccator.

164. *REGLE II. Deux propositions contraires auront le même sens & la même valeur, si on place une négation immédiatement après le sujet de l'une des deux.*

EXPLICATION. Soient ces deux propositions contraires ; omnis homo est peccator, nullus homo est peccator : cette proposition, omnis homo non est peccator, a le même sens que celle-ci, nullus homo est peccator : de même cette proposition nullus homo non est peccator, a le même sens & la même valeur que celle-ci, omnis homo est peccator.

Ces deux régles servent quelquefois à fixer la valeur d'une proposition ; & à montrer qu'elle est, ou contradictoire, ou contraire, à telle autre proposition connue.

V°. DIVISION DES PROPOSITIONS.

Il y a des propositions de différentes sortes, dont nous allons tracer & faire sentir les nuances différencielles.

165. La proposition se divise en simple & en composée. I°. La proposition *simple* est celle qui n'a qu'un sujet & qu'un attribut, comme celle-ci ; Ariste est sçavant. II°. La proposition *composée* est celle qui a plusieurs sujets ou plusieurs attributs, par exemple, Ariste & Clitandre sont sçavants ; Ariste est sçavant & pieux ; Ariste & Clitandre sont pieux & sçavants.

166. La proposition se divise en proposition principale & en proposition incidente. I°. La proposition *principale*, est cette partie de la proposition totale qui est principalement affirmée ou niée. II°. La proposition *incidente*, est ce qui est ajouté au sujet ou à l'attribut de la proposition principale. Par exemple, *Cesar qui fut un Tyran, vainquit les Gaulois.* Cesar vainquit les Gaulois ; voilà la proposition principale : Cesar qui fut un tyran ; voilà la proposition incidente. La vérité ou la fausseté de la proposition principale, n'entraîne point toujours la vérité ou la fausseté de la proposition incidente : l'une peut être fausse & l'autre vraie. Il est faux que Cesar ait été un tyran, & il est vrai qu'il vainquit les Gaulois. Les propositions qui ont une proposition incidente, sont aussi appelées *propositions complexes.*

167. La proposition peut être, ou disjonctive ou conjonctive. I°. La proposition *disjonctive*, est celle qui comprend deux ou plusieurs membres liés entr'eux par une particule disjonctive, & qui affirme ou nie un de ces membres indéterminément. Par exemple, *un Citoyen Romain étoit ou un Sénateur, ou un Chevalier, ou un Plébéien : l'amitié ou suppose ou produit l'égalité.* Pour que la proposition disjonctive soit vraie, il faut qu'il n'y ait point de milieu entre les membres liés par la particule disjonctive, & qu'un de ces membres convienne au sujet. II°. La proposition *conjonctive* est une proposition négative, dont l'attribut présente des choses incompatibles, unies par une particule conjonctive. Par exemple, *le Chrétien ne peut en même temps servir Dieu & le Monde.*

168. La proposition peut être ou causale ou conditionnelle. I°. La proposition *causale* est une proposition qui contient plusieurs membres, dont l'un énonce la cause, & l'autre l'effet qui naît de l'influence de la cause. Par exemple, on dira d'un politique qui employe l'artifice & la fourberie pour venir à bout de ses desseins : *il trompe, parce qu'il est foible.* On dira d'une troupe de guerriers qui se croyent invincibles : *ils peuvent tout, parce qu'ils croyent tout pouvoir.* Pour que la proposition causale soit vraie, il faut que l'un des deux membres ait une réelle influence sur l'autre. Dans les deux exemples cités, la foiblesse de génie dans le politique, fait qu'il a recours à la fourberie, faute d'autres ressources & d'autres moyens plus nobles. La persuasion qu'on est invincible, fait quelquefois qu'on le devient réellement, par le courage & l'ardeur qu'elle inspire. II°. La proposition *conditionnelle* ou *hypothétique* est une proposition composée de deux membres, dont l'un est une supposition faite, & on le nomme *Antécédent* ; & l'autre est une conclusion que l'on en tire, & on le nomme *Conséquent*. En voici un exemple : *si tous les hommes mouroient en état de grace, ils seroient tous sauvés.* Pour que cette espèce de proposition soit vraie, il faut & il suffit qu'il y ait une vraie connexion entre l'antécédent & le conséquent.

169. La proposition peut être ou exclusive, ou réduplicative, ou comparative. I°. La proposition *exclusive* affirme que l'attribut convient au sujet & au seul sujet. Par exemple, *la vertu est seule un vrai titre de noblesse*. II°. La proposition *réduplicative* est celle où l'on ajoûte au sujet un incident qui fait que l'attribut convient au sujet. Par exemple, *les talents, en tant que sujets à donner de la vanité, sont à craindre pour le Chrétien.* III°. La proposition *comparative* annonce, non simplement que l'attribut convient au sujet, mais qu'il lui convient plus ou moins qu'à telle autre chose. Par exemple, *la perte d'un ami est la plus grande de toutes les pertes : la mort est moins affreuse que le déshonneur.* Pour que la proposition comparative soit vraie, il faut que l'attribut convienne au sujet dans le dégré de comparaison qu'énonce la proposition. Elle ne cessera pas cependant d'être vraie, quoique l'attribut ne convienne pas au sujet dans le dégré absolu & positif : car l'usage a prévalu qu'on dise avec vérité & avec exactitude ; *il vaut mieux mourir que de pécher* ; quoique ce ne soit point un bien de mourir ou de pécher : un moindre mal peut cependant être regardé avec raison, comme un plus grand bien.

170. La proposition est encore, ou indéfinie dans son sujet, ou restreinte par son attribut. I°. La proposition est *indéfinie* dans son

sujet, quand l'étendue du sujet n'est point fixée & déterminée. Par exemple, *les femmes & les enfans sont menteurs*. Pour que la proposition indéfinie soit vraie, il faut que l'attribut convienne à la très-grande pluralité du sujet, & qu'il y ait très-peu d'exception à faire dans la généralité. Cette proposition revient à la proposition universelle, moyennant la petite restriction, qui sans être exprimée, se fait assez entendre. II°. Il y a aussi des propositions qui sont *équivalemment restreintes par l'attribut*; & qui ne sont vraies, que parce qu'elles sont prises avec cette restriction sous-entendue. Par exemple, cette proposition, *les François sont bon soldats*, signifie non que tous les François sont bons soldats; mais que les François qui sont soldats, sont bons soldats. De même cette proposition, *les hommes sont justes par la grace de Jesus-Christ*, signifie non que tous les hommes sont justes; mais que tous ceux qui sont justes, le sont par la grace de Jesus-Christ.

171. La proposition peut enfin s'envisager, ou dans l'état physique, ou dans l'état métaphysique de son objet. I°. La proposition *envisagée dans l'état métaphysique de son objet*, exprime simplement la convenance ou la disconvenance du sujet & de l'attribut, en prescindant totalement de l'existence de cet objet. Par exemple, cette proposition, *le triangle a trois angles & trois côtés*, est vraie; soit que le triangle existe, soit qu'il n'existe pas. II°. La proposition *envisagée dans l'état physique de son objet*, exprime communément l'existence ou la non-existence de l'objet dont il est question. Par exemple, dans ces propositions, *le Ciel est serein*, *Ariste n'est pas sçavant*; il ne s'agit pas de la convenance ou de la disconvenance entre le sujet & l'attribut; mais il s'agit de l'existence réelle & actuelle de la sérénité dans le Ciel, de la science dans Ariste.

SECTION TROISIÈME.

REGLES SUR LE RAISONNEMENT.

Nous donnerons d'abord les notions & les régles du syllogisme simple, & ensuite les notions & les régles des autres espèces de syllogisme. La théorie du syllogisme simple, n'est étrangère à aucune espèce de syllogisme & de raisonnement: ainsi ce que nous dirons du premier, repandra la lumière sur les suivants.

ARTICLE PREMIER.

LE SYLLOGISME SIMPLE.

Nous avons à examiner & à faire connoître dans le syllogisme simple, sa nature, ses principes, ses régles, ses figures.

I°. NATURE DU SYLLOGISME.

172. Le *Syllogisme* en général, est un raisonnement composé de trois propositions, telles que les deux premières étant véritables,

la troisième qui en découle, est convaincante & fait une démonstration. Les deux premières propositions s'appellent *les prémisses* : la troisième s'appelle *la conclusion* ou *la conséquence*. Le syllogisme simple est un raisonnement formé de trois propositions simples. (165.)

I°. Tout syllogisme renferme trois *termes*, dont deux sont comparés avec un troisième, qu'on appelle le *terme moyen* ou le terme de comparaison : les deux termes que l'on compare avec le terme moyen, se nomment les *extrêmes*. Ainsi dans ce syllogisme simple, (tout homme est mortel ; or Ariste est homme ; donc Ariste est mortel ;) *tout homme* est le terme moyen ; *mortel* & *Ariste* sont les deux extrêmes. Le terme moyen se trouve toujours dans chacune des prémisses, & jamais dans la conséquence. Parmi les prémisses, la *majeure* est celle qui renferme l'extrême le plus étendu ; la *mineure* est celle qui contient l'extrême le moins étendu : cependant l'on appelle assez communément *majeure*, la première proposition ; & *mineure*, la seconde proposition.

II°. L'*Entymême* est un raisonnement composé de deux propositions, lequel est concluant en vertu d'une troisième proposition, qui quoique sous-entendue, influe dans la conséquence : par exemple, *le mensonge est un vice : donc le mensonge doit être haï*. Dans ce raisonnement, on sous-entend cette proposition ; *tout vice doit être haï*. L'entymême revient au syllogisme simple, quand ses trois propositions exprimées ou sous-entendues, sont des propositions simples.

II°. PRINCIPES DU SYLLOGISME.

173. LA force du syllogisme affirmatif est tirée de ce principe évident : *deux choses sont identifiées entr'elles, quand elles sont identifiées avec une troisième*. La force du syllogisme négatif est tirée de cet autre principe également évident : *si de deux choses, l'une est identifiée & l'autre n'est pas identifiée avec une troisième, ces deux choses ne sont point identifiées entr'elles*.

Si A est M,	Si A est M,
Si B est M qui est A,	Si B n'est pas M qui est A,
Donc B est A.	Donc B n'est pas A.

III°. RÉGLES DU SYLLOGISME.

174. LES régles que nous allons donner sur le syllogisme, produisent toujours une conséquence nécessairement juste & bien déduite, & non pas toujours une conséquence vraie en elle-même & conforme à son objet. La Logique prescinde de la vérité des prémisses, & ne s'occupe que de leur influence sur la conséquence. Si les prémisses sont fausses, la conséquence légitime & bien déduite sera aussi une proposition fausse ou non conforme à son objet. Dans ce syllogisme, *le triangle est un quarré ; or tout quarré a quatre côtés ; donc tout triangle a quatre côtés ;* la dernière proposition est évidemment fausse comme proposition : mais elle n'est pas fausse comme conséquence ; parce qu'elle découle bien des prémisses. Au contraire, dans ce raisonnement, *un lion n'est pas un homme, un aigle n'est pas un homme ; donc un lion n'est pas un aigle ;* la dernière proposition

est vraie comme proposition, & fausse comme conséquence : parce qu'il est faux qu'elle découle des prémisses. La conclusion du premier syllogisme est avouée par la Dialectique : la conclusion du dernier argument est désavouée par la même Dialectique.

175. REGLE I. *Le syllogisme ne doit avoir que trois termes ; sçavoir, deux extrêmes, & un terme moyen ou un terme de comparaison.*

DÉMONSTRATION. I°. De ce que de deux choses, l'une seroit identifiée avec une troisième, & l'autre seroit identifiée avec une quatrième, il ne s'ensuivroit pas que la première fût identifiée avec la seconde. Par exemple, *le triangle est identifié avec une figure de trois angles & de trois côtés ; le quarré est identifié avec une figure de quatre angles & quatre côtés egaux : donc le triangle est identifié avec le quarré.* II°. De ce que de deux choses, l'une seroit identifiée avec une troisième, & l'autre ne seroit pas identifiée avec une quatrième, il ne s'ensuivroit pas que les deux premières ne soient pas identifiées entr'elles. Par exemple, *Dieu est identifié avec l'être infiniment parfait ; le Créateur du monde n'est pas identifié avec le soleil ; donc Dieu n'est pas identifié avec le Créateur du monde.* Donc pour qu'un syllogisme soit exact & concluant, il doit ne renfermer que trois termes. C. Q. F. D.

176. REGLE II. *Le terme moyen ou le terme de comparaison, doit être pris universellement & selon toute son étendue, au moins dans l'une des prémisses.*

DÉMONSTRATION. Si le terme moyen n'est pris universellement & selon toute son étendue dans aucune des prémisses, il pourra équivaloir à un terme dans une prémisse, & à un autre terme dans l'autre prémisse. Il pourra donc se faire que les deux termes que l'on compare avec ce terme moyen, soient identifiés ou distingués avec différentes parties des choses qui sont contenues sous ce terme de comparaison : & par conséquent ce syllogisme renfermant équivalemment quatre termes, on n'en pourra conclure ni l'identité ni la non-identité des deux termes comparés avec le terme moyen ; comme on vient de le démontrer dans la régle précédente. Donc pour qu'un syllogisme soit exact & concluant, il faut que le terme moyen soit pris universellement & selon toute son étendue au moins dans une des prémisses. C. Q. F. D.

Voici deux arguments qui pechent contre cette régle ; le terme moyen n'étant pris selon toute son étendue dans aucune des prémisses. (147).

Toute lumière est *substance* :	{ Dans la	Le Pere est *Dieu* :
Tout marbre est *substance* :	Ste.	Le Fils est *Dieu* :
Donc toute lumière est marbre.	Trinité. }	Donc le Pere est le Fils (79).

177. REGLE III. *Les extrêmes ou les termes ne doivent pas avoir plus d'étendue dans la conséquence, qu'ils en ont dans les prémisses.*

DÉMONSTRATION. Les termes ne peuvent être unis ou séparés dans la conséquence, qu'en vertu de l'union ou de la séparation qui en a été faite dans le terme de comparaison : & par conséquent ils ne peuvent être unis ou séparés dans la conséquence, que comme ils ont été unis ou séparés dans le terme de comparaison. C. Q. F. D.

Voici un argument vicieux en ce genre : *tout homme est une substance ; mais aucun arbre n'est homme ; donc aucun arbre n'est une substance.* Le vice de cet argument vient de ce que dans la conséquence, l'attribut *une substance* est pris dans toute son étendue, & que dans la majeure il n'est pas pris dans toute son étendue. (147. 148). Le vice que proscrit cette régle, est une des principales sources des fausses conclusions.

178. RÉGLE IV. *Si les deux prémisses sont négatives, la conséquence qu'on en tirera, sera nulle.*

DÉMONSTRATION. De ce que deux choses ne sont pas identifiées avec une troisième, on ne peut pas en conclure qu'elles ne soient pas identifiées entr'elles; comme on le verra évidemment & sensiblement dans cet exemple : *Louis XV n'est pas l'Empereur de la Chine ; le Roi de France n'est pas l'Empereur de la Chine ; donc Louis XV n'est pas le Roi de France.* C. Q. F. D.

179. REMARQUE. Il y a des propositions qui paroissent d'abord négatives, & qui dans le fond sont équivalemment affirmatives dans le syllogisme, & ne rendent point vicieuse la conclusion. Par exemple, dans ce syllogisme très-concluant, *celui qui n'étudie pas, ne sçait rien ; or Ariste n'étudie pas ; donc Ariste ne sçait rien ;* la mineure est équivalemment affirmative, & doit être réduite en affirmative. Car le terme moyen ou le terme de comparaison, doit être le même & dans la majeure & dans la mineure : or si l'on simplifie ce syllogisme, le terme moyen sera *le non-étudiant* dans la majeure & dans la mineure, en cette manière : *le non-étudiant* ne sçait rien ; or Ariste est *le non-étudiant ;* donc Ariste ne sçait rien.

180. REGLE V. *Si une des prémisses est négative, & l'autre affirmative, la conclusion sera négative. Si une des prémisses est hypothétique, la conclusion sera hypothétique. Si une des prémisses est universelle, & l'autre particulière, la conclusion sera particulière.* On énonce communément cette régle en cette manière : *la conclusion suit le parti le plus foible :* ce qui revient au même, à la clarté près.

DÉMONSTRATION. I°. Si une des prémisses est affirmative & l'autre négative, la conclusion sera négative. Car de ce que les deux extrêmes ont été séparés dans le terme moyen, il ne peut pas s'ensuivre qu'ils soient unis entr'eux : il s'ensuit même le contraire.

II°. Si l'une des prémisses est hypothétique, la conclusion sera hypothétique & non absolue. Car les extrêmes ne sont unis ou séparés dans la conséquence, qu'en vertu de l'union ou de la séparation qui en a été faite dans le terme de comparaison. Donc si les extrêmes n'ont été unis ou séparés qu'hypothétiquement dans les prémisses, ils ne peuvent être unis ou séparés qu'hypothétiquement dans la conclusion. La conséquence est hypothétique & non absolue dans le syllogisme suivant, que nous allons citer en exemple, quoiqu'il ne soit pas un syllogisme simple : *si les hommes meurent dans le crime, ils ne peuvent pas être sauvés ; or plusieurs hommes meurent dans le crime ; donc plusieurs hommes ne peuvent pas être sauvés.*

III°. Si une des prémisses est universelle & l'autre particulière, la conclusion sera particulière & non universelle. Je demontre que cette conclusion ne peut être ni universelle affirmative, ni universelle négative. Je dis en premier lieu que cette conclusion ne peut être *universelle affirmative.* Car comme une conclusion affirmative ne peut découler que de deux affirmatives, dans qui l'attribut n'est point pris universellement ou selon toute son étendue (147) ; le sujet d'une conclusion universelle affirmative doit être nécessairement le sujet d'une des prémisses, laquelle sera universelle : le terme moyen qui doit être pris universellement dans une des prémisses (176), sera aussi nécessairement le sujet de l'autre prémisse, qui sera aussi universelle. Donc si la conclusion est universelle affirmative, il faut necessairement que l'une & l'autre prémisse soit universelle : donc si une des prémisses est universelle & l'autre particulière, il ne peut pas en découler une conclusion universelle affirmative. Je dis en second lieu que cette conclusion ne peut pas être *universelle négative*. Car si cette conclusion est universelle négative, il faut nécessairement que le sujet & l'attribut de cette proposition soient pris universellement & selon toute leur étendue dans les deux prémisses. (177) Il faut de plus que le terme moyen qui n'est pas dans la conséquence, soit pris aussi universellement & selon toute son étendue dans l'une des prémisses (176). Mais trois termes ne peuvent pas être pris universellement dans deux prémisses dont l'une est nécessairement affirmative (178), sans que l'une & l'autre prémisse soit universelle ; puisque l'attribut de la prémisse affirmative n'est point universel (147). Donc si la conclusion est universelle négative, il faut que l'une & l'autre prémisse soit universelle. Il résulte de tout ce que nous venons de dire & de démontrer, que si une des prémisses est particulière, il ne peut en découler une conclusion universelle, soit affirmative, soit négative : Donc si une des prémisses est universelle & l'autre particulière, il ne peut en découler qu'une conclusion particulière. C. Q. F. D.

181. RÉGLE VI. *Si les deux prémisses sont des propositions particulières, la conclusion qu'on en tirera, sera nulle.*

DÉMONSTRATION. Les prémisses sont ou toutes deux affirmatives, ou toutes deux negatives, ou l'une affirmative & l'autre négative.

I°. Si ces prémisses particulières sont toutes deux *affirmatives*, le terme moyen ne pourra être pris universellement & selon toute son étendue, ni dans le sujet, ni dans l'attribut de ces propositions (147) : ce qui est contre la seconde régle précédente.

II°. Si ces prémisses particulières sont toutes deux *négatives*, la conclusion est nulle, par la quatrième régle précédente.

III°. Si ces prémisses particulières sont l'une *affirmative* & l'autre *négative*, il n'y aura dans ces deux prémisses qu'un terme pris universellement, sçavoir, l'attribut de la prémisse négative : d'où il résultera, ou que le terme moyen ne sera pris universellement dans aucune des prémisses, ce qui est contre la seconde régle précédente ; ou que l'attribut de cette conclusion particulière négative sera pris universellement & selon toute son étendue dans la conséquence, après avoir été pris simplement selon une partie de son étendue dans les prémisses ; ce qui est contre la troisième régle précédente. Donc si les deux prémisses sont des propositions particulières, la conclusion que l'on en tirera sera nulle. C. Q. F. D.

182. RÉGLE générale. *Qu'une des prémisses renferme implicitement la conséquence, & que l'autre montre que cette conséquence y est renfermée.*

DÉMONSTRATION. Cette régle est la principale régle du raisonnement, la régle qui renferme en abrégé toutes les autres, & qui seule suffit communément pour conduire la raison dans les conséquences qu'elle cherche. Elle n'a besoin que de quelque développement qui en montre l'usage & l'application ; & c'est ce développement que nous allons lui donner. Si j'ai à prouver une proposition niée, je cherche deux propositions plus claires, dont l'une plus générale renferme la proposition niée que je veux prouver, & dont l'autre montre que la proposition à prouver est contenue dans la proposition générale. Par exemple, si j'ai à prouver que l'avare est malheureux, je le prouve en cette manière : *tout homme asservi à une passion qu' le tyrannise, est malheureux : or l'avare est asservi à une passion qui le tyrannise ; donc l'avare est malheureux.* Ce raisonnement est concluant & démonstratif ; parce que, selon la majeure, toute l'espèce asservie à une passion tyrannique, est malheureuse ; & que selon la mineure, l'avare est une partie de cette espèce asservie à une passion tyrannique. Sur quoi il faut remarquer, comme en passant, que :

183. COROLLAIRE. *Quand on a une proposition niée à prouver, il faut que la proposition niée devienne la conséquence du raisonnement qui la prouve.*

184. REMARQUE. Voici un autre argument qui est défectueux, parce qu'il pèche contre la régle générale précédente. *La Loi divine prescrit l'obéissance à la puissance séculière : or la puissance ecclésiastique n'est pas la puissance séculière ; donc la Loi divine ne prescrit pas l'obéissance à la puissance ecclésiastique.* Cette conclusion est vicieuse, parce qu'elle n'est point renfermée dans les prémisses. Car la conclusion nie qu'on doive obéir à la puissance ecclésiastique, tandis que la majeure ne nie rien de semblable ou d'équivalent. Cet argument est encore défectueux, parce que le terme moyen n'est pas le même dans les deux prémisses : car dans la majeure le terme de comparaison est *prescrivante l'obéissance à la puissance séculière* ; & dans la mineure le terme de comparaison est *la puissance séculière* ; ce qui est fort différent.

IV°. FIGURES SYLLOGISTIQUES.

185. LES Dialecticiens ont nommé *Figures syllogistiques*, les diverses dispositions ou les différents arrangements du terme moyen dans les prémisses. Ce terme moyen peut être arrangé dans les deux prémisses, de telle façon qu'il soit : I°. ou le sujet de l'une, & l'attribut de l'autre ; & cet arrangement est appelé *première Figure* : II°. ou le sujet de l'une & de l'autre ; & cet arrangement s'appelle *seconde Figure* : ou l'attribut dans toutes les deux ; & cet arrangement se nomme *troisième Figure*.

1°. Nous avons déjà remarqué (146), que les propositions qui peuvent composer un syllogisme, sont ou affirmatives, ou négatives, ou universelles, ou particulières. Il conste d'ailleurs par la théorie des combinaisons, que ces quatre sortes de propositions A, E, I, O, prises de trois en trois, se combinent ou s'arrangent de soixante-quatre façons différentes. Parmi ces soixante-quatre arrangements, il y en a dix-neuf qui sont conformes à toutes les régles du raisonnement, & qui donnent toujours une conclusion exacte & légitime. Parmi les autres arrangements, il y en a quelques-uns qui reviennent à ceux qu'on adopte ; & la Dialectique les rejette comme inutiles : Il y en a plusieurs qui sont contraires aux régles que nous venons de donner & de démontrer ; & la Dialectique les proscrit comme

96 LA LOGIQUE.

vicieux. Par exemple, ces arrangements, EEE, EEO, EOO, OOO, sont contraires à la quatrième régle précédente. Ces arrangements III, IIO, IOI, OII, sont contraires à la sixième régle précédente.

II°. Quoique cette théorie des combinaisons & des arrangements dans les propositions, soit de très-peu d'usage, & qu'elle n'ait communément aucune utilité; il y a cependant des occasions où l'on peut desirer de pouvoir la consulter, sur-tout dans les modes indirects où l'esprit ne voit pas facilement la conséquence découler des prémisses: & c'est ce qui nous détermine à donner ici des exemples de ces dix-neuf combinaisons syllogistiques. Nous placerons à côté des lettres majuscules, les vers techniques qui ont été faits pour graver ces combinaisons dans la mémoire, & dans lesquels il ne faut faire attention qu'aux trois premières voyelles de chaque mot; les autres, s'il y en a, n'y étant placées que pour completter le vers.

Exemples sur les Figures syllogistiques.

Barbara	A. A. A.	*Tout vice* est méprisable : Or tout mensonge est *un vice* ; Donc tout mensonge est méprisable.		
		※		
Celarent	E. A. E.	*Aucun esprit* n'est matière : Or toute ame humaine est *un esprit* ; Donc aucune ame humaine n'est matière.	MODES DIRECTS.	
		※		Où le terme moyen est le sujet de la 1re. & l'attribut de la 2e. proposition.
Darii	A. I. I.	*Toute vertu* est aimable : Or quelque modestie est *une vertu* ; Donc quelque modestie est aimable.		PREMIERE FIGURE,
		※		
Ferio	E. I. O.	*Aucun scélérat* n'est heureux : Or quelque jeune homme est *un scélérat* ; Donc quelque jeune homme n'est point heureux.		
		※		
Baralipton.	A. A. I.	*Tout vice* est méprisable : Or tout mensonge est *un vice* ; Donc *quelque chose de méprisable*, est un mensonge.		
		※		
Celantes	E. A. E.	*Aucun esprit* n'est matière : Or toute ame humaine est *un esprit* ; Donc *aucune matière*, n'est l'ame humaine.	MODES INDIRECTS.	
		※		
Dabitis	A. I. I.	*Toute vertu* est aimable : Or quelque modestie est *une vertu* ; Donc *quelque chose d'aimable*, est la modestie.		
		※		
Fapesmo	A. E. O.	*Tout homme* est une substance : Or aucun singe n'est *un homme* ; Donc *quelque substance* n'est point un singe.		
		※		
Frisesomurum	I. E. O.	*Quelque homme* est une substance : Or aucun singe n'est *un homme* ; Donc *quelque substance*, n'est point un singe.		
		※		

Cesare	A. E. E.	Aucun François n'est *Asiatique* : Or tout Persan est *Asiatique* ; Donc aucun François n'est Persan.	**SECONDE FIGURE,** Où le terme moyen est 2 fois l'attribut.
Camestres	A. E. E.	Tout François est *Européen* : Or aucun Persan n'est *Européen* ; Donc aucun Persan n'est François.	
Festino	E. I. O.	Aucun homme n'est *un singe* : Mais quelque animal est *un singe* ; Donc quelque animal n'est point un homme.	
Baroco	A. O. O.	Tout homme juste est *respectable* : Mais quelque François n'est point *respectable* ; Donc quelque François n'est point un homme juste	
Darapti	A. A. I.	Tout Chrétien est baptisé : Or *tout* Chrétien est un homme ; Donc quelque homme est baptisé.	**TROISIÈME FIGURE,** Où le terme moyen est deux fois le sujet.
Felapton	E. A. O.	Aucun Chrétien n'est Mahométan : Or *tout* Chrétien est un homme ; Donc quelque homme n'est point Mahométan.	
Disamis	I. A. I.	Quelque libertin est coupable : Or *tout* libertin est malheureux ; Donc quelque malheureux est coupable.	
Datisi	A. I. I.	Tout bon Chrétien est bon citoyen : Or *quelque* bon Chrétien est François ; Donc quelque François est bon citoyen.	
Bocardo	O. A. O.	Quelque François n'est pas frivole : Or *tout* François est un homme ; Donc quelque homme n'est pas frivole.	
Ferison	E. I. O.	Aucun François n'est Espagnol : Or *quelque* François est un incrédule ; Donc quelque incrédule n'est point un Espagnol.	

ARTICLE SECOND.

DIFFÉRENTES ESPÈCES DE SYLLOGISMES.

1°. LE SYLLOGISME CONDITIONNEL.

186. LE *Syllogisme conditionnel* est un syllogisme dont la majeure est une proposition conditionnelle, qui contient explicitement la conséquence. La première partie de la majeure s'appelle l'antécédent ; la seconde s'appelle le conséquent (168). En voici un exemple : *Si un Roi fait la guerre sans raison, il est coupable de bien des homicides* : or tel Roi fait la guerre sans raison ; *donc il est coupable de bien des homicides.*

98 LA LOGIQUE.

189. RÈGLE. *Si on affirme l'antécédent dans la mineure, il faut affirmer le conséquent dans la conclusion ; & si on nie le conséquent dans la mineure, il faut nier l'antécédent dans la conclusion.*

EXPLICATION. Ce Syllogisme peut être défectueux en deux manières. I°. Si du conséquent affirmé dans la mineure, on conclud à affirmer l'antécédent dans la conséquence. Par exemple, *si un Roi fait la guerre sans raison, il est coupable de bien des homicides : or tel Roi est coupable de bien des homicides* (qu'il peut avoir fait sans faire aucune guerre :) *donc il fait la guerre sans raison.* Le vice de ce dernier argument vient de ce que le terme moyen, *coupable de bien des homicides*, qui est l'attribut de ces deux propositions affirmatives, n'est pris dans aucune universellement & selon toute son étendue. (176.)

II°. Si de l'antécédent nié dans la mineure, on conclud à nier le conséquent dans la conclusion. Par exemple, *si Ariste a fait un larcin, il est digne d'un supplice infamant : or Ariste n'a point fait un larcin ; donc Ariste n'est point digne d'un supplice infamant*, quoique coupable d'ailleurs d'un assassinat. Le vice de ce dernier argument vient de ce que dans la conclusion négative, l'attribut *digne d'un supplice infamant*, est pris universellement & selon toute son étendue ; quoiqu'il ait été pris dans une moindre étendue dans la majeure affirmative : par conséquent la conclusion nie plus que ce qui est contenu dans la majeure. (177.)

II°. LE SYLLOGISME DISJONCTIF.

190. Le *Syllogisme disjonctif* est un syllogisme dont la majeure est une proposition disjonctive. (167.) En voici un exemple emprunté de Ciceron : *Les meurtriers de César sont ou des parricides, ou des défenseurs de la liberté publique ; or ils ne sont point des parricides ; donc ils sont des défenseurs de la liberté publique.*

191. RÈGLE. I°. *Il faut qu'il n'y ait point de milieu entre les membres de la disjonction ; & qu'un des membres convienne au sujet.* II°. *Si la mineure est affirmative, il faut que la conclusion soit négative ; & si la mineure est négative, il faut que la conséquence soit affirmative.*

EXPLICATION. I°. La raison de la première partie de cette régle est évidente. La raison de la seconde partie de la même régle, est que les membres de la disjonction étant essentiellement opposés & incompatibles, par-là même que l'un convient au sujet, l'autre en est exclus ; par-là même que l'un est exclus du sujet, l'autre lui convient nécessairement.

II°. Quand la majeure disjonctive comprend plus de deux membres ; alors plaçant tous les autres dans la mineure, on en porte un seul dans la conséquence : par exemple, *Ciceron étant Citoyen Romain, étoit ou de l'ordre des Sénateurs, ou de l'ordre des Chevaliers, ou de l'ordre des Plébéiens ; or il n'étoit ni de l'ordre des Sénateurs, ni de l'ordre des Plébéiens : donc il étoit de l'ordre des Chevaliers.*

III°. Voici trois exemples, où l'on montre les vices du syllogisme disjonctif, opposés à la régle qu'on vient de donner. 1°. Quand *les Princes commandent des choses criminelles, ou il faut leur obéir, ou il faut se révolter contr'eux ; or il ne faut point leur obéir ; donc il faut se révolter contre eux.* Raisonnement faux ! il y a un milieu entre les deux membres de la majeure, lequel milieu est de refuser d'obéir & de souffrir patiemment & sans révolte la peine attachée à un tel défaut d'obéissance. II°. *Dieu est composé ou d'un corps fini, ou d'un corps infini ; or Dieu n'est pas composé d'un corps fini ; donc il est composé d'un corps infini.* Faux raisonnement encore ! aucun des deux membres de la majeure ne convient à Dieu. III°. Je ne puis m'empêcher de citer ici l'argument disjonctif, que l'on fait quelquefois à des enfants d'esprit, chez qui l'impuissance de répondre en régle, occasionne une agitation & une petite rage qui amuse : *ou vous êtes Ariste, ou vous n'êtes pas Ariste ; or est-il que vous êtes Ariste ; donc vous n'êtes pas Ariste.* Raisonnement vicieux : car ayant affirmé dans la mineure, selon la régle précédente, un des membres de la disjonction, sçavoir *vous êtes Ariste ;* il faut, selon la même régle, nier dans la conséquence l'autre membre de la disjonction, sçavoir *vous n'êtes pas Ariste ;* & pour nier ce second membre, la conséquence doit être celle-ci ; donc il est faux de dire que *vous n'êtes pas Ariste* : (ergo non non es Aristus.)

III°. LE SYLLOGISME CONJONCTIF.

192. LE *Syllogisme conjonctif* est un syllogisme dont la majeure est une proposition conjonctive & négative. (167.) En voici un exemple : *l'homme ne peut servir à la fois, & le vrai Dieu, & le Dieu des richesses ; or l'avare sert le Dieu des richesses ; donc l'avare ne sert point le vrai Dieu.*

193. REGLE. *Que dans la mineure on affirme un des membres de la disjonction, & qu'on nie l'autre dans la conclusion.*

EXPLICATION. I°. La mineure doit être affirmative ; parce que la majeure étant déja négative, si la mineure étoit encore négative, la conséquence seroit nulle. (178) C'est par cette raison que le raisonnement suivant est vicieux : *l'homme ne peut servir à la fois, & le vrai Dieu & le Dieu des richesses ; or le prodigue ne sert point le Dieu des richesses ; donc le prodigue sert le vrai Dieu.*

II°. La mineure étant affirmative, il faut que la conséquence soit négative : parce que les deux membres de la majeure étant incompatibles par la supposition, dès-lors que l'un des deux convient au sujet, comme l'affirme la mineure ; il faut nécessairement que l'autre ne lui convienne pas ; & c'est ce que doit exprimer la conséquence négative.

IV°. LE DILEMME.

194. LE *Dilemme* est un raisonnement composé communément de deux membres qui pressent tellement l'adversaire, que quoiqu'il accorde, il tombe inévitablement en une absurdité palpable. On peut faire ce dilemme à un Pyrrhonien qui assure qu'on n'a aucune science ou connoissance certaine : *vous qui assurez qu'il n'y a absolument aucune science, ou vous sçavez ce que vous dites, ou vous ne sçavez pas ce que vous dites. Si vous ne sçavez pas ce que vous dites, pourquoi l'assurez-vous ? Si vous sçavez ce que vous dites, donc vous sçavez quelque chose, sçavoir, que vous ne sçavez rien.*

195. REGLE. L'unique régle de ce raisonnement, c'est *qu'il n'y ait aucun milieu entre les membres qui composent le dilemme* : sans quoi l'adversaire qu'on veut serrer de près, s'échappe par cette route qu'on ne lui a pas fermée.

V°. LA GRADATION.

196. LA *Gradation* est une suite de propositions, qui par un enchaînement continuel & non interrompu, mene d'une première vérité à une vérité éloignée dont on veut faire une conséquence. Par exemple, *il y a dans la nature un Etre infini en puissance, qui meut & gouverne l'Univers : ce qui meut & gouverne l'Univers, existe : ce qui existe, est possible : ce qui est possible, ne renferme en soi aucune contradiction : donc en passant de la première à la dernière assertion, il conste que l'Etre infini en puissance, ne renferme en soi aucune contradiction.*

VI°. LE SOPHISME ET LE PARALOGISME.

197. LE *Sophisme* & le *Paralogisme* sont des raisonnements faux, qui paroissent concluants sans l'être : avec cette différence que le sophisme prend sa source dans l'esprit de chicane & de mauvaise foi, qui veut tromper & séduire quelqu'un par une fausse apparence de vérité : au lieu que le paralogisme nait d'un simple défaut d'attention ou de lumière, qui fait qu'on se trompe soi-même, ou en prenant pour vrai un principe qui est faux, sans le paroître; ou en prenant pour légitime une conséquence qui semble découler, & qui ne découle pas d'un principe vrai. Le Sophisme & le paralogisme ont pour source, différentes sortes d'illusions données ou reçues, que nous allons succintement développer, pour apprendre à s'en garantir.

I°. Illusion d'*Equivoque.* L'Equivoque est un terme qui a plusieurs sens ou significations, & qui est pris tantôt dans un sens, & tantôt dans un autre : ce qui met quatre termes dans le syllogisme. En voici un exemple : *tout lion est un animal rugissant ; or une des constellations célestes est le lion : donc une des constellations célestes est un animal rugissant.*

II°. Illusion de *Composition.* Elle vient de ce qu'on unit des choses, qui pour être vraies, doivent être divisées. Par exemple, *un & deux sont pair & impair ; or trois sont un & deux : donc trois sont pair & impair.*

III°. Illusion de *Division.* Elle vient de ce que l'on prend séparément des choses, qui pour être vraies, doivent être prises conjointement & collectivement. Par exemple, *les Apôtres d'un Dieu crucifié furent douze Israëlites : or St. Pierre & St. Paul furent les Apôtres d'un Dieu crucifié : donc St. Pierre & St. Paul furent douze Israëlites.*

IV°. Illusion de *Passage d'un état à un autre état de la même chose :* Ce qui arrive, 1°. Quand on passe de l'état précédent d'une chose à l'état suivant, & réciproquement. Par exemple, *vous avez mangé à votre souper, ce que vous avez acheté ce matin ; or vous avez acheté ce matin une perdrix vivante : donc vous avez mangé à votre souper une perdrix vivante.* II°. Quand on passe de l'état d'abstraction & de précision d'une chose, à l'état naturel de la même chose. Ce genre de sophisme ou de paralogisme a donné lieu à toutes les contradictions & à toutes les extravagances du lourd & ténébreux Spinosa. Voici la manière & le fondement de tous ses raisonnements. *Quand je conçois la substance, dans l'état d'abstraction & de précision, je ne conçois pas plusieurs substances : donc il n'y a, dans l'état naturel des choses, qu'une* qu'une seule & même substance. III°. Quand on passe dans une même chose, du sens composé au sens divisé, ou du sens divisé au sens composé. Par exemple, si quelqu'un contestoit la possibilité de ces propositions de l'Évangile; *les aveugles voyent; ce vin est mon sang*: on lui diroit simplement que ces propositions doivent être prises dans le sens divisé, & non dans le sens composé. *Les aveugles* avant le miracle, *voyent* après le miracle: *La substance qui est vin* avant le miracle de la transsubstantiation, *est le sang de Jésus-Christ* après le miracle de la transsubstantiation. Ces propositions, *ceci est mon corps; ceci est mon sang;* sont des propositions efficaces & pratiques, qui opèrent leur vérité. (383)

V°. Illusion d'*Extension d'un terme*. Ce qui arrive, I°. Quand on conclud de l'accidentel à l'absolu. Par exemple, *la Philosophie*, par l'abus qu'on en a fait accidentellement, *a fait des incrédules : donc la Philosophie est mauvaise*. II°. Quand on conclud d'un terme plus général, à un terme moins général qui n'est pas contenu dans le premier. Par exemple, *celui qui dit que vous êtes une substance, dit vrai ; or celui qui dit que vous êtes un singe, dit que vous êtes une substance ; donc celui qui dit que vous êtes un singe, dit vrai*. III°. Quand on conclud de la partie au tout. Par exemple, *l'Ethiopien a les dents blanches ; donc il est blanc*.

VI°. Illusion de *Cause non cause*. Ce qui arrive, lorsqu'on donne pour cause d'un effet, une chose réelle & concomitante qui n'influe en rien sur cet effet. Par exemple, *depuis que la tour de Londres existe en Angleterre, on a vu bien des guerres civiles : donc la tour de Londres est la cause de ces guerres civiles. Quand on a vu paroître des comètes dans le ciel, il y a eu bientôt après des guerres : donc ces comètes sont la cause ou l'annonce des guerres*. On dit en Dialectique : *hoc & hoc; non hoc propter hoc*.

VII°. Illusion de *Changement de thèse*. Ce qui arrive, lorsqu'on prouve ce qu'il ne faut pas prouver, ou que l'on attaque ce qu'il ne faut pas attaquer. Par exemple, lorsqu'on prouve la mineure, à la place de la majeure qu'on avoit niée & qu'il falloit prouver.

VIII°. Illusion de *Pétition de principe*. Ce qui arrive, lorsqu'on prend pour principe & pour moyen de démonstration en faveur de son sentiment, la chose même qui est à prouver ou à démontrer. Par exemple, si quelqu'un disoit : *le soleil passe chaque jour d'Orient en Occident, & d'Occident en Orient ; donc le soleil tourne réellement autour de la terre* : je lui dirois, ami, vous prouvez que le soleil tourne autour de la terre, en supposant que le soleil tourne autour de la terre : prouvez que la révolution journalière du soleil est réelle, & non simplement apparente ; & alors vous aurez prouvé que le soleil tourne réellement autour de la terre. C'est encore une espèce de pétition de principe, d'expliquer une chose par la chose même qu'il faut expliquer : Par exemple, *la nature de l'Eau est d'être un amas de particules aqueuses, dont chacune est eau par sa nature*.

IX°. Illusion de *Cercle vicieux*. Le cercle vicieux consiste à prouver deux choses douteuses & contestées, l'une par l'autre. On conçoit combien une telle preuve est inepte & absurde. Mais il n'y a point de cercle vicieux à prouver deux choses l'une par l'autre, à différents genres de personnes qui reconnoissent alternativement l'une de ces deux choses pour vraie & l'autre pour fausse. Par exemple, on démontre aux Matérialistes l'existence d'un Dieu qu'ils nient, par l'existence des corps qu'ils reconnoissent pour certaine ; & on démontre à quelques Malebranchistes, l'existence des corps qui ne leur paroît point démonstrativement établie, par l'existence d'un Dieu sage, qu'ils reconnoissent pour sûre & pour démontrée. De même, on démontre aux Athées l'existence d'un Dieu qu'ils nient, par l'existence d'une loi naturelle qu'ils avouent ; & on démontre à quelques Déistes l'existence d'une loi naturelle qu'ils nient, par l'existence d'un Dieu qu'ils admettent. Par la même raison, le reproche que font les Protestans aux Catholiques, de tomber dans un cercle vicieux en prouvant l'autorité infaillible de l'Église par l'Écriture, & l'Écriture par l'autorité infaillible de l'Église, est un reproche qui marque dans eux ou beaucoup d'ignorance, ou beaucoup de mauvaise foi. Voici le raisonnement des Catholiques, raisonnement très-concluant & très-sensé. L'Écriture, que nous reconnoissons tous pour la parole de Dieu, regarde comme un Publicain & comme un payen (*), celui qui ne se soumet pas à l'autorité infaillible de l'Église : *donc l'Église a une autorité infaillible*. L'Église a une autorité infaillible, démontrée par l'Écriture : *donc le sens que l'Église donne aux points douteux & contestés de l'Ecriture, est le vrai sens de l'Ecriture*. Il n'y a jamais de cercle vicieux à prouver une vérité douteuse ou contestée, par une autre vérité avouée & démontrée ; quoiqu'ensuite ces deux vérités établies, se prêtent réciproquement une force & une lumière mutuelles.

COROLLAIRE général. *La Logique est une vraie science.*

DÉMONSTRATION. Puisque la Logique n'est autre chose qu'un amas de régles toutes fondées sur l'évidence, toutes extraites de principes évidemment vrais & incontestables, il est évident que la Logique est une vraie science dans toute la rigueur du terme : science qui, lumineuse en elle-même, est destinée à répandre la lumière sur toutes les autres sciences, dont elle ouvre & facilite la carrière à l'esprit humain, en rectifiant & en perfectionnant dans lui la Logique naturelle, ou le talent naturel du raisonnement. C'est ce qui fait qu'on l'appelle communément *la Clef* des sciences. (40. IV°.)

SECTION QUATRIÉME.

LA MÉTHODE SCIENTIFIQUE.

198. LA Méthode scientifique, comme nous l'avons dit ailleurs, est l'art ou de démontrer la vérité connue, ou de découvrir la vérité inconnue. Il y a deux sortes de méthodes scientifiques : l'une s'appelle *Méthode de synthése*, & l'autre *Méthode d'analyse*. La première descend d'un principe certain & évident, à une vérité éloignée qui en découle & qu'il falloit démontrer. La seconde remonte d'une proposition à démontrer, à quelque principe certain & évident dans lequel la proposition à démontrer va se résoudre. On peut prouver en deux manières que Henry le Grand descend de Saint Louis :

(*) Si quis Ecclesiam non audierit, sit tibi sicut Ethnicus & Publicanus.

ou en montrant que Saint Louis fut pere de Robert Comte de Clermont, lequel fut pere de tel, lequel fut pere de tel, lequel fut pere d'Antoine de Bourbon, lequel fut pere de Henry le Grand : ou bien en démontrant que Henry le Grand fut fils d'Antoine de Bourbon, lequel fut fils de tel, lequel fut fils de tel, lequel fut fils de Robert Comte de Clermont, lequel fut fils de Saint Louis. La première manière est l'image de la méthode synthétique ; la seconde est l'image de la méthode analytique.

I°. La *Synthése* sert & à démontrer un théorême, & à résoudre un problême. Dans l'un & l'autre cas, la méthode synthétique part d'un principe certain & évident ; & par un enchaînement plus ou moins long de conséquences bien déduites & bien liées, descend & arrive à une vérité qui en découle, & qui démontre le théorême ou résoud le problême. Un *Théorême* est une proposition dont il faut simplement démontrer la vérité. Un *Problême* est une proposition dans laquelle il s'agit d'enseigner la manière de faire quelque chose, & de démontrer que celle que l'on propose pour l'exécution, est infaillible.

II°. L'*Analyse* sert également & à démontrer un théorême, & à résoudre un problême. S'il est question de démontrer un théorême, on suppose vraie la proposition à démontrer ; & de cette supposition, on remonte de vérité en vérité, jusqu'à ce qu'on rencontre quelque principe certain & évident, dont la proposition à démontrer soit une suite & une dépendance. S'il est question de résoudre un problême, on fait quelque supposition dans laquelle on le suppose résolu ; & ensuite par le moyen de quelques équations, on remonte également de vérité en vérité à quelque principe incontestable, dont la supposition faite soit une suite & une conséquence. Si la supposition faite dans l'un & l'autre cas, ne se résoud en aucun principe certain, ou si elle entraîne quelque absurdité ; on fait encore une autre supposition dans laquelle on procéde de la même manière, jusqu'à ce que l'on rencontre enfin quelque principe ou quelque vérité incontestable, où l'on arrive sans aucune absurdité. La supposition faite est jugée vraie ; parce qu'elle découle d'un principe vrai, ou qu'elle se résoud en un principe vrai.

III°. La synthése est plus propre à démontrer les vérités connues, que l'on veut enseigner à d'autres ; l'analyse est souvent plus propre à chercher & à découvrir les vérités inconnues, dont on veut s'instruire soi-même : & c'est pour cela qu'on appelle communément la première, *Méthode de doctrine* ; & la seconde, *Méthode d'invention*. On doit à la méthode analytique la découverte d'une foule de vérités mathématiques, que la méthode synthétique n'eût jamais pu faire découvrir.

IV°. La *Méthode dans un Ouvrage*, consiste à procéder en tout avec ordre & lumière ; à disposer les choses de manière que les plus simples & les plus faciles préparent la voie aux plus difficiles ; que les précédentes amenent & éclaircissent les suivantes ; que tout soit lumineusement conduit & lié dans son ordre naturel, sans rédondance & sans confusion. Le défaut de méthode se fait encore trop souvent sentir dans les Ouvrages scientifiques ; où l'on se contente d'entasser des vérités grandes & sublimes, mais quelquefois mal amenées, mal digérées, fort embrouillées, peu intelligibles.

La méthode dans un Ouvrage exige & une précision & une étendue de génie peu communes; une précision de génie, qui écartant l'inutile & le superflu, saisisse & présente uniquement la chose en question, sous ses points de vûe intéressants & lumineux: une étendue de génie qui embrassant d'un simple coup d'œil & le tout & toutes ses parties, en saisisse puissamment l'ensemble & l'enchaînement; & qui possédant bien sa matière, la maîtrise & la subjugue & dans la conduite & dans le développement.

. . . . *Cui lecta potenter erit res,*
Nec facundia deseret hunc, nec lucidus ordo.
HORAT. *Art. poët.*

Il est facile de faire une Logique plus longue & plus embrouillée: il n'est pas également facile d'en faire une aussi courte & aussi intelligible. On n'est communément long & diffus dans les ouvrages d'esprit, que parce qu'on n'a pas ou le temps ou le talent de les faire courts. Les ouvrages concis & bien présentés sont toujours assez longs, pour ceux qui ont de l'intelligence & de la pénétration: & il est fort inutile de les étendre & de les allonger, pour ceux qui en manquent.

ELEMENTS DE MÉTAPHYSIQUE
SACRÉE ET PROFANE :
OU THEORIE DES ETRES INSENSIBLES.

QUATRIÉME TRAITÉ.
DE DIEU.

L'*Existence* & la *Nature* d'un Dieu, telle est l'intéressante matière de ce Traité ; dans lequel n'envisageant que de grands objets, nous dédaignerons de nous appésantir sur les disputes inutiles & frivoles.

SECTION PREMIERE.
L'EXISTENCE D'UN DIEU.

199. DÉFINITIONS. On appelle communément *Athée*, celui qui nie l'existence d'un Dieu. J'entends par un Dieu, *un Être spirituel dans sa substance, éternel & incréé dans sa nature, renfermant dans son essence tous les genres de perfection intelligible, essentiellement distingué de la matière & des modifications de la matière, dont il contient éminemment tout ce qu'elle a de bien & d'être* : & c'est ce qu'entend aussi l'Athée, qui nie l'existence d'un tel Être.

200. COROLLAIRE. Il suit de cette définition, que *Dieu*, s'il existe, réunit en sa nature tout ce qu'il y a de perfection imaginable ; exclud tout mélange d'imperfection ; renferme tout ce qu'il est mieux d'avoir que de ne pas avoir : donc pour décider si Dieu a ou n'a pas telle propriété, il ne s'agit que d'examiner s'il est mieux d'avoir ou de ne pas avoir telle propriété.

REMARQUE. Avant de donner les preuves démonstratives qui établissent invinciblement l'existence de cet Être adorable, ne dédaignons point de jeter un regard sur l'aveugle Athéisme, qui du haut de son trône orgueilleux ose déclarer la guerre à la Divinité. Montrer & démasquer l'Impiété, c'est toujours la confondre & la détruire. C'est peut-être même un problème à résoudre, si la Religion est plus auguste & plus respectable par le caractére de lumière & de vérité qu'elle renferme en elle-même, ou par les délires insensés que l'aveugle Impiété est forcée de lui substituer & de lui opposer. Car en genre d'irréligion, on ne peut démolir d'une main, sans bâtir de l'autre. On ne peut détruire l'existence d'un Dieu, sans lui substituer l'absurde & révoltante éternité de la Matière. On ne peut nier l'existence d'une substance spirituelle dans l'homme, sans établir que la Matière est capable & de sublimes pensées & de nobles sentiments. On ne peut attaquer & renverser la Providence d'un Dieu sage & saint, sans admettre & adopter les affreuses & insensées conséquences qui découlent de l'idée d'un Dieu sans providence. C'est là le côté foible de l'Irréligion, qui ne peut être montrée sous ce point de vûe, sans dévoiler sensiblement & son ridicule & son absurdité. Il est donc important de faire toujours contraster les preuves triomphantes qui établissent la Religion, avec les délires & les extravagances qu'on est obligé de lui substituer; & c'est ce que nous aurons soin de faire & dans les trois Traités suivants, & dans les trois discours qui terminent cet Ouvrage.

CHAPITRE PREMIER.

Systèmes de l'Athéisme.

201. L'Athéisme est un Protée qui prend mille formes différentes: mais ces formes différentes sous lesquelles il se montre, ne changent point sa nature, que l'on peut toujours saisir sous des points de vûe communs. On appelle donc *Athée*, quiconque nie l'existence d'un Dieu créateur de l'Univers: & c'est cette classe d'Impies, quelque variété qu'ils mettent dans leurs systêmes, que nous avons à démasquer. Qu'importe en effet qu'Épicure admette ou n'admette pas des Dieux éternels, s'il s'efforce de se passer de leur influence, & de rendre inutile leur existence! Qu'importe que Spinosa reconnoisse ou ne reconnoisse pas un Dieu, si ce Dieu de Spinosa n'est autre chose que la Matière universelle qui ne peut pas être Dieu! Qu'importe que Telliamed admette ou n'admette pas un Dieu éternel, s'il lui associe une Matière éternelle comme lui, & qui sera Dieu autant que lui! C'est en retenir le nom par hypocrisie, afin d'en détruire la réalité par irréligion. Le systême d'Épicure, le systême de Spinosa, le systême de Telliamed, tels sont les principaux systêmes d'Athéisme, auxquels peuvent se réduire tous les autres. Ces trois systêmes semblent devoir leur origine à trois espèces différentes d'ignorance: celui d'Épicure, à l'ignorance de la création: celui de Spinosa, à l'ignorance en fait de Métaphysique: celui de Telliamed, à l'ignorance en genre de Physique.

I°. Système d'Épicure.

202. Le Chef ou le Coryphée de l'Athéisme, c'est le trop fameux

Épicure, qui osa le premier entreprendre de réduire l'Athéisme en système complet & soutenu. Ce système auroit eu sans doute moins de vogue, sans le riche & nerveux génie de Lucréce, qui lui prêta toute la force & tous les charmes d'une brillante poësie. Né dans une bourgade de l'Attique, environ 342 ans avant Jesus-Christ, Épicure enseigna la Philosophie avec la plus grande célébrité dans Athènes, où il mourut âgé d'environ 72 ans. Il divisa sa Philosophie en Dialectique, en Morale & en Physique. Dans sa Dialectique, il n'eut rien qui pût distinguer & caractériser ses sentiments. Dans sa Morale, il plaça le souverain bien dans la volupté; non dans une volupté infame & licencieuse, telle que l'adopterent quelques-uns de ses disciples, mais dans une volupté pure & honnête, toujours inséparable de la vertu. Dans sa Physique, envisageant à la fois & l'Ame, & les Dieux, & le Monde visible, il soutint que l'Ame étoit composée d'Atômes, divisible & mortelle : que les Dieux, s'il y en avoit, étoient tranquilles au sein d'une volupté délicieuse & inaltérable, sans se mêler des choses d'ici-bas, sans jamais faire ni bien ni mal à personne : que le Monde visible devoit son existence, non à des Dieux créateurs & moteurs de la Nature; mais à des *Atômes éternels*, à un *Mouvement toujours permanent* dans ces Atômes, à un *Vuide infini* où ces Atômes se sont mus de toute éternité, & à un *aveugle Hasard* qui en a formé les différents globes qui composent l'univers. C'est de ce système sur l'origine du monde visible, qu'il est ici question ; & voici ce système expliqué & développé d'après les principes d'Épicure.

203. *THÉORIE d'Epicure.* I°. Existants par leur essence ou par leur exigence naturelle, ces Atômes n'ont jamais eu de commencement d'existence : ils sont éternels. II°. Variés à l'infini dans leurs faces & dans leurs configurations, les uns sont sphériques ou ovales; les autres sont coniques ou cylindriques ou pyramidaux ; ceux-là sont concaves & raboteux en forme de tuf ; ceux-ci sont branchus & crochus en forme d'ameçon. III°. Mobiles par leur nature, de toute éternité ils sont en mouvement avec des directions & des vitesses différentes, qui les emportent au hasard en divers sens dans le Vuide immense.

204. *COROLLAIRES d'Epicure.* Que s'ensuit-il de ces principes ? I°. Il s'ensuit nécessairement que dans l'infinie révolution des siécles, deux Atômes anguleux & crochus ont dû se rencontrer & s'entrelacer : que de leur mouvement qu'on suppose obliquement opposé, a dû naître dans ces deux Atômes, un mouvement commun de rotation sur leur centre & sur leur axe : Que ces deux Atômes crochus en continuant de rouler sur leur centre & sur leur axe communs, ont dû rencontrer & accrocher encore successivement d'autres Atômes errants & épars dans le Vuide infini : Que par ce méchanisme & par cet artifice, ce petit corps, commencé par deux Atômes, a dû se convertir pendant l'immense révolution des siécles, en un globe d'une masse énormément grande, formé & d'Atômes branchus entrelacés entr'eux par leurs crochets & leurs hameçons, & d'Atômes sphériques ou coniques ou cylindriques ou pyramidaux, emprisonnés dans les vuides & les interstices que laissoient entr'eux les premiers. II°. Il s'ensuit que le même artifice & le même méchanisme qui a produit dans une portion du Vuide infini le globe

dont on vient d'expliquer la formation, a dû nécessairement former dans d'autres parties du même vuide, un nombre innombrable d'autres globes de différente grandeur & de différente nature : de différente grandeur, selon que les Atômes qui les composent, se sont rencontrés plutôt & en plus grand nombre ; de différente nature, selon que les Atômes qui les constituent, sont différents ou dans leur masse ou dans leur figure ou dans l'une & l'autre. Tel est le système d'Épicure.

205. *EXAMEN de ce système.* Ce système, comme nous venons de l'expliquer, renferme quatre principes, sçavoir, *les Atômes, le Mouvement, le Vuide, le Hasard.* Le célèbre Gassendi, qui ne connoissoit peut-être pas si mal la Nature, a adopté ce système, après en avoir banni l'impiété : c'est-à-dire, après avoir supposé ou démontré que ces Atômes étoient créés ; que ces Atômes étoient mus & dirigés par le Créateur. Voici notre sentiment sur ce système.

Iº. Nous admettons avec Épicure & avec le grand nombre des Philosophes, un Vuide ou un Espace infini (53) : avec cette différence, que selon nous, cet Espace infini n'est autre chose que l'immensité de Dieu ; ce que ne reconnoissoit point Épicure.

IIº. La différence de masse ou de grandeur dans les Atômes, la variété infinie de leurs faces & de leurs configurations, l'insécabilité & l'indestructibilité de ces configurations primitives ; tout cela est très-conforme aux connoissances que nous donnent de la matière, l'expérience & l'observation. Otez à ces Atômes d'Épicure, & leur chimérique éternité, que nous réfuterons bientôt (226) ; & leur étendue essentiellement indivisible, que nous réfuterons au commencement de notre Physique ; & tout le reste va bien.

IIIº. Le Mouvement éternel qu'Épicure attribue à ses Atômes, est absurde & insoutenable. Car ce mouvement est ou essentiel ou accidentel aux Atômes. Si ce Mouvement étoit essentiel aux Atômes, il répugneroit (ce qui est évidemment faux) que la matière cessât jamais d'être en mouvement ; que la matière fût jamais en repos : puisque la matière, ainsi que toute autre chose, ne peut jamais perdre ce qui est de son essence, qu'en cessant d'être. Si ce mouvement est accidentel aux Atômes ; donc ils tiennent ce mouvement de quelque premier Moteur distingué d'eux : car il conste par l'expérience & par la raison, que la Matière ne se meut point par elle-même.

IVº. Le Hasard, tel que l'admet Épicure, est un vain nom qui ne signifie rien de réel : c'est un être chymérique, auquel il attribue sottement les effets dont il ne connoit point la cause. Il faudroit aujourd'hui être bien aveugle & bien dénué de raison, pour attribuer à un tel principe l'ordre admirable qui brille dans la Nature, & qui annonce évidemment une intelligence infinie dans l'Architecte qui a présidé à la construction de ce chef-d'œuvre.

IIº. SYSTÈME DE SPINOSA.

206. BENOIT SPINOSA, Juif d'origine, esprit fécond plus qu'aucun autre en ténébres & en absurdités, ne dut sa réputation & sa gloire, qu'à l'excès d'irréligion & d'impiété qu'il afficha. Elevé dans la Religion de ses peres, il s'attira par le libertinage de son esprit, les foudres & les excommunications judaïques : & pour se soustraire à cette

persécution trop bien méritée, il se fit Protestant en Hollande vers le milieu du dernier siécle, non par persuasion, mais par politique. Dégagé de sa première Religion, sans en avoir épousé une nouvelle, son goût le porta à une bisarre Philosophie; où ne cherchant qu'à se faire un nom par quelque voie & à quelque prix que ce fût, il se précipita successivement & par dégrés dans tous les abysmes de l'impiété & de la déraison. Sectateur de Descartes, il eut assez d'intelligence pour en admirer & pour en goûter les principes, & trop peu pour en saisir l'esprit & pour en suivre la marche; puisqu'il ne fit qu'en abuser.

I°. Le grand vice de ce prétendu Philosophe, fut de confondre toujours bêtement la substance généralisée & abstractivement prise, avec la substance telle qu'elle existe en elle-même & hors de l'esprit. Par exemple, parce qu'il ne voyoit rien dans l'idée générique de substance, par où les différentes substances particulières comprises sous cette idée qui les confond, fussent distinguées entr'elles; il conclut qu'*il n'y a dans la Nature qu'une seule & unique substance.* Parce que dans l'idée générique de substance, il voyoit renfermée quelque convenance essentielle d'attributs, quelque nécessité hypothétique d'essence & de nature; (car l'idée générique de substance convient nécessairement à la matière & à l'esprit, à l'homme & au caillou; & s'il existe une substance, elle existe nécessairement en elle-même & avec tels & tels attributs qui la caractérisent) il conclut que *la substance est nécessaire, éternelle, immuable, & dans son essence & dans son existence.*

II°. C'est sur ces principes imbécilles & insensés, qu'est fondé tout son système philosophique & théologique, qui consiste à faire de la Nature entière, *une seule & unique Substance nécessaire*, à qui il donne le nom de Dieu. Cette substance unique, nécessaire, éternelle, est capable de deux modifications, sçavoir, d'étendue & de pensée. En tant qu'étendue, elle est *Matière* : en tant que pensante, elle est *esprit* : comme matière & comme esprit, elle est *Dieu*. Les parties de cette substance universelle & unique, sont l'homme, la brute, la terre, l'eau, l'air, le feu, la lumière, les végétaux, les mineraux & autres choses semblables. Cette substance unique & universelle, ce Dieu de Spinosa, tyran dans Néron, bienfaisant dans Titus, chaste dans Lucréce, licencieux dans Sardanapale, aboye dans un chien, rugit dans un lion, naît dans un enfant, meurt dans un vieillard, se couvre de gloire dans Turenne, & d'infamie dans Ravaillac; sans rien perdre dans cette multiplicité de métamorphoses, de son indivision & de son indistinction : parce que l'esprit & la matière, l'homme & le caillou, selon Spinosa, sont toujours une unique & même chose, qui ne différe que par la variété de ses modifications.

III°. Bayle ne trouvoit aucune différence entre le système de Spinosa, & le système scotistique sur les natures universelles qui ne sont distinguées & singularisées que par des modifications ou des formalités différentes. (47. II°.) Je félicite bien sincérement ceux qui ont assez de sagacité pour appercevoir entre ces deux systêmes, à l'impiété près, une différence bien marquée; que beaucoup de personnes seront très-peu humiliées de n'y point découvrir.

207. REMARQUE. Ce systême est si absurde & si extravagant,

qu'il fait tomber les armes des mains à quiconque voudroit l'attaquer. Ordinairement quand on attaque un fyftême, on dreffe fes batteries pour y démontrer quelque abfurdité. Mais a-t-on la même reffource contre un fyftême où toutes les abfurdités les plus révoltantes font érigées en principes, & dans les définitions qu'il donne, & dans les conféquences qu'il en tire ? Quelle abfurdité & quelle contradiction ne dévorera pas un Spinofifte, qui commence par avouer que le foleil & la terre ne font qu'une feule & unique fubftance dans deux points de l'efpace immenfe ; que l'homme qui expire fur l'échafaud en Angleterre, & l'homme qui naît dans la pourpre en France, ne font point deux êtres, mais fimplement deux modifications du même être ? Raifon humaine, s'il eft vrai que tu ayes jamais goûté & adopté un tel fyftême, rougis au moins d'avoir pu applaudir à la folie & l'extravagance même, uniquement parce qu'elles étoient affaifonnées du miel féducteur du libertinage & de l'irréligion !

III°. SYSTEME DE TELLIAMED.

208. L'AUTEUR de *Telliamed* eft un François, qui étoit Conful au Grand-Caire vers le commencement de ce fiécle ; & qui à fon retour en France, mourut à Marfeille dans des fentiments fur la Religion bien différents de ceux qu'il avoit répandus dans ce dernier ouvrage. C'eft M. de Maillet, dont le nom renverfé forma le nom de fon héros Telliamed. Il commença par être un fage & excellent Critique dans fa differtation fur les antiquités d'Égypte ; & il finit par être un grand radoteur dans fon Telliamed, où il montre une imagination fans régle & fans frein, un jugement faux & bifarre, une grande & profonde ignorance en fait de Phyfique. Que penfer d'un homme qui fe donnant pour Phyficien, ofe dire à notre fiécle que la Terre eft allongée vers les poles, & que cet allongement des poles eft produit par la percuffion des rayons du Soleil ? Affurer que la Terre eft allongée vers les poles, ce n'eft qu'une ignorance, peut-être excufable. Mais prétendre que cet allongement des poles eft produit par la percuffion des rayons du Soleil, c'eft prouver démonftrativement qu'on a l'efprit gauche ; qu'on ne fent pas ou qu'on ne craint pas le ridicule d'une mauvaife raifon ; qu'on n'entend rien en genre de Phyfique. Je pourrois citer cent traits femblables, où livré à fon imagination échauffée, il défigure évidemment la Phyfique ; où il explique l'action de la Nature, par un méchanifme auffi judicieux & auffi connexe avec l'effet, que l'eft le méchanifme des outres enflés qui emportent Cyrano de Bergerac dans l'Empire de la Lune. Mais je reviens à fon fyftême, qui a pour objet & les êtres animés, & les êtres inanimés : c'eft le réfultat de fon plan, plutôt que fon plan même. La bafe & le fondement de tout le fyftême de Telliamed, c'eft *la continuelle diminution des eaux de la Mer*.

1°. Le fyftême de Telliamed a cela de commun avec celui d'Épicure, qu'il ne nie point abfolument l'exiftence de la Divinité, & qu'il admet une matière éternelle & incréée. De cette matière éternelle & incréée, ont été formés & le globe terreftre, & les globes céleftes : de telle façon que la Terre, les Planétes, les Comètes, le Soleil & les Étoiles, fouffrent des métamorphofes continuelles ; étant les uns & les autres, tantôt des corps embrafés & lumineux, tantôt des corps humides & ténébreux. Notre Terre, dit Telliamed, a été autrefois couverte & enveloppée d'un immense volume d'eau, lequel s'élevoit bien au-dessus de nos plus hautes montagnes. Cet énorme volume d'eau diminue successivement de jour en jour, par la chaleur du Soleil qui l'attire & qui l'absorbe : d'où il doit arriver qu'il viendra un jour où la Terre ayant perdu toute son humidité, s'embrasera & se convertira en Soleil brûlant. La Terre convertie en Soleil, continuera à brûler & à briller, tant qu'elle aura dans son sein une matière inflammable. Mais la matière inflammable venant enfin à diminuer & à s'épuiser, ce *Soleil-Terre* commencera à avoir des taches & des croûtes, qui s'augmentant & s'étendant successivement sur sa surface, l'envelopperont à la fin toute entière, & en feront comme auparavant un corps opaque. Cette croûte générale qui enveloppera alors notre Terre, semblable à une éponge, pompera & attirera de toute part des vapeurs humides exhalées du sein des autres globes, jusqu'à ce qu'elle en soit pleinement imbibée & imprégnée. La Terre par ce moyen se couvrira de nouveau d'un immense océan, qui venant encore à diminuer & à s'épuiser pendant l'immense succession des siécles, donnera lieu à une nouvelle métamorphose, & fera comme auparavant, de la Terre un Soleil. Les métamorphoses qu'essuye la Terre, arrivent également & de la même manière ou par le même méchanisme, aux Planétes, aux Comètes, au Soleil, aux Etoiles, qui tous sont tour à tour corps opaques & corps lumineux.

II°. Pour ce qui regarde les Hommes & les Animaux terrestres, ils ont tous été primitivement, selon Telliamed, autant d'espèces de Poissons. Ils vivoient & nageoient au sein des eaux, quand les eaux enveloppoient la Terre entière : & lorsque les eaux par leur diminution & leur épuisement, ont laissé à sec leur asyle, ces animaux aquatiques, Hommes, Taureaux, Lions, Chevaux, Aigles, Colombes, & ainsi des autres espèces, ont commencé insensiblement à vivre hors de l'eau & sur la terre aride. Les Hommes & les Brutes ne doivent point leur existence à un Dieu créateur : c'est la seule matière qui par sa vertu vivifiante les a formés & animés, leur a donné la propriété de se multiplier & de se reproduire. C'est également la matière & le mouvement qui ont formé primitivement au sein des eaux, les Plantes, les Montagnes, les Plaines, tout ce qui se présente à nos regards dans le spectacle de notre Globe.

209. *REMARQUE.* Nous ne nous arrêterons point ici à réfuter au long ce fabuleux systême, qui choque si évidemment & la saine raison, & la saine Physique ; qui sent plus le malade en délire, que le Philosophe qui pense. Comme il y a cependant dans cet Auteur, quelques raisons & quelques observations qui attaquent d'une manière assez séduisante quelques vérités fondamentales, nous aurons lieu de le combattre & de le réfuter par des raisons victorieuses, lorsque nous répondrons aux divers arguments qui attaquent l'existence d'un Dieu Créateur, ou qui attribuent à la Matière une éternité & une vertu qu'elle n'a pas (232).

CHAPITRE SECOND.

DÉMONSTRATIONS DE L'EXISTENCE D'UN DIEU.

210. Il y a trois espèces de preuves démonstratives en faveur de l'existence d'un Dieu ; que l'on nomme démonstrations *morales*, démonstrations *physiques*, démonstrations *métaphysiques*, selon que le *Moyen* ou le motif de la démonstration est puisé ou dans l'ordre moral, ou dans l'ordre physique, ou dans l'ordre métaphysique des choses. La différence des noms que prennent ces trois espèces de démonstrations, n'annonce point une différence de certitude sur leur objet : elles donnent toutes une certitude métaphysiquement sûre ; parce que le moyen de la démonstration est toujours essentiellement connexe avec la chose à démontrer. Dans les démonstrations morales & physiques, on ne démontre communément que la connexion entre le moyen avoué que l'on employe, & la conséquence légitime que l'on en tire. Dans les démonstrations métaphysiques, on démontre également & le moyen & la conséquence.

ARTICLE PREMIER.

DÉMONSTRATIONS MORALES.

La Loi naturelle, l'idée du vice & de la vertu, la persuasion commune des hommes sur l'existence d'une Divinité ; tels sont les trois *Moyens* des démonstrations morales, par où nous allons commencer à établir la vérité de l'existence d'un Dieu.

PROPOSITION I.

211. Il existe une *Loi naturelle*, écrite & gravée dans nos cœurs en caractéres ineffaçables ; une Loi sacrée & inviolable, qui réprouve & défend tout ce qui est injuste & deshonnête ; qui commande & prescrit certaines choses justes & honnêtes : *Donc il existe un Législateur, antérieur & supérieur à tous les Législateurs humains, qui imprime à cette Loi une force obligatoire : donc il existe un Dieu.*

DÉMONSTRATION. I°. Supposons pour un moment que tous les Législateurs humains abrogent & abolissent d'un commun accord, d'un consentement libre & unanime, toutes les Loix qui ont été jamais faites par eux : on conçoit qu'il sera encore défendu de fausser sa parole, de trahir la vérité, d'assassiner son pere ou son ami, de prendre & d'envahir le fruit du travail d'un autre, de maltraiter & de faire souffrir son semblable. Donc il existe une Loi antérieure à toutes les Loix des Législateurs humains ; une Loi indépendante de toutes les conventions & de toutes les volontés des hommes ; une Loi qui lie & qui oblige également & le fort qui a la puissance en main, & le faible qui gémit dans la servitude ; une Loi dont l'observation donne une satisfaction paisible & délicieuse aux ames vertueuses, lors même qu'en l'observant elles ont sacrifié une partie de leur fortune & de leur bien-être ; & dont l'infraction enfante les alarmes & les remords chez les ames coupables, lors même qu'en la transgreffant elles n'ont rien à craindre ni de l'œil ni du bras des hommes.

11°. Le cri de la Nature & de la Raifon nous apprend démonftrativement que cette Loi exifte, que cette Loi a une force toujours obligatoire & toujours indépendante des volontés humaines. Mais cette Loi peut-elle exifter, peut-elle avoir une force toujours obligatoire & toujours indépendante des volontés humaines, fans un Légiflateur antérieur & fupérieur à tous les Légiflateurs humains, qui lui imprime ce pouvoir d'obliger & dans tous les temps & dans toutes les circonftances ? Otez l'exiftence d'un tel Légiflateur : & dès-lors toute autorité légiflative n'eft qu'une autorité de force fupérieure ; & dès-lors j'ai droit à tout contre tous ; & dès-lors mon intérêt devient l'unique Loi qui me commande ; & dès-lors il ne m'eft pas plus défendu d'affaffiner mon pere & mon ami, fi mon intérêt l'exige, que de tuer un liévre & un chevreuil. Conféquences horribles, qui font frémir la nature & la raifon ; & qui cependant découlent évidemment du principe de l'Athée qui ne veut point de Dieu ! Donc s'il y a *une Loi naturelle* qui oblige les hommes, il eft évident qu'il exifte un Légiflateur, antérieur & fupérieur à tous les Légiflateurs humains, qui a écrit fes volontés adorables dans nos cœurs en les formant, & qui nous ordonne & nous oblige de les fuivre & de les obferver. Or ce Légiflateur, antérieur & fupérieur à tous les Légiflateurs humains, peut-il être autre chofe que Dieu ? Donc il exifte Un Dieu. C. Q. F. D.

212. COROLLAIRE. *Il n'y a point d'ignorance invincible fur les premiers principes de la Loi naturelle.*

DÉMONSTRATION. La Loi naturelle étant écrite & gravée dans tous les cœurs en caractéres fenfibles & ineffaçables, il eft impoffible qu'elle puiffe être invinciblement ignorée. L'habitude du crime & de la fcéléreteffe, le défordre & le tumulte des paffions fougueufes & effrénées, peuvent à la vérité affoiblir & rendre moins intelligible ce langage de la Nature : mais ils ne peuvent jamais l'éteindre & l'étouffer abfolument ; puifqu'il faudroit pour cela étouffer & détruire la Nature elle-même, qui ne ceffe jamais de nous intimer & de nous promulguer fa Loi. C. Q. F. D.

213. On appelle ignorance *invincible*, une ignorance qu'on ne peut diffiper par aucune attention de l'efprit, par aucun ufage de la liberté. On appelle ignorance *non-invincible*, une ignorance que peuvent faire évanouir & une attention raifonnable de l'efprit, & un fage ufage de la liberté, que le Légiflateur exige & commande. Il eft évident que la première ne fçauroit être un crime ; puifque perfonne n'eft tenu à l'impoffible : & que la feconde, bien loin d'excufer de crime, eft elle-même fouvent un nouveau crime ; puifque chacun eft indifpenfablement obligé de connoître, felon fa portée, les devoirs & fes obligations pour les remplir.

214. REMARQUE. La Loi gravée en nos cœurs par les mains de la Nature, eft appellée tantôt *Loi éternelle*, tantôt *Loi naturelle*. La Loi éternelle & la Loi naturelle font une même chofe envifagée fous un double rapport, relativement à Dieu & relativement à l'Homme.

1° La *Loi éternelle*, confidérée dans Dieu, eft l'afte de l'intelligence divine, qui dicte ce que doit pratiquer & ce que doit éviter la créature intelligente, avec la volonté de l'obliger. Cette Loi est appellée éternelle : parce que cet acte de l'intelligence & de la volonté divine, est dans Dieu de toute éternité ; & que cet acte de l'intelligence & de la volonté divine, dans toute hypothése possible, a dû nécessairement imposer les mêmes obligations aux créatures intelligentes. C'est par là que la Loi éternelle différe des Loix libres & positives, que le Créateur a portées librement & qu'il pouvoit se dispenser de porter : telle fut, par exemple, la Loi qui défendit au Pere du genre humain, de manger du fruit de tel arbre du Paradis terrestre. Ce précepte libre & positif, sans être nécessaire, étoit juste & légitime : parce qu'il est juste & raisonnable que le Créateur exerce son autorité suprême sur l'homme sa créature, pour lui rappeller son entière & universelle dépendance ; parce qu'il est juste & raisonnable que l'homme montre & exerce sa dépendance, non seulement à l'égard des volontés nécessaires, mais encore à l'égard des volontés libres du Créateur. Selon Saint Augustin, la Loi éternelle est la raison ou la volonté du Créateur, qui ordonne de conserver & qui défend de renverser l'ordre naturel : *Ipsa ratio vel voluntas Dei, ordinem naturalem conservari jubens, perturbari vetans.* Dieu est essentiellement tenu à porter & à intimer cette Loi éternelle ; Dieu est lui-même soumis à suivre & à observer cette Loi éternelle ; non en vertu d'une Loi supérieure qui lui commande, mais par la rectitude & la perfection essentielles de sa volonté, qui ne peut se dispenser d'aimer & de vouloir l'Ordre.

II°. La *Loi naturelle*, considérée dans l'homme, est une lumière émanée du Créateur, qui lui fait connoître ce qu'il faut faire, ce qu'il faut éviter. C'est une régle de conduite, empreinte dans le cœur humain, qui lui dicte ses devoirs relativement à Dieu, relativement à ses semblables, relativement à lui-même : *Dictamen rationis ad bonum movens, à malo avocans ; vel rationis ordinatio in bonum, ab authore Naturæ nobis impressa.* L'autorité légitime, divine ou humaine, peut ajoûter d'autres préceptes aux préceptes de la Loi éternelle & naturelle : mais elle ne peut retrancher aucun des préceptes imposés par cette Loi primitive & essentielle.

PROPOSITION II.

215. LA Vertu n'est point une vaine chimére & une pure Folie : *Donc il existe un Etre d'une sainteté infinie, à qui la Vertu est chére & agréable ; qui commande & récompense la Vertu ; donc il existe un Dieu.*

DEMONSTRATION. I°. S'il n'y a point de Dieu dont les volontés adorables lient les hommes, chacun est lui-même l'unique fin à laquelle il doit se rapporter : chacun a un droit que rien ne limite, à tout & contre quiconque : l'unique régle de mœurs qu'on doit suivre c'est de chercher par toute sorte de voies (aucune n'étant défendue & illicite) à satisfaire ses passions & à augmenter son bien-être, aux dépens de qui que ce soit : l'unique loi chez les hommes, c'est la loi du plus fort. Donc dans cette hypothése, c'est folie de suivre les loix d'une vertu qui n'est qu'imaginaire & fabuleuse : donc il n'y a de sagesse, que dans celui qui sans frein & sans remords, bravant l'idée de crime

& de vertu, réuſſit à trouver ſon avantage ou ſon plaiſir par quelque voie que ce ſoit.

II°. De telles conſéquences ſont trop révoltantes & trop abominables, pour n'être pas évidemment fauſſes : donc le principe d'où elles découlent évidemment, eſt un principe évidemment faux. Donc il eſt vrai qu'il exiſte un Etre infiniment ſaint, à qui la vertu eſt chére, puiſqu'il la commande ; à qui le crime eſt odieux, puiſqu'il le défend ; qui doit récompenſer la vertu, puiſqu'il la chérit ; & punir le crime, puiſqu'il le défend & le déteſte. Or cet Etre infiniment ſaint, cet Etre eſſentiellement ami de la vertu & ennemi du crime, peut-il être autre choſe que Dieu ? Donc il exiſte un Dieu. C. Q. F. D.

PROPOSITION III.

216. LA perſuaſion commune & générale de tous les Siécles & de tous les Peuples du monde, eſt qu'il exiſte un Etre ſuprême que l'on doit craindre & que l'on doit honorer : *Donc il exiſte un Etre ſuprême que nous devons craindre & honorer ; donc il exiſte un Dieu.*

DÉMONSTRATION. 1°. Cette perſuaſion commune & générale qu'atteſtent toutes les annales du monde, ne doit pas ceſſer d'être cenſée la perſuaſion générale & commune du genre humain, parce qu'il y aura eu peut-être quelques Barbares chez qui l'on n'en a trouvé aucune trace bien marquée : un petit nombre de barbares hébétés ne devant être comptés pour rien, dans l'immenſe multitude des hommes qui forment le genre humain.

II°. Cette perſuaſion commune & générale du genre humain eſt évidemment un cri & un jugement de la nature, qui nous inſtruit qu'il exiſte un Dieu dont la juſtice menace les coupables, dont la Majeſté exige un culte & des hommages. Car d'où peut venir au genre humain une perſuaſion ſi conſtante & ſi univerſelle, parmi tant de rivalités de mœurs & d'intérêts, parmi tant de révolutions de ſentiments & de goûts, ſi ce n'eſt de la nature même, qui fait entendre par tout ſa voix & ſon langage ?

III°. Ce cri général & conſtant, ce jugement permanent & univerſel de la nature, peut-il être une erreur & une illuſion ? Non : ou il n'y a rien de ſûr & de certain dans nos connoiſſances, ou il eſt ſûr & certain que la nature ne trompe point & tous les ſiécles & tous les peuples.

IV°. LA nature, dont le langage ne peut être trompeur & impoſteur, crie & annonce à tous les ſiécles, à toutes les nations, qu'il exiſte un Etre ſuprême qu'on doit craindre & honorer : donc cet Etre ſuprême exiſte. Cet Etre ſuprême eſt ce que nous entendons par un Dieu : donc il exiſte un Dieu. C. Q. F. D.

OBJECTIONS A RÉFUTER.

217. OBJECTION I. La *Loi naturelle* que nous trouvons écrite en nos cœurs, peut avoir pour ſource ou la nature elle-même qui eſt ainſi faite ; ou la politique des Princes qui a imaginé cette loi pour le maintien des ſociétés civiles ; ou un préjugé général, qui adopté par les premiers Peres du genre humain, s'eſt tranſmis d'âge en âge à leurs enfants : donc l'exiſtence d'une loi naturelle n'eſt point évidemment connexe avec l'exiſtence d'un Dieu.

Reponse. De quelque source que vienne cette loi naturelle, ou elle est obligatoire, ou elle ne l'est pas. Si elle est obligatoire, elle suppose essentiellement un Législateur antérieur & supérieur à tous les Législateurs humains. Si elle n'est pas obligatoire, il n'est pas plus défendu d'égorger son pere & son ami, que de tuer une perdrix. Conséquence qui révoltera toujours l'Athée, même le moins délicat en fait de morale ; & qui par là même démontre évidemment la fausseté de l'hypothése d'où elle découle. Quant aux sources qu'on attribue à cette loi, elles n'ont rien de raisonnable.

I°. Cette loi naturelle est écrite dans notre nature : mais notre nature ne s'étant point faite elle-même, elle ne s'est pas faite avec cette loi. La nature livrée à elle-même, ne s'impose & ne peut s'imposer par elle-même, aucune loi qui la captive & qui la lie. Cette loi a donc pour source primitive, une autorité supérieure à la nature, l'Auteur même de la nature.

II°. Les Politiques & les Législateurs ont fait servir cette loi naturelle & à leur avantage & à l'avantage de la société ; mais c'est un moyen qu'ils ont trouvé existant, & non un moyen qu'ils aient créé : comme ils ont fait souvent servir à leurs fins les passions humaines, sans qu'ils soient soupçonnés d'avoir formé les passions dans la nature humaine.

III°. Les premiers Peres du genre humain ont entendu la voix impérieuse de cette loi naturelle ; parce qu'ils étoient hommes, & qu'elle est gravée dans la nature humaine. Ils l'ont expliquée & développée à leurs enfants dès le berceau ; & ces enfants parvenus à l'âge de raison & de réfléxion, ont trouvé écrites dans leurs cœurs les leçons qu'ils avoient entendues de la bouche de leurs peres. Si c'est là un préjugé, ce sera aussi un préjugé de croire que la partie soit moindre que le tout ; que deux choses égales à une troisième, soient égales entr'elles : puisque nos Peres & nos Maîtres nous ont aussi enseigné ces vérités dans notre enfance.

218. *Objection II.* Le bien des sociétés & des particuliers exige que l'on observe cette loi naturelle : donc quand même il n'y auroit point de Dieu, l'intérêt personnel obligeroit chaque homme en particulier à observer cette loi.

Reponse. Le Créateur en formant des hommes qui devoient vivre en société, leur a imposé des loix qui vont au bien de la société & des particuliers. Mais s'il n'y a point de Dieu, & si le seul intérêt personnel oblige à observer cette loi naturelle ; donc l'intérêt personnel cessant, la loi cesse pour chaque particulier : donc il n'y aura plus de loi pour celui, qui né sans patrimoine & sans fortune, trouve la terre partagée entre ses semblables, sans y rien voir qui soit à lui : donc son intérêt personnel étant sa seule loi, il ne devra s'occuper qu'à prendre des mesures sûres & efficaces pour fouler aux pieds des loix chimériques, dans lesquelles il trouve beaucoup de désavantage, & dont il ne lui revient aucune utilité.

219. *Objection III.* L'Antropophage engraisse son pere ou son ami sur le retour de l'âge, pour l'égorger & le manger ; & il croit faire un acte de vertu, tandis que nous jugeons qu'il fait une action abominable : donc la distinction du juste & de l'injuste, de l'honnête & du deshonnête, du crime & de la vertu, est assez arbitraire chez les hommes.

Reponse. Les premiers principes de la loi naturelle sont invariables & les mêmes chez tous les hommes, chez les peuples barbares

& chez les nations civilisées : mais les conséquences plus ou moins éloignées de ces principes, varient quelquefois parmi les hommes, selon la différence de leurs lumières & de leurs préjugés. Par exemple, voici un axiôme de mœurs, commun & aux Antropophages & aux nations éclairées: *il faut faire du bien à nos peres & à nos amis.* De cet axiôme ou de ce principe, que conclud un peuple éclairé ? Qu'il faut les secourir & les soulager dans leurs maux, tant qu'ils ont un souffle de vie; qu'après leur mort on doit encore des respects & des honneurs aux précieux restes d'eux-mêmes; respects & honneurs qu'on leur procure par une sépulture décente & religieuse. Du même axiôme, que conclud un peuple Antropophage ? Que dans un état de vieillesse & de souffrance, la vie d'un pere ou d'un ami n'étant plus qu'un assemblage de maux, il faut les en délivrer en leur procurant une mort qui devient pour eux un vrai bienfait : que les restes précieux de ces personnes chéries & respectables, ne pouvant avoir un plus digne tombeau que le sein de leurs enfants ou de leurs amis, il convient de leur accorder ce genre de sépulture, qui les transforme en la substance de ce qu'ils ont de plus cher en ce monde. On voit par là comment d'un même principe, on peut tirer selon les différents dégrés de lumières ou de préjugés que l'on a, des conséquences toutes différentes en genre de mœurs, en fait de juste & d'injuste, d'honnête & de deshonnête, de crime & de vertu.

Il résulte de là que, quelque variété qu'il y ait dans l'application des principes de la loi naturelle, ces principes sont toujours & partout invariables en eux-mêmes. Et si l'on fait quelque chose de contraire à ces principes invariables, soit chez les peuples barbares, soit chez les peuples civilisés, cela se fait toujours contre le cri & avec le reproche de la conscience : ce qui bien loin de rendre douteuse ou suspecte cette loi naturelle, en suppose & en démontre l'existence.

220. OBJECTION IV. Quand même il n'y auroit point de Dieu, il n'y auroit pas moins & une loi naturelle & une loi politique : donc l'existence de ces loix, ne suppose pas essentiellement l'existence d'un Dieu.

RÉPONSE. S'il n'y avoit point de Dieu, la loi naturelle, & par la même raison, la loi politique, n'auroient aucune force obligatoire. La loi naturelle ne seroit plus qu'un fabuleux & ridicule préjugé. La loi politique ne seroit plus qu'une odieuse tyrannie, qu'une détestable oppression de la liberté publique, à laquelle on auroit droit de se soustraire, toutes les fois que les ténèbres ou une force supérieure assureroient l'impunité aux infracteurs.

I°. *La Loi naturelle est le langage intérieur de la nature, qui nous manifeste les volontés d'un suprême Legislateur:* donc ce Legislateur manquant, la loi naturelle cesse, ou n'a plus de force & d'autorité.

II°. *La Loi politique est la volonté légalement manifestée de l'autorité légitime qui commande; & qui n'a droit de commander, que parce que l'Etre suprême lui a communiqué une portion de son autorité, pour établir ou maintenir l'ordre:* donc cet Etre suprême cessant d'exister, la loi politique cesse, & n'a plus de force & d'autorité.

III°. *Le Droit est fondé sur la loi qui le donne & l'assure:* donc s'il n'y a point de Dieu, il n'y a point de loi, il n'y a point de droit, il n'y a point de justice : tout est licitement permis, à qui peut impunément tout oser.

IV°. On voit par là combien horrible & détestable seroit une nation d'Athées, s'il étoit possible qu'il y en eût une, & qu'elle eût des mœurs conséquentes à ses principes. La vertu, la justice, l'honnêteté, la droiture, la fidélité, ne sont chez eux que de vains noms & de vaines chimères sans réalité ; à moins que ces prétendues vertus ne tournent à l'avantage de celui qui les a, ou qui les affecte. Les crimes obscurs & cachés qui s'enveloppent dans les ténèbres, les crimes audacieux & triomphants à qui la force assure l'impunité, ne sont des crimes que dans l'esprit de l'imbécile vulgaire, qui se gouverne par les préjugés dont il se nourrit. Que l'Athée ait assez de prudence pour éviter la ruine de son individu, & il a assez de vertu : ou s'il lui faut quelque vertu, la seule qui lui soit nécessaire, c'est l'hypocrisie ou le masque imposteur de la vertu.

221. OBJECTION V. La persuasion générale & commune du genre humain sur l'existence de la Divinité, ou prouve qu'il y a plusieurs Dieux, ou ne prouve point qu'il y ait un Dieu : car avant l'établissement du Christianisme, la plus grande partie des hommes reconnoissoit & adoroit plusieurs Dieux.

RÉPONSE. Il est faux que la persuasion commune & générale du genre humain, ait jamais été pour la multiplicité des Dieux. Car 1°. il y a toujours eu des nations très-respectables & très-nombreuses, qui ne donnoient point dans le polythéisme : comme les Chinois, qui adoroient les uns le Ciel, & les autres l'Auteur du Ciel ; comme les Perses, & les Péruviens, qui n'adoroient que le Soleil ; comme les Juifs, qui n'adoroient que le vrai Dieu ; comme les Brachmanes Indiens, qui, selon Strabon, Porphyre & plusieurs Saints Peres, ne reconnoissoient qu'un seul Dieu. II°. Les nations qui admettoient le Polythéisme, reconnoissoient presque toujours quelque Divinité suprême, à laquelle étoient soumis tous les Dieux inférieurs & subalternes : tel étoit chez les Grecs & chez les Romains, ou Jupiter ou le Destin, de qui dépendoient tous les autres Dieux. III°. Chez les Peuples malheureusement infectés d'idolâtrie & de polythéisme, les hommes sages & éclairés, bien loin de donner dans les égarements de l'aveugle populace, reconnoissoient plus ou moins clairement un Être suprême, qui seul présidoit à la nature : tels étoient entre mille & mille autres, Ciceron chez les Romains, Cyrus chez les Perses, Socrate chez les Grecs. IV°. Aujourd'hui tous les Chrétiens, tous les Juifs, tous les Mahométans ; c'est-à-dire, presque tous les peuples de la terre, s'accordent à reconnoître l'unicité de Dieu. Il est donc faux que le cri général & constant de la nature établisse le polythéisme, comme il établit l'existence d'une Divinité.

222. OBJECTION VI. Cette persuasion constante & générale du genre humain sur l'existence d'un Etre suprême, que l'on doit craindre, & que l'on doit honorer, pourroit bien être un vain préjugé : donc elle ne prouve rien.

RÉPONSE. 1°. Les préjugés chez les hommes doivent leur origine ou aux sens ou aux passions : or cette persuasion ne vient ni des sens, qui ne peuvent pas avoir mal apperçu un objet insensible ; ni des passions, qui ne s'accommodent point d'un Etre infiniment saint qui les captive. II°. Les préjugés chez les hommes se détruisent ou s'affoiblissent par le temps, par la réflexion : or le temps & la réfléxion, bien loin de détruire cette persuasion, n'ont servi & ne servent encore qu'a la cimenter & à la fortifier. Donc cette persuasion n'est point un vain préjugé.

ARTICLE SECOND.

DÉMONSTRATIONS PHYSIQUES.

L'ordre admirable de la nature, la suite des générations humaines, le mouvement qui anime la nature, l'existence de la matière; tels sont les quatre principaux *Moyens* des démonstrations physiques, qui établissent invinciblement l'existence d'un Dieu.

PROPOSITION I.

223. Il y a dans ce Monde visible *un Ordre & une Harmonie* admirables, qui se montrent dans la marche réglée des astres, dans le contraste & l'équilibre des élémens, dans la structure & la reproduction des plantes & des animaux, dans le rapport ineffable de toutes les parties du grand tout de l'Univers : *Donc il existe une Intelligence infinie, qui a conçu & produit ce bel ordre de la nature ; donc il existe un Dieu.*

DÉMONSTRATION. L'ordre, la symmétrie, le rapport des parties entr'elles & des parties avec le tout & du tout avec sa fin, supposent essentiellement une intelligence, qui compare & combine, qui dispose & arrange, qui voye le rapport des causes avec les effets & des moyens avec la fin : donc l'ordre admirable qui brille dans l'Univers, suppose & démontre évidemment l'existence d'une intelligence infiniment supérieure à toute intelligence humaine ; d'une intelligence qui embrassant à la fois, & les rapports les plus vastes & les plus sublimes, & les rapports les plus fins & les plus imperceptibles des choses, ait présidé à l'ordre & à la symmétrie qui se montrent de toutes parts à nos yeux dans le spectacle de la Nature entière. Quel homme seroit assez insensé, en voyant l'admirable architecture du Louvre à Paris, ou de l'Eglise de Saint Pierre à Rome, pour oser dire ou penser que ces ouvrages ont été formés & produits ou par le hasard ou par le concours fortuit des Atômes ? Combien plus insensé encore ne faudroit-il pas être, pour attribuer à l'aveugle matière & à un chimérique hasard, l'ordre & la proportion infiniment plus parfaite qui éclate dans le grand édifice de l'Univers ! Il est donc démontré qu'il existe une intelligence infinie, à qui l'ordre & la beauté de la nature doivent leur origine ; & cette intelligence peut-elle être autre chose que Dieu ? Donc il existe un Dieu. C. Q. F. D.

PROPOSITION II.

224. Il y a sur la Terre, *des Hommes* qui doivent leur existence à leurs Peres & à leurs Ayeux : *Donc il existe une première Cause qui n'a jamais commencé d'exister, & à qui les hommes doivent du moins primitivement leur existence ; donc il existe un Dieu.*

DÉMONSTRATION. S'il n'y a point de Dieu, ou il y a eu un premier Pere du genre humain, ou il n'y a point eu de premier Pere du genre humain.

I°. S'il y a eu un premier Pere du genre humain, ce premier Pere, ou a été produit, ou n'a pas été produit. Si ce premier Pere a été produit; par qui peut-il avoir été produit, si ce n'est par un Dieu créateur? Si ce premier Pere n'a pas été produit; donc il existe de toute éternité par sa nature & par son essence : & ce premier Pere existant de toute éternité par sa nature & par son essence, ou n'est qu'un être chimérique ; ou c'est Dieu même, sous un nom différent.

II°. S'il n'y a point eu de premier Pere du genre humain, ou il est vrai ou il est faux, que toute la collection des hommes ait été produite. S'il est vrai que toute la collection des hommes ait été produite ; par qui peut avoir été produite toute cette collection des hommes, si ce n'est par un Dieu créateur? S'il est faux que toute la collection des hommes ait été produite : donc il y a eu quelque portion de cette collection des hommes qui n'a pas été produite : donc il y a quelque homme qui n'ayant point été produit, a existé de toute éternité par son essence ; & qui par son essence éternelle & inamissible, doit exister éternellement; ce qui est évidemment faux & absurde. Donc la suite des générations humaines, a quelque éloignement possible que l'on remonte de fils en pere, suppose toujours l'existence d'un Dieu, qui ait donné du moins primitivement l'existence à la nature humaine : donc il existe un Dieu. On peut faire le même raisonnement, & sur les végétaux & sur les animaux.

III°. Cette abstraite théorie est parfaitement d'accord avec l'Histoire & avec la Physique. Toutes les Histoires sacrées & profanes (dit M. Muschembroeck au commencement de sa Physique) „ nous apprennent que la terre n'étoit pas fort peuplée, il n'y a
„ que quelques siécles : par conséquent en rétrogradant vers les pre-
„ miers temps, nous trouverons toujours beaucoup moins d'hommes;
„ & il nous faudra enfin remonter jusqu'aux deux premiers. Mais
„ ces deux premiers comment sont-ils venus dans le monde? Ce n'est
„ assurément pas par leurs propres forces : puisque nous n'en trou-
„ vons point en nous de telles, qui puissent nous faire exister. Nous
„ n'avons pas été non plus créés par d'autres hommes : puisqu'autre-
„ ment les deux premiers n'auroient jamais pu exister. Ceux-ci
„ n'ont pas pu être formés par le concours fortuit des atômes : car
„ on en verroit encore tous les jours de nouveaux qui seroient pro-
„ duits de la même manière ; & d'ailleurs d'un pareil concours d'a-
„ tômes, il ne pourroit se former qu'une masse d'atômes, mais ja-
„ mais un homme qui est composé de corps & d'ame. Il faut donc
„ de nécessité remonter à une autre cause, de beaucoup plus puis-
„ sante que toutes les précédentes ; qui ait formé le corps de l'homme,
„ & qui l'ait uni d'une manière tout-à-fait admirable & étonnante,
„ à une ame qui est une substance d'une nature toute différente.

Le corps humain lui seul, quel chef-d'œuvre de puissance & d'intelligence! Qu'il est admirable, ce méchanisme du corps humain, soit dans la construction & dans la disposition de ses os, pour le rendre ferme & solide; soit dans le tempérament & dans le contraste de ses humeurs, pour en empêcher la corruption & la putréfaction ; soit dans la structure & dans l'arrangement de ses muscles & de ses fibres, pour le rendre propre & à recevoir & à communiquer les divers mouvements qui lui font néceffaires ; foit enfin dans la délicateffe & dans la foupleffe de fes organes, pour lui donner la facilité d'éviter ce qui lui eft nuifible & de fe procurer ce qui lui eft favorable! On voit dans tout cela des caractéres fenfibles & frappants, par où fe décele évidemment l'invifible main de l'Artifte fuprême ; caractéres que l'aveuglement de l'efprit & la corruption du cœur ne pourront jamais totalement effacer. Et cet Artifte fuprême eft-il moins admirable dans la formation & dans la compofition d'une fleur, d'un arbre, d'un éléphant, d'un de ces animalcules infenfibles qu'on ne découvre qu'avec le fecours d'un excellent microfcope, que dans la formation & la compofition du corps humain. Donc tous ces Etres, qui fe reproduifent fous nos yeux, annoncent & démontrent évidemment & fenfiblement l'exiftence d'une première caufe, d'une caufe incréée & éternelle, d'une caufe infiniment fage & puiffante, à laquelle ils doivent du moins primitivement leur origine. Cette Caufe primitive & incréée, eft ce que nous appellons un Dieu : donc il eft évident & fenfible qu'il exifte un Dieu. C. Q. F. D.

REMARQUE. Quelques Philofophes ont avancé, fans preuve & fans fondement, que la *Confervation* des êtres étoit une continuelle & permanente *Création* des mêmes êtres : enforte que fi Dieu ceffoit un inftant d'agir fur les êtres, tout rentreroit dans le néant. Affertion fauffe : car on conçoit que fi Dieu ceffoit d'agir fur les êtres, toutes les fubftances créées refteroient exiftantes dans les mêmes points de l'efpace, qu'elles occuperoient au moment où cefferoit l'action du Créateur. Ces fubftances n'auroient plus de mouvement : parce que leur mouvement quelconque leur vient de l'action du Créateur. Mais aucune de ces fubftances ne rentreroit dans le néant ; parce qu'elles ne peuvent pas plus s'anéantir, qu'elles ont pu fe créer : & qu'il ne faut pas moins de puiffance pour faire qu'une fubftance paffe de l'état d'exiftence, à l'état de néant ; qu'il en a fallu pour la faire paffer de l'état de néant à l'état d'exiftence. En quel fens eft-il donc vrai que la confervation équivaut à une création permanente, pour l'homme par exemple ? En ce fens, que fi Dieu ceffoit un inftant de produire l'action & le mouvement d'où dépend notre vie, notre vie s'évanouiroit. Notre corps & notre ame fubfifteroient : mais ces deux fubftances, plongées dans une inertie entière & totale, n'auroient aucune action & aucune influence mutuelle l'une fur l'autre : il n'y auroit plus de penfées, plus de fentiments, plus de mouvement pour l'homme. Chaque inftant de notre vie, fans être une nouvelle création, eft donc un nouveau bienfait de l'Etre fuprême : c'eft par lui que nous vivons ; c'eft par lui que nous agiffons ; c'eft dans lui & par lui que nous exiftons. *In ipfo enim vivimus, movemur & fumus.* Act. 17.

PROPOSITION III.

225. Il y a dans la Nature un *Mouvement durable & permanent* qui la regle & qui l'anime : *Donc il exifte un Etre d'une puiffance & d'une activité infinie, à qui ce mouvement de la nature doit fon exiftence ; donc il exifte un Dieu.*

DÉMONSTRATION. 1°. Soit que l'on confulte l'expérience, foit que l'on confulte la raifon, il eft certain de toute certitude, que la Matière ne se meut point par elle-même, & que *l'inertie est une propriété intrinsèque à sa nature* 1°. Si on consulte *l'expérience*, il conste qu'un bloc de marbre ou de bois reste toujours immobile au même lieu, à moins qu'une cause étrangère ne le déplace : ce qui n'arriveroit pas si la matière avoit en elle-même & par elle-même un principe de mouvement. 2°. Si on consulte *la raison*, l'idée de la matière ne renferme point essentiellement le mouvement ; elle renferme au contraire essentiellement *l'indifférence au mouvement*. Car ôtez par la pensée, le mouvement à quelque matière que ce soit ; on conçoit que la même matière reste avec la modification de repos. La matière n'a point le mouvement par sa nature & par son essence : sans quoi le repos seroit incompatible avec la matière. La matière n'a pas la vertu de se donner le mouvement, ou de se dépouiller de son indifférence au mouvement : sans quoi il pourroit se faire qu'un banc ou un bloc de marbre se remuât de lui-même ; ce qui répugne à toutes les lumières de l'expérience & de la raison. La matière qui est en mouvement, doit donc ce mouvement à une cause distinguée d'elle-même, qui le lui imprime & le lui communique.

II°. La Matière ne se mouvant point par elle-même, & n'ayant de son fond qu'inertie & qu'indifférence au mouvement, il est évident que *la Matière qui est en mouvement*, soit dans le globe terrestre, soit dans les globes célestes, *doit son mouvement à un premier moteur distingué de la matière*. Car pour donner le branle & le mouvement à cette immense portion de matière que nous voyons se mouvoir, il seroit absurde de recourir simplement à une autre matière qui lui imprimât le mouvement : puisqu'il resteroit toujours à expliquer, d'où vient le mouvement à cette autre matière motrice, qui n'a de son fond & par sa nature, comme matière, qu'inertie & qu'indifférence au mouvement ; & qu'il faudroit toujours recourir à un premier moteur, distingué de cette matière qui imprime le mouvement.

III°. Ce premier moteur de la matière, nécessairement distingué de la matière, est un Etre d'une puissance infiniment supérieure à la puissance de l'homme : puisque si l'homme a une vertu motrice, il conste que cette vertu motrice ne peut s'étendre qu'à une infiniment petite portion de la matière.

IV°. Il résulte de là que *ce premier Moteur de la matière, nécessairement distingué de la matière, est ou Dieu lui-même, ou quelque être immensément puissant, à qui Dieu communique ce pouvoir* : donc il existe un Etre d'une puissance infinie, qui meut par lui-même la nature, ou qui communique à quelque Etre subalterne immensément puissant, la vertu de mouvoir la nature : donc il existe un Dieu. C. Q. F. D.

PROPOSITION IV.

226. Quelle que soit sa nature, *la Matière existe : Donc il existe un Etre incréé & tout-puissant qui lui a donné l'existence ; donc il existe un Dieu auteur & créateur de la matière*.

DÉMONSTRATION. Cette proposition est susceptible & de preuve directe, & de preuve indirecte : l'ensemble de ces deux espèces de preuves formera une démonstration solide & complette.

Preuve directe. L'expérience & la raison nous montrent de concert dans la boue, par exemple, une inertie radicale inséparablement attachée à sa nature, un défaut total & constant d'activité naturelle & intrinsèque: (225) or il est évident qu'un Etre qui a en partage une inertie radicale, une inactivité totale, ne peut avoir été pour lui-même un principe éternel & essentiel d'existence: donc la boue n'a point été pour elle-même un principe éternel d'existence, lequel principe suppose évidemment une activité éternelle, essentielle, infinie dans son sujet: donc la boue qui n'a point son existence par elle-même, doit son existence à un Etre qui n'a pu la tirer du néant, que par le moyen d'une puissance infinie, essentiellement & éternellement existante par elle-même. On peut dire la même chose de l'eau, de la pierre, de la terre, de toute matière.

Preuve indirecte. I°. Si la matière existe par elle-même, elle existe de toute éternité. Si la matière existe de toute éternité, elle existe par sa nature. Si la matière existe par sa nature, elle n'a pu être limitée dans sa nature & dans ses perfections, ni par elle-même, ni par une cause étrangère. Si la matière n'a pu être limitée dans son essence & dans ses perfections, ni par elle-même ni par une cause étrangère, la matière doit être infinie en son essence & en ses perfections. Si la matière est infinie en son essence & en ses perfections, un grain de sable étant matière, un grain de sable sera infini en son essence & en ses perfections: ce qui est évidemment faux & absurde. II°. Si la matière existe par elle-même de toute éternité, il est évident qu'elle doit avoir de toute éternité quelque modification, quelque manière d'être: puisque la matière ne peut être conçue, sans quelque modification ou manière d'être. Si la matière a de toute éternité quelque modification ou quelque manière d'être, cette modification est essentielle à la matière: puisque cette modification est incréée & éternelle comme la matière elle-même. Si la matière a quelque modification essentielle, cette modification est inséparable de la matière: donc si la matière existe de toute éternité avec la modification de mouvement, la matière sera toujours essentiellement en mouvement, sans pouvoir passer à l'état de repos; & si la matière existe de toute éternité avec la modification de repos, la matière sera toujours essentiellement en repos, sans pouvoir jamais passer à l'état de mouvement: ce qui est démontré faux par l'expérience.

Ces absurdités & mille autres, qui découlent de l'éternité de la matière, démontrent qu'il est faux que la matière soit éternelle. S'il est démontré faux que la matière soit éternelle, il est démontré vrai qu'elle a reçu l'existence, & qu'elle n'a pu recevoir l'existence que par l'action toute puissante d'un Etre éternel & incréé qui l'a tirée du néant ou de l'état de pure possibilité. Si un Etre éternel & incréé a donné l'existence à la matière: donc il existe un Etre éternel & incréé: Donc il existe un Dieu créateur de la matière. C. Q. F. D.

PROPOSITION V.

227. *La Terre que nous habitons, bien loin d'être éternelle, n'a pas même l'antiquité que lui attribuent les Egyptiens, les Babyloniens, les Indiens & les Chinois; (*) & l'antiquité que lui donne Moyse, paroît seule conforme à la raison.*

(*) L'Egyptien Manéthon donnoit pour antiquité à la Terre, une révolu-

DÉMONSTRATION. I°. L'expérience nous apprend que *de jour en jour les montagnes s'abaissent & les vallées s'élevent*, par la quantité considérable de matières que les pluyes & les orages arrachent des lieux élevés ; & que les torrents & les rivières transportent dans les plaines, dans les vallées, dans les mers, dans les lieux plus abaissés. Donc si la terre étoit éternelle, une éternité de siécles auroit tout mis au niveau. Donc si la terre avoit l'immense nombre des siécles que lui donnent les peuples dont on vient de parler, il semble aussi que ce nombre de siécles est assez grand, pour avoir fait disparoître la plus grande partie des côteaux & des montagnes, pour avoir rempli presque toutes les vallées, pour avoir mis tout le monde terrestre à-peu-près au niveau.

II°. Une nouvelle preuve, plus efficace & plus triomphante encore contre la fabuleuse antiquité de la terre, c'est *la nouveauté ou le peu d'ancienneté des Arts & des Sciences*, que l'Histoire sacrée & profane place d'un commun accord assez long-temps après le déluge. Or si la Terre avoit une origine aussi éloignée de nous, l'origine des Sciences & des Arts ne devroit-elle pas être incomparablement plus ancienne ? Comment & par quelle fatalité seroit-il arrivé, que pendant une immense suite de siécles, l'esprit humain eût été si stérile en lumières & en inventions ; qu'il eût laissé à des siécles si voisins du nôtre, la gloire & le soin d'inventer & de perfectionner l'Agriculture, la Navigation, l'Arpentage, l'Imprimerie, l'Astronomie, la Physique, la Poësie, la Peinture ; tandis que pendant un petit nombre de siécles de notre connoissance, ce même esprit humain a fait tant de découvertes célébres, a inventé & perfectionné tant d'Arts & de Sciences utiles ? Donc la raison seule désavoue l'antiquité que donnent à la Terre & au genre humain, les Auteurs dont on vient de parler : Donc la raison seule, indépendamment de la Révélation, nous engage à nous en tenir à la chronologie de Moyse.

III°. La raison nous apprend qu'*en fait d'Histoire, il faut croire de préférence à la plus authentique & à la plus raisonnable*. Or l'Histoire de Moyse sur l'origine des choses, lue avec des yeux simplement profanes, a incontestablement & plus d'autorité & plus de vraisemblance que toutes les Histoires qu'on lui oppose ; comme nous le ferons voir dans la réponse à la sixième objection suivante (233). Donc à ne considérer cette Histoire de Moyse que comme une simple Histoire profane, elle doit être crue & suivie de préférence. Donc l'Histoire d'accord avec la raison, se déclare & contre la trop grande antiquité que donnent à la Terre les Auteurs dont on

---

tion entière du Zodiaque : c'est-à-dire, selon l'estimation de son temps, environ 36000 ans. Le Chaldéen Bérose lui donnoit, dit-on, une antiquité douze fois plus grande, douze évolutions du même Zodiaque, ou 432000 ans. Les Chinois & les Indiens vont se perdre dans une antiquité encore plus grande & plus fabuleuse. *Moyse le plus sage & le plus ancien historien du Monde*, donne à la Terre une origine bien plus récente ; c'est-à-dire, à compter de nos jours jusqu'au temps de la création, environ 6000 ans, si l'on suit la chronologie du Texte hébreu & de la Vulgate ; & environ 7300 ans, si l'on suit la Chronologie des Septante.

vient de parler, & pour la beaucoup moindre antiquité que lui donne Moyse. C. Q. F. D.

OBJECTIONS A RÉFUTER.

128. OBJECTION I. La plus forte & la plus triomphante de nos démonstrations en faveur de l'existence d'un Dieu, c'est celle qui a pour *Moyen* ou pour fondement, le bel ordre qui brille dans la Nature: or ce bel ordre de la Nature ne démontre point l'existence d'une substance infiniment sage & intelligente; puisque ce bel ordre de la Nature peut être un simple effet du hasard, comme je vais le prouver. Un nombre infini d'Atômes, mus au hasard sans dessein & sans régle, est susceptible d'un nombre infini de combinaisons différentes: or dans un nombre infini de combinaisons différentes est renfermée la combinaison actuelle de la Nature: donc la combinaison actuelle de la Nature est une de celles que sont capables de prendre une infinité d'Atômes, mus au hasard sans dessein & sans régle.

REPONSE I°. Il seroit infiniment moins absurde & moins révoltant de prétendre que les chefs-d'œuvres admirables de l'Iliade & de l'Énéide, ont été formés par un jet fortuit de caractéres typographiques dans une Imprimerie; que de prétendre que l'ordre & l'intelligence qui éclatent dans la Nature, sont le fruit du hasard ou du concours fortuit des Atômes. II°. Un nombre infini d'Atômes mus au hasard, est susceptible d'une infinité de combinaisons bisarres & irrégulières, qui n'annonceront jamais aucun dessein préparé & suivi par une intelligence. Mais un nombre infini d'Atômes mus au hasard, est absolument incapable de prendre ou de se donner aucune combinaison sage & régulière, où les causes soient assorties aux effets, les moyens proportionnés à la fin, le tout lié & soutenu par une correspondance générale de toutes les parties entr'elles: une telle combinaison est essentiellement le fruit d'une intelligence qui préside à l'ouvrage; & tel est ce Monde visible III°. Le hasard ne fait rien & ne peut rien faire. Ce que l'on nomme quelquefois *Ouvrages du Hasard*, tels que certains événements inattendus, tels que certaines congélations & pétrifications qu'on admire, est une suite & un effet des loix générales de la Nature, établies par la sagesse du Créateur; mais dont on ne voit pas l'influence dans telle production ou dans tel événement de la Nature.

229. OBJECTION II. Par la théorie des combinaisons il est démontré que des caractéres typographiques, pris ou jettés au hasard, peuvent former l'Énéide: donc le hasard est capable de combinaisons régulières, qui annoncent ou semblent annoncer une intelligence. Pour le prouver, prenons les premiers mots de l'Énéide, *Arma virumque cano*. Quatre caractéres *Arma*, sont susceptibles de 24 combinaisons: donc en les assemblant au hasard, j'ai à parier un contre vingt-quatre, que j'amenerai la combinaison *Arma*: donc en les assemblant vingt-quatre fois au hasard, j'ai à parier un contre un, que j'amenerai la même combinaison. Seize caractéres sont susceptibles de 16554789888000 combinaisons: donc en assemblant au hasard ces seize caractéres, j'ai à parier un contre 16554789888000, que j'amenerai la combinaison *Arma virumque cano*: donc encore j'ai à parier un contre un, qu'en prenant au hasard 16554789888000 fois ces seize

caractères, j'amenerai la même combinaison. Et ainsi en augmentant toujours proportionnellement mes nombres, à mesure que je prendrai plus de caractères ; j'aurois à parier un contre un, que dans un nombre immense de siécles, je saisirois la combinaison qui me donneroit l'Énéide entière. Or si le hasard peut donner dans les caractères typographiques, une combinaison qui forme l'Énéide ; pourquoi le hasard ne pourra-t-il pas donner dans les Atômes d'Epicure, la combinaison qui forme l'univers ?

Réponse. Cet argument que presse & développe avec beaucoup de zéle un germanique Académicien, suppose l'intelligence qu'il veut exclure, exclud le hasard qu'il veut établir.

I°. La théorie de l'Enéide produite uniquement par le hasard, n'est-elle pas évidemment contradictoire en elle-même ? Premièrement, cette théorie suppose des caractères typographiques, gravés & rassemblés pour pouvoir former l'Enéide : or des caractères gravés & rassemblés pour pouvoir former l'Enéide, ne supposent-ils pas évidemment une intelligence qui ait présidé à la formation & à la destination de ces caractères ? Secondement, cette théorie suppose ou une main qui assemble ces caractères, ou un mouvement réglé qui dirige ces caractères dans des casses ou des logettes destinées à les recevoir : & tout cela n'exclud-il pas le hasard, ne suppose-t-il pas une intelligence ? Que ces caractères voguent au hasard dans le vuide immense, les uns en haut & les autres en bas, ceux-là à l'Orient & ceux-ci à l'Occident ; & Monsieur l'Académicien, qui entend bien la théorie des combinaisons, aura le temps de combiner mieux ses idées, en attendant son Enéide !

II°. L'Auteur triomphe dans l'application de sa théorie aux Atômes d'Epicure. J'ai d'un côté, dit-il, un nombre d'Atômes qui n'est que fini, & qui par là même n'est susceptible que d'un nombre fini de combinaisons : & d'un autre côté, j'ai un nombre infini de siécles, qui me donnent un nombre infini de jets féconds en une infinité de combinaisons. Avec un nombre fini de jets, égal au nombre fini de combinaisons dont sont susceptibles ces Atômes, j'ai à parier un contre un, que j'aurai la combinaison présente de la Nature : & avec un nombre de jets cent fois, un million de fois, une infinité de fois plus grand que le nombre des combinaisons dont sont susceptibles ces Atômes, j'ai à parier cent contre un, un million contre un, l'infini contre l'unité, que j'aurai la combinaison présente de la Nature. Or le mouvement éternel de ces Atômes dans le vuide, n'équivaut-il pas évidemment à un nombre infini de jets de ces Atômes ?

Monsieur l'Académicien se suppose sans doute, droit ou assis autour d'une table immense, garnie à dessein de bandes & de rebords qui retiennent ses Atômes, comme un trictrac retient les dez à jouer ; sans quoi adieu toute sa théorie. Car après le premier jet de ses Atômes mus en tout sens dans le vuide immense, par quelles loix du mouvement ces Atômes reviendront-ils dans sa main se prêter à un second jet ? Non, Monsieur l'Académicien ; le mouvement éternel des Atômes en tout sens dans le vuide infini, n'équivaut point à un nombre infini de jets de ces atômes contre des points fixes qui les captivent & qui les retiennent : comme le mouvement éternel & en tout sens de suize caractères typographiques dans le vuide infini, n'équivaudroit point à un nombre infini de jets de ces caractéres contre des logettes destinées à les recevoir : & comme c'est sur ce fondement que roule toute votre théorie, il est démontré que votre théorie est vaine & frivole. Croyez-moi donc, Monsieur l'Académicien, ne vous desséchez plus le cerveau pour favoriser l'Athéisme ! Votre grand-papa Epicure en a assez fait en sa faveur ; & ce grand-papa s'entendoit mieux que vous en genre de système. Il n'y a plus de gloire à acquerir dans cette carrière : en fait d'impiété comme en fait de mœurs, l'axiôme d'Horace est vrai ; les peres valent mieux que les enfans ! *Ætas parentum, pejor avis, tulit nos deteriores ; mox daturos progeniem vitiosiorem.*

230. OBJECTION III. Nous ne connoissons pas assez parfaitement la Matière, pour déterminer jusqu'où s'étend sa puissance & sa vertu : Donc nous ne pouvons point assurer qu'elle soit incapable de produire le bel ordre de la Nature, de former des plantes & des animaux, &c.

REPONSE. I°. Par le même raisonnement on prouveroit que peut-être la Matière est capable de produire & de former un triangle quarré, un homme sans corps & sans ame, une partie plus grande que son tout : puisque parmi les vertus inconnues de la Matière, il peut se faire qu'il y en ait quelqu'une capable de produire ces beaux prodiges. II°. Nous ne connoissons pas assez parfaitement la Matière, pour déterminer *positivement* jusqu'où s'étend sa vertu & sa puissance; ou pour assigner toutes les propriétés positives qu'elle renferme : mais nous connoissons assez la Matière, pour déterminer *négativement* sa puissance & sa vertu, ou pour assurer qu'elle n'a pas telle propriété & telle vertu. Ainsi sans que je connoisse toutes les vertus & toutes les propriétés positives de la Matière, il m'est démontré par l'expérience & par la raison, que la Matière a en partage & l'inertie & l'aveuglement ; deux propriétés négatives de la Matière, essentiellement incompatibles avec l'activité & l'intelligence qu'exige & que suppose nécessairement dans sa cause & dans son principe, l'ordre qui régne & dans la Nature en général, & dans toutes les parties de la Nature en particulier.

231. OBJECTION IV. L'éternité d'existence ne répugne pas plus dans la Matière, que dans Dieu même : Donc si on peut admettre un Dieu éternel, on peut également admettre une Matière éternelle.

REPONSE. Voici les raisons qui établissent cette différence & cette disparité, qu'il importe de rendre intelligibles & sensibles.

I°. On ne trouve rien dans l'idée de Dieu, on ne découvre rien dans le témoignage de l'expérience, qui exclue de Dieu l'éternité d'existence. On trouve au contraire & dans l'idée de la Matière, & dans les lumières que l'expérience nous donne sur la Matière, quelque chose (sçavoir, l'inertie, la contingence, l'imperfection de la Matière) qui exclud de la Matière l'éternité d'existence. Ainsi, supposer l'existence éternelle dans Dieu, ce n'est pas supposer quelque chose qui répugne ou à l'idée que nous avons de Dieu, ou aux lumières que l'expérience nous donne sur la Nature de Dieu. Supposer au contraire l'existence éternelle dans la Matière, c'est supposer quelque chose qui répugne & avec l'idée que nous avons de la Matière, & avec les connoissances que l'expérience & l'observation nous donnent sur la Matière.

II°. Quand on a démontré qu'il existe un Dieu, il est évident que ce Dieu existe par lui-même & de toute éternité ; ou qu'il existe par son exigence intrinsèque, par son activité essentielle, infinie, éternelle; sans le secours d'aucun autre principe antérieur & préexistant, qui répugne. Quand on a démontré au contraire que la Matière existe, il est évident & par l'idée que nous avons de la Matière, & par les connoissances que l'expérience nous donne de la Matière, que la Matière doit nécessairement tenir son existence, d'un principe distingué d'elle-même : puisqu'il est évident que la boue & la pierre, par exemple, que la raison & l'expérience démontrent n'avoir aucune activité intrinsèque, ne peuvent pas avoir une activité essentielle & infinie qui les rende nécessairement existantes de toute éternité.

232. OBJECTION V. La hauteur actuelle des Montagnes, la nouveauté des Sciences & des Arts, ne prouvent rien contre l'éternité, ou du moins contre l'immense antiquité de la Terre : & voici les preuves qu'en donne Telliamed. I°. Il est incontestable que les eaux de la Mer diminuent successivement de siécle en siécle : puisque la Mer est aujourd'hui assez éloignée de certaines Villes & de certains rivages qu'elle mouilloit autrefois. Or cette diminution successive & continuelle des eaux de la Mer, ne prouve-t-elle pas démonstrativement, & qu'autrefois la Terre entière a dû être couverte d'un immense Océan, & qu'un jour la Terre ayant perdu toute sa substance aqueuse, s'enflammera & se convertira en Soleil ? II°. L'immense quantité de coquillages que l'on trouve pétrifiés dans les carrières, en des endroits très-éloignés de la Mer & au sein des plus hautes Montagnes, démontre évidemment que la Terre a été autrefois toute couverte par les eaux de la Mer : & si la Terre a été ainsi enveloppée d'un Océan, il est évident que les plantes, que les hommes, que tous les animaux, tirent leur origine de la Mer. III°. Il a pu arriver que les Sciences & les Arts inventés & perfectionnés pendant un nombre immense de siécles, ayent péri plusieurs fois par des déluges & des incendies successifs, tels que nous les avons expliqués ailleurs, (208.) & qui détruisant le Genre humain, ont dû détruire les Sciences & les Arts. IV°. La Terre dépeuplée par un incendie général, étant revenue à son premier état d'Océan, se repeuplera de nouveau par le moyen des molécules organiques qui composoient antérieurement le Genre humain. Ces molécules organiques se rassemblant par hasard au sein des eaux, la chaleur du Soleil les vivifiera : elles s'épanouiront en petits enfants à qui la Nature fournira une nourriture convenable. Ces enfants-poissons devenus hommes-poissons, vivront & se multiplieront sous les eaux, jusqu'à ce que les eaux diminuées & absorbées de nouveau, laissent leurs demeures seches & arides : ce qui ne doit pas paroître absurde ou fabuleux, puisqu'il conste par des témoignages authentiques qu'on a trouvé dans plus d'un endroit de la Mer, des hommes-poissons dont quelques-uns ont été pris par des pêcheurs. V°. Après un incendie général, la Terre étant couverte d'un nouvel Océan, il y aura dans cet Océan des courants intérieurs, tels qu'on en observe aujourd'hui au sein des Mers. Ces courants intérieurs se trouvant assez souvent opposés, entasseront en mille & mille endroits des monceaux de sable que la viscosité de la Mer cimentera, & que la chaleur du Soleil endurcira ensuite avec le temps : & de là la formation des nouvelles montagnes.

RÉPONSE. Cette objection renferme tous les principes fondamentaux sur lesquels s'appuye Telliamed. Pour les réfuter clairement & solidement, nous allons les suivre & les examiner séparément.

I°. Il est faux que les eaux de la mer diminuent successivement de siécle en siécle, & qu'il y ait aujourd'hui dans le globe terrestre, une moindre somme d'eau qu'anciennement. Si la mer s'éloigne de certains rivages, si certaines Villes qui étoient autrefois des ports de mer, se trouvent aujourd'hui assez avant dans les terres ; cela vient, ou de ce que des courants marins entassent & accumulent insensiblement sur certains rivages, les sables & les terres que les torrents & les rivières voiturent dans la mer ; ou de ce que la mer, à la faveur de certains tremblements de terre qui entrouvrent les rivages par qui elle étoit captivée, se précipite dans des plages plus basses que sa surface, où elle va former de nouveaux golfes ou de nouvelles mers. Si la mer semble s'abaisser sur certaines côtes de France & d'Egypte, elle semble en échange s'élever en Hollande & dans certaines Isles de l'Inde, où l'on ne garantit des Provinces entières d'un naufrage total, qu'en lui opposant des digues & des boulevarts qui coûtent des travaux immenses. Ainsi, ce que la mer perd d'un côté, elle le gagne de l'autre. La mer se déplace, mais elle ne diminue pas. Il faut être bien ignorant en fait de Physique, pour prétendre, comme fait Telliamed, que l'action ou la chaleur du soleil absorbe l'humidité de notre globe, ou l'emporte dans les autres globes. L'eau qui monte en vapeur dans l'Atmosphere, où elle ne s'éleve jamais à plus d'une lieue au-dessus de la surface de la terre, en retombe en pluye ou en rosée, sans qu'aucune goutte périsse ; sans qu'aucune goutte passe ou puisse passer sans un miracle, en d'autres globes ou en d'autres tourbillons. Tel est le fondement ruineux de tout le systême de Telliamed.

II°. Les coquillages pétrifiés que l'on découvre presque par-tout dans les carrières, & qu'un Auteur moderne appelle si ingénieusement *les médailles du déluge*, démontrent invinciblement qu'il y a eu un temps où le globe terrestre a été totalement enseveli sous les eaux : ce qui ne prouve autre chose, que l'existence & la vérité du *déluge universel* rapporté par l'Ecriture. Ce déluge universel est impossible dans l'ordre naturel des choses, & selon les loix générales de la méchanique & de l'hydrostatique : Donc il n'a pas pu arriver, selon les principes de Telliamed. Mais le Tout-Puissant qui conserve & interromp à son gré les loix de la nature, a pu opérer ce grand & terrible miracle, soit en enflant & en dilatant immensément l'énorme volume des eaux de la mer & des rivières ; soit en forçant cet immense volume d'eau de la mer & des rivières, à sortir de ses profonds abysmes, & à se porter successivement en une épouvantable masse, dans les différentes contrées ; soit en employant d'autre voies possibles, & qu'il importe peu de deviner. Il suffit de sçavoir que le déluge rapporté dans les Livres Saints, a suffi pour bouleverser à bien des égards la surface de la terre ; pour entasser en mille & mille endroits d'immenses quantités de coquillages ; pour opérer tous les phénoménes remarquables, qui ont donné lieu aux vains délires de Telliamed.

III°. Les déluges & les incendies généraux, que suppose Telliamed, répugnent évidemment à toutes les loix de la méchanique & de l'hydrostatique, à tout le méchanisme de la nature; comme il conste par ce que nous venons de dire, & comme ne peut l'ignorer quiconque a la moindre teinture de Physique. Il est donc faux que les sciences & les arts ayent jamais pu devoir leur ruine à de tels incendies & à de tels déluges.

IV°. Le brillant délire des molécules organiques, (*) épanouies en

---

(*) REMARQUE. Il ne faut point confondre les Molécules organiques de Lucréce, avec les Molécules organiques de M. de Buffon. Les premières sont d'un Poëte qui rêve; les dernieres, d'un Philosophe qui pense. Chez l'un & chez l'autre, les molécules organiques, comme l'annonce l'expression qui en présente l'étymologie, sont des petites masses organisées: *molecula, parvula moles, suis instructa organis.*

I°. Voici les *Molécules organiques* de Lucréce & de Telliamed. 1°. Concevez un individu quelconque, animal ou végétal, un homme, par exemple. Que toutes les molécules qui composent ce corps animé, sans changer intrinséquement de nature, sans cesser d'être indestructiblement molécules ou de la chair, ou du sang, ou des os, ou de la peau, ou des nerfs, ou du bras, ou du pied, ou de l'œil, ou de la bouche, ou de l'oreille, & ainsi du reste, soient réduites à leurs plus petits éléments ou à leurs derniers points de dissection & de division: que dans cet état de division & de séparation, un conflit de vents les dissipe & les emporte en tous sens au sein du vuide immense: voilà les molécules organiques de l'homme, telles qu'elles existoient de toute éternité avant l'origine du monde. 2°. Que maintenant toutes ces mêmes molécules dispersées, qui composoient le corps de cet homme, soient réunies par le hasard dans un coin de la nature; en telle sorte que les molécules qui composoient les différentes parties de la tête, se rassemblent toutes dans le même ordre qu'auparavant; que les différentes molécules qui formoient les bras, les pieds, les veines, les artéres, les fibres, les muscles, le sang, les os, les nerfs, reprennent toutes leur arrangement primitif: voilà le corps humain (ou l'homme, selon ces deux Auteurs) rétabli dans son premier état; & voilà d'après leurs principes une image de la formation des premiers Peres du genre humain, en différents temps & en différents lieux; formation opérée par la réunion fortuite de ces molécules organiques, qui étoient répandues & dispersées dans la nature entière. On peut dire la même chose des molécules organiques des brutes & des végétaux.

II°. Voici les *Molécules organiques* de M. de Buffon, par lesquelles il tâche d'expliquer le grand mystére de la propagation des animaux & des végétaux. 1°. Il y a, (dit ce célebre Naturaliste, Peintre sublime & Philosophe profond) il y a dans la nature, une matière qui sert à la nutrition & au développement de tout ce qui vit & végéte. Cette matière opére la nutrition & le développement, en s'assimilant à chaque partie du corps de l'animal ou du végétal, & en pénétrant intimement la forme des types & des moules intérieurs où elle s'insinue. Lorsque cette matière nutritive est plus abondante qu'il ne faut pour nourrir & développer le corps animal ou végétal, elle est renvoyée de toutes les parties du corps dans un ou dans plusieurs réservoirs, sous la forme d'une liqueur. Cette liqueur contient toutes les molécules analogues au corps de l'animal ou du végétal, & par conséquent tout ce qui est nécessaire à la reproduction d'un petit être entièrement semblable au premier. 2°. Lorsque cette matière nutritive & productive a passé par le moule intérieur de l'animal ou du végétal, ou par les pores & les cribles de toutes les parties qu'elle nourrit, & qu'elle trouve une matrice convenable, elle produit un animal ou un végétal de même espèce: mais lorsqu'elle ne se trouve pas dans une matrice convenable, elle produit des *Etres organisés*, différents des animaux & des végétaux; comme ces corpuscules mouvants que l'on

enfants, que de fleuves de lait vont nourrir, peut amuser dans un Poëme, & ne mérite aucune réponse dans un ouvrage philosophique. La preuve historique fixera donc seule notre attention 1°. Selon l'axiôme généralement reçu, un menteur, lors même qu'il dit vrai, ne mérite aucune créance : *mendaci, nè verum quidem dicenti, creditur*. Un radoteur en mérite-t-il davantage ? Non sans doute. Ainsi, quand même il seroit vrai qu'il y ait des hommes qui vivent au fond des mers, on a droit de n'en rien croire, jusqu'à ce que la vérité du fait soit attestée par de plus dignes témoignages. 2°. Comme presque toutes les côtes maritimes sont connues & fréquentées par les Européens, comment & pourquoi la connoissance d'un tel phénoméne a-t-elle été exclusivement réservée à Telliamed ? Comment & pourquoi n'a-t-on pas présenté quelqu'un de ces hommes-poissons pris par des pêcheurs, ou à quelque Académie célèbre, ou à quelque grand Monarque, qui eussent certainement acheté à grand prix une telle merveille, pour en enrichir leurs cabinets de curiosités ? 3°. Il peut se

découvre dans les liqueurs séminales & quelquefois dans le sang de certains animaux ; comme ces corpuscules végétants que l'on voit dans les infusions des germes des plantes. 3°. Cette matière productive est composée de particules organiques toujours actives par leur nature. Ces corpuscules mouvants & végétans sont privés d'action & de mouvement, quand ils sont fixés & arrêtés par les parties brutes de la matière huileuse, terreuse, saline, qui les enveloppent : mais dès qu'on les dégage de cette matière étrangére, ils reprennent leur action ; & produisent différentes espèces, ou de végétations, ou d'êtres animés qui se meuvent progressivement. Tel est le fond & le précis de ce système 4°. Ce système des molécules organiques n'exclud pas sans doute du regne animal, l'existence future des ames, nécessaire pour animer & pour vivifier ces *Etres organisés, différents des animaux*. 5°. Ce système, sujet à bien des difficultés, a du moins l'avantage & le mérite d'avoir purgé la Physique de la fabuleuse & ridicule hypothése des animalcules spermatiques, que crurent avoir découverts Leuwenoeck & Hartsoëker, hypothése qu'a enfin proscrit une Physiologie plus éclairée. Armés de leurs fameux microscopes, ces deux Observateurs, vieux & sans lunettes, ont eu le privilége de voir seuls, ce que mille autres Observateurs, avec les yeux les mieux constitués, avec les meilleurs microscopes, n'ont jamais pu voir de la même manière qu'eux. Que ne voit-on pas, quand on voit avec des yeux trop avides de singularités, avec un esprit passionnément antiché d'une découverte qui renverse toutes les idées reçues ! Des figures bisarres deviennent des figures animales ; des vibrations purement méchaniques se convertissent en mouvements vitaux & spontanés ; des molécules plus ou moins informes, *des corpuscules mouvans*, sont des taureaux, des moutons, des chiens, des hommes. Heureusement tous les Observateurs n'ont pas les mêmes yeux, & le prestige se détruit par le conflit des relations. Les vrais animalcules que leur extrême petitesse dérobe à la simple vûe, & que rend visibles un excellent microscope, en les traçant dans l'œil sous un angle bien sensible, tels que les anguilles du vinaigre, ou les mites du fromage, sont toujours vus de la même manière & sous les mêmes traits par tous les observateurs : les animalcules de Leuwenoeck ont été vus diversement par tous les observateurs qui ont soutenu leur fabuleuse existence ; existence digne à plus d'un titre d'être adoptée avec plus de chaleur par l'Auteur de l'homme-machine. La diversité & l'opposition permanentes des observations en ce genre, ont enfin ébranlé, ridiculisé, décrédité la prétendue découverte ; & l'opinion des *Animalistes* a cédé la place au système des *molécules organiques*, en attendant qu'un nouveau Système succede encore à celui-ci.

faire absolument (ce que je suis bien éloigné de donner pour un fait) qu'il y ait dans la mer certaine espèce de poisson, en qui l'on apperçoive quelque ressemblance avec la figure humaine; & que cette ressemblance plus ou moins éloignée, ait donné lieu à l'opinion insensée de Telliamed. Tout amour est aveugle; l'amour d'un système est peut-être le plus aveugle de tous: les moindres convenances, de frivoles conjectures, les témoignages les plus suspects & les moins recevables, se convertissent en preuves démonstratives dans l'esprit prévenu de son Auteur, sur-tout lorsque l'impiété y trouve son compte.

V°. Telliamed n'est pas plus heureux dans sa formation des montagnes au sein des eaux. Car en adoptant même ses principes ou ses rêveries, il est sûr: 1°. Que les courants constants & permanents qu'on apperçoit aujourd'hui au sein des mers, doivent leur origine aux fleuves visibles ou souterreins qui se déchargent dans les mers. Or quand la terre étoit toute couverte d'eau, il n'y avoit point de fleuves qui se déchargeassent dans les mers: il ne pouvoit par conséquent se former des torrents opposés au sein des mers, que par l'action contraire des vents. 2°. Les vents étant infiniment variables & inconstants, ils n'ont pu former au sein des eaux, des torrents opposés qui fussent constants & permanents. Donc les sables entassés par un conflit de vents & de courants, ont dû les jours suivants, n'étant point encore endurcis, être dissipés & applanis par des vents & des courants contraires. 3°. Quand par la diminution des eaux, l'action du soleil a commencé à avoir prise sur ces tas de sable qu'elle devoit endurcir & pétrifier, ces tas de sable n'étant retenus par aucun appui fixe & inébranlable, ont dû, en vertu des loix de la gravitation & par l'impulsion continuelle des eaux environnantes, se précipiter & se mettre de niveau au fond des mers. 4°. Il est donc faux que les montagnes aient pu se former au sein des eaux, par le méchanisme imaginé par Telliamed, ou par aucun autre méchanisme semblable imaginé par divers Auteurs de même trempe. Il est donc très-vraisemblable que la terre est sortie des *mains du Créateur*, avec ses principales montagnes & ses principaux abysmes, telle à-peu-près que nous la voyons aujourd'hui; à certains changements près, qui ont dû naître, ou du ravage miraculeux & passager d'un déluge universel, ou de certains phénomènes naturels qui naissent des loix générales établies par le Créateur.

233. OBJECTION VI. Refuser d'ajoûter foi aux témoignages de Bérose, de Manéthon, des Indiens, des Chinois, c'est ébranler toute certitude historique: c'est donner droit aux Incrédules & aux Pyrrhoniens, de ne point croire à nos histoires sacrées & profanes.

RÉPONSE. Il est également contre la raison éclairée, & de croire tout, & de ne croire rien. Croire tout, c'est le partage d'une imbécille femmelette, qui ne sçait pas apprécier un témoignage. Ne rien croire, c'est l'apanage d'un Sceptique insensé, qui par un bizarre caprice ferme obstinément les yeux à la lumière & à l'évidence. L'homme sage, le critique éclairé, ajoûte foi aux histoires sûres & authentiques, & rejette les histoires suspectes & fabuleuses. Nous n'ajoûtons aucune foi aux histoires qu'on nous objecte, en ce qui regarde l'immense antiquité qu'elles donnent à la terre, pour trois raisons principales: 1°. Parce que ces histoires rapportent bien des

choses

choses évidemment fabuleuses qui leur ôtent toute créance. 2°. Parce que les choses même qui ne présentent rien de fabuleux dans ces histoires, n'ont point les caractères propres à s'attirer la créance ; n'ayant été ni écrites par des Historiens qui en ayent été les témoins, ni tirées de monuments authentiques qui en établissent & en constatent la vérité. 3°. Parce que l'autorité de ces histoires est détruite & anéantie par l'autorité infiniment plus sûre & plus respectable de l'histoire de Moyse, qui lue avec des yeux simplement profanes, a tous les caractères propres à persuader. Voici une idée de ces différentes histoires.

I°. Manethon, Prêtre Egyptien, écrivit son Histoire sous le règne de Ptolomée Philadelphe, environ 300 ans avant la naissance du Messie. Son Histoire, dont on n'a plus que quelques fragments, étoit divisée en trois parties. La première contenoit l'histoire & la généalogie des Dieux : la seconde renfermoit la généalogie & l'histoire des demi-Dieux : la troisième embrassoit l'histoire des Rois d'Egypte, ou les XXXI Dynasties qui ont régné en Egypte, avant la conquête d'Alexandre le Grand. Ces XXXI Dynasties ne doivent point être comptées de suite, comme le remarque judicieusement l'historien Josephe : parce que ce sont des Princes de différentes contrées, dont les règnes concourent ensemble. C'est pour avoir imprudemment placé ces XXXI Dynasties à la suite l'une de l'autre, qu'on a porté si loin avec Manethon l'origine de la terre & du genre humain.

II°. Bérose, Prêtre de Belus, nâquit à Babylone, au temps de la conquête d'Alexandre. Il écrivit l'histoire de Babylone ou de la Chaldée, dans laquelle entroit naturellement l'histoire des Médes & des Assyriens. Cette Histoire est perdue depuis très-longtemps, & personne n'est plus trompé par les rêveries que donna au public, sous le nom de Bérose, le Dominicain Annius de Viterbe ; soit qu'il les eût composées lui-même, soit qu'il les eût imprudemment adoptées sans critique & sans jugement. Quant aux monuments historiques de Babylone sur lesquels on peut compter, Calisthène qui suivoit Alexandre dans son expédition, fut prié par le célèbre Aristote, de faire toutes les recherches possibles pour recueillir & rassembler toutes les observations astronomiques de Babylone : & après la plus scrupuleuse recherche, tous les monuments & toutes les observations astronomiques qu'il put recueillir, ne remonterent qu'à 1930 ans : ce qui ne passe le temps de Nemrod, fondateur de cet Empire.

III°. Les Indiens & les Chinois ont leur temps fabuleux, & leur temps historique. Leur temps fabuleux ne mérite aucune attention. Leur temps historique, sur-tout chez les Chinois, remonte assez loin par les monuments historiques : mais il s'en manque encore au moins plus de cent ans, en suivant la chronologie du texte hébreu, & plus de seize cens ans, en suivant la chronologie des Septante, qu'il n'atteigne jusqu'au déluge. Il reste donc assez de temps, sur tout en suivant la chronologie des Septante, pour que cette nation vienne comme les autres de l'Arche de Noé. Si un petit troupeau de pâtres & de brigands, primitivement renfermés dans les repaires de leurs sept colines, a pu dans sept cens ans former un empire brillant & formidable, qui a soumis & éclairé le monde : pourquoi seize cens ans ne pourront-ils pas avoir donné naissance à l'Empire Chinois, à un Empire immense & très-peuplé aujourd'hui ; mais qui n'étoit sans doute dans ses commencements, cent ans ou seize cens ans après le déluge, que ce qu'étoit l'Empire Romain sous Romulus ou sous Numa ; c'est-à-dire, un Empire équivalant à un de nos Bourgs, ou à une de nos petites Villes.

IV°. Moyse, le Législateur du Peuple Hébreu & le plus ancien Historien du monde, écrivit l'histoire de la Création, environ 2550 ans après ce grand événement, qu'il avoit pu apprendre facilement par la tradition constante & bien authentique. *Adam* avoit vécu avec Mathusalem ; *Mathusalem* avoit vécu avec *Sem*, fils de Noé. Voilà l'histoire de cet événement, portée par le moyen de trois personnes jusqu'en deçà du déluge : & depuis le déluge, l'histoire de ce mémorable événement, fidèlement & profondément gravée dans tous les esprits, pouvoit-elle s'altérer en venant jusqu'à Moyse ? *Moyse* la tenoit d'Amram son pere, avec qui il avoit vécu soixante-deux ans : *Amram* la tenoit de Levi : *Levi* la tenoit de *Jacob* : *Jacob* la tenoit d'Isaac : *Isaac* la tenoit d'Abraham, qui la tenoit de Sem, avec lequel il avoit vécu plus de cent ans. Ainsi par le moyen de huit personnes, qui s'étoient transmis, par une tradition orale, l'histoire de la création, Moyse remontoit à l'origine du monde.

On voit maintenant sur quels vains & fabuleux fondements est appuyée la chronologie égyptienne & chinoise, si vantée de nos jours par les Coryphées de l'irréligion. Qu'on apprenne de là combien crédule est quelquefois l'Incrédulité, qui l'adopte avec tant d'empressement & tant d'emphase !

ARTICLE TROISIÈME.

DÉMONSTRATIONS MÉTAPHYSIQUES.

On donne quelquefois deux sortes de démonstrations métaphysiques sur l'existence de Dieu ; l'une fondée sur l'idée des choses sensibles ; l'autre fondée sur l'idée de Dieu même, c'est-à-dire, sur l'idée ou de l'*Etre infini*, ou de l'*Etre nécessaire*. Mais cette dernière n'étant, comme on la donne communément, ou qu'un vain sophisme, ou qu'une pétition de principe, ou qu'un ennuyeux enchaînement de subtilités frivolement contestées, nous nous bornerons à la première.

PROPOSITION.

234. LES *Etres sensibles sont contingents, ou indifférents à exister : donc il existe un Etre nécessaire qui a déterminé les Etres sensibles à exister ; donc il existe un Dieu.*

DÉMONSTRATION. I°. L'existence de chaque homme, de chaque goutte d'eau, de chaque plante, de chaque animal, de chaque caillou, de chaque individu, de quelque espèce que ce soit, est contingente ; puisqu'il n'y auroit aucune inconséquence & aucune absurdité à supposer la non-existence de chaque individu en particulier : donc toute la collection des Etres sensibles, est aussi contingente ; puisque toute la collection des Etres, n'est autre chose que tous les individus pris ensemble.

II°. Tous les Etres sensibles étant contingents ou indifférents à l'existence, il est évident que ces Etres sensibles n'auroient jamais pû exister, sans l'influence d'une cause préexistante qui les a déterminés à exister. Il n'est pas moins évident que cette cause n'eût jamais pu leur donner l'existence, si elle n'avoit eu elle-même l'existence, ou par la nécessité de sa nature, ou par l'influence d'une première cause qui eût l'existence par la nécessité de sa nature. Donc l'existence des Etres sensibles suppose essentiellement l'existence d'un Etre nécessaire, ou d'un Etre nécessairement existant par sa nature & par son essence : donc l'existence des Etres sensibles annonce & démontre l'existence d'un Dieu. C. Q. F. D.

235. REMARQUE. De toutes les démonstrations en faveur de l'existence d'un Dieu, les plus frappantes & les plus triomphantes sont les démonstrations physiques : parce qu'elles sont les plus sensibles & les moins sujettes aux vaines chicanes. Il ne s'ensuit pas de là, qu'il faille rejetter les autres démonstrations, comme inutiles : parce qu'elles se prêtent toutes une lumière & une force mutuelle; & que de l'ensemble de toutes ces démonstrations, il résulte une démonstration totale qui a autant de force persuasive, qu'aucune démonstration mathématique. On peut voir à la fin de cet Ouvrage, un examen de la démonstration *par l'Idée*, que nous rejettons.

SECTION SECONDE.

LA NATURE D'UN DIEU.

NOUS examinerons dans cette section sur la nature d'un Dieu, son essence, sa providence, sa liberté, sa puissance, sa science,

CHAPITRE PREMIER.

L'ESSENCE ET LA SIMPLICITÉ D'UN DIEU.

Nous laissons à des Philosophes oisifs & pointilleux, le soin d'examiner en quoi consiste l'essence métaphysique de Dieu; ou quel est dans Dieu l'attribut duquel découlent en dernière analyse, tous les autres attributs : & nous nous bornons à examiner ici quelle est l'essence physique de Dieu, ou quels sont les constitutifs intrinsèques de Dieu envisagé tel qu'il est en lui-même.

PROPOSITION.

236. *L'essence physique de Dieu consiste dans une unique perfection substantielle, spirituelle, infiniment simple, & équivalente à une infinité de perfections.*

DÉMONSTRATION. 1°. Étant démontré qu'il existe un Dieu créateur de l'homme & de l'univers, il est évident que ce Dieu est *une substance* : puisqu'il existoit nécessairement en soi avant la création de la Nature. Il est évident que ce Dieu est *une substance intelligente*, & par là même spirituelle : puisque de lui émane tout ce qu'il y a d'ordre dans la Nature, tout ce qu'il y a d'intelligence dans l'homme. Il est évident que ce Dieu est *une substance infiniment parfaite* : puisqu'existant par son essence, il n'a pu être limité en sa nature & en ses perfections, ni par lui-même, ni par aucune cause étrangère; & que d'ailleurs ses œuvres annoncent dans lui une perfection infiniment supérieure à toute perfection finie.

II°. Cette substance divine est *une substance infiniment simple*, ou une substance qui ne peut être composée de parties ou de perfections distinguées l'une de l'autre. Car si Dieu étoit composé de parties ou de perfections distinguées entr'elles, il est évident que ces parties ou ces perfections étant distinguées, l'une ne seroit pas l'autre ; l'une seroit limitée par l'autre ; chacune seroit imparfaite ; aucune ne seroit infinie en elle-même, n'ayant pas les perfections des autres. Donc Dieu, composé de parties ou de perfections toutes finies & toutes imparfaites, seroit nécessairement imparfait & fini ; ce qui répugne évidemment à sa nature & à son essence.

III°. Cette substance ou cette perfection divine, quoiqu'infiniment simple en sa nature, *équivaut à un nombre infini de perfections* : parce qu'elle peut faire ce que feroient une infinité de perfections toutes infinies & toutes distinguées les unes des autres. C. Q. F. D.

237. COROLLAIRE I. Il suit de là qu'*il n'y a aucune distinction réelle entre les attributs absolus de Dieu*.

Ainsi *la sagesse* de Dieu, est l'essence divine en tant que connoissant & arrangeant tout indéfectiblement. La *toute-puissance* de Dieu, est l'essence divine en tant que capable de faire ou de produire tout ce qui n'a pas en soi une répugnance intrinsèque. L'*éternité* de Dieu, est l'essence divine en tant que n'ayant ni commencement ni fin, en tant qu'existant avant tous les temps intelligibles, & devant exister après tous les temps intelligibles. L'*immensité* de Dieu, est l'essence divine, en tant que présente à toute l'étendue de la matière existante & possible, sans rien perdre de son indivisibilité intrinsèque. La *providence* de Dieu, est l'essence divine en tant que dirigeant & conduisant par des moyens sages & convenables toutes les créatures à leurs fins respectives. La *Science* de Dieu, est l'essence divine en tant que représentative de toute vérité intelligible. La *liberté* de Dieu, est l'essence divine en tant que maîtresse de ses volontés, en tant qu'excluant toute nécessité d'agir hors d'elle-même. L'*immutabilité* de Dieu, est l'essence divine en tant qu'incapable d'aucune vicissitude & d'aucun changement, soit dans sa nature, qui ne peut rien perdre ou acquérir ; soit dans ses jugements & dans ses desseins, qu'aucune nouvelle lumière ne peut faire rétracter, & qui formés de toute éternité, s'exécutent toujours indéfectiblement dans le temps. La *bonté* de Dieu, est l'essence divine en tant que faisant du bien, ou en tant qu'ayant un penchant infini à en faire. La *justice* de Dieu, est l'essence divine en tant que traitant chacun selon ses mérites, en tant que destinant & réservant de justes récompenses à la vertu, & de justes châtiments au crime. La *miséricorde* de Dieu, est l'essence divine en tant qu'appellant les pécheurs à la pénitence, & se laissant fléchir par leur repentir. La *sainteté* de Dieu, est l'essence divine en tant qu'incapable d'avoir en soi aucun vice & aucun défaut moral, en tant qu'aimant la vertu & détestant le crime. (46. II°.)

238. REMARQUE. On appelle *absolus* ces attributs, pour les distinguer de certains autres attributs qu'on appelle *relatifs*. Les attributs absolus conviennent à toute la Nature divine, ou aux trois Personnes divines prises ensemble. Les attributs relatifs conviennent ex-

clufivement aux Perfonnes divines féparément prifes, la paternité au Pere, la filiation au Fils, la fpiration au Saint Efprit. C'eft là que la Foi commence, & que la Science finit.

239. COROLLAIRE II. Il fuit encore de là qu'*on ne doit point admettre dans Dieu, avec quelques Scotiftes, des formalités diftinguées entr'elles par leur nature.*

Car parmi ces formalités diftinguées en elles-mêmes & par leur nature, l'une n'eft pas l'autre ; l'une n'a pas la perfection de l'autre ; chacune eft imparfaite ; aucune n'eft infinie ; & le compofé qui en réfulte, eft un compofé réfultant de parties imparfaites & finies, lequel ne peut être qu'un compofé fini & imparfait, lequel ne peut être Dieu. (44)

240. COROLLAIRE III. Il fuit encore de là que *Dieu n'a aucune perfection ou aucun attribut perfectible.*

C'eft en ce fens que l'on dit quelquefois en Philofophie ou en Théologie, que Dieu eft un *Acte pur*, ou une puiffance qui a tous les actes dont elle eft fufceptible. Dans l'homme, les puiffances intrinféques & naturelles fe perfectionnent de jour en jour. Telle eft la puiffance intellective, qui s'étend & s'enrichit par de nouvelles lumières : telle eft la puiffance de juger & de raifonner, qui fe perfectionne par les actes ; qui par l'habitude & l'exercice, devient plus capable de difcerner & de faifir le vrai. Dans Dieu au contraire, il n'y a aucune puiffance qui foit capable d'acquérir un nouveau degré de perfection, même accidentelle : parce que Dieu a de toute éternité tout ce qu'il peut avoir de perfection, tout ce qu'il eft mieux d'avoir que de ne pas avoir, foit en genre de connoiffances, foit en genre de puiffance, foit en quelqu'autre genre que ce foit.

241. COROLLAIRE IV. Il fuit enfin de là que *le Polythéifme & le Manichéifme font des fyftêmes évidemment faux & abfurdes.*

Le Polythéifme fe répandit dans le Monde affez longtemps après le Déluge. Avant le Déluge on ne reconnoiffoit & on n'adoroit qu'un feul Dieu : ce fut l'infidélité en fait de mœurs, & non l'infidélité en fait de créance, qui attira fur la terre ce terrible fléau de Dieu. Le Manichéifme dut fon origine au troifième fiécle de l'ère chrétienne. Son auteur fut Manès, qui pour expliquer l'origine de nos biens & de nos maux, admit deux principes éternels toujours en guerre entr'eux, l'un auteur du bien phyfique & moral, l'autre auteur du mal moral & phyfique. Le Roi de Perfe le fit écorcher tout vif : il auroit peut-être mieux fait de l'enfermer aux petites-Maifons.

Quoiqu'il en foit, s'il y avoit plufieurs Dieux, il eft évident que la nature de l'un ne feroit pas la nature de l'autre ; qu'aucun ne feroit l'être infini en perfection ; qu'aucun ne feroit Dieu : & que s'il y avoit plufieurs Dieux, il n'y auroit point de Dieu ; ce qui répugne évidemment.

241. OBJECTION. Dieu eft tantôt notre ami & tantôt notre ennemi : Dieu, de Juge devient pere, & de pere devient Juge : donc il y a des changements dans Dieu ; donc Dieu n'eft pas un être infiniment fimple.

RÉPONSE. L'homme eft ami par un fentiment de tendreffe, accidentel à fa nature, qui l'incline à faire du bien : l'homme eft ennemi par un fentiment d'averfion, accidentel à fa nature, qui l'incline à faire du mal. Dieu au contraire n'est ami ou ennemi que par l'infinie & essentielle rectitude de sa volonté, qui exige que tout soit dans l'ordre. Quand nous sommes justes, Dieu voit en nous l'objet & le terme de ses récompenses : quand nous sommes coupables, Dieu voit en nous l'objet & le terme de ses vengeances : voilà la haine & l'amitié de Dieu. Quand nous passons du crime à la vertu ou de la vertu au crime, il n'y a point de changement intrinsèque en Dieu : c'est l'objet ou le terme de l'essence divine qui change, & non Dieu lui-même qui est après notre changement, précisément tout ce qu'il étoit avant notre changement.

CHAPITRE SECOND.

LA PROVIDENCE DE DIEU.

242. L'ATHÉE nie l'existence d'un Dieu auteur de la Nature : le *Déiste*, en admettant un Dieu créateur de l'homme & de l'univers, nie la providence de ce Dieu créateur ; ou prétend que Dieu après avoir créé l'homme & l'univers, ne s'embarrasse plus de son ouvrage. Selon le *Déiste*, les créatures non intelligentes sont livrées & abandonnées aux loix générales & nécessaires de la Nature, sans que Dieu préside à leur formation ou à leur conservation : & les créatures intelligentes n'ont d'autre régle & d'autre loi que leurs penchants & leur raison, sans que Dieu daigne faire attention ou à leurs vertus ou à leurs crimes.

On voit du premier coup d'œil que le *Déisme* n'est guères moins impie que l'Athéisme ; & que ces deux systêmes, s'ils diffèrent en quelque chose dans les principes, s'accordent assez bien dans les conséquences relatives aux mœurs. Le Déisme se divise en autant de sectes, qu'il y a de têtes qui l'admettent ; les uns donnant plus & les autres donnant moins aux passions ; ceux-là exigeant un culte & ceux-ci n'en voulant aucun ; chacun se faisant un Catéchisme & une Religion à sa mode, selon la différence ou l'instabilité de son caprice particulier.

NOTION DE CETTE PROVIDENCE.

243. LA *Providence* peut être considérée ou dans Dieu, ou hors de Dieu ; dans son principe ou dans ses effets.

1°. La *Providence intérieure* & dans Dieu, est cet acte immanent de la Divinité, par lequel Dieu veut les moyens propres à conduire tous les êtres créés à leurs fins respectives. La Providence ainsi envisagée n'est point quelque chose de distingué de Dieu.

2°. La *Providence extérieure* & hors de Dieu, est cet ordre de choses, ce choix de moyens, par lequel Dieu conserve les êtres créés & les conduit à leur fin. La Providence ainsi envisagée est évidemment quelque chose de distingué de Dieu & d'extrinsèque à Dieu : c'est pour l'homme que nous envisageons ici principalement, & l'ordre naturel & l'ordre surnaturel des choses ; l'un & l'autre étant destinés à le conduire à sa fin totale & complette, qui est de glorifier Dieu en ce monde & de le posséder en l'autre. (30)

PROPOSITION.

244. Il y a une Providence infiniment sage, qui s'intéresse au bien de ses Créatures ; qui leur fournit les moyens convenables pour remplir leur destination ; qui voit d'un œil différent le crime & la vertu, destinant des châtiments à l'un & des récompenses à l'autre.

DÉMONSTRATION. L'existence d'un Dieu, (c'est-à-dire, d'un Être qui renferme essentiellement en soi toutes les perfections possibles, ou tout ce qu'il est mieux d'avoir que de ne pas avoir) entraîne nécessairement l'existence d'une Providence. Car un Être qui renferme essentiellement toutes les perfections, est nécessairement un Être & infiniment sage, & infiniment saint, & infiniment juste : or l'existence d'un tel être, est évidemment connexe & liée avec l'existence d'une Providence, comme nous allons le démontrer.

I°. Il est évident qu'*un Être infiniment sage*, peut sans peine & sans fatigue, veiller & pourvoir au bien de ses créatures ; qu'un Être infiniment sage veut que ses créatures tendent & parviennent à la fin pour laquelle il leur donne l'existence, sans quoi il seroit inconséquent : donc il est évident qu'un Être infiniment sage doit s'intéresser au bien de ses créatures, doit leur fournir les moyens propres & à les conserver, & à les conduire à leur destination.

II°. Il est évident qu'*un Être infiniment saint*, est essentiellement amateur de l'ordre moral, essentiellement ami de la vertu dont il apprécie l'amabilité, essentiellement ennemi du crime dont il connoit l'odieux caractère : donc un Être infiniment saint réprouve & déteste nécessairement ce qui est criminel & deshonnête, approuve & chérit nécessairement ce qui est honnête & vertueux : donc un Être infiniment saint commande nécessairement la vertu, défend nécessairement le crime.

III°. Il est évident qu'*un Être infiniment juste*, après avoir commandé la vertu qu'il chérit, & défendu le crime qu'il déteste, ne peut, sans cesser d'être juste, sans devenir inconséquent & insensé, voir du même œil & avec indifférence le crime & la vertu : donc il doit de justes récompenses à la vertu, & de justes châtiments au crime ; châtiments & récompenses qui doivent nécessairement avoir leur effet, ou en cette vie ou en une autre vie.

Il résulte de tout cela, que par l'idée même de Dieu, (c'est-à-dire, par l'application du principe fondamental de toutes les sciences) il est démontré qu'il y a une Providence ; que Dieu veille & s'intéresse au bien de l'univers ; & que Dieu ne voit point avec indifférence, nos crimes & nos vertus. C. Q. F. D.

PREUVE confirmative. Tout nous annonce dans la Nature, l'existence d'une aimable & adorable Providence. Car s'il n'y a pas une Providence qui s'intéresse au bien de ses créatures, qui ait présidé & qui préside encore à l'ordre établi dans la Nature : comment arrive-t-il que les molécules de l'air, de l'eau, du feu, de la lumière, des divers sels de la terre, soient si bien assortis & proportionnés & aux organes des divers animaux, & aux fibres des divers végétaux ? Comment arrive-t-il que l'éternelle guerre des élémens, que l'éternel conflit des corps entr'eux, ne détruise & n'absorbe pas un mouvement destiné à rendre la Nature animée & féconde ? Comment arrive-t-il que toutes les espèces de plantes & d'animaux, puissent se conserver & se perpétuer, sans s'absorber les unes les autres ? Comment arrive-t-il que la Terre & la Mer fournissent constamment & indéfectiblement à toutes les espèces vivantes, précisément la nourriture & la subsistance qui leur convient relativement à la diversité de leurs organes ? Qu'il faut être aveugle, pour ne pas appercevoir la Providence, au milieu de tant de phénomènes frappants qui annoncent & dévoilent constamment cette admirable Providence ! Donc l'existence d'une Providence est également démontrée & par la raison & par l'expérience, par les preuves métaphysiques & par les preuves de fait. C. Q. F. D.

245. COROLLAIRE. Il suit de-là que *le Système des Déistes, ennemis de la Providence, est un Système évidemment faux & absurde.*

Ce n'est point connoître Dieu, que de se représenter cet Etre adorable, comme le Roi des grenouilles de la fable, plongé dans une inertie léthargique, ne s'occupant de rien & ne s'intéressant à rien, oubliant & négligeant l'ouvrage de ses mains après lui avoir donné l'existence. Ce n'est pas mieux connoître Dieu, que de se figurer cet Etre adorable, enflé d'un gentillâtre orgueil, dédaignant & méprisant les hommes ses créatures, parce qu'ils sont moins nobles que lui.

OBJECTIONS A RÉFUTER.

246. OBJECTION I.° Si la terre étoit l'ouvrage d'un Dieu, ou si une Providence s'intéressoit à la terre, y verrions-nous tant de défauts essentiels ? Parmi les différentes régions de la terre, les unes sont engourdies par des froids presque éternels ; les autres sont calcinées par des chaleurs dévorantes : celles-là sont hérissées de montagnes incultes & stériles ; celles-ci ne sont fertiles qu'en ronces & en épines : & de là combien de misères découlent sur les malheureux habitants de ces contrées !

REPONSE. I°. Il est très-probable que la terre n'est plus aujourd'hui telle qu'elle est sortie originairement des mains du Créateur ; & que le déluge général (232 II°.), a dû considérablement altérer sa beauté & sa richesse primitive. Un déluge général répandu sur toute la terre pour punir les forfaits du genre humain, a dû inévitablement produire d'affreux ravages dans les campagnes les plus riantes & les plus fertiles, enlever aux côteaux & aux montagnes une partie considérable de la substance féconde qui faisoit leur richesse, former mille & mille inégalités difformes & monstrueuses sur toute la surface de la terre. Un tel fléau n'est point contraire à la Providence ; parce qu'il n'est point contre la Providence de punir le crime.

II°. Il est probable encore, comme le remarque l'élégant Auteur du Spectacle de la Nature, qu'avant le déluge l'axe de l'Equateur étoit parallèle à l'axe de l'Ecliptique : ce qui donnoit à la terre entière un printemps perpétuel, une égalité constante de jours & de nuits, une permanente immutabilité de saisons, une somme de biens immensément plus grande, & une somme de maux incomparablement moindre. Qu'au temps du déluge l'axe de la terre ait été incliné sur l'axe de l'Ecliptique d'environ vingt-trois dégrés & demi, tel qu'il est aujourd'hui : soit que l'énorme masse des eaux, portées & accumulées par le souffle du Créateur, se trouvant accidentellement prépondérante fur un pole, ait fait naturellement pencher l'axe de la terre ; foit que le Créateur, fans une femblable caufe, ait incliné cet axe de la terre, par un miracle deftiné à perpétuer fes vengeances. De cette hypothèfe évidemment poffible, on voit naître & découler l'inégalité des jours & des nuits, le changement continuel des faifons, un conflit éternel & immodéré entre les divers éléments, un excès inévitable dans le froid ou dans la chaleur, un déluge affreux de maladies & de calamités, le fpectacle & l'hiftoire de la Nature, telle qu'elle fe montre à nos yeux.

III°. La terre, bien différente aujourd'hui de ce qu'elle a dû être dans fa beauté originaire & primitive, ne laiffe pas d'être encore telle qu'il convient qu'elle foit, afin de rappeller les hommes à leur principale deftination, qui eft la célefte Patrie; afin de détacher leurs cœurs d'un Monde miférable & périffable, pour lequel ils ne font pas faits. Ces défauts ou ces imperfections qu'on apperçoit dans ce Monde vifible, ne prouvent donc rien contre l'exiftence d'une Providence.

247. OBJECTION II. S'il y avoit une Providence, il femble qu'elle devroit empêcher abfolument & efficacement & le *Mal moral*, & le *Mal phyfique*. Car ou Dieu le peut & le veut; ou Dieu ne le peut ni ne le veut; ou Dieu le peut & ne le veut pas; ou Dieu le veut & ne le peut pas. Dans le premier cas, il ne devroit y avoir aucun mal dans le Monde : dans le fecond cas, Dieu n'eft ni bon ni puiffant : dans le troifième cas, Dieu eft puiffant, mais il n'eft pas bon : dans le quatrième cas, Dieu eft bon, mais il n'eft pas puiffant.

RÉPONSE. Dieu peut abfolument, ou par fa puiffance abfolue, empêcher & le mal moral & le mal phyfique : mais Dieu ne veut point abfolument, ou d'une volonté abfolue & efficace, empêcher & le mal moral & le mal phyfique ; & en cela il ne ceffe point d'être infiniment bon & infiniment jufte, comme on le verra dans l'explication que nous allons en donner.

1°. *Le Mal phyfique.* Dieu ne ceffe point d'être infiniment bon & infiniment jufte, en permettant le mal phyfique. Car 1°. Quelques-uns de nos maux phyfiques naiffent des loix générales de la Nature, qui font bonnes & utiles en elles-mêmes, & que Dieu n'eft pas obligé de changer miraculeufement pour éviter le mal accidentel qui en naît pour quelqu'un dans un cas particulier. Les loix de l'Hydroftatique, par exemple, font-elles mauvaifes, parce qu'elles étouffent par hafard un homme qui prend les bains dans une rivière? 2°. Une grande partie de nos maux phyfiques, comme on vient de le remarquer dans la réponfe à l'objection précédente, a pour fource l'iniquité des hommes, qui les a attirés, & qui continue encore de les attirer fur la terre. L'homme a-t-il droit de fe plaindre d'être puni, lorfqu'il eft coupable? 3°. Plufieurs de nos maux phyfiques viennent de l'abus que font de leur liberté, les hommes acharnés ou à fe tourmenter eux-mêmes, ou à tourmenter leurs femblables. Dieu eft-il tenu de priver l'homme de fa liberté, pour l'empêcher ou de fe nuire à lui-même, ou de nuire à fon femblable? 4°. Quand Dieu envoye des profpérités aux méchants & des calamités aux juftes, a-t-on droit de demander tout de fuite, où eft la Providence? Non: un moment de réfléxion nous apprendroit que les bons & les méchants ont un Juge commun, qui traitera tôt ou tard chacun felon ses mérites : que d'ailleurs on peut supposer avec assez de probabilité, qu'il n'y a point d'homme si méchant & si corrompu, qui n'ait quelques vertus dont ces prospérités passagères sont la récompense ; & qu'il n'y a point d'homme si saint & si parfait, qui n'ait quelques défauts & quelques imperfections dont ces adversités passagères sont le juste châtiment. 5°. Tous nos maux physiques, quelle qu'en soit la source, sanctifiés par l'esprit de patience & de Religion, peuvent expier nos iniquités présentes, & nous mériter une éternité de gloire & de félicité futures : ces maux même peuvent donc devenir pour nous une vraie source de biens éternels & d'un prix infini. Il est donc faux que le mal physique soit opposé à cette Providence adorable, qui embrassant dans ses vûes & l'économie présente & l'économie future, corrige & compense l'une par l'autre.

II°. *Le Mal moral.* Dieu ne cesse point d'être infiniment bon, infiniment juste, infiniment saint, en permettant le mal moral. Car, 1°. Dieu, qui est essentiellement tenu à désapprouver & à défendre le mal moral, a pleinement satisfait à ce qu'exige de lui son infinie sainteté, en nous donnant & la loi naturelle & des loix positives qu'il nous défend d'enfreindre jamais. 2°. Dieu nous donne les lumières nécessaires, naturelles & surnaturelles, pour connoître le bien moral & le mal moral : Dieu nous donne les moyens nécessaires, naturels & surnaturels, pour pratiquer le bien moral, pour éviter le mal moral. Quand après tout cela, l'homme libre se décide pour le crime, est-ce à Dieu qu'en est la faute ? Dieu est-il tenu ou de cesser de créer l'homme, ou cesser de le créer libre, pour l'empêcher d'abuser de sa liberté ? 3°. La violence des passions, telle qu'elle est aujourd'hui dans la nature humaine, vient d'une dépravation de cette nature, dépravation qui doit être imputée à l'homme même & non au Créateur. Mais quelle que soit la source & la violence de ces passions, il est sûr qu'elles n'ont rien de criminel en elles-mêmes & par leur nature, sans le consentement libre de notre volonté : il est sûr, & le sentiment intime nous en est garant, qu'elles ne sont point irrésistibles ; & si par impossible elles l'étoient, il n'y auroit plus de mal moral ; parce qu'il n'y auroit plus de liberté. Que la raison & la Religion, avec le secours toujours présent de la grace, les captivent & les règlent, ces passions & ces passions, malgré leur violence & leur désordre, deviendront une vraie source de bien moral & physique pour le particulier & pour la société en ce monde, une vraie source de triomphe & de mérite pour la vie future dans le Ciel. Donc il est faux que le mal moral qu'on voit dans ce monde, soit une preuve concluante contre l'existence d'une Providence infiniment sage & infiniment sainte.

248. *OBJECTION III.* Il est indigne d'un Dieu de s'occuper du soin des créatures, qui sont infiniment viles devant lui ; comme il seroit indigne d'un grand Roi de s'occuper des vils animaux de sa basse-cour ou de sa ménagerie : il n'y a donc point de Providence ; ou s'il y a une Providence, c'est pour l'espèce & non pour les individus.

RÉPONSE. Cette comparaison qui paroit si triomphante à un Déiste, paroit peu sensée & peu concluante à un Philosophe. Car 1°. S'il est indigne de Dieu de s'intéresser à des créatures infiniment viles en comparaison de lui ; pourquoi n'étoit-il pas également indigne de Dieu de donner l'existence à ces mêmes créatures infiniment viles en comparaison de lui ? Quand il n'est point indigne de Dieu de vouloir la fin, peut-il être indigne de Dieu de vouloir les moyens ? Et si Dieu peut s'intéresser à l'espèce, comment peut-il ne pas s'intéresser aux individus ? Qu'est-ce que l'espèce, si ce n'est la collection de tous les individus ? 2°. Il y a une bien grande différence entre les deux termes de la comparaison objectée. Un Roi n'est point l'auteur des vils animaux de sa basse-cour : il ne leur doit donc pas des soins paternels. Un Roi ne peut donner ses soins aux vils animaux de sa basse-cour, sans dérober ses soins à des affaires incomparablement plus nobles & plus importantes : il doit donc de préférence, s'occuper de ce qu'il y a de plus important & de plus essentiel. Dieu au contraire est le pere[de ses créatures, qu'il a formées pour une fin : il doit donc leur fournir les moyens propres à les conduire à cette fin. Dieu en s'occupant des plus viles créatures, ne dérobe point son attention à des affaires plus nécessaires & plus essentielles, embrassant également par son intellectivité infinie & les plus grandes choses & les plus petites choses, sans que son intelligence divine en puisse jamais être ou surchargée ou fatiguée : Dieu peut donc s'occuper de tout & descendre à tout, sans que rien en souffre & sans qu'il en souffre lui même. Il n'est donc point indigne d'un Dieu créateur, d'avoir une Providence qui s'intéresse à toutes ses créatures.

249. *Objection IV.* S'il y avoit une Providence qui s'intéressât aux hommes, y auroit-il tant d'infidéles qui n'ont point les moyens de salut nécessaires; tant de réprouvés qu'il valoit bien mieux laisser à jamais dans le Néant; tant d'enfants dans le Christianisme même, qui par une mort prématurée & inévitable, ne peuvent parvenir à leur principale destination, laquelle est la jouissance de Dieu ? Comment accorder tout cela avec une Providence infiniment sage & bienfaisante, telle que doit être la Providence d'un Dieu ?

Reponse. C'est un principe incontestable, & qui ne sera désavoué par aucun Philosophe, que ce qu'il y a de certain & d'évident dans une chose, ne doit pas être abandonné ou suspecté à cause de ce qu'il pourroit y avoir d'incertain & d'obscur dans la même chose : parce qu'il est impossible que la vérité soit contraire à elle-même. Or il est certain & évident qu'il doit y avoir & qu'il y a réellement une Providence (244) : donc quelque difficulté qu'il y ait & qu'il puisse y avoir à expliquer l'économie de cette Providence, il ne cesse pas d'être certain & évident qu'il y a une Providence. Ce principe une fois posé & démontré, il est facile de répondre à tout ce que renferme l'objection, qui n'attaque plus que la marche & la manière d'une Providence quelquefois incompréhensible.

1°. *Quant aux Infidéles à qui la Loi évangélique est inconnue*, il est sûr & par les principes de la raison & par les principes de la Foi, que Dieu veut sincèrement le salut de tous les hommes : que Dieu fournit à tous les hommes des moyens intérieurs ou extérieurs, prochains ou éloignés, avec lesquels ils peuvent efficacement opérer leur salut : que personne ne sera réprouvé que par sa faute & que par l'abus de sa liberté propre & personnelle. Donc ces infidéles ont des moyens prochains ou éloignés, intérieurs ou extérieurs, par lesquels ils peuvent remplir leur destination & se sauver ; quels que soient ces moyens dont ils abusent ou dont ils ne font pas usage par leur faute. (371)

II°. *Quant aux Enfants qui meurent sans baptême, avant l'usage de la raison*, la Foi nous apprend qu'ils n'auront point le bonheur de voir Dieu ; bonheur qui n'est point essentiellement dû à leur nature : mais elle ne nous apprend pas qu'ils doivent être positivement malheureux. En accordant gratuitement une béatitude surnaturelle aux enfants qui ont reçu le baptême ; Dieu peut sans injustice refuser la même grace à ceux qui n'ont pas le même caractère, & à qui elle n'est dûe à aucun titre.

III°. *Quant à la création des hommes dont Dieu prévoit la réprobation future*, Dieu n'est point tenu de renoncer à son droit de créer des hommes, parce qu'il prévoit qu'il leur plaira d'abuser de leur liberté pour se perdre ; la malice & la perversité de la créature né devant pas être un obstacle aux desseins sages & bienfaisants du Créateur dans l'ordre général de la Nature. Le Créateur a établi des loix générales pour la conservation & la propagation de l'espèce humaine : en vertu de ces loix générales, il doit naître des hommes libres : Dieu donne à ces hommes libres les moyens nécessaires, naturels & surnaturels, pour parvenir à leur fin naturelle & surnaturelle : les hommes par leur propre choix & par leur détermination, veulent abuser de ces moyens pour se perdre, au lieu de s'en servir pour se sauver. Où est en tout cela le vice & le défaut de la Providence.

250. OBJECTION V. Pour établir la vérité d'une Providence, nous sommes forcés de recourir à des mystéres ; par exemple, à un péché d'origine, à une autre vie heureuse ou malheureuse : donc la vérité d'une Providence n'est point prouvée par les lumières de la raison.

RÉPONSE. I°. Les seules lumières de la raison nous démontrent l'existence d'une Providence (244), sans qu'il soit nécessaire de supposer des mystéres pour l'établir. II°. La vérité d'une Providence étant établie & démontrée par les seules lumières de la raison, nous employons à la fois & les principes de la Raison & les principes de la Révélation, pour venger cette Providence adorable des vains blasphêmes que lui oppose l'Impiété. Il est évident que l'ordre naturel, s'il étoit seul & unique, laisseroit en défaut cette Providence divine : l'ordre surnaturel, dont la Révélation nous atteste indubitablement l'existence, fait évanouir ce défaut ; & nous dévoile la sagesse & la justice du Créateur, dans les choses même qui nous sembloient le plus révolter notre raison. Pourquoi donc ne pas employer, pour justifier à l'égard de l'homme, cette Providence adorable, & l'ordre naturel & l'ordre surnaturel ; puisque cette économie à l'égard de l'homme, consiste indivisiblement & dans l'ordre naturel & dans l'ordre surnaturel.

251. OBJECTION VI. Du moins cette Providence de Dieu n'est pas aussi parfaite qu'elle pourroit & devroit l'être. Car Dieu auroit pu établir un ordre naturel où il y eût eu moins de maux pour cette vie : Dieu auroit pu établir un ordre surnaturel, où il n'y eût point eu de réprouvés après cette vie. Pourquoi Dieu ne l'a-t-il pas fait ?

RÉPONSE. I°. Cette Providence divine, considérée dans son principe ou dans Dieu, est infiniment parfaite : puisque c'est cet acte immanent de la Divinité, identifié avec la Divinité, lequel sous la direction d'une sagesse infinie, & par le motif d'une bienfaisance infinie, a décerné les moyens qui doivent conduire les différentes Créatures à leur fin.

II°. La Providence divine, considérée hors de Dieu & dans son terme, c'est-à-dire, dans l'ordre général naturel & surnaturel, établi par le Créateur, a toute la perfection qui convient, & à Dieu qui en est le principe, & à la créature qui en est l'objet : puisqu'elle est très-propre à conduire les différents Êtres à la destination & à la fin, que le Créateur a eu en vûe.

III°. Il est évident que le Créateur étant libre de sa nature, auroit pu choisir & établir un ordre différent de choses, lequel auroit été peut-être plus favorable à l'homme, soit pour cette vie, soit pour l'autre. Mais Dieu, qui ne peut rien faire de mal, n'est pas tenu à faire le meilleur ou le plus parfait : parce que Dieu est libre, & que le meilleur ou le plus parfait absolu répugne. (258.)

IV°. Si on demande après cela, pourquoi Dieu a choisi un tel ordre de choses, plutôt qu'un autre peut-être meilleur parmi les possibles ; ou pourquoi il accorde à quelques hommes des graces, dont il prévoit que ces hommes abuseront ; tandis qu'il pourroit leur accorder de préférence d'autres graces, par le moyen desquelles ils se sanctifieroient & se sauveroient : je réponds, qu'il ne nous est point donné de sonder l'adorable profondeur des conseils & des jugements de Dieu ; & que Dieu étant le maître absolu de ses graces & de ses bienfaits, il ne nous appartient pas de lui demander pourquoi il n'a pas créé un autre monde ou une autre nature qui nous eût mieux accommodé ; pourquoi il n'a pas établi un autre ordre de choses ; pourquoi il nous accorde une grace plutôt qu'une autre. Quant au mystère de la prédestination, la raison même nous dit que la science finit là où le mystére commence. Tout ce qu'on peut ajoûter en ce genre, c'est le raisonnement de Saint Augustin sur ce sujet : en voici le fond & la substance. Il est démontré par les lumières mêmes de la raison, que Dieu ne fait & ne peut faire rien d'injuste & de répréhensible : il conste par les principes de la foi, que Dieu agit ainsi, ou que Dieu accorde aux hommes des graces avec lesquelles ils se perdent, tandis que Dieu pourroit leur accorder d'autres graces, avec lesquelles ils se sauveroient : d'où il s'ensuit évidemment que cette conduite de Dieu, que nous pourrions être tentés de blâmer & de condamner, n'a rien d'injuste & de répréhensible.

CHAPITRE TROISIEME.

LA LIBERTÉ DE DIEU.

I°. NATURE DE CETTE LIBERTÉ.

252. AVANT de donner les preuves démonstratives qui établissent la liberté de Dieu, il est à propos de donner une idée nette & précise de cette liberté.

I°. La liberté de Dieu ne regarde, ni son existence, puisqu'il existe nécessairement ; ni ses connoissances, puisqu'il lui est essentiel de ne rien ignorer ; ni les opérations intérieures de la Divinité, puisque la révélation nous apprend que le Pere engendre nécessairement le Fils, & que l'Esprit Saint procéde nécessairement & du Fils & du Pere.

II°. La liberté de Dieu consiste dans la puissance d'agir ou de ne pas agir hors de lui-même ; de prendre ou de ne pas prendre une détermination relative à quelque objet extrinsèque à la Divinité. Dieu a été libre relativement à la création du monde : parce que de toute éternité il a librement décerné la création du monde, & qu'il a librement exécuté sa volonté au commencement du temps.

III°. Dieu librement déterminé de toute éternité à faire quelque chose, reste éternellement libre : parce que l'acte par lequel Dieu s'est librement déterminé, reste éternellement & immuablement dans Dieu, sans être jamais ou effacé par l'oubli, ou retracté par un acte contraire.

IV°. Le pouvoir permanent de changer de volonté & de résoudre le contraire de ce qui avoit été résolu, n'est point essentiel à la liberté divine, comme il est essentiel à la liberté humaine. S'il est de l'essence de notre liberté de pouvoir changer de volonté, cela vient, non de ce que nous sommes libres, mais de ce que nous sommes imparfaits. Comme il appartient à la volonté libre de pouvoir choisir entre les différents biens que l'esprit lui présente, & que l'esprit humain par l'instabilité de ses connoissances, présente sans cesse à la volonté de nouveaux biens, ou le même bien sous un jour différent : ce changement de connoissances dans l'esprit humain, entraîne nécessairement dans la volonté humaine le pouvoir de changer, le pouvoir de prendre une détermination contraire aux déterminations précédentes. Mais Dieu, dont l'entendement infini embrasse toutes choses, a tout vu de toute éternité : donc il n'est pas possible qu'il acquière avec le temps, des connoissances qui lui eussent échappé, & qui le fassent changer de dessein & de détermination ; parce qu'on ne peut prendre une détermination nouvelle, que sur de nouvelles lumières, lesquelles présentent de nouveaux motifs à la puissance qui a la liberté de choisir & de se déterminer.

V°. Comme il n'est pas contre l'essence d'une puissance libre, de prendre librement une détermination à laquelle elle se tienne fixément & invariablement attachée : il s'ensuit que *la liberté de Dieu n'est point opposée à son immutabilité ; & réciproquement, que l'immutabilité de Dieu n'est point opposée à sa liberté.*

II°. LA FATALITÉ DES PAYENS.

253. LES Grecs & les Romains admettoient un *Destin* ou une *Fatalité* ; c'est-à-dire, une puissance supérieure à toutes les Divinités subalternes, qui nécessitée en elle-même & par sa nature, répandoit par ses décrets immuables, une nécessité générale sur l'enchaînement de tous les événements. Les Mahométans, & quelques Protestants, ont transporté cette chimérique fatalité dans la nature du vrai Dieu : soit qu'ils en fassent un être nécessité en lui-même, soit qu'ils en fassent un être dont les décrets nous nécessitent.

III°. L'OPTIMISME DE LEIBNITZ.

254. LE fameux Leibnitz, ce beau génie qui a illustré l'Allemagne sa Patrie, qui a éclairé & le dernier siècle & notre siècle, pour couper racine à tous les blasphèmes que l'Athéisme & le Déisme renou-

vellent sans cesse contre la Providence, & pour trancher d'un seul coup toutes les têtes de cette Hydre toujours renaissante après ses défaites, composa sa Théodicée; ouvrage singulier, où il montre toute la richesse d'un esprit rare & sublime, qui même en s'égarant, mérite l'attention des amateurs de la vérité. Voici son système.

I°. Dieu, dit Leibnitz, est libre en lui-même, d'une *Liberté absolue*; pouvant agir ou ne pas agir, décerner ou ne pas décerner, créer un monde ou ne pas créer un monde. Mais cette liberté absolue est jointe dans Dieu à une *Nécessité hypothétique*, qui découle de la perfection même de sa nature : parce que Dieu, après s'être déterminé librement à agir, par exemple, à créer un monde, se voit nécessité, & par sa sagesse & par sa bonté, à donner à sa puissance la plus parfaite action; & à produire parmi les ouvrages possibles, le plus parfait de tous. Plaçons-nous par la pensée avec Leibnitz, avant l'origne des temps & des choses, pour examiner la marche & l'action du Créateur! Dieu heureux en lui-même & par lui-même, se détermine librement à créer un monde dont il n'a aucun besoin. Après cette détermination librement prise, Dieu voit par son intelligence infinie, une infinité de mondes possibles avec différents degrés de perfection, qui tous semblent à l'envi lui demander l'existence. Parmi ces mondes possibles, quel choisira-t-il de préférence? Ne pas choisir le meilleur & le plus parfait de tous, ce seroit, dit Leibnitz, manquer ou de *sagesse*, ou de *bonté*, ou de *puissance*. Donc Dieu sera nécessité par ces trois attributs, à créer le meilleur & le plus parfait des mondes possibles.

II°. Dieu étant nécessité à créer le meilleur & le plus parfait des mondes possibles, & Dieu ayant créé le monde actuellement existant; il s'ensuit que le monde actuellement existant, est le meilleur & le plus parfait des mondes possibles. Le monde actuellement existant n'est point parfait dans toutes ses parties: mais l'ensemble de ses défauts & de ses perfections, est meilleur & plus parfait que l'ensemble des perfections & des défauts de tout autre monde possible.

III°. Comme Dieu est nécessité hypothétiquement à créer le plus parfait & le meilleur des mondes possibles, pour les mêmes raisons, il est également nécessité à choisir & à établir un ordre de choses, le meilleur & le plus parfait parmi les possibles : or Dieu a établi l'ordre présent des choses : donc l'ordre présent des choses, résultant de l'ordre physique & de l'ordre moral, de l'ordre naturel & de l'ordre surnaturel, est l'ordre le plus parfait parmi les possibles. Et l'expérience ne dément point la théorie : car dit Leibnitz, l'ordre le plus parfait est celui où les loix les plus simples, sans avoir jamais besoin d'être corrigées ou réformées, produisent la plus grande abondance & la plus grande variété d'effets : or tel est l'ordre moral & physique, naturel & surnaturel, que Dieu a choisi.

IV°. De cette théorie ainsi établie, Leibnitz tire une réponse générale à toutes les objections fondées sur les défauts du monde moral & du monde physique : & il dit que s'il y a quelque chose de répréhensible dans l'ordre physique & dans l'ordre moral, c'est un vice qui doit être imputé, non au Créateur, qui a fait le meilleur & le plus parfait des ouvrages possibles; mais à l'essence & à l'exigence intrinsèque des choses, qui n'étoient pas susceptibles d'une plus grande perfection totale : qu'il ne faut pas envisager l'homme & la terre solitairement & hors du tout dont ils font partie ; mais qu'il faudroit pouvoir embrasser l'ensemble de l'univers, pour juger sûrement que ce qui nous paroît répréhensible & défectueux dans la partie, est un vice & un défaut réel dans le tout : que les perfections rachetant les défauts, le monde le plus parfait est celui, où compensation faite, il résulte une plus grande somme de biens d'une moindre somme de maux : que le mal moral & le mal physique sont souvent une vraie source de biens & de vertus ; car l'adultére de Tarquin met fin à la tyrannie, & donne naissance aux beaux jours de Rome ; les persécutions des tyrans donnent lieu aux triomphes & aux couronnes des Martyrs ; les crimes des hommes font éclater la miséricorde de Dieu sur la terre ; & la réprobation des méchans manifestera éternellement la justice de Dieu dans les enfers : tous ces maux ont donc en eux-mêmes une raison de bien, puisqu'ils produisent ou qu'ils occasionnent un bien qui l'emporte sur le mal. Tel est l'Optimisme de ce fameux Léibnitz, qui portoit l'esprit géométrique jusques dans ses égaremens.

PROPOSITION I.

255. *Il y a dans Dieu une parfaite liberté, qui exclud toute nécessité, soit absolue, soit hypothétique.*

DÉMONSTRATION. I°. Dieu est un Etre qui possède toutes les perfections possibles, qui renferme & réunit tout ce qu'il est mieux d'avoir que de ne pas avoir : (200.) or la liberté, soit absolue, soit hypothétique, est une perfection qu'il est mieux d'avoir, que de ne pas avoir ; puisqu'il est evidemment mieux d'être libre, que de n'être pas libre en agissant : donc Dieu possède cette perfection ; donc Dieu a une vraie & parfaite liberté qui exclud toute nécessité, soit absolue, soit hypothétique.

II°. Pour que Dieu fût nécessité, ou par sa sagesse, ou par sa bonté, ou par sa puissance, à faire le meilleur & le plus parfait des ouvrages possibles ; il faudroit que le meilleur & le plus parfait des ouvrages possibles, fût ou plus nécessaire ou plus utile à Dieu lui-même ; puisque tout ce que Dieu crée, il ne le crée & ne peut le créer que pour lui-même : or il est évident que la création d'un moucheron ou d'un simple atôme, est aussi bonne & aussi avantageuse pour Dieu, qui trouve essentiellement & exclusivement son bonheur en lui-même, que la création & des hommes & des Anges & de l'univers entier, & de mille & mille mondes incomparablement plus parfaits. Donc la bonté intrinséque des choses n'est point un motif propre à déterminer ou à nécessiter l'action du Créateur, qui n'a & ne peut avoir d'autre motif d'agir que sa bonté intrinseque : donc Dieu ne peut être nécessité ni par sa sagesse, ni par sa bonté, ni par sa puissance, à faire ou à créer le meilleur & le plus parfait des ouvrages possibles. C. Q. F. D.

PROPOSITION II.

256. *Le monde existant n'est point, comme le prétend Léibnitz, le plus parfait des mondes possibles.*

DÉMONSTRATION

DÉMONSTRATION. Le monde exiſtant a évidemment bien des défauts & bien des imperfections, qui pourroient en être ôtés ſans le détruire. Car à qui perſuadera-t-on que l'homicide, le vol, le ſacrilége, la réprobation des pécheurs, la guerre, la peſte, la famine, les maladies de toute eſpèce, & mille autres maux dans l'ordre moral & dans l'ordre phyſique, entrent néceſſairement & eſſentiellement dans la compoſition du monde exiſtant ! Otez par la penſée, la plûpart de ces maux & de ces imperfections : vous concevez encore que le même monde, que les mêmes loix générales, que le même genre humain, demeurent & ſubſiſtent. Donc tous ces maux n'entrent point eſſentiellement dans les conſtitutifs du monde exiſtant : Donc le monde exiſtant pouvoit être ou plus parfait, ou moins imparfait : Donc le monde exiſtant n'eſt pas le meilleur & le plus parfait des mondes poſſibles. C. Q. F. D.

CHAPITRE QUATRIEME.

LA TOUTE-PUISSANCE DE DIEU.

ON entend par *Toute-puiſſance*, une vertu infiniment active & efficace, capable de s'étendre à tout ce qui ne répugne point, & incapable de voir jamais ſon activité défaillir & s'épuiſer.

PROPOSITION I.

257. *Il y a dans Dieu une puiſſance infinie, qui s'étend à tout ce qui eſt poſſible.*

DÉMONSTRATION. I°. Dieu eſt un Etre qui poſſéde toutes les perfections poſſibles, qui renferme & réunit tout ce qu'il eſt mieux d'avoir, que de ne pas avoir. (200) Or la Toute-puiſſance, ou une Puiſſance infinie qui s'étend à tout ce qui eſt poſſible, eſt évidemment une perfection, qu'il eſt mieux d'avoir que de ne pas avoir : donc Dieu poſſéde une puiſſance infinie qui s'étend à tout ce qui eſt poſſible.

II°. Il a été démontré que Dieu eſt le Créateur du monde : or la création du monde ſuppoſe évidemment dans Dieu une puiſſance infinie & ſans bornes ; puiſque l'on conçoit qu'aucune puiſſance finie, quelle que ſoit ſon activité & ſon étendue, n'eſt capable de tirer du néant le moindre petit atôme : donc il y a dans Dieu une puiſſance infinie & ſans bornes. Or une puiſſance infinie & ſans bornes s'étend à tout ce qui eſt poſſible ; ſans quoi cette puiſſance ne ſeroit pas infinie & ſans bornes : donc il y a dans Dieu une puiſſance qui s'étend à tout ce qui eſt poſſible, à tout ce qui ne renferme en ſoi aucune répugnance. C. Q. F. D.

PROPOSITION II.

258. *Il ne s'enſuit pas de la toute-puiſſance de Dieu, que Dieu puiſſe donner l'exiſtence à un Monde éternel, à une Créature la plus parfaite parmi les poſſibles, à une Matière infinie en étendue, à un nombre infini d'individus dans une eſpèce quelconque.*

DÉMONSTRATION. Tout ce qui répugne en soi, n'est point l'objet ou le terme de la Toute-puissance divine ; sans quoi cette Toute-puissance ayant un objet chimérique, seroit une puissance chimérique : or un Monde éternel, une créature la plus parfaite parmi les possibles, une matière infinie en étendue, un nombre infini d'individus dans une espèce, répugnent en eux-mêmes, ou sont des Êtres chimériques.

I°. *Il est chimérique qu'il existe un Monde créé de toute éternité.* Car l'idée d'un monde créé renferme essentiellement la réception de l'existence : la réception de l'existence renferme essentiellement un instant où l'existence est reçue, & un instant précédent où l'existence n'étoit point encore reçue. Donc l'idée d'un Monde créé renferme essentiellement un instant qui précède la création de ce même monde : donc l'idée d'un monde créé exclud essentiellement la possibilité d'une existence éternelle dans ce même monde.

II°. *Il est chimérique qu'il existe ou un Homme ou un Monde, le plus parfait parmi les possibles.* Car l'idée d'une créature quelconque renferme essentiellement une nature toujours perfectible, une capacité inépuisable de recevoir du Créateur des perfections toujours nouvelles. L'idée d'un Dieu renferme essentiellement une puissance intarissable de communiquer de plus en plus ses infinies perfections. Donc il est chimérique qu'il existe jamais une créature qui ne soit plus perfectible, qui soit incapable de recevoir une augmentation de perfections, qui mette des bornes à la puissance & à la bienfaisance intarissables du Créateur : donc la créature la plus parfaite répugne.

III°. *Il est chimérique qu'il existe une matière infiniment étendue, ou un Monde infini en étendue.* Car 1°. Un monde *incréé*, ou existant de toute éternité par son essence, répugne : (226) donc il répugne qu'il existe un Monde incréé qui soit infini en étendue. 2°. Un Monde *créé*, infini en étendue, ne répugne pas moins. Car quelqu'étendue que l'on conçoive donnée à ce Monde créé, on conçoit que ce monde créé est encore capable d'augmentation : on conçoit que le Créateur n'a point épuisé dans la création de ce monde, sa puissance essentiellement inépuisable. Donc l'idée d'une matière ou d'un monde, quelque grandeur ou quelque étendue qu'on leur suppose, renferme essentiellement une capacité susceptible d'une nouvelle perfection & d'une nouvelle étendue : donc il répugne qu'il existe jamais un Monde qui soit infini en étendue, quelqu'étendue que lui donne le Créateur, qui ne peut épuiser sa puissance essentiellement infinie & inépuisable ; qui ne peut rendre infini en étendue, ce qui par sa nature, toujours essentiellement susceptible de perfection & d'augmentation, exclud nécessairement la réception complette & consommée de cette infinie étendue.

IV°. *Il est chimérique qu'il existe un nombre infini d'individus dans quelque espèce ; par exemple, dans l'espèce humaine.* Car on conçoit évidemment que le nombre des hommes possibles est essentiellement inépuisable ; & que la puissance du Créateur est une puissance essentiellement intarissable : or il répugne qu'un nombre essentiellement inépuisable, s'épuise ; qu'une puissance essentiellement intarissable, tarisse : donc il répugne qu'il existe un nombre infini d'individus dans quelque espèce que ce soit : donc quelque immense que puisse être le nombre des individus créés, ce nombre est toujours essentiellement fini. C. Q. F. D.

259. COROLLAIRE I. Il suit de ce que nous venons de dire & de démontrer, 1°. Que *Dieu est infiniment puissant*, non parce qu'il peut produire des Etres d'une perfection infinie ; mais parce qu'il n'y a aucun Etre fini, quelque perfection finie qu'on lui assigne par la pensée, auquel la Puissance divine ne puisse donner l'existence. 2°. Que *Dieu est infiniment bon*, non parce que ses bienfaits ont une bonté & une perfection infinie ; mais parce qu'une bonté infinie est le motif qui détermine Dieu à nous accorder ses bienfaits ; Dieu ne pouvant avoir d'autre motif d'agir que lui-même.

260. COROLLAIRE II. Il suit encore de ce que nous venons de dire & de démontrer, que *le nombre des hommes possibles est un vrai infini*. Car si ce nombre n'étoit pas infini, il seroit fini : si ce nombre étoit fini, il pourroit être épuisé par une puissance infinie. Or quelque nombre déterminé d'hommes que l'on suppose créé, on conçoit encore qu'il en reste à créer un nombre inépuisable, & par là même infini. C. Q. F. D.

OBJECTIONS A RÉFUTER.

261. OBJECTION I. Si Dieu est tout puissant, il peut faire même l'impossible : car quel obstacle peut mettre à son infinie puissance, l'impossibilité des choses qui n'est rien. Et d'ailleurs, Dieu n'a-t'il pas fait l'impossible, en changeant les Essences immuables des choses, en changeant Nabuchodonosor en brute, la femme de Lot en statue de sel ?

RÉPONSE. 1°. Une puissance qui s'étendroit aux choses impossibles & chimériques, seroit une puissance chimérique : une puissance chimérique n'est rien : donc une telle puissance n'est point dans Dieu. Quand on conçoit une puissance quelconque, on la conçoit toujours essentiellement comme relative à quelque terme, à quelque objet ; & non comme relative à un défaut de terme, à une négation d'objet. L'impossibilité des choses ne présente point à Dieu un obstacle réel & positif, qui arrête ou captive ou circonscrive son action & sa puissance : mais elle présente à Dieu un défaut ou une négation de terme & d'objet réels, auxquels puisse s'étendre sa puissance & son action. Dieu ne peut pas produire un Cercle-quarré : parce qu'un Cercle-quarré n'est rien de réel, n'est rien d'intelligible, n'est rien qui puisse être le terme & l'objet de son infinie activité.

II°. Nabuchodonosor, pour avoir osé s'ériger sacrilégement en Divinité terrestre, fut condamné à brouter hideusement l'herbe de la terre. Il oublia, ce Monarque aveugle & insensé, l'auteur de sa gloire & de sa prospérité ; & en punition de son impie orgueil, il fut changé en brute, non par le changement de l'essence humaine en l'essence d'une brute ; mais par le changement de ses goûts, de ses lumières, de ses sentimens, de ses affections, peut-être même de sa figure, que Dieu altéra & dégrada totalement ; & qui ainsi altérés & dégradés, le réduisirent à l'état & à la condition des brutes. Nabuchodonosor conserva sa nature humaine, son essence d'homme : mais par le dérangement de ses organes, par la perte de sa raison, par l'extinction des saines lumières & des beaux sentimens qui caractérisent l'humanité, par l'altération & la dégradation de sa figure humaine, par ſes goûts & ſes penchans & ſon genre de vie, en tout conformes à ceux des bêtes ſauvages, il n'offrit plus que l'image d'une brute ; juſqu'au temps où le Ciel vengé & appaiſé, le rendit à ſa raiſon & à ſon premier état. Le changement de Nabuchodonoſor en brute, n'annonce donc point dans Dieu une puiſſance chimérique, ou une puiſſance qui s'étende à des objets impoſſibles : elle n'annonce qu'une puiſſance adorable, qui toujours infiniment ſage dans ſes deſſeins, épouvante quelquefois la terre par des châtimens d'autant plus frappans, qu'ils ſont plus inſolites.

III°. La femme de Loth, en punition de ſa coupable curioſité, fut frappée de mort, pour avoir regardé, contre la défenſe, qui ſans doute lui en avoit été faite, une Ville maudite de Dieu, & livrée aux flammes vengereſſes. Son cadavre fut converti en une ſtatue de ſel : Changement miraculeux, mais qui ne préſente rien de répugnant. La matière homogène de ſa nature, peut prendre toutes les configurations, toutes les modifications, qu'il plait au Créateur de lui donner ; & la ſeule diverſité des configurations & des modifications dans les élémens de la matière, fait la diverſité des divers corps qui en réſultent : Donc le corps de la femme de Loth a pu par miracle être converti tout-à-coup en une ſtatue de ſel ; comme tout corps humain ſe convertit naturellement & par la ſeule putréfaction, en d'autres ſubſtances.

262. OBJECTION II. Si la puiſſance de Dieu ne s'étend pas à l'impoſſible, elle ne s'étend pas non plus à tout ce qui eſt poſſible, à tout ce qui ne répugne pas en ſoi : donc Dieu n'a pas une puiſſance infinie & illimitée. I°. Un péché, ou une action criminelle, ne répugne pas en ſoi ; & cependant Dieu ne peut pas faire un péché, ou une action criminelle. II°. Un Dieu ne répugne pas en ſoi ; & cependant Dieu ne peut pas créer ſon ſemblable, ou un Dieu. III°. Un Monde égal en étendue, à l'étendue de l'eſpace infini qui exiſte au-delà des limites du monde, ne répugne pas en ſoi ; & cependant Dieu ne peut pas produire un tel Monde. Donc la puiſſance de Dieu ne s'étend pas à tout ce qui eſt poſſible.

RÉPONSE. 19. Un péché, ou une action criminelle, qui ſoit l'action de Dieu, répugne en ſoi : parce qu'il répugne qu'une action qui ſuppoſe & annonce eſſentiellement un principe vicieux, ou dans ſon entendement, ou dans ſa volonté, ou dans l'un & dans l'autre, ſoit une action de Dieu, ou une action d'un Etre qui réunit eſſentiellement & inaliénablement toute perfection. Le péché qui répugne dans Dieu, ne répugne point dans l'homme libre : parce qu'il ne répugne pas qu'une puiſſance qui a de grandes ténèbres dans ſon eſprit, une grande dépravation dans ſa volonté, abuſe de ſa raiſon pour s'attacher au mal. Le péché eſt toujours un acte de la volonté, qui ſe détermine librement, ou à faire le mal qui lui eſt défendu, ou à omettre le bien qui lui eſt commandé.

II°. Un Dieu, ou un Etre éternel, incréé, indépendant, infini en tout genre de perfections, ne répugne pas en ſoi : mais il répugne qu'un Dieu éternel, incréé, indépendant de toute cauſe & de toute puiſſance, ſoit créé & rendu exiſtant dans le temps : puiſqu'il ſeroit éternel & non éternel, indépendant & non indépendant, exiſtant par ſon eſſence & non exiſtant par ſon eſſence.

III°. Notre eſprit conçoit évidemment un eſpace infini au-delà des limites du monde. (53) Si je tire par la pensée, d'occident en orient, une ligne droite dans cet espace immense, je conçois que quelque étendue finie que je donne à cette ligne, elle n'atteint point le bout de cet espace : donc cet espace est infini ; puisque s'il étoit fini, il pourroit être mesuré par une ligne finie d'une longueur indéterminée. Donc la longueur de cet espace est un infini en longueur : donc la largeur de cet espace est un infini en largeur : donc la profondeur de cet espace est un infini en profondeur. En vain objecteroit-on contre l'existence de cet espace infini, qu'il y auroit un infini plus grand qu'un autre ; par exemple, que l'infini en largeur seroit plus grand que l'infini en longueur : Conséquence vraie ; mais qui ne paroit fausse & absurde qu'à ceux qui ont de fausses idées de l'infini. Les Mathématiciens conçoivent différentes espèces d'infinis, infiniment plus grands les uns que les autres. Un infini du premier ordre ∞, est infiniment moindre qu'un infini du second ordre $\infty 2$: Un infini du second ordre $\infty 2$, est infiniment moindre qu'un infini du troisième ordre $\infty 3$: Et telles sont les trois espèces d'infinis que nous concevons dans les trois dimensions de l'espace dont nous venons de parler.

Mais le Créateur peut-il produire un Monde ou une collection de mondes, qui emplisse cet espace infini ? Non : car soit une dimension de cet espace, sa dimension en longueur, considérée en ligne droite d'occident en orient. Qu'à cent mille millions de lieues au-delà du monde existant, Dieu crée un monde dont cette ligne soit l'axe : Qu'au-delà de ce nouveau monde, à cent mille billions ou trillions de lieues, Dieu crée un troisième monde dont la même ligne soit encore l'axe : Qu'au-delà de ce troisième monde, à tant de mille millions de lieues qu'on voudra, Dieu crée sur cette même ligne un quatrième, un cinquième, un sixième monde, & ainsi de suite. On conçoit toujours que, quelque nombre innombrable de mondes que Dieu crée, il n'atteindra jamais le bout de cette étendue infinie : On conçoit toujours que, quelque immense quantité de matière que Dieu soit supposé avoir créée, l'espace qui reste à remplir ne reste pas moins infini. Donc un Monde égal en étendue à l'espace infini, répugne : parce qu'il répugne qu'un monde que l'on conçoit toujours essentiellement & intarissablement capable d'une ultérieure augmentation, arrive à un terme où il ne soit plus capable d'une augmentation ultérieure.

OBJECTION III. L'humanité du Rédempteur est la créature la plus parfaite : donc la créature la plus parfaite ne répugne pas.

REPONSE. L'humanité du Rédempteur est la créature la plus parfaite parmi les créatures existantes ; mais elle n'est pas la créature la plus parfaite parmi les créatures possibles. Car comme les perfections de Dieu sont communicables à l'infini, l'ame du Rédempteur auroit pu participer encore davantage à l'intellectivité infinie du Créateur ; le corps du Rédempteur auroit pu participer encore davantage à la majesté & à l'amabilité infinies du Créateur : donc l'humanité sainte du Rédempteur n'est point la créature la plus parfaite qu'ait pu produire la puissance infinie du Créateur.

263. OBJECTION IV. Dieu voit & connoît tous les hommes possibles : pourquoi ne pourroit-il pas créer tous les hommes possibles ? La puissance de Dieu est-elle moindre que son intelligence ?

RÉPONSE. 1°. Il est évident que Dieu connoît tous les hommes possibles, ou l'infini des hommes possibles. Car si Dieu ne connoissoit qu'un nombre fini quelconque d'hommes possibles, la science de Dieu pourroit être augmentée par la connoissance nouvelle de quelques autres hommes possibles : ce qui feroit de cette science de Dieu, une science imparfaite & limitée qui répugne dans Dieu. 2°. Si on demande pourquoi cette collection infinie d'hommes possibles, pouvant être toute connue, ne peut pas être toute créée : Je réponds qu'en concevant dans Dieu une science infinie, on conçoit que cette science doit s'étendre à toute la collection infinie des individus possibles ; laquelle étant toute intelligible de sa nature, est toute exposée à l'infinie intellectivité de Dieu : mais qu'en concevant dans Dieu une puissance infinie, on ne conçoit pas qu'elle doive s'étendre à toute la collection infinie des individus possibles ; laquelle étant inépuisable de sa nature, ne peut évidemment être épuisée par l'action quelconque du Tout-puissant. 3°. Il ne s'ensuit pas de là que la puissance de Dieu soit moindre que son intelligence : puisqu'infinies chacune en son genre, l'une s'étend à tout ce qui peut être connu, & l'autre à tout ce qui peut être produit. Il s'ensuit simplement que ces deux perfections divines diffèrent dans leur objet, qui n'est pas relativement à la puissance, comme il est relativement à l'intelligence. Par leur nature, les possibles peuvent être tous connus ; les possibles ne peuvent pas être tous créés.

CHAPITRE CINQUIEME.

LA SCIENCE DE DIEU.

264. Un Etre qui renferme toutes les perfections possibles, qui possède tout ce qu'il est mieux d'avoir, que de ne pas avoir, (200) est évidemment un Etre d'une intellectivité infinie. Un Etre d'une intellectivité infinie, atteint & connoît nécessairement tout ce qui est intelligible, tout ce qui est vérité. Donc rien n'échappe à l'intelligence divine, qui n'est autre chose que l'essence divine, laquelle semblable à un miroir essentiellement fidéle & universel, représente nécessairement & indéfectiblement les choses passées, présentes & futures.

1°. Cette science divine, considérée *dans son sujet* ou dans Dieu, est une science simple & unique, indentifiée avec la nature divine. Car Dieu ne connoît pas comme l'homme, par des habitudes ou par des actes accidentels, les uns antérieurs ou postérieurs aux autres ; mais il connoît par son essence même, nécessairement représentative de toute vérité objective. Pour que je connoisse une vérité, il faut trois choses ; sçavoir, mon esprit, cette vérité objective, & un acte de mon esprit qui me manifeste cette vérité objective : pour que Dieu connoisse une vérité, il ne faut que deux choses ; sçavoir, cette vérité objective & l'essence divine.

II°. Cette science divine considérée *dans son objet* ou dans son terme, se divise en science des possibles, qu'on appelle *Science de simple intelligence* ; en science des futurs absolus, qu'on appelle *Science de vision* ; en science des futurs conditionnels, qu'on appelle *Science moyenne*.

III°. Comme les choses sont possibles par la convenance intrinséque de leurs attributs, indépendamment de tout décret de Dieu, il est évident que la *Science de simple intelligence* ne suppose en Dieu aucun décret; ou que Dieu voit les choses possibles dans la convenance de leurs attributs, antécédemment à tout décret de sa part. Comme les choses ne sont existantes que dépendamment de la volonté de Dieu, il est évident que la *Science de vision* suppose en Dieu un décret, qui soit la cause immédiate ou médiate de l'existence passée, présente ou future des choses. Nous examinerons bientôt si la *Sience moyenne* exige & suppose dans Dieu quelque décret.

IV°. La Science de simple intelligence n'ayant donné lieu à aucune diversité de sentiments, nous n'avons rien de plus à en dire : la Science de vision & la Science moyenne vont donc fixer notre attention.

ARTICLE PREMIER.
LA SCIENCE DE VISION.

265. La science de vision a pour objet les futurs absolus, nécessaires ou libres. On appelle *Futur absolu nécessaire*, un effet qui sera produit par une cause nécessaire : On appelle *Futur absolu libre*, un effet qui sera produit par une cause libre.

1°. Il n'y a aucune difficulté à expliquer comment Dieu prévoit les futurs absolus nécessaires. Il est évident que Dieu peut du moins les prévoir dans les causes nécessairement déterminées à les produire; comme nous prévoyons une Éclypse future dans la marche réglée des Astres.

II°. Toute la difficulté consiste donc à expliquer comment Dieu prévoit les futurs qui dépendent des causes libres. Par exemple, comment Dieu a prévu de toute éternité que j'écrirois aujourd'hui à onze heures, que l'Antechrist péchera un jour : & c'est là le grand écueil où échoua l'ancienne Philosophie, à qui la préscience de Dieu & la liberté humaine parurent deux choses inconciliables. En conséquence les anciens Philosophes se diviserent en deux Sectes : les uns reconnurent la liberté humaine, & nierent la préscience divine de nos actes libres : les autres admirent la préscience divine de nos actes libres, & nierent la liberté humaine, qu'ils soumirent à je ne sçais quelle fatalité nécessitante, que dément dans nous le sentiment intime. (65)

III°. Le but intéressant de cette question, est donc de concilier deux vérités fondamentales ; sçavoir, la préscience de Dieu, & la liberté de l'homme. Sur quoi voici quelques systêmes qu'il faut expliquer & développer.

1°. DECRETS PRÉDÉTERMINANTS.

266. Les Thomistes expliquent la préscience de Dieu par le moyen de leurs Décrets prédéterminants, imaginés par le Dominicain Bannez. Voici ce systême Bannezien, qui n'a jamais pu prendre racine hors du sol monachal, & dont commencent à sentir le vice & le ridicule, les personnages les plus éclairés de l'Ordre de Saint Dominique.

Comment Dieu prévoit-il, par exemple, le péché futur de l'Antechrist ? I°. Dieu en vertu de sa liberté & de son souverain domaine sur ses créatures, voit de toute éternité qu'il est le maître de donner un jour à l'Antechrist qu'il est résolu de créer, ou une *motion physique* qui le prédéterminera librement, mais indéfectiblement au bien ; ou une autre *motion physique* qui le prédéterminera librement, mais indéfectiblement au mal. II°. Dieu décerne de toute éternité de donner un jour à l'Antechrist une *motion physique* qui le prédéterminera indéfectiblement au péché, plutôt qu'une autre motion physique qui l'auroit indéfectiblement prédéterminé à la vertu. III°. Dieu voit dans ce *décret prédéterminant*, & dans la *prémotion physique* qui doit être en son temps le fruit ou l'effet nécessaire de ce décret prédéterminant, le péché futur de l'Antechrist.

Tel est donc l'enchaînement de causes, dans lequel Dieu prévoit infailliblement nos actes futurs. I°. Dieu voit *dans son décret*, ou dans sa volonté libre, la motion physique prédéterminante ou au bien ou au mal, qui sera produite en son temps, dans l'homme libre, en conséquence de ce décret ou de cette volonté de Dieu. II°. Dieu voit ensuite *dans cette motion physique prédéterminante*, qui sera un jour produite dans l'homme libre, ou l'acte vertueux, ou l'acte criminel qu'elle doit faire produire indéfectiblement. III°. Cette motion prédéterminante, qui est essentiellement nécessaire à l'homme pour agir, que Dieu donne ou refuse à l'homme sans le consulter, est incompatible par sa nature, & avec l'omission de l'acte pour lequel elle est donnée, & avec la production de l'acte opposé à celui pour lequel elle est donnée : sans quoi Dieu ne prévoiroit pas infailliblement l'acte futur dans cette prémotion ou prédétermination physique.

REMARQUE. Ce système semble détruire de fond en comble la liberté humaine. Car comment suis-je libre, sous un décret qui met nécessairement & inévitablement dans moi une *motion physique*, que je ne puis me procurer, que je ne puis m'empêcher de recevoir ; qui étant reçue en moi, antécédemment à ma détermination, opére indéfectiblement ma détermination ou au bien ou au mal, connexe par sa nature avec l'effet pour lequel elle est donnée, incompatible par sa nature & avec l'omission de son objet, & avec la production de l'opposé à son objet ? Aussi le fameux Cardinal du Perron offroit au Pape Paul V, de faire signer à tous les Protestants qui nient la liberté, les décrets prédéterminants de Bannez.

II°. DÉCRETS PRÉDÉFINISSANTS.

267. IV°. Les *Décrets prédéfinissants* reviennent ou doivent nécessairement revenir aux décrets prédéterminants. Un décret de Dieu qui *prédéfinit* le péché futur de l'Antechrist, & qui est le moyen dans lequel Dieu prévoit infailliblement le péché futur de l'Antechrist, doit avoir nécessairement pour objet ou pour effet, une influence ou une causalité physique, inévitable, indéfectible, à l'égard de ce péché : Donc les mêmes raisons qui font rejetter les décrets prédéterminants, doivent faire rejetter les décrets prédéfinissants.

III°. DÉCRETS INDIFFÉRENTS.

268. Un système plus raisonnable & plus sensé est celui des décrets indifférents, dont le fruit ou l'effet n'aboutit qu'à mettre la liberté humaine en état de faire ou le bien ou le mal indifféremment. Dans ce système,

I°. Dieu voit par la science de simple intelligence que tel acte libre, par exemple, le péché de l'Antechrist, est possible.

II°. Dieu décerne de donner un jour à l'Antechrist & l'existence & la liberté, & tout ce qui sera nécessaire pour qu'il puisse se déterminer librement ou au bien ou au mal ; sans que ces secours divins le prédéterminent nommément ou à l'un ou à l'autre.

III°. L'Antechrist un jour existant, ne pourra éviter de choisir ou le péché ou la vertu. S'il se détermine un jour librement au péché, il est vrai que l'Antechrist péchera : s'il est vrai que l'Antechrist péchera, c'est une vérité objective qui ne peut être inconnue à l'essence divine essentiellement représentative de toute vérité.

IV°. Dieu voit donc le péché futur de l'Antechrist, dans la vérité objective de ce péché futur, ou dans l'existence future de cet acte criminel ; laquelle étant une chose réelle, doit être nécessairement une chose intelligible.

269. REMARQUE. Dieu n'est point mu & déterminé à la connoissance d'un objet créé, soit existant ou futur, soit nécessaire ou libre, par l'objet créé lui-même : sans quoi Dieu seroit dépendant de l'objet créé ; ce qui répugne en Dieu. Mais Dieu est mu & déterminé à la connoissance d'un objet quelconque créé, uniquement par son essence infailliblement & nécessairement représentative de toute vérité. Ainsi dans Dieu, l'essence divine est le motif & le déterminatif de ses connoissances : les objets créés nécessaires ou libres, existants ou futurs, sont l'objet & le terme de ses connoissances : la connexion indéfectible entre l'essence représentative & l'objet représenté, fait l'infaillibilité de ses connoissances.

PROPOSITION

270. DIEU prévoit infailliblement les actes futurs qui dépendent de notre liberté ; sans que notre liberté nuise à l'infaillibilité de la préscience divine ; & sans que l'infaillibilité de la préscience divine nuise à notre liberté.

DÉMONSTRATION. I°. *Dieu prévoit infailliblement les actes futurs qui dépendent de notre liberté.* Car 1°. Un Etre qui a une intellectivité infinie, atteint nécessairement toute vérité objective (264) : or les actes libres de notre volonté ont évidemment une vérité objective : donc ils sont l'objet de l'intellectivité divine. 2°. L'expérience nous apprend par l'histoire, que Dieu connoît les événements futurs qui dépendent de la volonté humaine : puisque plusieurs prophéties qui avoient pour objet des actes libres, ont été vérifiées par l'événement : Dieu connoissoit donc ces événements futurs dépendants de la volonté libre, puisqu'il les avoit prédits.

II°. *Notre liberté ne nuit point à l'infaillibilité de la préscience divine.* Car 1°. Ce qui aura l'existence par l'influence d'une cause libre, ne sera pas moins véritablement existant, que ce qui aura l'existence par l'influence d'une cause nécessaire. Donc l'existence future d'un événement libre n'est pas moins une vérité objective, que l'existence future d'un événement nécessaire : donc la vérité objective d'un futur libre n'est pas moins en prise à l'infinie intellectivité de Dieu, que la vérité objective d'un futur nécessaire (269) : donc Dieu ne prévoit pas moins infailliblement le premier, que le second. 2°. L'infaillibilité de la préscience divine n'est pas fondée sur la connexion de l'effet futur avec sa cause ; mais elle est fondée sur la connexion de l'effet connu avec la connoiſſance qui le repréſente : & comme la liberté de celui qui agit librement, n'empêche pas qu'on ne voye ſon action préſente ; de même la liberté de celui qui agira librement, n'empêche pas qu'on ne prévoye ſon action future : donc la liberté humaine ne nuit point à l'infaillibilité de la préſcience divine.

III°. *L'infaillibilité de la préſcience divine ne nuit point à la liberté humaine.* Car 1°. La liberté, du moins pour ce qui regarde les actes intrinſéques de notre ame, ne peut être détruite que par quelque choſe qui ſoit reçu dans notre ame, que par quelque choſe qui détermine & néceſſite à une choſe la puiſſance intrinſéque & active de notre ame : or la préſcience divine n'eſt point quelque choſe d'intrinſéque à notre ame ; la préſcience divine eſt au contraire quelque choſe d'étranger & d'extrinſéque à la puiſſance active de notre ame : donc la préſcience divine ne néceſſite point dans nous la puiſſance active qui opére ou qui détermine nos actions. 2°. Ce qui ſuppoſe notre liberté, ne détruit point notre liberté : or la préviſion de nos actes libres ſuppoſe notre liberté ; puiſque (Dieu prévoit non ſeulement que nos actes ſeront, mais qu'ils ſeront libres ; & que les choſes ne doivent point arriver, parce que Dieu les prévoit infailliblement ; mais que Dieu les prévoit infailliblement, parce qu'elles doivent arriver : donc la préviſion de nos actes libres, ne détruit point notre liberté. C. Q. F. D.

OBJECTIONS A RÉFUTER.

271. OBJECTION I. De deux propoſitions contradictoires ſur un futur contingent libre, par exemple, *l'Antechriſt péchera, l'Antechriſt ne péchera pas,* l'une indéterminément eſt vraie, l'autre indéterminément eſt fauſſe ; mais aucune n'eſt déterminément vraie, aucune n'eſt déterminément fauſſe : Donc Dieu ne peut pas prévoir la vérité déterminée de ces propoſitions.

REPONSE. Comme il eſt impoſſible qu'une même choſe ſoit & ne ſoit pas en même temps, il eſt évident ou que le péché de l'Antechriſt exiſtera, ou que le péché de l'Antechriſt n'exiſtera pas. Si le péché de l'Antechriſt exiſte un jour, la propoſition qui annonce ſon exiſtence future, eſt à préſent en elle-même déterminément vraie ; puiſqu'elle eſt à préſent conforme à ſon objet. Si le péché de l'Antechriſt n'exiſte jamais, la propoſition qui annonce ſon exiſtence future, eſt à préſent en elle-même déterminément fauſſe ; puiſqu'elle eſt à préſent non-conforme à ſon objet. La vérité d'une des deux propoſitions eſt indéterminée par rapport à nous, qui ne la connoiſſons pas : mais elle eſt déterminée en elle-même ; parce que les conſtitutifs de cette vérité exiſtent ; ſçavoir, la conformité de la propoſition avec l'objet énoncé ; ou la relation de la propoſition à l'objet futur, qui, ſans exiſter, eſt tel que l'énonce la propoſition.

1°. Nous avons dit ailleurs (5) que la vérité d'une propoſition conſiſte dans ſa conformité avec l'objet énoncé ; conformité d'énonciation, & non de nature & d'exiſtence. L'objet énoncé n'eſt point un des conſtitutifs intrinſéques de la vérité expreſſive, laquelle conſiſte toute entière dans la relation de conformité entre la propoſition & ſon objet : donc cette relation exiſtant, ſoit que l'objet de la proposition existe actuellement, ou qu'il n'existe pas actuellement ; soit que cet objet soit quelque chose, ou qu'il ne soit rien ; la proposition est actuellement vraie, ou a une vérité actuelle & réelle. Une proposition peut avoir avec un objet non existant, avec une négation d'être, avec le rien, une conformité d'expression ou d'énonciation, conformité très-réelle. Ainsi cette proposition, *avant la création, le Monde n'étoit point existant*, est vraie par sa conformité avec son objet, qui est la non existence du monde avant la création. De même, cette proposition, *l'Antechrist péchera*, est actuellement vraie par sa conformité avec son objet, qui est le péché futur de l'Antechrist ; péché qui n'a point d'existence actuelle, mais qui aura au temps marqué, l'existence exprimée par la proposition.

II°. Une action quelconque présente, par exemple la promenade actuelle d'Ariste, rend vraies trois propositions, qui auront pour objet le présent, le passé & l'avenir. 1°. Elle rend vraie cette proposition que je fais actuellement : *Ariste se promene*. 2°. Elle rend vraie cette proposition que je fis hier : *Ariste se promenera demain*. 3°. Elle rend vraie cette proposition que je ferai demain : *Ariste se promena hier*. Une proposition une fois vraie, ne peut jamais devenir fausse : parceque cette proposition est toujours essentiellement relative, & à la circonstance où elle a été faite, & à la circonstance pour laquelle elle a été faite ; & qu'il est impossible que son objet soit & ne soit pas à la fois & dans la même circonstance, comme l'énonce la proposition. C'est pour cette raison que les propositions prophétiques, qui annoncent la naissance & la destinée future du Messie, ont encore la vérité qu'elles avoient avant l'avènement du Messie.

III°. Je suppose qu'on ait fait hier ces deux propositions contradictoires : demain à deux heures, *Ariste se promenera, Ariste ne se promenera pas* : sur quoi je raisonne ainsi. Il est impossible aujourd'hui à deux heures, qu'Ariste se promene & ne se promene pas à la fois ; qu'Ariste évite à la fois de se promener & de ne pas se promener : Il faut donc inévitablement, qu'il fasse ou l'un ou l'autre, à son choix. S'il choisit de se promener, la proposition qui annonçoit sa promenade, étoit vraie, & l'autre étoit fausse : S'il choisit de ne pas se promener, la proposition qui annonçoit sa non-promenade, étoit vraie, & l'autre étoit fausse : donc de deux propositions contradictoires sur un futur contingent libre, l'une est déterminément vraie en soi ; sçavoir, celle qui exprime ce qui se passera dans la circonstance en question. Mais cette vérité, réelle & existante, comment & pourquoi échapperoit-elle à l'Essence divine, essentiellement représentative de toute vérité ?

272. OBJECTION II. Si Dieu a prévu le péché futur de l'Antechrist ou d'Ariste, il n'est plus libre à l'Antechrist ou à Ariste de ne pas pécher. Car s'il leur étoit libre de ne pas pécher, ils pourroient ne pas commettre le péché prévu : s'ils pouvoient ne pas commettre le péché prévu, ils pourroient rendre fautive la préscience de Dieu ; ce qui répugne selon nos principes. Donc si Dieu a prévu ce péché futur, ce péché futur est nécessaire, & non libre.

REPONSE. I°. Dans l'hypothèse du péché commis & prévu, Ariste & l'Antechrist ont une véritable puissance intrinsèque de ne pas pécher : parce que la puissance par laquelle ils péchent ou pécheront, est identiquement la même puissance par laquelle ils pourroient ne pas pécher ; & que la puissance ne se perd pas par l'exercice de cette puissance ; II°. Cette puissance unique & indivisible, qui peut s'étendre indifféremment ou à l'action du péché ou à l'omission du péché, ne peut pas s'étendre en même temps à deux actes essentiellement incompatibles, à la commission du péché & à l'omission du péché : Donc quand la puissance est supposée déterminée librement au péché qu'elle commet, on ne peut pas supposer qu'elle puisse se déterminer librement en même temps à l'omission du même péché : ce qui évidemment ne détruit pas la liberté, qui ne consiste pas à pouvoir produire à la fois deux actes essentiellement incompatibles. III°. Le péché d'Ariste ou de l'Antechrist étant supposé prévu, il est supposé existant dans son temps : étant supposé existant dans son temps, il ne peut pas être supposé non existant dans son temps. IV°. Pour rendre fautive la prescience de Dieu, il faudroit que le péché prévu pût être non-existant en son temps : c'est-à-dire, qu'il faudroit que ce péché pût être à la fois existant & non existant : ce qui répugne.

273. REMARQUE. Toute cette objection porte sur un ridicule sophisme, où l'on passe continuellement du sens divisé au sens composé de la prescience & du péché futur. Dans le sens *composé* de la prescience du péché futur, le péché est supposé existant dans son temps ; parce que Dieu ne prévoit ce péché que conséquemment à sa future existence : & dans l'hypothèse où le péché est supposé existant dans son temps, le péché prévu ne peut pas être supposé non existant dans son temps. Mais dans le sens *divisé* de la prescience du péché, le péché de l'Antechrist peut être supposé non existant ; parce que l'Antechrist qui se déterminera librement au péché, pourroit se déterminer librement à la vertu : & dans cette hypothèse antécédente à la prévision du péché, le péché de l'Antechrist n'auroit été ni existant ni prévu.

Rendons ceci sensible par un exemple. Je sens qu'il m'est libre en ce moment de me promener ou de ne pas me promener. Si je me détermine librement à me promener, je fais que Dieu ait prévu de toute éternité ma promenade en ce moment : Si je me détermine librement à ne pas me promener, je fais que Dieu ait prévu de toute éternité ma non-promenade en ce moment. La prescience de Dieu ne gêne donc point ma liberté ; puisqu'à chaque moment où j'agis librement, je donne à cette prescience éternelle l'objet qu'il me plaît de lui donner. Il en est de même dans l'ordre moral. Placé entre le vice & la vertu, sollicité à l'un par la passion & à l'autre par la grace, je sens qu'il m'est libre de me déterminer ou pour le bien ou pour le mal. Si je me détermine librement au vice, je fais que Dieu ait prévu de toute éternité cet acte criminel. Si je me détermine librement à la vertu, je fais que Dieu ait prévu de toute éternité cet acte vertueux. La prescience de Dieu ne gêne donc point ma liberté ; puisque ma liberté donne toujours à cette prescience, l'objet & le terme qu'il me plaît de lui assigner ; & que cette prescience ne prévoit que ce que je veux lui faire prévoir.

274. OBJECTION III Dans l'hypothèse du péché prévu, l'omission du péché est ou possible ou impossible. Si l'omission du péché prévu est possible, il est possible que Dieu se trompe. Si l'omission du péché prévu est impossible, où est la liberté humaine ?

RÉPONSE. I°. Dans l'hypothèse du péché prévu à l'occasion de la future existence, l'omission du péché est impossible : parce qu'il est impossible que le péché soit & ne soit pas à la fois dans son temps. II°. Quoique dans l'hypothèse du péché prévu l'omission du péché soit impossible, il ne s'ensuit pas qu'il n'y ait plus de liberté pour celui qui en sera l'auteur : il s'ensuit simplement que la liberté ne consiste pas dans le pouvoir de faire à la fois deux actes incompossibles ; mais qu'elle consiste dans le pouvoir complet de faire que Dieu ait prévu ce qu'il plaît à la volonté d'élire & de choisir, le bien ou le mal, la vertu ou le crime, la commission ou l'omission du péché, indifféremment & à son choix.

275. OBJECTION IV. Il suit de ces réponses, que la préscience de Dieu dépend de notre volonté : ce qui est faux & absurde.

RÉPONSE. I°. La préscience divine de nos actes libres, dépend de notre volonté quant à son terme, & non quant à sa nature : ce qui n'entraîne aucune fausseté, aucune absurdité. L'Essence divine, éternelle & indépendante en elle-même, représente essentiellement toute vérité objective. Mais il dépend actuellement de ma volonté d'exposer à cette essence représentative de toute vérité objective, ou la vérité objective d'un acte vertueux, ou la vérité objective d'un acte criminel ; parce qu'il dépend de ma volonté que tel acte ait ou n'ait pas une vérité d'existence II°. Dieu par son souverain domaine sur les créatures libres, & par son infaillible préscience des futurs conditionnels, peut sans gêner la liberté humaine, conduire les hommes à tout ce qu'il veut ; peut faire ensorte que les hommes produisent librement tel acte qu'il voudra faire représenter à son Essence, tel acte qu'il lui plaira de donner pour objet à son infaillible préscience. Mais ce sera toujours la volonté libre qui choisira & produira librement l'objet de cette préscience divine. (279.)

276. OBJECTION V. Pour qu'un effet futur soit prévu infailliblement, il faut qu'il soit prévu dans quelque chose qui soit infailliblement connexe avec cet effet futur : or que peut-on imaginer d'infailliblement connexe avec un effet futur libre, si ce n'est un décret prédéterminant ?

RÉPONSE. Pour que Dieu prévoye infailliblement un effet futur, il n'est pas nécessaire qu'il y ait entre Dieu & l'effet futur une connexion infaillible de cause ; il suffit qu'il y ait entre Dieu & l'effet futur une connexion infaillible de connoissance. Le vice de ce raisonnement vient de ce que l'on s'imagine faussement que les objets créés sont le motif des connoissances divines, tandis qu'ils n'en sont que le terme. (269)

ARTICLE SECOND.
LA SCIENCE MOYENNE.

277. La Science moyenne a pour objet les futurs conditionnels qui n'arriveront jamais, mais qui seroient arrivés, s'il avoit plu à Dieu de mettre la condition, dont dépendoit leur future existence. Par exemple, Jésus-Christ nous dit dans l'Évangile que *les Peuples de Tyr & de Sydon se seroient convertis, s'ils avoient été témoins de ses miracles*, qu'il n'a pas plu à ce Dieu Sauveur de faire en leur présence. Cette conversion hypothétique qui n'a jamais existé, & qui n'existera jamais, a une vérité objective que Dieu atteint &

connoît ; puisqu'il l'assure & l'atteste : Et c'est la vérité objective de ces futurs conditionnels, qui est l'objet de la science moyenne. On donne à cette science le nom de *Science moyenne* ; parce que son objet tient une espéce de milieu entre les possibles & les futurs absolus, qui sont respectivement l'objet de la science de simple intelligence & de la science de vision.

USAGE DE CETTE SCIENCE.

278. La nature & l'usage de la Science moyenne ont été expliqués & développés par le célébre Molina, homme d'un vaste & d'un profond génie, qui a sçu très-philosophiquement concilier la préscience de Dieu avec la liberté de l'homme ; l'efficacité de la grace divine, avec la résistibilité intrinséque de cette même grace ; la prédestination libre & gratuite de la part de Dieu, avec le mérite vrai & réel de la part de l'homme. Voici les points fixes d'où part Molina. Il suppose comme autant de principes sûrs & incontestables chez tous les Catholiques : I°. Que Dieu a une préscience infaillible de tous nos actes libres. II°. Que l'homme est libre sous cette préscience. III°. Qu'il y a des graces indéfectiblement efficaces. IV°. Que toute grace est résistible de sa nature. V°. Que Dieu peut conduire indéfectiblement ses créatures libres, à la fin & au terme qu'il lui plait de leur assigner, au Ciel ou à l'Enfer. Tels sont les principes, dont Molina entreprend d'expliquer & de faire sentir l'accord & l'harmonie.

SYSTEME DE MOLINA.

279. Voici ce Systéme célébre qui explique de la manière la plus simple & la plus satisfaisante pour la raison, tout ce qu'on pourroit trouver d'incompatible & d'inconciliable dans les divers principes que nous venons d'énoncer. (278) Prenons pour exemple la conversion de Saint Pierre, que Dieu veut efficacement sauver & prédestiner.

1°. Dieu voit *par la Science de simple intelligence*, que la conversion de Saint Pierre est possible : parce que Dieu voit qu'il est impossible que dans le trésor infini de ses graces, quoique toutes en particulier résistibles de leur nature, il n'y ait pas ou quelque grace ou quelqu'enchaînement de graces, auquel céde librement la volonté de Saint Pierre, qui n'a qu'un pouvoir borné & fini de résister.

II°. Dieu voit *par la Science des futurs conditionnels*, que Saint Pierre se convertiroit, s'il lui donnoit telle grace ; & que Saint Pierre ne se convertiroit pas, s'il lui donnoit telle autre grace : parce que Saint Pierre se détermineroit librement à résister à l'une & à céder à l'autre.

III°. Dieu pouvant donner à Saint Pierre l'une ou l'autre grace indifféremment, se détermine *par un amour spécial pour Saint Pierre*, à lui donner la grace à laquelle il se rendra, plutôt que la grace qu'il lui eût donnée, s'il avoit voulu le réprouver.

IV°. Dieu voit *par la Science de vision* la conversion future de Saint Pierre, sous la grace & par le moyen de la grace qu'il a décerné librement & gratuitement de lui donner ; & il voit cette conversion future, dans son essence, essentiellement représentative de toute vérité objective. Tel est en peu de mots le système de Molina.

Je n'examine pas si Molina a saisi la vraie marche du Créateur: mais je vois & je sens que si Molina se trompe, il se trompe du moins en grand homme: & que s'il n'a pas saisi la vérité, il a du moins démontré qu'il n'y a point de répugnance & de contradiction dans les opérations du Créateur; puisqu'il est évident que la vérité ou la marche du Créateur, doit être quelque chose de mieux encore que le système, qui ne présente rien que de sage & de raisonnable. En vain la rivalité aboya & cabala contre cette ingénieuse hypothèse; en vain une plate & fabuleuse histoire fut composée pour la défigurer & la calomnier; en vain la supercherie osa fabriquer & supposer une Bulle pour la foudroyer & l'anathématiser: tout cela ne servit qu'à démontrer au monde philosophique que le génie survit aux cabales, & que l'amour de la vérité ne préside pas toujours aux bruyantes disputes de l'École.

280. *REMARQUE.* Pour expliquer la Science des futurs conditionnels libres, les Thomistes admettent dans Dieu un décret prédéterminant existant, absolu du côté de Dieu, conditionnel du côté de l'objet; en cette manière: *Je veux d'une volonté absolue & prédéterminante, que les Peuples de Tyr & de Sydon se convertissent s'ils voyent les miracles de Jesus-Christ, que je ne veux pas qu'ils voyent.* Les autres Philosophes admettent simplement dans Dieu un décret indifférent possible: Par exemple, *si je voulois faire chez les Peuples de Tyr & de Sydon, les miracles de Jesus-Christ; ces Peuples se convertiroient.* Il semble que le bon sens doit appercevoir quelque différence entre cette double manière de faire penser & agir l'Etre suprême. Ce Système Thomistique sur les futurs conditionnels libres, est une suite & une dépendance de leur prédétermination physique. (266.)

PROPOSITION.

281. *Dieu connoît indéfectiblement les Futurs conditionnels, dépendants de la liberté humaine.*

DÉMONSTRATION. I°. Dieu ayant essentiellement une intellectivité infinie, il connoît nécessairement tout ce qui est intelligible: or les futurs conditionnels qui dépendent de la liberté humaine, ont une vérité intelligible. Car soient ces deux propositions, *si on insulte Ariste, Ariste se vengera, Ariste ne se vengera pas.* Ces deux propositions sont contradictoires: donc l'une est vraie & l'autre est fausse. (155.) Ces deux propositions ont pour objet des futurs conditionnels libres: donc les propositions sur les futurs conditionnels libres, ont une vérité & une fausseté, & par conséquent une intelligibilité qui ne peut échapper à une intellectivité infinie. II°. L'autorité de l'Écriture vient à l'appui de la raison. Jesus-Christ nous atteste que les Peuples de Tyr & de Sydon se seroient convertis, s'ils avoient été témoins de ses miracles. Le Seigneur consulté par David, lui répond que les Habitans de Seyla le livreront à Saul, s'il ne sort pas de Seyla; & en conséquence David s'enfuit de cette Ville traîtresse. L'Écriture dit d'un Juste, mort à la fleur de son âge, qu'il a été enlevé par une mort prématurée, pour empêcher que la perversité du siécle ne corrompit son esprit & son cœur: &c. Sur quoi je raisonne ainsi: Dieu connoît ce qu'il affirme: or Dieu affirme la vérité des futurs conditionnels libres : donc Dieu connoît la vérité des futurs conditionnels libres. C. Q. F. D.

OBJECTIONS A RÉFUTER.

282. OBJECTION I. Dieu dans l'Écriture, en s'expliquant sur certains futurs conditionnels libres, parle quelquefois d'une manière qui annonce l'incertitude & le doute : donc Dieu ne connoît pas indéfectiblement les futurs conditionnels libres.

RÉPONSE. I°. Il répugne que Dieu ait aucune connoissance imparfaite ; ou que Dieu ait quelque connoissance, telle qu'on en puisse concevoir une plus parfaite : (200) donc Dieu ne peut avoir aucune connoissance incertaine & douteuse. II°. Quand Dieu s'explique dans l'Écriture d'une manière qui semble annoncer l'incertitude de l'événement, Dieu parle ainsi, dit Saint Jérôme, ou pour nous rappeller la vérité de notre libre arbitre, ou pour s'accommoder à notre manière de penser & de parler. Ou plutôt, toutes les fois qu'on trouve dans le texte latin des Livres Saints les particules *forté*, *forsitan*, en parlant de la connoissance de Dieu ; elles sont toutes traduites de la particule *αυ* grecque : on l'appelle particule potentielle ; elle se joint au mode indicatif du verbe grec, & lui donne la signification du Subjonctif : alors le verbe ne signifie plus l'action présente, mais le pouvoir de l'action, ou la liberté de l'action.

283. OBJECTION II. Quelques Prophéties ont été démenties par l'événement ; telle fut celle de Jonas qui annonça faussement la ruine de Ninive dans quarante jours : donc Dieu ne connoît pas indéfectiblement les futurs, soit absolus, soit conditionnels.

RÉPONSE. Il y a eu & des Prophéties absolues, & des Prophéties conditionnelles. Les Prophéties absolues ont toujours été justifiées par l'événement. Les Prophéties conditionnelles & comminatoires, telle que fut celle de Jonas, ne devoient avoir leur effet qu'au défaut de la condition. Jonas annonçoit à Ninive que Dieu étoit déterminé à la détruire, si elle ne faisoit pénitence : Ninive fit pénitence ; & la menace conditionnelle n'eut point lieu, & ne dut point avoir lieu.

284. OBJECTION III. Ce qui n'est rien, n'a aucune intelligibilité : or les futurs contingents libres, soit absolus, soit conditionnels, ne sont rien : Donc ils n'ont aucune intelligibilité.

RÉPONSE. I°. On prouveroit par le même raisonnement que Dieu ne connoît pas les possibles, que Dieu ne connoissoit pas le monde avant de le créer ; parce que les possibles ne sont rien d'existant : ce qui est évidemment faux. II°. Les futurs contingents libres ne sont rien d'existant actuellement ; mais ils sont quelque chose qui existera un jour ; ou qui existeroit, s'il plaisoit à Dieu de mettre la condition d'où dépend leur future existence : ils ont donc & une vérité & une intelligibilité qui ne peut échapper à l'Essence divine qui représente nécessairement toute vérité.

285. CONCLUSION. Nous avons jugé convenable d'examiner & de développer avec assez d'étendue, tout ce qu'il y a d'intéressant à sçavoir, & sur *l'Existence* & sur *la Nature* d'un Dieu : parce qu'il est de la dernière importance de répandre la plus grande lumière, sur des objets qui sont la base & de la religion & de la société.

ELEMENTS

ÉLÉMENS DE MÉTAPHYSIQUE
SACRÉE ET PROFANE:
OU
THÉORIE DES ÊTRES INSENSIBLES:

CINQUIEME TRAITÉ.
DE L'AME.

I L n'y a rien qui nous soit plus intime, & qui nous intéresse plus que notre Ame: Il n'y a rien parconséquent qu'il nous importe plus de bien connoître. Et pour mieux connoître l'Ame de l'Homme, il semble à propos de la mettre en contraste avec l'Ame de la Brute : la différence manifeste de ces deux principes, répandra des lumieres & sur l'un & sur l'autre. C'est dans leurs différens effets qu'il faut étudier & observer leur diverse nature ; & c'est par-là uniquement que l'on peut acquérir une science expérimentale, propre à bien dévoiler ce double objet.

PREMIERE SECTION.
L'AME HUMAINE.

NOUS allons soumettre à un examen philosophique, & la *Spiritualité*, & l'*Immortalité*, & la *Liberté*, & les *Facultés* naturelles de l'Ame humaine : moins pour donner de nouvelles lumieres, que pour analyser & développer les lumieres reçues & connues.

M

CHAPITRE PREMIER.

LA SPIRITUALITÉ DE L'AME.

286. HOBBES a osé affirmer qu'il n'y a point de différence entre l'Esprit & la Matiere. *Locke* démontre que la Matiere ne peut pas penser par elle-même & de sa nature; mais il prétend que Dieu, par sa toute-puissance, peut donner à la Matiere la faculté surnaturelle de penser. *Spinosa* n'admettant qu'une unique Substance, étendue à la fois & pensante, prétend que la pensée & l'étendue sont deux modifications de la même Matiere. *Epicure* fait de l'Ame un composé d'atomes plus subtils & plus déliés, qui par leurs mouvemens divers & leurs diverses combinaisons, font la diversité des Ames. Tels sont les principaux systêmes auxquels on peut réduire tout le Matérialisme, sous quelque nom & avec quelque modification que le reproduisent certains Matérialistes subalternes, qui ne font que réchauffer & refasser les idées de ceux qui les ont précédé dans la même carriere avec plus de génie. Pour abattre d'un seul coup le Matérialisme, & pour établir démonstrativement l'existence d'une substance spirituelle, il est évident qu'il suffit de démontrer que la Matiere ne peut penser : & c'est par-là que nous allons ouvrir cette nouvelle carriere.

PROPOSITION.

287. *Il répugne que la Matiere pense : donc nos pensées n'ont point pour principe une substance matérielle.*

DÉMONSTRATION. Le témoignage de l'idée, le témoignage de l'expérience, tels sont les deux flambeaux qui doivent conjointement nous éclairer sur la Matiere : creusons donc & approfondissons, autant qu'il se peut, l'idée de la Matiere, pour la confronter avec l'expérience. Dans l'idée de la Matiere, je ne vois & je ne conçois qu'une substance étendue, susceptible d'une infinité de configurations différentes, capable de toutes les modifications possibles du mouvement : donc si la Matiere pense, elle pense ou en vertu de sa nature, ou en vertu de ses configurations, ou en vertu de son mouvement. Les Matérialistes ne nient, ni l'antécédent, ni la conséquence ; qui, de leur aveu, embrassent tout ce qui peut rendre pensante la Matiere. Il reste donc à démontrer que la Matiere ne peut penser, ni en vertu de sa nature, ni en vertu de ses configurations, ni en vertu de son mouvement.

I°. *La Matiere ne pense point en vertu de sa nature, ou précisément comme matiere* : sans quoi un bloc de marbre, un tas d'argille & de boue, un morceau de bois ou de métal, penseroient actuellement ; ce qui est si évidemment contraire à la raison & à l'expérience, qu'il n'est jamais arrivé à aucun homme sensé de l'avancer ou de le soupçonner.

SA SPIRITUALITÉ. 167

II°. *La Matiere ne pense point en vertu de ses configurations.* Consultons & confrontons & l'idée de *figure*, & l'idée de *pensée*. La figure ou la configuration de la Matiere, ne dit qu'une étendue plus ou moins grande, différemment terminée; sçavoir, un Elément ou un assemblage d'Elémens, qui soit ou triangulaire, ou quarré, ou polygone, ou plan, ou convexe, ou concave, ou tout cela à la fois dans ses différentes parties : Or il est évident que rien de tout cela n'est la pensée; que rien de tout cela ne rend la Matiere pensante. Car nous ne concevons point la pensée comme plane, comme convexe, comme concave, comme hérissée de différentes configurations; mais en concevant la pensée, nous en excluons essentiellement & toutes ces configurations, & toute autre configuration possible.

III°. *La Matiere ne pense point en vertu de son mouvement.* Consultons & confrontons encore & l'idée de mouvement & l'idée de pensée. Le mouvement de la Matiere n'est autre chose que le transport d'un corps d'un lieu en un autre, avec différens degrés de vitesse, avec différentes directions, avec différentes combinaisons : or il est évident que rien de tout cela ne rend la Matiere pensante. Car, 1°. le *transport* d'un lieu en un autre, ne rend pas la Matiere pensante; sans quoi un tas de boue & d'argile, transporté d'un lieu en un autre, deviendroit pensant. 2°. Une plus grande ou plus petite *vitesse* ne rend pas la Matiere pensante. Une balle de fusil ou un boulet de canon deviendront-ils pensans, quelque vitesse possible qu'on leur imprime ou qu'on leur suppose? 3°. La diversité de *directions* ne rend pas la Matiere pensante. Un caillou ou un rayon de lumiere deviendront-ils pensans, parce qu'ils auront la direction de leur mouvement vers le midi ou vers le nord, vers l'orient ou vers l'occident, vers le zénit ou vers le nadir? 4°. La diversité de *combinaisons* dans le mouvement, ne rend pas la Matiere pensante : car l'idée de combinaison dans le mouvement, ne dit & ne renferme autre chose, sinon que les mouvemens soient opposés ou conspirans, égaux ou inégaux. Si les mouvemens combinés sont opposés, on conçoit simplement qu'ils doivent s'entrechoquer & se détruire, en tout ou en partie. Si les Mouvemens combinés sont conspirans, on conçoit uniquement qu'ils se favorisent, & que par leur concours ils doivent imprimer une plus grande vitesse au mobile. Que les mouvemens combinés soient égaux ou inégaux, on conçoit uniquement qu'il y a entr'eux ou égalité ou inégalité de force motrice, qu'ils peuvent se nuire ou se favoriser plus ou moins. Or il est évident que rien de tout cela n'est la pensée, que rien de tout cela ne rend la Matiere pensante : car non-seulement nous ne concevons pas la pensée comme formée d'atomes ou de fibres, avec des mouvemens plus ou moins rapides, avec des mouvemens en différens sens, avec des mouvemens égaux ou inégaux, avec des mouvemens opposés ou conspirans; mais en concevant la pensée, nous en excluons essentiellement tout cela : donc le Mouvement, envisagé sous toutes ses faces possibles, ne rend point la Matiere pensante. Et si la Matiere ne pense pas par le *mouvement*, il est évident que la Matiere ne pense pas plus par le *repos*, qui n'est qu'une absence ou une privation de mouvement. La Matiere livrée au repos n'a dans sa nature qu'une inertie essentiellement incompatible avec la pensée.

Il résulte de tout ce que nous venons de dire & de démontrer, que la Matiere ne peut penser, ni en vertu de sa nature, ni en vertu de ses configurations, ni en vertu de son mouvement: donc il est impossible que la Matiere pense : donc nos pensées n'ont point pour principe & pour source une substance matérielle. C. Q. F. D.

Preuve confirmative. Dans le système des Matérialistes, il n'y a ni Crime ni Vertu : parce que l'Homme n'est qu'une machine, où tout s'opére selon les loix nécessaires de la méchanique. L'Ame magnanime & bienfaisante d'un Louis Dauphin & d'un Henri le Grand, l'Ame sublime & féconde d'un Corneille & d'un Bossuet, l'Ame réflechie & profonde d'un Archiméde & d'un Newton, n'étoient qu'une matiere un peu plus déliée, un peu mieux figurée, un peu plus heureusement agitée & organisée, dont un meilleur méchanisme a fait tout le mérite. Ainsi celui qui par ses belles actions a bien mérité de la Patrie ou du Genre humain, ne mérite pas plus de louange & d'affection qu'un fleuve bienfaisant, qui fertilise & enrichit les Provinces où il coule : celui qui assassine son pere ou son ami ne mérite pas plus de blâme & de haine, qu'une tuile ou une pierre, qui, tombant du haut d'un bâtiment, fend le crâne & ôte la vie à l'Architecte qui le construit. Tant cet abominable système est diamétralement opposé & aux saines lumieres de la raison, & aux beaux sentimens de la nature. C. Q. F. D.

PROPOSITION II.

288. *Il y a dans l'Homme, outre le corps organisé, une substance distinguée de la Matiere, une substance spirituelle de sa nature.*

DÉMONSTRATION. I°. Il y a dans l'Homme une substance pensante; comme le sentiment intime l'apprend à chacun : or cette substance pensante n'est point la Matiere; comme on vient de le démontrer : donc il y a dans l'Homme, outre le corps organisé, une substance distinguée de la Matiere, une substance dont les opérations ne peuvent découler de la Matiere, & dont les modifications ne peuvent être inhérentes à la matiere. II°. J'appelle *substance spirituelle,* une substance capable, à la fois, & d'intelligence, & de raisonnement, & de sentiment réflechi : or la substance, qui pense dans nous, est capable à la fois & d'intelligence, & de raisonnement, & de sentiment réflechi : donc cette substance est une substance spirituelle de sa nature. C. Q. F. D.

Preuve confirmative. L'Homme le plus grossier, le Sauvage le plus barbare, possède naturellement, & sans y réflechir, une assez sublime théorie de la Méchanique, de la Politique, de la Justice & de la Vertu. Faut-il sauter un large fossé ? Il sçait naturellement prendre course d'un peu loin, pour accélerer successivement dans ce petit trajet, le mouvement qui doit faire décrire à son corps une plus ample parabole. Faut-il mouvoir un lourd fardeau, dont la résistance excède ses forces ? Il trouvera bientôt l'art de doubler ou de tripler son activité, en doublant ou en triplant la longueur de l'inſtrument qu'il deſtine à lui ſervir de levier. Faut-il arracher avec effort une plante ou une branche d'arbre ? Il ſçait naturellement diſpoſer ſes pieds & ſes bras; pour ſe donner les plus longs leviers: il ſçait de plus élancer ſon corps avec la plus grande vîteſſe, dans un ſens oppoſé au point de réſiſtance, pour que ſa maſſe, multipliée par ſa vîteſſe, faſſe à propos le plus grand effort contre ce point de réſiſtance. Une utile découverte lui eſt-elle préſentée par le haſard ? Il l'examine; il en voit les rapports avec ſon bien préſent & futur; il la met en uſage, & il la perfectionne ſucceſſivement; une connoiſſance le menant de jour en jour à une connoiſſance plus développée & plus parfaite. Sa vie ou ſa liberté eſt-elle menacée par un ennemi trop puiſſant, à qui il ne peut réſiſter par ſes ſeules forces ? Il s'attache à concentrer ſes intérêts avec d'autres intérêts; à aſſocier ſes forces à d'autres forces, pour en faire une ſomme qui le raſſure contre la force menaçante. Un fâcheux accident vient-il à renverſer & à détruire ſa cabane ? Il en bâtit une autre, ou il s'efforce de remédier efficacement au déſaſtre qu'il a eſſuyé: ſes cataſtrophes & ſes ſuccès deviennent toujours pour lui une leçon ſalutaire, dont il profite pour l'avenir, & qu'il communique à ſes enfans, deſtinés à hériter de ſes connoiſſances, comme de ſes travaux. Les idées de l'honnête & du déſhonnête, du juſte & de l'injuſte, du vice & de la vertu, lui ſont-elles totalement étrangeres ? Racontez-lui qu'un fils ſenſible & bienfaiſant s'eſt librement fait eſclave, pour rendre la liberté à ſon pere infirme, & gémiſſant dans une horrible ſervitude; ou qu'une mere tendre & éplorée s'eſt courageuſement précipitée ſur un tigre ou ſur un léopard, pour arracher de ſa gueule carnaciere ſon fils ſanglant & encore reſpirant, que l'animal féroce venoit de lui enlever à ſes côtés: les larmes couleront de ſes yeux; & ſur ſon viſage attendri ſe peindront éloquemment ſa ſenſibilité & ſon admiration. Demandez-lui enſuite s'il eſt permis d'être infidele à ſes promeſſes & à ſes engagemens; de trahir ſon bienfaiteur & ſon ami; d'envahir, ſans raiſon, le fruit du travail de ſon voiſin; de faire du mal à celui qui ne nous en fait point; de refuſer ſon ſecours & ſon aſſiſtance à ceux qui nous ont donné la vie, & qui gémiſſent dans l'infirmité & dans le beſoin: l'indignation de ſes regards vous donnera, avec une éloquence bien naturelle, ſa réponſe & ſa déciſion. Donc il eſt évident & ſenſible qu'il y a dans l'homme le plus groſſier & le plus barbare, une ſubſtance intelligente, qui préſide à ſes mouvemens; qui ſaiſit les rapports des moyens avec leurs fins; qui évalue plus ou moins nettement la ſomme des forces & des réſiſtances; qui du préſent porte ſes regards dans le paſſé & dans l'avenir; qui profite de ſes découvertes, & perfectionne ſes connoiſſances; qui conçoit d'autres objets que les objets matériels & ſenſibles; qui a des notions plus ou moins développées du vice & de la vertu; qui veille avec plus ou moins de ſageſſe à la conſervation du corps matériel qu'elle anime! Qu'il faut être aveugle pour n'apercevoir en tout cela qu'une aveugle Matiere! C. Q. F. D.

REMARQUE. Rappellerons-nous ici une eſpece de *gradation*

bouffonne, que fit en se jouant un Matérialiste d'un esprit léger & badin, & que répétent sérieusement quelques Matérialistes, dont l'esprit sent un peu plus la Matiere? La voici: il n'y a pas loin d'une rave à une huitre, d'une huitre à une grenouille, d'une grenouille à un barbet, d'un barbet à un singe, d'un singe à un sauvage, d'un sauvage à un Philosophe; donc une rave & un Philosophe sont à peu près la même chose. On peut leur répondre par la même dialectique, & avec le même ton de vérité: il n'y a pas loin d'une montagne à un monceau de terre, d'un monceau de terre à une rave, d'une rave à un grain de sable, d'un grain de sable à un atome insensible, d'un atome insensible au rien ou au néant: donc une montagne & le rien ou le néant sont à peu près la même chose.

PROPOSITION III.

289. *La substance qui pense dans nous, cette substance spirituelle, est une substance simple dans sa nature, ou une substance qui n'est point composée de parties distinguées l'une de l'autre.*

DÉMONSTRATION. Si cette substance spirituelle, si l'Ame humaine, étoit composée de parties, elle seroit composée ou de parties étendues, ou de parties inétendues: or l'une & l'autre composition ne convient point à la substance spirituelle qui pense dans nous, à l'Ame humaine.

I°. *L'Ame humaine n'est point composée de parties étendues.* Car si l'Ame humaine étoit composée de parties étendues, l'Ame humaine auroit une étendue réelle & mesurable: cette étendue réelle & mesurable de l'Ame humaine seroit ou l'étendue impénétrable, ou l'étendue pénétrable. (50.) L'étendue naturellement impénétrable est la Matiere; l'étendue pénétrable est l'Espace ou le Vuide: l'une & l'autre étendue n'est point l'Ame humaine, qui, telle qu'elle s'annonce par ses opérations & ses modifications, ne peut évidemment être une étendue figurée, une étendue mesurable, une étendue terminée & circonscrite par des faces & par des angles. L'intellectivité de l'Ame humaine exclud évidemment l'étendue mesurable & circonscrite: la plûpart des modifications de l'Ame humaine sont évidemment incompatibles avec l'étendue mesurable & circonscrite: donc l'Ame humaine exclud nécessairement de sa nature, l'étendue circonscrite & mesurable; donc l'Ame humaine est une substance évidemment inétendue; donc l'Ame humaine n'est point une substance composée de parties étendues.

II°. *L'Ame humaine n'est point composée de parties inétendues.* Car si cette substance intelligente & sensible, si cette substance spirituelle, étoit composée de parties inétendues, distinguées l'une de l'autre, chacune de ces parties seroit réellement *Esprit* par son essence, comme chaque Elément de Matiere est réellement *Matiere* par son essence: donc toutes ces parties d'une même Ame, comme autant d'Ames distinctes, pourroient avoir au même instant des affections & des qualités incompatibles & contradictoires. Par exemple, l'une penseroit d'une façon, & l'autre penseroit d'une façon toute contraire; l'une voudroit que le corps fût en repos, & l'autre que le corps fût en mouvement; l'une seroit juste & pieuse, & l'autre seroit impie & inique; l'une auroit du penchant & de l'affection pour une chose, & l'autre n'auroit pour la même chose que de l'aversion & de l'horreur; l'une porteroit un jugement vrai sur un objet, & l'autre porteroit sur le même objet un jugement faux; l'une tireroit d'un principe une conséquence, & l'autre tireroit du même principe une conséquence toute contraire : & de-là naîtroit dans la même Ame ou dans le même Homme, le même conflit de jugemens & de volontés, qui se rencontre entre les différens membres qui composent les familles & les sociétés ! Or tout cela est évidemment démenti, & par la raison, & par le sentiment intime : donc il est faux que l'Ame humaine soit composée de parties distinguées, étendues ou inétendues, matérielles ou spirituelles : donc l'Ame humaine est une substance simple & inétendue dans sa nature. C. Q. F. D.

OBJECTIONS A RÉFUTER.

290. OBJECTION I. Pour pouvoir affirmer que la Matiere est incapable de penser, il faudroit, ou connoître toutes les propriétés de la Matiere, & voir qu'aucune ne contient la vertu de penser; ou connoître dans la Matiere, quelque propriété qui exclue essentiellement la pensée : or nous ne connoissons, ni toutes les propriétés de la Matiere, ni quelque propriété de la Matiere qui soit essentiellement incompatible avec la vertu de penser; donc nous ne pouvons pas affirmer que la Matiere soit incapable de penser.

RÉPONSE. I°. On prouveroit par le même raisonnement qu'il peut se faire qu'un tas de boue compose actuellement un Poëme épique, supérieur à l'Énéide & à l'Iliade; qu'il peut se faire que le même tas de boue fasse actuellement des découvertes & des raisonnemens philosophiques, qui effacent tout ce que nous devons de grand & de sublime à Descartes & à Newton. Car, puisque nous ne connoissons pas toutes les propriétés de la Matiere, & que nous ne connoissons dans la Matiere aucune propriété incompatible avec ces prodiges, il peut se faire qu'il y ait dans ce tas de boue une vertu cachée, qui soit capable de les opérer. L'absurdité de ce dernier raisonnement, démontre & fait sentir l'absurdité du raisonnement qu'objecte le Matérialiste avec un air de triomphe.

II°. La mineure de l'argument objecté, est fausse dans ses deux parties. Premiérement, quoique nous ne connoissions pas explicitement toutes les propriétés de la Matiere, nous les connoissons implicitement dans la racine ou dans le germe d'où elles doivent naître & découler. Car nous sçavons que toutes les propriétés de la Matiere doivent naître & découler ou de son étendue plus ou moins grande, ou de sa configuration plus ou moins variée, ou de son mouvement plus ou moins considérable; & que de rien de tout cela ne peut naître & découler la pensée : puisque la pensée, qui exclud essentiellement, & l'étendue, & la configuration, & le mouvement local, & la solidité de parties, ne peut pas naître & découler de ce qui renferme & l'étendue & la configuration & le mouvement local & la solidité de parties. Secondement, nous connoissons dans la Matiere une propriété essentiellement incompatible avec de l'intellectivité ; sçavoir, son inertie intrinséque & naturelle, (225. I°.) Car deux choses s'excluent positivement, quand leurs idées sont réellement différentes, opposées, incompatibles : or l'idée de la Matiere & l'idée de l'intellectivité sont deux idées réellement différentes, opposées, incompatibles. Que concevons-nous en concevant la Matiere ou un Corps ? Nous concevons une substance étendue, susceptible de différentes configurations, capables de divers Mouvemens locaux. Que concevons-nous en concevant l'intellectivité ? nous concevons une substance inétendue, incapable de toute configuration, incapable de donner une somme de Mouvement, en multipliant sa masse par sa vîtesse : donc ces deux substances sont essentiellement différentes.

291. OBJECTION II. Si la Matiere ne peut penser par sa nature, elle peut être élevée par le Créateur à la vertu de penser ; donc on ne peut pas assurer qu'il y ait dans nous une substance pensante, distinguée du Corps.

RÉPONSE. I°. La pensée est une modification qui exige essentiellement, si elle existe, d'être inhérente à une substance spirituelle. Il est donc faux que le Créateur, qui ne peut pas faire ce qui répugne, puisse rendre la pensée inhérente à une substance matérielle. II°. Il y a dans la Matiere une propriété qui exclud de la pensée ; sçavoir, son inertie, qui la rend évidemment incapable de former des idées, de faire des jugemens, de tirer des conséquences : donc le Créateur ne peut pas plus donner ces propriétés à la Matiere, qu'il peut donner la quadrature à un cercle. III°. La prétention de Locke suppose qu'un être créé peut être élevé, par le Créateur, à produire un effet quelconque : ce qui est faux. Car une puissance créée ne peut être élevée qu'à produire des actes avec lesquels elle a déja, par sa nature, quelque proportion imparfaite & incomplette : elle peut être élevée à produire des actes qui sont au-dessus de sa nature, abandonnée à elle-même ; & non à produire des actes qui sont exclus par sa nature, ou contraires à sa nature. (31.)

292. OBJECTION III. S'il y a dans l'Homme une substance spirituelle, il s'ensuit que la substance la plus noble dépend de la substance la moins noble : ce qui paroît peu digne de la sagesse du Créateur.

RÉPONSE. Le Créateur, en formant le Composé humain, a établi une mutuelle dépendance entre la substance spirituelle & la substance matérielle. L'Ame veille au bien & à la conservation du Corps organisé ; le Corps organisé donne, ou occasionne à l'Ame, une foule de connoissances & de sensations, relatives au spectacle de la Nature, qu'elle n'auroit pas sans cette union. Quel inconvénient y a-t-il que le souverain maître de l'une & de l'autre substance, exige que l'une dépende de l'autre dans les fonctions, pour leur bien & leur avantage commun ?

293. OBJECTION IV. L'Ame naît avec le Corps; se perfectionne avec le Corps; est malade avec le Corps malade; disparoît & s'évanouit avec le Corps qui tombe en ruine & se détruit : donc il semble que l'Ame n'est autre chose que la Matiere organisée.

RÉPONSE. I°. L'Ame ne naît point dans le Corps, de l'action & de l'influence du Corps : mais elle est créée par le Tout-Puissant, & placée dans le Corps, lorsqu'il commence à être organisé. II°. L'Ame ne se perfectionne point avec le Corps, par des accroissemens intérieurs de sa substance spirituelle : mais elle sort des mains du Créateur, avec toute la perfection substantielle qu'elle doit jamais avoir. Si sa lumiere & son activité accidentelles s'augmentent, cela vient uniquement de ce que les organes, de qui dépendent ses fonctions, acquierent, avec le tems, une perfection qui facilite les opérations de l'Ame. III°. Par la même raison, l'Ame est malade avec le Corps; l'Ame disparoît après la ruine du Corps : parce que le Créateur, en établissant l'union entre l'Ame & le Corps, a décerné que l'Ame auroit un bien-être, quand le Corps seroit en bon état ; que l'Ame auroit un mal-être, quand le corps souffriroit quelque grande altération ; que l'Ame quitteroit le Corps, & seroit rendue à elle-même, quand le Corps éprouveroit une ruine entiere & totale.

294. OBJECTION V. Une substance étendue est une substance matérielle ; or l'Ame est une substance étendue ; puisqu'elle répond à tout notre Corps : donc l'Ame est une substance matérielle.

RÉPONSE. I°. Il est évidemment démontré qu'il y a une Ame spirituelle dans notre Corps : mais il est très-incertain comment cette Ame spirituelle habite & anime notre Corps. Descartes prétend que l'Ame humaine a son siege dans le cerveau, au sein de la glande pinéale : & que de-là, comme du haut de son trône, elle gouverne son petit empire. D'autres Philosophes prétendent, avec moins de vraisemblance, que l'Ame humaine est répandue dans tout le Corps; & que quand on coupe un bras ou une jambe à quelqu'un, on diminue l'étendue où étoit l'Ame, sans diminuer la substance de l'Ame, qui demeure saine & entiere dans le reste du Corps.

II°. En adoptant le systême qui place, avec assez de vraisemblance, le siege de l'Ame dans quelque partie du cerveau, où aboutissent les principaux nerfs, dans le *Corps Calleux* ; on n'évite pas la difficulté de l'étendue que l'on objecte : puisque ce siege de l'Ame, dans le cerveau, ne fût-il qu'un point physique, a évidemment une étendue, à laquelle répond l'Ame qui l'habite. Je réponds donc à cette difficulté, que l'étendue solide, circonscrite par des faces & des angles, formée par des parties distinctes, placées les unes hors des autres, est une propriété de la Matiere : mais qu'une étendue virtuelle, qui résulte de la correspondance totale d'une substance simple, à plusieurs points de l'espace, n'est pas une propriété de la Matiere. Telle est l'étendue de l'essence divine, qui, infiniment simple, correspond toute entiere à toutes les parties du Monde qu'elle meut & anime ; & telle est aussi l'étendue de l'Ame, qui, simple de sa nature, donne ses loix dans un espace étendu, où reçoit des modifications à l'occasion d'un espace étendu. Mais n'oublions point ici un principe fondamental en genre de connoissances; sçavoir, que *l'incertain ne doit jetter aucun nuage sur le certain, qui en est isolé*. Où en seroient nos connoissances les mieux établies, si l'incertain rendoit douteux & équivoque le certain? Douterai-je de mon existence & de ma vie, parce qu'il est très-incertain pour moi comment & par quel méchanisme j'existe & je vis?

295. OBJECTION VI. La même Ame éprouve à la fois diverses modifications: car il arrive assez souvent que notre ame a en même tems des sentimens & des pensées, de la joie & de la douleur, de la haine & de l'amour pour différens objets: donc il faut qu'il y ait dans notre Ame différentes parties d'elle-même, où soient reçues séparément ces différentes modifications, qui ne sçauroient avoir lieu dans une substance parfaitement simple: donc l'Ame humaine, ainsi que la Matiere, doit avoir des parties distinctes, placées l'une hors de l'autre.

RÉPONSE. I°. Nous avons démontré que l'Ame étoit une substance simple: (289.) donc quand même il paroîtroit difficile de concilier ses modifications avec sa simplicité, il ne s'ensuivroit pas que l'on dût admettre dans l'Ame une multiplicité de parties distinguées entr'elles, qui évidemment n'existent pas dans l'Ame. II°. Quelle absurdité ou quelle impossibilité y a-t-il, qu'une substance spirituelle, simple dans sa nature, éprouve à la fois des modifications différentes? Une substance simple en sa nature, ne peut-elle pas avoir une tendance affective vers un objet, tandis qu'elle aura un éloignement aversatif pour un autre objet? Voilà l'amour & la haine dans une substance simple en sa nature! Donc une substance simple en sa nature, est susceptible de modifications différentes.

III°. Quand j'éprouve en même tems dans mon Ame, & une douleur relative à mon pied, & une autre douleur relative à mon bras, je compare ces deux douleurs; & je juge d'après le sentiment intime, que l'une est plus grande que l'autre. Or, si mon Ame étoit composée de parties distinguées, & que ces deux modifications de douleur fussent reçues, l'une dans la partie A, & l'autre dans la partie B; la partie A ne sçauroit point ce qui se passe dans la partie B; & réciproquement la partie B ne sçauroit point ce qui se passe dans la partie A: chacune de ces parties de l'Ame auroit sa douleur à part, sans pouvoir comparer la douleur qu'elle éprouve, avec la douleur qu'éprouve une autre partie & qu'elle n'éprouve pas. Donc ces deux douleurs, pour être comparées & jugées l'une plus grande que l'autre, doivent nécessairement être reçues dans un même & unique sujet, qui, les éprouvant à la fois dans son indivisible substance, sente & voye intrinséquement l'excès de l'une sur l'autre.

CHAPITRE SECOND,

L'IMMORTALITÉ DE L'AME.

L'IMMORTALITÉ de l'Ame est la base & le fondement de la Religion chrétienne; ainsi cette vérité ne doit & ne peut être révoquée en doute par aucun Chrétien : ce qui n'empêche pas qu'un Philosophe, déja décidé sur sa créance en ce genre, ne cherche comment on peut établir & démontrer par la raison, une persuasion qu'il tient de sa Religion.

IDÉE DE CETTE IMMORTALITÉ.

296. L'IMMORTALITÉ est ou essentielle ou naturelle. L'immortalité *essentielle* est une nécessité absolue d'exister, née de l'essence même du sujet, à qui la non-existence répugne : telle est l'immortalité de Dieu. L'immortalité *naturelle* est une exigence de conservation perpétuelle, née de ce que le sujet, quoique absolument destructible de sa nature, n'a aucune cause, ni intrinséque, ni extrinséque, de destruction. Telle est l'immortalité de l'Ame humaine.

DESTINATION DE L'AME HUMAINE.

297. LA fin ou la destination d'une chose, est ce pourquoi Dieu la créée. La fin & la destination de l'Ame humaine est : I°. de connoître le vrai : II°. d'aimer le bien : III°. d'animer & de gouverner le Corps humain. L'Ame séparée du Corps perd cette derniere fin ou destination, & conserve les deux premieres; qui sont intrinséques & inhérentes à sa nature, & qui par-là même sont ses deux fins principales.

PRINCIPES DE DESTRUCTION.

298. UN Être peut périr ou par décomposition, ou par anéantissement. Le Corps animal, le Corps végétal, le Corps minéral, périssent par décomposition; c'est-à-dire par la séparation & la dissolution des parties, qui réunies, faisoient un tout; & qui séparées, ne font plus le même tout. L'Ame des Brutes, (si les Brutes ont une Ame immatérielle & indivisible) ne peut périr que par anéantissement; c'est-à-dire par l'action du Créateur, qui la replonge dans le même néant, d'où il l'avoit tirée. Sur quoi voici deux observations :

I°. La raison nous dit qu'un Dieu sage, qu'un Dieu qui se conste à lui-même, ne doit point ôter à ses Créatures l'existence qu'il leur a donnée, tant que dure la fin pour laquelle il les a créées : car pourquoi le Créateur voudroit-il reprendre d'une main avare & capricieuse le bienfait de l'existence accordée, s'il n'a aucune raison de le ravir ? Donc s'il y a des Êtres dont aucune raison n'exige la destruction, dont la nature puisse toujours remplir sa fin & sa destination, ces Etres doivent ne jamais perdre leur existence : donc si l'Ame humaine a naturellement une fin & une destination toujours permanente, elle doit toujours subsister.

II°. La raison nous dit qu'un Dieu sage, qu'un Dieu qui ne fait rien en vain, doit cesser de conserver des Etres dont la nature, n'ayant plus aucune fin à remplir, devient inutile : donc si les Brutes ont une Ame immatérielle, qui ne soit destinée qu'à animer & à conserver le Corps de la Brute, elle doit être anéantie par le Créateur, après la destruction du Corps animal.

PROPOSITION I.

299. *Il n'y a aucune raison, ni du côté du Corps, ni du côté de l'Ame, ni du côté de Dieu, qui exige la destruction de l'Ame humaine : donc il n'y a aucune raison de penser que l'Ame humaine n'est pas immortelle.*

DÉMONSTRATION. I°. *Il n'y a aucune raison de la part du Corps humain qui doive entraîner la destruction de l'Ame humaine.* S'il y avoit quelque raison de la part du Corps humain qui dût entraîner la destruction de l'Ame humaine, ce seroit uniquement ou principalement la ruine & la dissolution du Corps humain : or la ruine & la dissolution du Corps humain n'entraînent point la ruine de l'Ame humaine. Car pour que la ruine ou la dissolution du Corps humain entraînât la destruction de l'Ame humaine, il faudroit que tandis que le Corps humain se détruit par la séparation & la corruption des parties qui le composent, l'Ame humaine pût aussi se détruire par une semblable & concomitante séparation & corruption de ses parties : or il répugne que l'Ame humaine, étant une substance spirituelle, simple & indivisible en sa nature, périsse par la séparation & la corruption des parties qu'elle n'a pas : (289.) donc il répugne que la ruine & la dissolution du Corps humain entraînent la destruction de l'Ame humaine.

II°. *Il n'y a aucune raison de la part de l'Ame humaine, qui doive entraîner sa destruction.* Car une substance qui n'est sujette à aucune corruption intrinsèque, qui ne renferme aucuns principes ou constitutifs opposés qui se combattent & s'entrechoquent, dont la nature ne renferme rien qui s'use ou se corrompe, est évidemment une substance qui n'a dans elle-même & dans son propre fonds aucune cause & aucun principe qui puisse entraîner ou occasionner sa destruction : or telle est l'Ame humaine : donc l'Ame humaine n'a dans elle-même, & de son propre fonds, aucune raison qui puisse exiger & entraîner sa destruction.

III°. *Il n'y a aucune raison de la part du Créateur qui demande & qui exige la destruction ou l'anéantissement de l'Ame humaine.* S'il y avoit quelque raison qui pût demander & exiger que le Créateur détruisît & anéantît l'Ame humaine, après la destruction du Corps humain, ce seroit uniquement parce que cette Ame après la ruine & la dissolution du Corps qu'elle habite, n'auroit plus de fin & de destination à remplir : or il est faux que l'Ame humaine, après la ruine & la dissolution du

Corps qu'elle habite, n'ait plus aucune fin & aucune destination à remplir. Car après la ruine du Corps humain, l'Ame peut encore remplir sa double fin principale, qui est de connoître le vrai & d'aimer le bien: & elle ne perd que sa fin ou sa destination subalterne, qui est d'animer le Corps humain; de qui évidemment elle n'emprunte point la vertu intrinséque qu'elle a, de connoître la vérité, & d'aimer le bien; puisque la Matiere, qui est incapable de penser, ne peut pas rendre l'Ame pensante. (287.) Donc il n'y a aucune raison de la part de Dieu, qui exige la destruction ou l'anéantissement de l'Ame humaine.

Il résulte de tout cela, qu'il n'y a absolument aucune raison de penser que l'Ame humaine n'est pas immortelle; & que le dogme de notre Foi qui nous apprend son immortalité, est un dogme évidemment conforme à la raison. C. Q. F. D.

PROPOSISION II.

300. *La raison seule nous apprend que l'Ame humaine doit survivre au Corps qu'elle anime: & si elle doit survivre au Corps qu'elle anime, pourquoi ne seroit-elle pas pour toujours immortelle ?*

DÉMONSTRATION. Nous allons puiser la preuve démonstrative de cette vérité, & dans la nature de Dieu, & dans la nature de l'Homme: de cette double source naîtra une lumiere qui ne laissera aucun doute sur cet objet.

I°. La raison nous apprend que Dieu est essentiellement juste: la raison nous apprend qu'un Dieu essentiellement juste doit mettre une différence entre le crime & la vertu, punir l'un & recompenser l'autre. La raison & l'expérience nous apprennent que cela ne se fait pas toujours pendant cette vie: puisque trop souvent nous voyons le crime triomphant & la vertu opprimée; l'iniquité au sein de la gloire & du bonheur, & l'innocence dans la misere & dans l'ignominie: donc il faut nécessairement, ou qu'il n'y ait point de Providence & de Justice dans Dieu; ou qu'il y ait au-delà du tombeau une autre vie, dans laquelle le crime ait son châtiment, & la vertu sa recompense. Or il est impossible que Dieu soit sans Justice & sans Providence: (244.) donc il est nécessaire qu'il y ait une autre vie.

II°. Le sentiment intime nous apprend que nous ne bornons pas nos espérances & nos craintes à cette courte & misérable vie; que nous avons une soif insatiable d'un bonheur immense dans son intensité, infini dans sa durée. L'histoire nous apprend que toutes ou presque toutes les nations ont été persuadées qu'il y avoit une vie au-delà du tombeau: témoins les Romains, les Grecs, les Egyptiens, qui admettoient un Tartare ou un lieu de supplices pour les méchans, & un Elisée ou un lieu de délices pour les gens de bien: témoins les Indiens & les Chinois, ces nations immenses, qui de tout tems ont admis & reconnu l'immortalité de l'Ame: témoins les Chrétiens, les Juifs, les Mahométans, dont toute la religion, dans quelque secte que ce soit, est fondée sur le dogme de l'immortalité de l'Ame. Sur quoi je raisonne ainsi. 1°. Ces defirs infatiables d'une félicité fans bornes, ces craintes & ces espérances que nous étendons au-delà du tombeau, font-ils destinés à nous induire en erreur, ou à nous apprendre une vérité ? Si ces desirs, ces craintes, ces espérances, font destinés à nous induire en erreur, à nous faire soupirer après une vaine chimere, ou à nous faire redouter un vain phantôme; c'est Dieu lui-même qui nous joue & qui nous trompe; puisque c'est Dieu qui a formé & imprimé toutes ces sources d'erreur en notre nature : ce qui répugne à sa sagesse & à sa véracité. Si ces desirs, ces craintes, ces espérances, font destinés à nous apprendre une vérité; il est évident qu'ils nous avertissent que notre destinée n'est point bornée à ce monde périssable; que nous sommes nés pour ambitionner une félicité immense dans son étendue, & infinie dans sa durée; qu'un Dieu sage n'a pas créé l'Homme, ce chef d'œuvre de ses ouvrages visibles, pour en faire pendant un petit nombre de jours ou d'années, le triste & malheureux jouet des passions ou des miseres; & pour le replonger, après cette vile & indigne farce, dans le néant, d'où il l'avoit tiré; une telle fin étant évidemment indigne d'un Dieu sage. 2°. Tant de nations si différentes & si opposées en tout, peuvent-elles s'accorder à reconnoître unanimement ou l'immortalité de l'Ame, ou la vérité d'une vie après la mort, sans devoir cette persuasion au langage & au jugement de la nature; lequel est toujours l'organe & l'interprete de la vérité, lorsqu'il est constant & unanime ? (216. III°.) Donc, soit que l'on considére la nature de Dieu, soit que l'on considére la nature de l'Homme, il est constant que l'Ame humaine est destinée à survivre au Corps mortel qu'elle habite : donc l'Ame humaine peut survivre à ce Corps mortel, après qu'il est tombé en ruine : donc l'Ame humaine a une destination, & peut remplir cette destination, après la destruction du composé humain !

III°. Et si l'Ame humaine peut remplir cette destination pendant un jour seulement, pourquoi ne pourra-t-elle pas la remplir pendant un siecle, pendant des millions de millions de siecles ? Et si l'Ame humaine conserve une fin & une destination, après qu'elle a quitté le Corps qu'elle anime, Dieu peut-il lui ravir l'existence, sans un miracle, sans agir contre les loix de la nature; par la connoissance desquelles il nous conste que Dieu ne détruit point les Etres, tant que leur destination subsiste; que Dieu ne détruit point le soleil, par exemple, tant qu'il reste un monde à éclairer ?

Donc la raison seule nous apprend que l'Ame humaine doit survivre au Corps qu'elle anime; & qu'elle ne peut être anéantie que par un miracle, que la Foi nous apprend ne devoir jamais être opéré. C.Q.F.D.

OBJECTIONS A RÉFUTER.

301. OBJECTION I. Pour que l'Ame, séparée du Corps, pût encore remplir sa fin & sa destination, il faudroit que l'Ame pût avoir des connoissances sans le concours des organes du Corps : or l'expérience nous apprend que toutes nos connoissances suivent la proportion de nos

organes ; qu'elles s'étendent & se perfectionnent avec nos organes ; qu'elles s'affoiblissent & se détruisent avec nos organes ; qu'elles dépendent, & dans leur naissance, & dans leur permanence, de nos organes : donc l'Ame, séparée du Corps organisé, semble devoir être privée de toute connoissance ; semble devoir être incapable de connoître le vrai & d'aimer le bien ; & par conséquent semble ne devoir conserver aucune fin & aucune destination, qui exige sa conservation, ou qui empêche son anéantissement.

RÉPONSE. I°. La raison nous démontre que les organes matériels ne donnent point à l'Ame humaine la vertu de penser : car il est évident que ce qui est incapable de penser, ne peut pas donner la pensée & la vertu de penser. Donc si l'Ame pense, elle ne tire point ses pensées des organes matériels, auxquels elle est unie : (287.) donc si l'Ame pense, elle a par sa nature & dans sa nature, la propriété qui la rend pensante.

II°. Le Créateur ayant décerné & établi l'union entre l'Ame & le Corps, a pu vouloir, & a réellement voulu que les fonctions de l'Ame unie au Corps suivissent la perfection & la proportion des organes : ce qui prouve, non que l'Ame soit absolument incapable de penser sans le concours des organes ; mais simplement que cette vertu de penser, toujours dépendante du Créateur, peut être liée & asservie aux conditions qu'il plait au Créateur d'apposer à son activité. Tant que l'Ame est unie au Corps, l'ébranlement & la docilité plus ou moins facile des organes, est la cause occasionnelle d'où dépendent ses pensées, ses jugemens, ses raisonnemens, toutes ou presque toutes ses opérations. Mais il ne s'ensuit pas de-là que l'Ame, qui voit ses pensées empreintes dans sa propre nature, qui sent qu'elle produit par elle-même & ses jugemens & ses volitions, ne puisse plus avoir & de pensées & de jugemens & de volitions, quand elle sera dégagée des organes auxquels elle est unie & asservie dans son Corps mortel.

III°. Nous ne pouvons pas fixer & déterminer qu'elles seront toutes les connoissances de l'Ame, séparée du Corps humain : mais nous concevons sans peine que cette substance intelligente, séparée du Corps humain, pourra connoître le vice & la vertu, le bien & le mal.

IV°. Et quelle répugnance y auroit-il que cette substance intelligente & sensible conservât la mémoire des sensations & des idées qu'elle a éprouvées sur la terre ? Qu'elle emportât le souvenir des événemens dont elle a été le témoin, des amis qu'elle a chéris, du bien & du mal qu'elle a fait ? Quelle répugnance y auroit-il encore que le Créateur lui permît d'étendre ses connoissances, désormais dégagées & indépendantes des entraves d'un Corps matériel, sur le brillant spectacle de la Nature entiere, sur l'économie universelle des choses, sur les adorables desseins du Créateur dans toutes ses œuvres ? Rien de tout cela n'est démontré vrai : mais rien de tout cela n'est impossible que dans l'absurde système matérialiste, qui fait consister l'Ame dans une Matiere pensante, ou qui fait penser l'Ame par le moyen d'une Matiere essentiellement incapable de penser. Donc l'Ame peut avoir une fin & une destination après la destruction du Corps qu'elle anime.

302. OBJECTION II. Assurer que l'Ame survivra à la destruction du Corps, c'est assurer que Dieu n'anéantit pas l'Ame au moment de la destruction du Corps : or il n'y a aucune raison d'assurer que Dieu n'anéantit pas l'Ame au moment de la destruction du Corps ; puisqu'il est évident que Dieu peut le faire par sa toute puissance : d'où sçavons-nous qu'il ne le fait pas ?

RÉPONSE. Nous avons déja établi les raisons qui démontrent que Dieu n'anéantit pas l'Ame, quand le Corps tombe en ruine. (300.) La Toute-puissance de Dieu ne s'étend pas à faire des choses opposées à sa sagesse, à sa Justice, à sa véracité. Dieu nous ayant enseigné & persuadé par le témoignage de la raison, que l'Ame survit à la ruine du Corps qu'elle anime ; Dieu nous ayant assuré & attesté par le témoignage de la révélation, que l'Ame est immortelle ; il est impossible que Dieu anéantisse l'Ame humaine : parce qu'il est impossible que Dieu soit imposteur & menteur.

303. OBJECTION III. La révélation nous apprend que Dieu, à la fin des tems, anéantira le Monde & la Matiere : pourquoi Dieu n'anéantiroit-il pas de même les Ames ?

RÉPONSE. I°. La révélation nous apprend que le jour des vengeances célestes sera précédé & accompagné de grandes révolutions dans le Ciel & sur la Terre ; qu'un déluge de feu embrasera & purifiera le Monde ; qu'il y aura une Terre nouvelle & des Cieux nouveaux. Mais la révélation ne nous apprend pas que la Matiere, aujourd'hui existante, doive être anéantie ; & que la Terre nouvelle & les Cieux nouveaux doivent être composés d'une Matiere nouvelle, tirée du néant, plutôt que de l'ancienne Matiere, purifiée par le courroux du Dieu vengeur. II°. La révélation nous apprend que nous ressusciterons avec nos Corps : donc il est faux que toute la Matiere existante doive ou puisse être anéantie. III°. Si quelque portion plus ou moins grande de la Matiere, aujourd'hui existante, doit être un jour anéantie, (ce que nous ignorons absolument) ; c'est que cette Matiere ayant été faite pour le bien des générations vivantes, elle n'aura plus de fin & de destination à remplir, après la destruction générale des générations vivantes : au lieu que l'Ame ayant une fin & une destination toujours durable, elle demande ou exige par sa nature, que Dieu lui conserve toujours l'existence.

304. OBJECTION IV. La spiritualité de nos pensées & de nos sensations mentales, n'empêche pas la destruction de ces modifications : pourquoi la spiritualité de notre Ame empêcheroit-elle la destruction de cette Ame ?

RÉPONSE. La spiritualité des modifications de notre Ame n'empêche pas leur destruction, pour deux raisons principales, qui ne regardent en rien l'Ame même. 1°. Parce que ces modifications n'ont d'autre fin que de modifier l'Ame pendant un tems plus ou moins long, & qu'après cette destination remplie, il ne leur reste plus de fin à remplir. 2°. Parce que plusieurs de ces modifications sont nécessairement successives & incompatibles, & que certaines sont pour d'autres un principe essentiel de destruction : la modification de joie, par exemple, est essentiellement

tiellement destructrice de la modification opposée de tristesse ; comme la modification de figure sphérique dans un morceau de cire, est essentiellement destructrice de la modification de figure cubique. Il est évident que ni ces raisons, ni aucunes raisons semblables, n'exigent la destruction d'une substance spirituelle, de l'Ame humaine ; qui a toujours une fin à remplir, & qui n'a aucun principe destructeur qui puisse exiger & entraîner sa ruine.

CHAPITRE TROISIEME.
LA LIBERTE' DE L'AME.

NOUS envisagerons la Liberté, & dans sa nature, & dans ses complémens. Ce double objet embrassera tout ce qu'il y a d'intéressant sur cette matiere.

ARTICLE PREMIER.
NATURE DE LA LIBERTÉ.

305. LA Liberté réside dans la Volonté. La *Volonté*, considerée comme une puissance & non comme un acte, est cette puissance par laquelle l'Ame affectionne le bien & hait le mal. L'Ame a un penchant nécessaire pour le bien en général, que l'esprit n'apperçoit que sous la raison de bien ; & une aversion nécessaire pour le mal en général, que l'esprit n'apperçoit que sous la raison de mal. L'Ame ne peut appéter & affectionner un objet, que sous la raison de bien : l'Ame ne peut craindre & haïr un objet, que sous la raison de mal. Il n'y a point de Liberté pour l'Ame, quand elle n'apperçoit un objet, ou que sous la raison de bien, ou que sous la raison de mal.

I°. DIVISION DE LA LIBERTÉ.

306. LA Liberté humaine est une puissance entiere & complette dans la Volonté, de se déterminer comme elle veut & à ce qu'elle veut, sans que rien la nécessite à l'action, sans qu'il lui manque rien de nécessaire pour l'action : ensorte que pour agir ou ne pas agir actuellement & effectivement, il ne faille que la détermination même de l-Volonté, détermination qui émane d'elle sans être ni forcée ni nécessitée.

I°. La Liberté se divise en Liberté de contradiction & en Liberté de contrariété. La *Liberté de contradiction* est une indifférence active de la volonté complette, à vouloir ou à ne pas vouloir, à agir ou à ne pas agir, à faire une chose ou à l'omettre. La *Liberté de contrariété* est une indifférence active de la volonté complette, à faire une chose ou à faire l'opp[osé] de cette chose, à faire un acte vertueux ou à faire un acte criminel. Jesus-Christ a eu la Liberté de contradiction à l'égard du bien qu'il a fait & qu'il pouvoit omettre ; mais il n'a pas eu la Liberté de contrariété à l'égard du bien & du mal, étant essentiellement incapable de faire le mal.

II°. La Liberté se divise encore en Liberté prochaine & en Liberté éloignée. La *Liberté prochaine* est une Liberté entière & complette, de faire actuellement une chose. La *Liberté éloignée* est une Liberté pleine & complette, de se procurer un moyen qu'on n'a pas, & qui est nécessaire pour l'action; ou d'écarter un obstacle qu'on a, & qui empêche l'action. Celui qui n'a pas la grace actuelle pour faire une bonne œuvre commandée, mais qui a grace actuelle pour pouvoir recourir à Dieu par la priere; a la Liberté prochaine, à l'égard de la priere, & la Liberté éloignée, à l'égard de la bonne œuvre commandée. A la Liberté est opposée la nécessité.

II°. DIVISION DE LA NÉCESSITÉ.

307. LA Nécessité se divise en nécessité extrinsèque, & en nécessité intrinsèque. La *Nécessité extrinsèque*, (que l'on appelle aussi *coaction*) est une violence qui nécessite à l'action, le sujet qui fait tout ce qui dépend de lui pour ne pas agir. La *Nécessité intrinsèque* est une inclination vers un objet ou pour un objet; telle que l'Ame ne peut lui résister quand elle l'a, & qu'il n'est pas au pouvoir de l'Ame de ne pas l'avoir.

I°. Quant à la nécessité extrinsèque, il est évident que la violence ou la coaction peut avoir lieu dans nos actes extérieurs: car on peut forcer mon bras à commettre un assassinat, que je déteste & que je m'efforce d'éviter. Mais il n'est pas moins évident que la violence ou la coaction ne peut avoir lieu dans les actes intérieurs de notre volonté. Car pour que mon Ame pût être forcée intérieurement à vouloir ce qu'elle ne veut pas, il faudroit que mon Ame voulût en ne voulant pas; deux modifications incompatibles, relativement au même objet. Donc notre volonté est essentiellement exempte de toute nécessité extrinsèque dans ses actes intérieurs.

II°. Quant à la nécessité intrinsèque, il faut ne point confondre ce qui est *Volontaire* avec ce qui est *Libre*. Tout ce qui est libre, est volontaire; mais tout ce qui est volontaire n'est pas libre. Les Bienheureux aiment Dieu volontairement; parce que leur penchant, avoué de la raison, les porte à cet amour: mais ils ne l'aiment pas librement; parce qu'il n'est pas en leur pouvoir de ne pas aimer un objet infiniment aimable, qui se montre à eux sans nuage, sous un point de vue qui ne présente rien que de bien, ou qui ne présente aucune raison de mal. (305).

III°. HÉRÉSIE SUR LA LIBERTÉ.

308. LA Liberté humaine a été attaquée & défigurée par diverses hérésies, dont voici les principales.

I°. *Manès* admit dans l'Homme, comme dans Dieu, deux principes; un principe du bien, & un principe du mal, l'un & l'autre nécessité en son genre; de telle sorte que le principe du bien étant prédominant dans nous, il nous néceſſitoit au bien ; & que le principe du mal étant à ſon tour prédominant en nous, il nous néceſſitoit au mal.

II°. *Pélage*, cet aveugle panégyriſte de la nature humaine, dans qui il ne reconnoiſſoit aucune dépravation originelle, admit dans l'Homme une Liberté pleine & complette pour le bien & pour le mal ; mais il fit cette Liberté indépendante de la Grace divine : de ſorte que l'Homme pouvoit toujours, par ſa ſeule nature, & ſans le ſecours de la Grace céleſte, pratiquer le bien & éviter le mal, arbitre unique & abſolu de ſa ſanctification & de ſa prédeſtination.

III°. *Luther & Calvin* prétendent qu'il n'y a plus de Liberté dans l'Homme, depuis le péché d'origine, qui a fait perdre à l'Homme le libre arbitre qu'il avoit dans l'état d'innocence : & ils veulent, ou que Dieu nous refuſe abſolument la Grace néceſſaire pour pratiquer le bien, & dans ce cas notre concupiſcence nous entraîne irréſiſtiblement au mal par une néceſſité malheureuſe ; ou que Dieu nous accorde une Grace à laquelle notre volonté ne peut réſiſter, & dans ce cas cette Grace divine nous entraîne irréſiſtiblement au bien par une heureuſe néceſſité.

IV°. Le ſyſtême qui fait de l'Ame humaine une eſpece *de Balance*, où la Grace & la Concupiſcence l'emportent tour à tour, ſelon l'excès de l'une ſur l'autre, n'eſt pas moins oppoſé à la raiſon & à la foi. Les auteurs & les défenſeurs de ce ſyſtême, qui détruit la Liberté en faiſant ſemblant de l'établir, prétendent que le péché originel a fait perdre à la volonté humaine la vertu qu'elle avoit dans l'état d'innocence, de prendre elle-même ſes déterminations libres : que dans l'état préſent nous ne choiſiſſons point, nous n'agiſſons point, nous ne nous déterminons point, par nous mêmes ; mais que nous ſommes déterminés à une ſeule choſe, au bien ou au mal, par la Grace ou par la concupiſcence : que la Volonté humaine étant comme une ſubſtance morte & ſans action, relativement à ſes déterminations, elle céde irréſiſtiblement à la force prédominante, ou de la Grace qu'ils appellent *Délectation céleſte*, ou de la concupiſcence qu'ils appellent *Délectation terreſtre* : que ſi une concupiſcence, avec dix degrés de force, m'incline à commettre un aſſaſſinat, & qu'une Grace, avec neuf degrés de force, m'incline à ne pas commettre cet aſſaſſinat, ma volonté mue & entraînée par la force ſupérieure, commettra irréſiſtiblement cet aſſaſſinat : que je ne ſuis pas moins libre en commettant irréſiſtiblement cet aſſaſſinat, parce que je le commets volontairement, & qu'il ne peut pas ſe faire que je ne veuille pas ce que je veux : que la Liberté humaine conſiſte, *& dans le pouvoir paſſif* qu'a la volonté d'être mue ou au bien ou au mal, *& dans la délectation intérieure* avec laquelle la volonté eſt portée ou au bien ou au mal ; le *Libre* & le *Volontaire* dans un acte, étant dans cet abſurde ſyſtême, deux termes parfaitement ſynonimes. (307. II°.)

PROPOSITION.

309. Le Sentiment intime, le cri de la Raiſon, le ſuffrage général du Genre humain, l'autorité infaillible de l'Egliſe, nous atteſtent l'exiſtence de notre

liberté : dont il est vrai que notre volonté est exempte & de coaction, & de nécessité, dans les actes que nous reconnoissons pour libres.

DÉMONSTRATION. I°. *Le Sentiment intime nous atteste notre liberté.* Je suis sûr de ma liberté, comme je suis sûr de mon existence : parce que j'ai le sentiment intime de ma liberté, comme j'ai le sentiment intime de mon existence. Je sçais par le sentiment expérimental de ce qui se passe en mon Ame, que s'il y a dans moi des desirs spontanés & indélibérés qui naissent dans ma nature pendant le silence & l'assoupissement de ma raison, il y a aussi dans moi des déterminations libres, auxquelles a présidé ma raison ; que je pouvois prendre ou ne pas prendre ; dont les unes sont suivies de repentir, & les autres de satisfaction. Je sçais encore par le sentiment expérimental de ce qui se passe en mon Ame, que souvent j'opte & je choisis, ou entre différens degrés de probabilité, pour fixer mon jugement que j'arrête, que je suspends, que je porte ensuite à mon gré ; ou entre différentes especes de bien, pour me décider comme il me plaît, en faveur de l'un plutôt qu'en faveur de l'autre. Or tout cela, en m'annonçant que je suis libre, m'apprend & me démontre que mon Ame n'est pas simplement le sujet passif de ses volitions & de ses déterminations libres ; mais qu'elle en est le principe actif & productif : que ma liberté n'est pas simplement une indifférence passive, relativement à ses déterminations libres ; mais qu'elle est une indifférence active, qui se donne elle-même ses déterminations libres. Ce que le sentiment intime m'apprend & me démontre, il l'apprend & le démontre également à quiconque veut l'écouter. (65.)

II°. *Le cri de la Raison nous atteste notre liberté.* Le cri de ma raison m'annonce que je dois pratiquer le bien, & éviter le mal ; & que je suis vertueux ou criminel, selon que je remplis ou que j'enfreins cette obligation. Le cri de ma raison m'apprend que Dieu, dont j'adore la sagesse ; que les Législateurs humains, dont j'admire les sages réglemens, ne m'ordonnent pas des choses impossibles & absurdes. Donc, puisqu'un Dieu sage, puisque les sages Législateurs humains, m'ordonnent d'éviter le mal & de pratiquer le bien ; il faut évidemment qu'il soit en mon pouvoir & en ma liberté, de faire ou de ne pas faire & le bien & le mal ; sans quoi un tel précepte seroit inepte & absurde : donc il faut évidemment que je sois libre.

III°. *Le suffrage général du Genre humain nous atteste notre liberté.* Car chez tous les Peuples du Monde on mérite des louanges, quand on fait le bien ; on encourt le blâme & l'opprobre, quand on fait le mal. Donc, dans toute la Terre & chez tous les Peuples du Monde, on juge que l'Homme peut, selon sa volonté, faire ou le bien ou le mal ; sans quoi il n'y auroit ni blâme, ni louange à mériter : donc par-tout on juge que l'Homme est libre.

IV°. *L'autorité de l'Eglise nous atteste notre liberté.* Voici comme s'explique le Concile de Trente contre les ennemis de la liberté : *Si quelqu'un dit que le libre arbitre de l'Homme, mu & excité par le Créateur, ne peut pas résister, s'il le veut ; qu'il soit anathême ! . . . Si quelqu'un dit que l'observation des préceptes divins est impossible, même pour l'Homme* justifié ; qu'il soit anathême ! Voici encore comme s'explique l'Eglise disperse à l'occasion de cette proposition, qu'elle condamne comme hérétique : *Pour mériter & pour démériter dans l'état de la Nature corrompue par le péché originel, il n'est pas nécessaire que l'Homme soit exempt de nécessité ; il suffit qu'il soit exempt de coaction.* Cette proposition étant fausse, sa contradictoire est vraie. Donc l'autorité de l'Eglise s'accorde & avec le sentiment intime, & avec le cri de la raison, & avec le suffrage du Genre humain, pour nous attester l'existence de notre liberté. C. Q. F. D.

OBJECTIONS A RÉFUTER.

310. OBJECTION I. Notre Ame n'a point de liberté, si elle n'a pas le choix & l'option entre les biens qui lui sont proposés : or notre Ame n'a point le choix & l'option entre les biens qui lui sont proposés : car les biens que l'entendement montre & propose à la volonté, sont ou égaux, ou inégaux. S'ils sont égaux, la volonté ne peut point, par un choix libre & raisonnable, préférer l'un à l'autre ; puisque l'égalité dans les biens proposés, exclut la raison de préférence. S'ils sont inégaux, la volonté doit être entraînée par le meilleur ; puisque la volonté aimant nécessairement le bien, doit à plus forte raison aimer nécessairement le mieux.

RÉPONSE. Notre volonté ne peut appéter & affectionner un objet, sans qu'il y ait dans cet objet quelque raison de bien, vrai ou apparent : mais aussi la moindre raison de bien, vrai ou apparent, suffit dans un objet, pour que notre volonté puisse le dédaigner & n'en vouloir point. Ainsi le plus petit bien est suffisant pour fixer l'amour & le choix de la volonté ; parce qu'il a une raison de bien, à laquelle la volonté peut s'attacher : & le bien le plus grand, (à moins qu'il ne soit infini dans sa nature, & qu'il ne soit intuitivement connu,) n'entraîne point nécessairement la volonté ; parce qu'il a toujours quelque imperfection, quelque raison de mal, qui, présentée à la volonté, suffit pour lui en donner du dégoût ou de l'aversion : notre volonté peut donc choisir entre deux biens, soit égaux, soit inégaux.

I°. *Notre volonté peut choisir entre deux biens égaux.* Car si on me présente d'un côté un louis A, & de l'autre côté, un louis B, je sens qu'il est en mon pouvoir de choisir cent & cent fois à mon gré l'un ou l'autre indifféremment. Ce choix ne sera pas un choix de préférence ; mais ce sera un choix de fantaisie, qui annonce ma liberté. Si ma volonté étoit une puissance simplement passive, comme l'ont faussement & absurdement prétendu quelques Philosophes modernes, il est évident que dans le cas proposé, ma volonté attirée en des sens opposés par ces deux biens égaux, comme par deux forces égales, ne pourroit se décider pour aucun : ce qui est évidemment contredit, & par l'expérience, & par le sentiment intime.

II°. *Notre volonté peut choisir entre deux biens inégaux*, soit qu'ils soient de même espece, soit qu'ils soient de différente espece. 1°. Si on me présente deux biens inégaux, *de même espece ;* par exemple, d'un côté, un louis, & de l'autre, un petit écu, qui sont entr'eux en genre de bien, comme huit est à un; je sens qu'il est en mon pouvoir de prendre le petit écu, & de laisser le louis : parce que ma volonté peut actuellement être contente du moindre bien, peut actuellement vouloir être privée du bien plus grand. Le petit écu a une valeur & un bien : il peut à ce titre & pour cette raison de bien, être pris & choisi. Le louis n'a pas un bien infini : il peut à ce titre & pour cette raison d'imperfection, être laissé & rebuté. Un plus grand bien, comparé à un moindre bien, n'ôte pas au bien qui est moindre, sa raison ou sa qualité de bien : un moindre bien a donc toujours en soi, de quoi fixer le goût & le choix de la volonté, qui se détermine d'elle-même comme il lui plaît; & qui souvent se détermine d'une façon plutôt que de l'autre, uniquement parce qu'il lui plaît de se déterminer ainsi pour exercer sa liberté. 2°. S'il se présente à moi des biens de *différente espèce*; par exemple, un plaisir présent d'un côté, & la félicité éternelle de l'autre; je sens que je puis choisir le plaisir présent, à cause du bien de sa présence; & que je puis dédaigner la félicité éternelle, à cause du mal de son éloignement. De même, je puis préférer la possession d'un bien fini en ce monde, à la possession de Dieu même, ou du bien infini, en l'autre : parce que le bien fini qui se présente à moi en ce monde, est un bien présent & sensible, qui a l'avantage d'être actuellement à ma portée; tandis que le bien infini de la possession de Dieu, est un bien qui a le désavantage, & d'être inaccessible à mes sens, & d'être éloigné dans sa possession. Il y a dans tout bien auquel l'Ame peut s'attacher en ce monde, & des *Motifs attrahans*, & des *Motifs rétrahans*. La possession d'un bien présent a pour motifs attrahans, la satisfaction sensible & présente qu'il procure; & pour motifs rétrahans, l'incapacité qu'il a de donner une plénitude & une permanence de bonheur. La possession de Dieu a pour motifs attrahans, la félicité pleine & permanente qu'elle doit procurer un jour; & pour motifs rétrahans, l'insensibilité dans son objet, & le délai dans sa possession. L'Ame reste libre entre ces différens biens, dont aucun ne l'entraîne & ne la nécessite.

311. OBJECTION II. Notre entendement n'est pas libre dans ses connoissances : notre volonté suit toujours les lumieres de notre entendement : comment notre volonté peut-elle être libre, en n'agissant que d'après une puissance nécessaire ?

RÉPONSE. Notre volonté ne peut avoir du penchant ou de l'aversion pour un objet, avant que cet objet lui soit présenté par l'entendement : ainsi l'exercice de notre liberté suppose toujours la fonction de l'entendement qui l'éclaire. Mais notre liberté, qui suppose nécessairement les lumieres de l'entendement, ne suit pas nécessairement les lumieres de l'entendement : car après que l'objet lui a été présenté sous ses différentes faces, ou sous ses différens rapports de bien & de mal, notre volonté, par sa propre vertu & par sa propre détermination, se décide pour ou contre, librement & comme il lui plaît.

312. OBJECTION III. La détermination de la volonté est toujours nécessitée par le jugement qui la précede & l'occasionne; jugement

pratique, qui n'eſt pas libre : donc il n'y a point de liberté. Par exemple, ſoit un Militaire appellé en duel : s'il ſe détermine à l'accepter, c'eſt parce qu'il juge actuellement que l'acceptation du duel eſt un bien préférable à la non-acceptation, ſans quoi il ne l'accepteroit pas. S'il ſe détermine à ne pas l'accepter, c'eſt parce qu'il juge actuellement que la non-acceptation du duel, eſt un bien préférable à l'acceptation ; ſans quoi il ne le refuſeroit pas. Donc pour quelque parti que ſe décide la volonté de ce Militaire, ſa détermination eſt néceſſaire, & non libre : puiſqu'elle eſt l'effet néceſſaire d'un jugement pratique, qu'il n'eſt pas en ſa puiſſance de ne pas avoir. Dépend-il de ce Militaire d'avoir d'autres lumieres que celles qu'il a ? Et avec les lumieres qu'il a, dépend-il de lui de juger autrement qu'il juge ? Et jugeant comme il juge, dépend-il de lui de prendre un autre détermination que celle qu'il prend ? On peut dire la même choſe de toute autre action que nous appellons libre.

RÉPONSE. Ce raiſonnement, que preſſent & reſaſſent avec enthouſiaſme deux Philoſophes, dont la trop grande célébrité ſera peut-être un jour peu d'honneur au goût & au jugement de notre ſiecle, n'eſt au fond qu'un frivole & puérile ſophiſme, que ſent toujours la raiſon, lors même qu'elle n'eſt pas en état de le développer. Prenons pour exemple général, l'exemple cité dans l'objection préſente.

Iº. Il ne dépend pas de ce Militaire d'avoir d'autres lumieres qu'il a ; mais il dépend de ce Militaire de faire uſage de toutes les lumieres qu'il a. Il dépend de la volonté de ce Militaire, avant de ſe déterminer pour ou contre l'acceptation du duel, d'appliquer ſon entendement à comparer les principes de la Religion avec les principes du faux Honneur que le préjugé conſacre ; de comparer le bien & le mal, que doit lui procurer l'acceptation ou la non-acceptation du combat criminel qu'il médite.

IIº. Après cet examen évidemment libre, il dépend de la volonté de ce Militaire de ſe décider à ſon gré, ou pour le bien qu'il voit dans l'acceptation du duel, ou pour le bien qu'il voit dans la non-acceptation du duel : ces deux partis ayant & des motifs attrahans, & des motifs rétrahans, aucun des deux ne néceſſite ſa volonté, qui reſte maîtreſſe de ſa détermination.

IIIº. Quand ce Militaire ſe décide enfin pour un parti, par exemple, pour l'acceptation du duel, il juge, non qu'*il faut* néceſſairement l'accepter ; mais qu'*il veut* librement l'accepter. En prenant une déciſion qui entraîne le duel, il ſent qu'il pourroit prendre une déciſion qui excluroit le duel : il eſt donc libre, même dans le jugement pratique d'après lequel il ſe détermine pour le duel. On peut dire la même choſe de toute autre détermination libre, où le motif de la paſſion & le motif du devoir ſe trouvent en conflict & en oppoſition.

IVº. Celui qui ſe livre à une paſſion déréglée, *fait ſa volonté*, en ſe déterminant librement par des motifs qui flattent ſa paſſion ; mais que ſa raiſon improuve & condamne, qu'il pourroit & qu'il devroit ne pas écouter. Celui qui réſiſte à une paſſion déréglée, *fait ſa volonté*, en ſe déterminant par des motifs dont la paſſion ſouhaiteroit la non-existence; mais que sa raison respecte, quoique contraires à ses penchans les plus rapides & les plus flatteurs. Le premier est coupable, parce qu'*il veut* préférer une satisfaction qui le flatte, à l'obéissance à la Loi: le second est vertueux, parce qu'*il veut* préférer l'obéissance à la Loi, à une satisfaction qui le flatte. L'un & l'autre, en agissant bien ou mal, sent qu'il peut actuellement agir d'une manière diamétralement opposée: soit qu'il lui plaise de préférer la passion au devoir, soit qu'il lui plaise de préférer le devoir à la passion. L'un & l'autre sent donc, (& quel témoignage est plus convaincant & moins suspect, que le témoignage du sentiment intime ?) qu'il conserve sa liberté en l'exerçant; qu'il reste libre d'une liberté d'indifférence, même dans sa détermination, fixée & décidée d'après son jugement pratique.

V°. Si un Homme robuste & vigoureux, à qui je ne puis résister, force mon bras à une action criminelle, je ne suis point coupable : si un Homme éloquent & persuasif, dont l'éloquence m'enchante & m'entraîne, m'engage à faire la même action, je suis coupable : pourquoi cette différence, puisque l'un & l'autre semble également me ravir ma liberté; le premier, par la force active; le second, par la force persuasive ? La différence vient de ce que, dans le premier cas, je n'ai point de liberté relativement à l'action à laquelle on me force; puisque je fais de vains efforts pour m'empêcher de la faire : & que dans le second cas, je conserve toute ma liberté, puisque je l'exerce pour me déterminer moi-même à faire l'action à laquelle on m'invite, sans m'y forcer. Dans le premier cas, l'action ne doit point son existence à ma liberté, puisqu'elle existe contre le vœu de ma liberté: dans le second cas, l'action doit son existence à ma liberté, puisque l'action n'existeroit point sans la détermination de ma liberté qui la fait produire.

313. OBJECTION IV. Notre volonté se décide toujours nécessairement pour le bien qui lui plaît d'avantage; comme le remarque le Saint Docteur d'Hippone, le grand Augustin : *Quod magis nos delectat, secundùm id operemur, necesse est*. Donc la liberté ne consiste que dans la puissance qu'a l'Ame de recevoir une plus ou moins grande délectation, qui l'entraîne vers un objet, ou qui l'éloigne de cet objet.

RÉPONSE. I°. Le sentiment intime nous apprend que souvent nous agissons contre notre goût prédominant; que souvent nous faisons violence à nos penchans les plus flatteurs & les plus piquans : & le S. Docteur d'Hippone ne l'ignoroit pas, lui qui assure dans le Livre de ses Confessions, qu'il ne faisoit pas, en certaines circonstances, ce qui lui plaisoit incomparablement plus : *Non faciebam quod incomparabili affectu mihi ampliùs placebat*. Ce Saint Docteur ne pensoit donc pas que la volonté se décide toujours pour ce qui lui plaît davantage. II°. Quel que soit le sens du texte cité dans l'objection, il est sûr que ce texte, qui fait tout le fondement d'un système proscrit par l'Eglise, ne signifie pas que la volonté humaine suive nécessairement ses goûts & ses penchans prédominans : puisque le sentiment intime, puisque la raison, puisque l'Auteur de ce texte, puisque le témoignage infaillible de l'Eglise, nous apprennent le contraire. III°. Le texte objecté, dont le sens est assez équivoque & assez ténébreux, semble signifier que nos actes extérieurs suivent toujours la détermination libre de la volonté, à qui il plaît de les préférer à leur opposé ou à leur omission : cette préférence libre, qui détermine l'action, & d'où découle nécessairement l'action, voilà le *quod nos magis delectat*, qui n'annonce qu'une nécessité conséquente à l'exercice de notre liberté.

314. REMARQUE. Quelques textes de l'Ecriture, & quelques passages des Saints Peres, peuvent, par l'abus qu'on en fait, donner lieu encore à différentes objections contre la liberté humaine. Pour les prévenir ou pour les réfuter, il suffira de remarquer :

I°. Que le péché d'origine a tellement augmenté en nous la concupiscence, (ou le penchant pour le bien & pour le plaisir sensible) que nous ne pouvons pas éviter le péché & remplir le devoir, en mille & mille circonstances, sans le secours de la grace céleste & surnaturelle. C'est cette nécessité absolue de la grace dans l'état de Nature dépravée, c'est l'impossibilité d'observer tous les Commandemens de Dieu sans le secours de la grace surnaturelle, que soutiennent les Saints Peres contre les Pélagiens. (308. II°.) Quand Saint Augustin avance qu'*Adam, en péchant par son libre arbitre, s'étoit perdu lui-même, & avoit perdu son libre arbitre* ; Saint Augustin prouve ou enseigne aux Disciples de Pélage, qu'Adam par son péché avoit perdu la liberté primitive qu'il avoit dans l'état d'innocence & de justice originelles, de faire le bien & d'éviter le mal par les forces de sa nature, alors plus parfaite ; que la volonté humaine, viciée & corrompue par ce péché d'origine, avoit un besoin indispensable d'être guérie & fortifiée par la grace céleste, pour être en état ou pour être libre de résister au penchant rapide qui la porte naturellement vers le mal.

II°. Que les Saints Peres, qui ne prévoyoient pas l'abus que l'on pourroit faire un jour de leurs expressions, donnent quelquefois le nom de *nécessité* à une grande difficulté ; & c'est ainsi que nous nous exprimons encore aujourd'hui en mille circonstances, où il seroit absurde d'exiger la précision dogmatique. Que quand les mêmes Saints Peres disent que *c'est être libre ; que de n'être point forcé* ; cette *coaction* ne signifie & ne doit naturellement signifier autre chose que *nécessité* ; la nécessité seule, & non la coaction, pouvant avoir lieu dans les actes intérieurs de notre Volonté. (307. I°.)

III°. Qu'il y a une Liberté prochaine ou immédiate, & une Liberté éloignée ou médiate : au défaut de la premiere, la seconde nous suffit pour l'action. Quelques textes ou passages qui semblent attaquer la Liberté, peuvent ne regarder que la Liberté prochaine & immédiate, sans toucher à la Liberté éloignée & médiate, qui rend toujours l'action possible. (306. II°.)

IV°. Que tous les passages, ou de l'Ecriture, ou des Saints Peres, qui semblent attribuer à notre volonté quelque nécessité, doivent s'entendre, ou *de la nécessité de la Grace*, sans laquelle nous ne pouvons rien dans l'ordre surnaturel ; ou *de la nécessité morale*, qui n'est autre chose qu'une très-grande difficulté à vaincre ; ou *du défaut de Liberté prochaine*

& *immédiate*, qui peut se réparer par la Liberté médiate & éloignée ; ou *de l'impulsion qui nous porte au bien en général*, notre volonté ne pouvant rien affectionner que sous l'idée & la raison de bien.

ARTICLE SECOND.

COMPLÉMENS DE LA LIBERTÉ.

ON appelle *Complémens de la Liberté*, des secours qui sont nécessaires à l'Homme, pour qu'il puisse agir. La *Grace* & le *Concours* de Dieu; tels sont les deux seuls complémens de notre Liberté.

DE LA GRACE.

315. POUR que l'Homme puisse agir dans l'ordre surnaturel, il lui faut nécessairement le secours d'une Grace surnaturelle, qui élevant sa nature au-dessus d'elle-même, la rende capable de produire des actes surnaturels. Cette Grace est une lumiere surnaturelle dans l'esprit qu'elle éclaire, & une motion surnaturelle dans la volonté qu'elle incline vers le bien. Tous les Philosophes catholiques sont d'accord sur cet objet, ou sur la nécessité indispensable de ce complément de la Liberté.

DU CONCOURS.

POUR que l'Homme soit capable d'agir, soit dans l'ordre naturel, soit dans l'ordre surnaturel, il lui faut, selon la plûpart des Philosophes, un double concours de la part de Dieu, l'un médiat & l'autre immédiat.

316. CONCOURS MÉDIAT. On entend par *Concours médiat* du Créateur, *ce qui rend la puissance pleinement capable d'agir*, avant qu'elle passe à l'action. Ce concours peut être envisagé & relativement aux actes naturels, & relativement aux actes surnaturels.

I°. Ce concours médiat du Créateur, relativement aux actions naturelles, n'est & ne dit que la conservation de la puissance naturelle & des facultés naturelles de cette puissance. Par cela seul, on conçoit que Dieu concourt médiatement à toutes les actions naturelles de cette puissance.

II°. Ce concours médiat du Créateur, relativement aux actes surnaturels, dit outre la puissance naturelle, un décret ou une volonté du Créateur, de donner à la puissance naturelle les secours surnaturels nécessaires pour produire l'action surnaturelle. Selon la plûpart des Philosophes, ce décret est un *Décret indifférent*, ou un décret de donner à la Créature raisonnable une Grace, sous laquelle elle pourra faire indifféremment ou le bien ou le mal; & de concourir avec la Créature raisonnable, soit au bien, soit au mal, selon la volonté & la détermination de la Créature. Selon Bannès & ses Disciples, ce décret est un *Décret prédéterminant*, c'est-à-dire, un décret de donner à la Créature raisonnable une Grace qui la prédéterminera au bien ; ou un décret de ne donner à la Créature raisonnable qu'une Grace, sous laquelle la concupiscence la prédéterminera au mal ; & de concourir avec cette Créature ou au bien ou au mal déterminément & uniquement, selon la nature du décret prédéterminant.

317. *Concours Immédiat.* On entend par *Concours immédiat* du Créateur, *l'influence immédiate du Créateur sur l'action de la Créature* : de telle sorte que l'action, libre ou nécessaire, vertueuse ou criminelle, de la Créature, doive son existence conjointement & indivisiblement & à la Créature & au Créateur.

I°. Tous les Philosophes s'accordent à reconnoître la nécessité du *Concours médiat* : parce qu'il est évident que la Créature ne peut agir, sans que le Créateur lui donne & lui conserve tout ce qui est nécessaire pour l'action. Quant au *Concours immédiat*, la plûpart des Philosophes l'admettent comme nécessaire ; quelques-uns, en très-petit nombre, le rejettent comme inutile. Selon les premiers, pour que mon Ame produise une volition en genre de bien ou de mal, il faut non-seulement que mon Ame ait actuellement, & l'existence, & l'activité naturelle, & ses complémens nécessaires pour produire cette volition ; ce qui constitue le concours médiat : mais il faut de plus que Dieu produise physiquement & immédiatement avec moi cette volition ; de telle sorte que cette volition indivisible soit à la fois produite, & totalement par mon Ame, & totalement par le Créateur ; ce qui constitue le concours immédiat. Selon les derniers, pour que mon Ame produise cette même volition, mon Ame a besoin uniquement que le Créateur lui conserve & son existence, & son activité naturelle ; & que le Créateur lui donne une grace surnaturelle, si la volition a un objet surnaturel : moyennant quoi mon Ame produit seule, & sans l'influence physique & immédiate du Créateur, cette volition.

II°. Ceux qui *soutiennent* le concours immédiat, l'établissent par cet unique raisonnement, qui fait toute leur preuve. La raison nous enseigne qu'il faut attribuer au Créateur, le plus grand domaine sur sa Créature ; qu'il faut attribuer à la Créature, la plus grande dépendance de son Créateur : or, pour que cela ait lieu, il faut nécessairement que la Créature dépende du Créateur, & quant à son existence, & quant à ses opérations. Car si la Créature n'a pas besoin du concours immédiat pour agir, elle ne dépend de Dieu que pour son existence, sans dépendre de Dieu pour son action. Ceux qui *rejettent* le concours immédiat, répondent qu'ils ne donnent aucune atteinte au souverain domaine de Dieu : que dans leur opinion, la Créature est toujours dans une entiere & parfaite dépendance de son Créateur, soit relativement à son existence, soit relativement à ses opérations : puisqu'elle ne peut passer à l'action que par la conservation de son existence & de ses facultés naturelles ; & qu'il n'y a aucun instant où le Créateur ne puisse la priver & de son existence, & de son activité, d'où dépend essentiellement & totalement son action. Donc il n'y a point d'action de la Créature qui ne dépende essentiellement & totalement du Créateur, quoique cette action ne soit pas produite par l'action physique & immédiate du Créateur.

CHAPITRE QUATRIEME.

LES PUISSANCES DE L'AME.

LES puissances de l'Ame peuvent être envisagées, ou dans elles-mêmes, ou dans les actes qui en dépendent; & c'est sous ce double point de vue que nous allons les considérer.

ARTICLE PREMIER.

CES FACULTÉS, DANS L'AME.

PROPOSITION.

318. *L'Ame est une substance simple*, (289) *qui n'est point distinguée réellement de ses facultés.*

EXPLICATION. Ce principe, unique & simple en sa nature, considéré ou relativement à différens effets qu'il produit, ou relativement à différentes modifications qu'il reçoit, prend différentes dénominations, qui n'annoncent point dans lui une distinction réelle, mais une distinction de raison. (43.) L'Ame considérée relativement à ses idées, s'appelle *Entendement* ou *Esprit*. L'Ame considérée relativement à ses volitions, à ses affections, à ses aversions, s'appelle *Volonté*. L'Ame considérée relativement à ses sensations intérieures, s'appelle *Puissance sensitive*. L'Ame, en tant que capable de discerner le vrai & l'honnête, de tirer d'un principe des conséquences, d'apprécier & d'évaluer les choses, s'appelle *Jugement* ou *Raison*. L'Ame, en tant qu'ayant la vertu de se rappeller ou ses idées, ou ses sensations, ou ses jugemens, ou ses raisonnemens passés, s'appelle *Mémoire*. L'Ame, en tant que capable de se peindre les choses sous une grande action, ou sous une grande passion, ou avec un riche & vif étalage d'accidens caractéristiques, s'appelle *Imagination*. Ce principe, unique & simple en sa nature, est plus ou moins propre à recevoir ou à produire ses différentes modifications, selon la plus ou moins grande disposition qui se trouve, ou dans sa nature spirituelle, ou dans les organes matériels auxquels il est uni. Il n'est pas démontré que toutes les Ames soient égales en perfection intrinseque & substantielle : par quelle preuve démontreroit-on que l'Ame de Pradon ait été égale en perfection intrinseque à l'Ame de Corneille? Il n'est point démontré que les différentes Ames soient inégales en perfection intrinseque & substantielle : la différence des opérations intellectuelles, plus & moins parfaites chez les hommes, peut avoir pour principe le jeu plus ou moins facile des organes matériels de qui dépend l'Ame unie au Corps.

SES DIVERSES FACULTÉS.

Objections à Réfuter.

319. OBJECTION I. Si les facultés de l'Ame ne sont point distinguées l'une de l'autre, il s'ensuit que l'Ame connoît par la volonté, & qu'elle aime par l'entendement ; ce qui seroit absurde.

RÉPONSE. Cette objection n'est qu'une frivole chicane, qu'il est facile de faire évanouir. L'Ame considérée relativement à ses idées, n'est pas l'Ame considérée relativement à ses volitions : mais le principe qui *connoît*, est réellement le principe qui *veut*.

C'est un axiome philosophique, qu'*il ne faut pas multiplier les Êtres & les principes sans nécessité* : donc, puisqu'un seul & même principe est capable d'avoir & des idées, & des volitions ; puisque les connoissances & les affections peuvent être attribuées à un seul & même sujet, il seroit inepte d'en admettre deux. L'Ame se multiplie-t-elle en elle-même & dans sa nature, pour avoir des modifications différentes, pour s'étendre respectivement à différens objets ? Une double espece d'effets, ne démontre pas une duplicité de causes ou de principes ; quand une seule & unique cause suffit, pour produire & pour expliquer ces deux especes d'effets.

320. OBJECTION II. Si la mémoire étoit identifiée avec l'Ame, quand on perd la mémoire, on perdroit la substance même de son Ame : ce qui est évidemment faux.

RÉPONSE. La mémoire, en tant que faculté spirituelle de l'Ame, ne dit que la substance même de l'Ame ; & quand on perd la mémoire, on ne perd rien d'intrinseque à l'Ame, qui n'est point tronquée ou altérée en sa nature par cette perte. Que perd-on donc en perdant la mémoire ? On perd le jeu & l'action de l'Ame, relativement aux choses passées. L'Ame toujours dépendante de ses organes dans ses fonctions, a besoin, pour se rappeller les choses passées, que ses organes s'ébranlant avec docilité & avec régularité, fassent renaître & revivre les sensations organiques que l'Ame avoit à l'occasion des choses dont elle veut se rappeller l'idée & le souvenir. Quand ces organes ou se dérangent, ou se roidissent considérablement, on perd la mémoire ; parce que l'on perd la cause occasionnelle qui doit faire revivre les idées du passé. (328.)

ARTICLE SECOND.

Ces Facultés, dans leurs Effets.

321. LES puissances de l'Ame, envisagées dans leurs effets, nous donnent occasion d'examiner ici une question célebre, qui partage encore le monde philosophique : sçavoir, *si Dieu est l'unique Agent de la Nature*, l'unique cause efficiente de tout ce qui se fait dans le Monde animé & inanimé ; ou *si les Créatures*, par une vertu intrinseque, émanée du Créateur, *sont les causes efficientes de toutes leurs opérations.*

Malebranche est pour le premier parti : les Péripatéticiens sont pour le second. Aucun des deux sentimens ne paroît vrai dans toute son étendue : en examinant l'un & l'autre, nous adopterons dans l'un & dans l'autre ce qui nous paroîtra vrai ou vraisemblable.

I°. DES IDÉES.

L'AME a des idées ou des images des choses, soit matérielles, soit immatérielles. Mais quelle est la cause efficiente de ces idées de l'Ame ?

322. ASSERTION. *Il est vraisemblable que Dieu est l'unique cause efficiente de nos idées primitives* : (98. I°.) *& que notre Ame est la cause efficiente de plusieurs idées qu'elle se forme à l'imitation de ses idées primitives.* (98. III°.)

II°. DES VOLITIONS.

L'AME a des volitions qui sont indélibérées, & des volitions qui sont réfléchies & libres.

323. ASSERTION I. *Les volitions indélibérées semblent avoir pour unique cause efficiente l'action du Créateur* : puisqu'elles naissent dans notre Ame, sans que notre Ame les connoisse & les desire.

324. ASSERTION II. *L'Ame est la cause efficiente de ses volitions libres* : puisque l'Ame se les donne ou se les refuse à son gré. (309. I°.)

III°. DES SENSATIONS.

L'AME a des sensations intérieures, les unes agréables, les autres désagréables, quelques-unes assez indifférentes, ou qui ne font ni peine ni plaisir. Quelle est la cause efficiente de toutes ces sensations ?

325. ASSERTION. *Dieu seul est la cause efficiente de nos sensations* : puisque ni l'Ame, ni la Matiere ne peuvent les produire. (93.)

IV°. DU JUGEMENT.

326. LE jugement, considéré comme puissance, est cette faculté de l'Ame, par laquelle elle saisit la différence qui se trouve entre le vrai & le faux, entre le bon & le mauvais, entre la vertu & le crime ; par laquelle elle estime & apprécie la valeur naturelle des choses. Le jugement est la même chose que la raison : & l'un & l'autre semblent ne dire qu'*étendue & stabilité plus ou moins grande de lumiere dans l'Ame.* Le jugement, considéré comme acte, est l'exercice & la fonction de cette puissance.

I°. L'Esprit, le Génie, le Talent, sont différentes branches ou différentes Modifications de cette faculté de l'Ame. Voir & saisir avec rapidité les divers rapports des choses, c'est *Esprit* : créer & inventer des choses nouvelles en quelque genre, c'est *Génie* : concevoir & exécuter avec facilité ce qui est déja connu ou inventé, c'est *Talent*. Quand l'Esprit ou le Génie se montre & se développe en images vives & saillantes, en comparaisons riches & heureuses, en expressions énergiques & pittoresques, c'est *Imagination*.

II°. L'imbécillité, la folie, la fureur, sont des défauts de la même puissance. *L'Imbécile* manque d'idées, ou n'a qu'un fort petit nombre d'idées, qu'il ne sçait ni discerner, ni comparer, ni diviser, ni composer, ni généraliser. *Le Fou* a souvent, & beaucoup d'idées, & beaucoup de vivacité dans ses idées : mais incapable de les évaluer & de les maîtriser, il allie des idées inaliables, & il prend ces idées témérairement alliées, pour une vérité réelle. Quand à ce vice se joignent des mouvemens violens & convulsifs, c'est *fureur* ou *frénésie*. Le fou allie des idées incompatibles, & fait par-là des propositions monstrueuses & extravagantes, sur lesquelles il raisonne quelquefois assez juste : l'imbécille ne fait point de propositions ; il ne raisonne point du tout.

III°. L'Imagination, dont nous venons de parler, est ou active, ou passive. L'*Imagination active* est dans l'Ame une faculté qui crée & qui tient présentes les images des choses : l'*Imagination passive* est dans l'Ame une facilité de recevoir des impressions étrangeres. La premiere est l'imagination des Descartes, des Milton, des Homeres, des Archimedes, qui peignent la Nature pour l'éclairer ou pour l'embellir : la seconde est l'imagination des Femmelettes & des Enfans, qui se laissent subjuguer par les fantômes dont on les berne. L'imagination active est utile au Physicien, au Géometre, à l'Orateur, au Poëte, pour leur représenter puissamment les images des choses sur lesquelles leur esprit opere. L'imagination passive est avantageuse aux Enfans, qu'elle attache à leurs colifichets & à leurs poupées ; aux Céladons & aux Dulcinées, qu'elle aide à prendre l'empreinte & l'image des divers objets de leurs flammes langoureuses ; à certains Visionnaires, à qui elle fait quelquefois adopter & réaliser d'agréables chimeres.

327. ASSERTION. *Il est vraisemblable que l'Ame est la cause efficiente de ses jugemens* : puisque l'Ame est la maîtresse, du moins en bien des occasions, de suspendre ses jugemens, de les porter ensuite quand il lui plaît, & qu'il n'y a d'ailleurs aucune raison qui prouve efficacement que l'Ame est incapable de produire par elle-même l'acte par lequel elle juge.

V°. DE LA MÉMOIRE.

328. LA Mémoire est cette faculté de l'Ame, par laquelle l'Ame retient & conserve l'image des choses dont elle a été affectée. La mémoire est comme un dépôt, ou comme un magasin, où se conserve un nombre infini d'images, que l'Ame retrouve & réveille au besoin ; & qui lui retracent ou ses idées, ou ses sensations, ou ses jugemens, ou ses raisonnemens.

Mais quel est le méchanisme ineffable d'où dépend cette faculté ? Comment une idée ou une image en réveille-t-elle mille autres dans leur ordre naturel ? Comment se fait le passage régulier de la premiere à la seconde, de la seconde à la troisieme, & ainsi de suite ? C'est ce que personne n'a jamais sçu, & ce que, sans doute, personne ne sçaura jamais.

On peut soupçonner dans notre cerveau, un clavessin composé d'un nombre infini de fibres, dont une foule innombrable est à l'unisson ; & où, comme sur un clavessin ordinaire, la corde ébranlée, fasse frémir celle qui est à l'unisson. Dans cette hypothése, un mot prononcé, ou une idée réveillée dans l'Ame, remue ou fait frémir une fibre anciennement agitée : l'ébranlement donné à la premiere fibre, fait frémir la seconde ; la seconde communique son frémissement à la troisieme, la troisieme à la quatrieme, & ainsi de suite. Telle pourroit être la cause occasionnelle qui pourroit faire revivre & nos idées & nos sensations dans notre Ame ; qui pourroit y retracer ou la suite d'un discours ou la suite d'un événement. L'effort que l'on fait, ou pour apprendre un discours, ou pour saisir l'ordre & la suite d'une affaire & d'un événement, ébranle successivement & à plusieurs reprises, une suite de fibres qui se trouvent à l'unisson, ou que la contention met à l'unisson. Dans les mémoires parfaites, l'ébranlement de l'une de ces fibres doit ébranler & faire frémir toutes les autres fibres qui étoient & qui sont restées à l'unisson. Mais cette hypothése, parmi plusieurs autres inconvéniens, a le défaut d'expliquer une chose très-obscure, par une autre qui n'est certainement pas plus claire.

VI°. DE LA FORCE MOTRICE.

329. L'AME préside à son Corps, veille à la conservation de son Corps, anime & meut son Corps. Je sçais que mon pied & ma main s'ébranlent & se remuent à ma volonté : mais par quels ressorts, par quel méchanisme, mon Ame imprime-t-elle le mouvement à mon bras & à mon pied ? Suis-je la cause efficiente, suis-je simplement la cause occasionnelle de ce mouvement ? Grand sujet de dispute parmi les Philosophes ! Descartes, Newton, Malebranche, le Cardinal de Polignac, presque tous les Philosophes modernes prétendent, contre les Péripatéticiens, que Dieu est l'unique cause efficiente de tout mouvement dans la Nature ; & que la matiere & l'esprit n'en sont que les causes occasionnelles. C'est sur leurs raisons, & non sur leur autorité, que nous allons fonder la proposition suivante.

PROPOSITION.

330. *Il est vraisemblable que Dieu est l'unique cause efficiente de tout Mouvement, soit dans les Corps inanimés, soit dans les Corps animés.*

DÉMONSTRATION. S'il y avoit, outre le Créateur, quelque cause efficiente du mouvement, ce seroit, ou la Matiere, ou l'Esprit créé : or il n'est point probable que la Matiere ou l'Esprit créé puissent produire le mouvement : donc il est vraisemblable que Dieu est la seule cause efficiente du mouvement.

I°. *La Matiere ne paroît point capable de produire le mouvement,* comme cause efficiente du mouvement. Car, soit que l'on consulte l'expérience, soit que l'on consulte la raison, il conste que la nature de la la Matiere, a toujours en partage l'inertie; il conste que la Matiere est toujours indifférente par sa nature, au mouvement & au repos: (225.) donc la Matiere ne peut pas se donner à elle-même le mouvement; donc, par la même raison, elle ne peut donner le mouvement à une autre matiere.

La Matiere en mouvement ne peut pas plus être la cause efficiente du mouvement, que la Matiere en repos. Car qu'est-ce que la Matiere en mouvement, a de plus que la même Matiere en repos ? La Matiere en mouvement a de plus une modification; mais une modification qui ne peut exister hors d'elle; mais une modification que cette Matiere ne peut pas plus transmettre & communiquer, qu'elle peut transmettre & communiquer, ou sa rondeur, ou ses angles, ou ses concavités, ou sa figure quelconque; mais une modification qui ne peut plus donner l'existence à une autre modification semblable, qu'une matiere peut donner l'existence à une autre matiere. Il faut avoir bien peu réfléchi sur l'idée & la nature du mouvement, pour penser que le mouvement d'un Corps puisse passer dans un autre Corps. La nature des modifications est telle, qu'elles ne peuvent absolument exister que dans la substance qu'elles modifient: (18.) donc il répugne que le mouvement d'un Corps passe dans un autre Corps: donc il répugne qu'un Corps donne ou communique son mouvement à un autre Corps: donc, si cet autre Corps reçoit un mouvement à l'occasion du choc ou du contact, ce nouveau mouvement n'est rien du premier mouvement; ce nouveau mouvement est produit par une autre cause que par le mouvement du Corps choquant.

II°. *L'Esprit créé ne paroît point capable de produire le mouvement, comme cause efficiente du mouvement.* Car imaginez, tant qu'il vous plaira, une vertu motrice intrinséque dans l'Esprit créé. Si l'Esprit créé, par exemple l'Ame humaine, est capable d'imprimer le mouvement à la matiere, on ne conçoit pas qu'il puisse l'imprimer autrement que par l'un de ces trois moyens, ou par le moyen de ses connoissances, ou par le moyen de ses volitions, ou par le moyen de ses sensations: or il conste par le sentiment intime, que l'on ne conçoit aucune proportion & aucune connexion entre nos connoissances, ou nos volitions, ou nos sensations, & le mouvement ou le transport de la matiere ou d'un Corps; on semble même concevoir au contraire qu'il n'y a & qu'il ne peut y avoir aucune proportion & aucune connexion entre les diverses modifications de notre Ame, & le mouvement ou le transport de la matiere ou d'un Corps: donc il ne paroît point probable que l'Esprit créé puisse produire le mouvement, comme cause efficiente.

III°. La continuation du mouvement est encore plus inexplicable & plus insoutenable, dans le sentiment opposé à celui que nous adoptons. Vous tenez un caillou dans votre main, & vous le lancez vers un terme. Je n'examine pas si votre bras imprime à ce caillou le mouvement primitif: mais je demande par quelle force, ou par quelle vertu, ce caillou continue à se mouvoir, étant échappé de votre main ? Vous me répondrez sans doute, que ce caillou continue à se mouvoir par l'impulsion primitive que vous lui avez imprimée. Mais cette réponse est-elle bien philosophique ? Cette impulsion primitive est une de ces modifications qui ne consistent que dans l'action ; & la nature de ces sortes de modifications, est de cesser d'exister, dès qu'elles cessent d'être produites : donc, quand même vous seriez la cause efficiente de cette impulsion primitive, ce que je n'ai garde d'accorder ; cette impulsion primitive auroit cessé d'exister, quand vous avez cessé d'agir sur ce caillou ; & vous avez cessé d'agir sur ce caillou, à l'instant que ce caillou a quitté votre main. Donc cette impulsion qui persévere dans le caillou, ne vous doit point sa *persévérance* : donc cette impulsion ne vous doit pas plus son *existence*. C. Q. F. D.

331. COROLLAIRE. *Il est vraisemblable que la Matiere, & l'Esprit créé, ne sont que les causes occasionnelles du mouvement imprimé aux Corps, soit animés, soit inanimés.* Et si l'Esprit créé, par exemple l'Ame humaine, est incapable de produire le mouvement comme cause efficiente ; par la même raison, ou à plus forte raison encore, l'Ame des Brutes, (si les Brutes ont une Ame distinguée de la Matiere & de l'Esprit) est aussi incapable d'être la cause efficiente du mouvement imprimé au Corps animal : *l'Ame des Brutes n'est donc non plus, que la cause occasionnelle du mouvement.*

OBJECTIONS A RÉFUTER.

332. OBJECTION I. L'opinion que nous adoptons, attribue à Dieu des choses totalement indignes de Dieu. Car, 1°. il s'ensuivroit de-là que Dieu travaille continuellement à traîner des chars & des fardeaux ; à mouvoir les astres, les airs, les flots de la mer, les divers animaux. 2°. Il s'ensuivroit encore de-là que Dieu opéreroit mille choses criminelles & infâmes ; qu'il produiroit le vol, l'inceste, l'assassinat, & mille autres abominations semblables. Donc il est faux que Dieu soit la cause efficiente de tout mouvement.

RÉPONSE. Cette objection seroit propre à faire des merveilles dans la bouche d'un Fanatique ignorant ou imposteur, qui harangueroit une ignorante populace ; mais elle n'offre rien qui puisse allarmer un esprit qui pense & qui raisonne.

1°. Ceux qui soutiennent que Dieu n'est point la seule cause efficiente du mouvement, soutiennent tous ou presque tous, que Dieu concourt immédiatement à toutes les actions des Créatures animées & inanimées : c'est-à-dire que Dieu produit réellement & physiquement avec nous, comme cause efficiente, tous les mouvemens que nous appercevons dans l'Homme, dans les Brutes, dans les Plantes, dans les Elémens, dans l'Univers entier. (317.) Donc tout ce que l'on peut objecter contre notre opinion, on peut l'objecter également contre l'opinion généralement reçue du *Concours immédiat* : donc s'il n'est point indigne de Dieu, de concourir comme cause efficiente à tous les mouvemens qui s'opèrent dans la nature ; il n'est pas non plus indigne de Dieu d'être la cause efficiente de tout le mouvement de la Nature. Le mouvement peut être, ou exempt de crime, ou joint à quelque crime ; & c'est sous cette double face que nous allons l'examiner & le suivre.

II°. *Est-il indigne de Dieu d'être l'Auteur du mouvement qui ne renferme aucun crime ?* Non ! Ce seroit faire injure au Créateur de lui attribuer l'action & le mouvement des divers Etres, si on le représentoit comme le valet ou l'esclave de ses Créatures : mais ce n'est point faire injure au Créateur de lui attribuer tout le mouvement de la Nature, en le représentant comme l'Agent général & comme le Maître absolu de la Nature. Le sentiment que nous adoptons fait éclater, & la *toute-puissance* du Créateur, dont la seule volonté, sans travail & sans fatigue, donne à tout ou le mouvement ou le repos ; & la *totale dépendance* de la Créature, qui ne peut se donner aucun mouvement par elle-même ; & qui, si elle veut avoir le moindre mouvement, ne peut l'avoir que par l'action même du Créateur, qui opère tout en elle. *Omnia operatur in nobis.*

III°. *Est-il indigne de Dieu d'être l'Auteur du mouvement qui est joint à quelque crime ?* Il y a deux choses à distinguer dans toute action criminelle ; sçavoir, le *Physique* & le *Moral*. Le physique d'une action criminelle est l'action même : le moral d'un action criminelle est le déréglement de la volonté, qui veut & élit cette action défendue. Aucune action, physiquement prise, n'est mauvaise & criminelle en elle-même, séparée du déréglement de la volonté : puisque si cette même action étoit faite ou forcément ou en état de démence, elle n'auroit évidemment rien de mauvais & de criminel. Cette action devient donc mauvaise par son union & son rapport avec le choix qu'en fait la volonté libre, malgré la loi éternelle, ou malgré la loi positive, qui la défend & la condamne. Le sentiment que nous adoptons, ainsi que le sentiment qui adopte & soutient le concours immédiat, attribue à Dieu les actions criminelles de l'Homme, non selon ce qu'elles ont de *moral*, en quoi consiste le crime ; mais selon qu'elles ont de *physique*, en quoi il n'y a point de crime. Donc le sentiment que nous adoptons, n'attribue rien d'infame & de criminel à Dieu.

333. OBJECTION II. Dieu produit les actions criminelles de l'Homme, par le libre exercice de sa volonté : donc Dieu est l'Auteur du *Moral* qui se trouve en ces actions criminelles de l'Homme.

RÉPONSE. Quand l'Homme veut & détermine une action défendue, il la veut & la détermine par l'exercice immédiat de sa liberté, qui élit déterminément cette action, malgré la défense qui lui en est faite. Dieu au contraire, ne veut point par l'exercice immédiat de sa volonté, cette action défendue : il veut uniquement par l'exercice immédiat de sa volonté, produire l'action qu'élira & déterminera sa Créature. Dieu ne produit donc les actions que nous appellons libres, qu'à l'occasion des volitions libres, par lesquelles nous les élisons & les déterminons : donc Dieu n'exerce point immédiatement sa liberté, relativement à nos actions libres ; puisqu'il n'exerce sa liberté que conséquemment à nos volitions libres : donc Dieu n'est point l'Auteur du *Moral* de nos actions libres ; puisqu'il ne les choisit point & ne les détermine point par lui-même, & qu'il se borne à vouloir produire les actions qu'il plaira à notre volonté de choisir & de déterminer.

334. REMARQUE. Ceux qui soutiennent le concours immédiat, disent que Dieu produit aussi la détermination par laquelle la volonté veut & élit l'action criminelle : mais que cette action de Dieu n'a rien de criminel ; parce que Dieu ne produit que le *physique* de cette détermination criminelle, sans en produire le *moral* ; ou parce que la liberté de Dieu ne s'exerce que médiatement sur cette détermination criminelle, qu'il produit comme cause générale, & non comme cause électrice & déterminatrice. Ceux, au contraire, qui rejettent le concours immédiat, n'ont aucune difficulté à résoudre en ce genre ; parce que c'est l'Ame seule, & non le Créateur, qui produit réellement & physiquement cette détermination déréglée, dans laquelle consiste le *Moral* du crime.

335. OBJECTION III. Il s'ensuit de la réponse à l'objection précédente, que Dieu est déterminé par la détermination libre de la Créature : ce qui fait de Dieu un Etre dépendant de la Créature.

RÉPONSE. La détermination de Dieu a pour condition, & non pour cause, la détermination libre de la Créature. Dieu est déterminé à agir, non par le choix & par la détermination de la Créature ; mais par le décret libre qu'il a fait de toute éternité, de produire les actions physiques ou le physique des actions que sa Créature libre éliroit & détermineroit. Quant aux actions vertueuses, il les commande ou il les conseille : quant aux actions criminelles, il les arrête & il les empêche par ses défenses & par ses menaces, autant que le permet la liberté qu'il lui a plu de donner à l'Homme.

336. OBJECTION IV. Si notre Ame n'est point la cause efficiente, mais simplement la cause occasionnelle du mouvement ; il s'ensuit que le mouvement doit toujours suivre nos volontés ; & qu'un Corps d'une grandeur quelconque, pourra toujours être mis en mouvement par nous ; parce que nous pouvons vouloir & commander tel mouvement qu'il nous plaît : ce qui est évidemment contraire à l'expérience.

RÉPONSE. Les volontés ou les volitions de notre Ame ne sont la cause occasionnelle que du mouvement primitif imprimé ou à nos esprits animaux, ou à nos fibres motrices. Ce mouvement primitif est ensuite la cause occasionnelle du mouvement imprimé au reste de notre Corps. Le mouvement de notre Corps est enfin la cause occasionnelle du mouvement imprimé aux autres Corps que nous touchons. D'où il résulte qu'il ne dépend pas de notre caprice d'imprimer le mouvement à un Corps quelconque ; & que nous ne pouvons imprimer le mouvement qu'à des Corps qui ont quelque proportion avec le nôtre ; les Corps immensément grands ayant une force d'inertie, capable de détruire tout le mouvement primitif de nos esprits animaux ou de nos fibres motrices. Ceci demande un développement.

REMARQUE. La théorie des *Esprits animaux*, par sa liaison avec la question présente, devient incidemment du ressort de la Métaphysique. Nous allons en examiner, & la nature, & les fonctions ; après avoir fait auparavant quelques observations sur le siege de l'Ame.

I°. *SIEGE de l'Ame.* On place communément le siege de l'Ame, avec MM. Lancifi & de la Peyronie, non dans tout le Corps; parce qu'il est absurde de dire que quand on nous coupe un bras, l'Ame se retire dans le reste du Corps; & que d'ailleurs on ne conçoit pas pourquoi, quand on nous lie un nerf, l'Ame seroit sans sentiment & sans action dans la partie qui est au-dessous de la ligature: non dans tout le cerveau; puisqu'il conste par l'expérience, qu'on peut perdre une portion considérable de la substance du cerveau, sans perdre la vie, sans que la raison soit alterée: non dans la glande pinéale, comme le prétendoit Descartes; puisqu'il s'est trouvé, & des sujets dans qui la glande pinéale manquoit totalement, & des sujets dans qui elle étoit entièrement pétrifiée, sans que les uns & les autres eussent manqué de l'usage de la raison & des sens: non dans le principe & l'origine de chaque nerf, comme le pense M. Bordenave; parce que cette opinion qui place l'Ame en plusieurs parties différentes du Corps, n'a aucune raison solide qui l'établisse; & qu'elle est sujette à peu près aux mêmes difficultés, que celle qui répand l'Ame dans tout le Corps: mais dans le *Corps Calleux*; parce qu'il conste par les observations, que cette partie n'a jamais été lésée ou détruite, sans que l'altération ou la perte de la raison s'en soit suivie. Le cerveau est une masse glanduleuse, inégalement arrondie, d'une consistance assez molle, divisée comme en deux quarts de sphere posés sur un même plan, parsemée de toute parts d'un nombre prodigieux de ramifications artérielles & veineuses, lesquelles serpentent en tout tems par plusieurs contours admirables. En écartant les deux quarts de sphere qui composent le cerveau, on découvre au-dessous une espece de voûte médullaire, enfoncée sous toutes les circonvolutions du cerveau à qui elle sert de base, & formée par l'union des fibres médullaires de chaque côté. Le milieu de cette *Voûte médullaire* est nommé le *Corps Calleux*: c'est-là le trône où l'Ame réside, & d'où elle donne la Loi dans son petit empire.

II°. *NATURE de l'esprit animal.* Comment & par quel moyen, placée au sein du Corps Calleux, l'Ame entretient-elle une libre & facile communication avec toutes les parties du Corps qu'elle gouverne? C'est par le moyen de l'esprit animal, dont l'existence contestée par quelques Physiologistes, paroit prouvée efficacement par les effets. Car comment expliquer le jeu merveilleux de la machine humaine, sans le secours d'un fluide extrêmement subtil & délié, infiniment prompt & rapide, qui pénètre & circule dans les nerfs, dans les muscles, dans les membranes, dans toutes les fibres, pour les gonfler ou les comprimer; pour les racourcir ou les étendre; pour les rendre dociles & sensibles avec une célérité inconcevable, & aux moindres mouvemens, & aux moindres impressions?

La nature de cet esprit animal semble n'être autre chose qu'un extrait & comme un élixir de tout ce qu'il y a de plus subtil & de plus actif dans le sang & dans les humeurs. Toutes les matieres animales & végétales contiennent des molécules capables de devenir esprits animaux. Les particules les plus déliées des alimens, au sortir du grand laboratoire d'une digestion accomplie, se mêlent & circulent avec le sang ; sont portées au cerveau, où la substance corticale les sépare & les extrait du sang ; passent, après leur sécrétion, de la substance corticale dans la substance médullaire ; & de-là dans les nerfs, qui les portent dans toutes les parties du Corps. Comme il y a dans le Corps, & des arteres qui du cœur portent le sang dans toutes les parties du Corps, & des veines qui de toutes les parties du Corps ramenent le sang dans le cœur ; il est assez probable qu'il y a aussi dans le Corps & des nerfs *artériels*, qui du cerveau portent l'esprit animal dans toutes les extrémités ; & des nerfs *veineux*, qui de toutes les extrémités rapportent l'esprit animal au cerveau. De-là une circulation d'esprits animaux, comme une circulation de sang : de-là encore, des anastomoses ou des valvules de communication, entre les canaux des esprits animaux ; comme entre les canaux du sang.

III°. *Fonction de cet esprit animal.* La fonction & la destination de cet esprit animal, c'est de donner lieu & au mouvement & au sentiment : l'épuisement ou l'interception de cet esprit animal, suspend & interrompt l'un & l'autre.

De l'esprit animal dépend le *mouvement*. Qu'on cesse pendant un trop long tems de prendre de la nourriture : les forces manquent ; parce que les esprits animaux, qui par leur flux & reflux doivent mettre en jeu tous les ressorts de la machine humaine, se sont épuisés par l'évaporation, & ne se sont point réparés par la nutrition. Qu'un nerf soit obstrué ou lié : les parties qui sont au-dessous de l'obstruction ou de la ligature, sont privées de mouvement ; parce que le fluide moteur est intercepté, & ne va plus jusqu'à elles. Que ce fluide, abondant & bien conditionné, ait un libre cours dans tous les nerfs du Corps humain : toutes les parties du Corps sont dociles au mouvement que desire & commande l'Ame. Tel muscle s'enfle & se met en jeu ; parce que l'Ame y fait couler de toute part les esprits animaux en torrent : tel autre muscle suspend son action ; parce que l'Ame détourne ailleurs le torrent d'esprits animaux, qui lui imprimoit le mouvement. La force de ce torrent d'esprits animaux, est le produit de leur masse par leur vitesse : de-là la différence des forces chez les différens hommes, dans qui se trouve, selon la diversité des tempéramens & des circonstances, une plus ou moins grande quantité d'esprits animaux, une plus ou moins grande vitesse dans les esprits animaux.

De l'esprit animal dépend le *sentiment*. Le sentiment n'a lieu dans aucune partie du Corps, qu'en tant qu'elle est nerveuse : les os, les cartilages, la graisse, n'ont point de sentiment. La cause occasionnelle immédiate du sentiment ou de la sensation dans l'Ame, c'est l'ébranlement dans les nerfs, ébranlement qui naît principalement par le moyen des expansions membraneuses qui les terminent. La sensation de la vision se fait par la membrane de l'œil ; qui n'est qu'une expansion du nerf optique. La sensation de l'ouïe se fait par l'allongement membraneux du nerf auditif ; qui tapisse, & la partie interne de l'oreille, & le labyrinthe, & le limaçon, d'un nombre immense de fibres de différente longueur & de différente épaisseur. La sensation de l'odorat se fait par la membrane nerveuse qui revêt l'intérieur des narines; en laquelle membrane s'épanouissent les nerfs olfactifs. La sensation du goût se fait par le moyen des houpes nerveuses pyramidales, qui revêtent les extrémités de la langue & du palais. La sensation du tact se fait par le moyen des houpes nerveuses de la peau, qui ne sont qu'une expansion des divers organes du toucher. Mais comment ces sensations, plus rapides que l'éclair, aussi promptes que la pensée, passent-elles en un instant de l'extrémité du pied, par exemple, jusqu'au cerveau? Comment un léger chatouillement, qui effleure à peine les houpes nerveuses de la plante des pieds, est-il à l'instant senti par l'Ame dans le cerveau? Est-il probable que l'ébranlement léger de ces houpes du pied, puisse produire un ébranlement sensible dans les gros nerfs auxquels elles vont aboutir, pour porter ce frémissement par communication, jusqu'aux fibres de cette partie du cerveau où l'Ame réside? Non: il est plus naturel de penser que cette communication se fait par le moyen du fluide animal, qui répandu dans tous les canaux des fibres, susceptible d'une agilité & d'une vibratilité comme infinies, reçoit & transmet à l'instant au cerveau les plus légers mouvemens dont il est affecté. De-là, l'explication de ce phénomene, qui par son rapport à une infinité d'autres, mérite une attention particuliere: pourquoi un nerf fortement lié, cesse-t-il d'être sensible, quoiqu'on l'ébranle, ou qu'on le déchire, ou qu'on le coupe, au-dessous de la ligature? C'est que le fluide animal, qui réside dans ce nerf, ne communique plus avec le fluide animal qui aboutit au cerveau, & qui devroit transmettre cet ébranlement aux fibres du cerveau. Cette expérience semble prouver démonstrativement que l'ébranlement & le frémissement dans les nerfs, ébranlement & frémissement nécessaires pour donner des sensations à l'Ame, n'occasionnent ces sensations dans l'Ame, que par le moyen du fluide animal qui transmet & communique aux fibres du cerveau & du Corps Calleux, l'impression faite sur les organes qui en sont éloignés.

IV°. LE SOMMEIL. Le *Sommeil* est la suspension ou l'interruption des fonctions de l'Ame, comme la *Veille* en est l'exercice. Ce double état semble dépendre du fluide animal. 1°. Avoir & suivre des idées, éprouver des sensations relatives aux objets qui l'environnent, imprimer divers mouvemens libres au Corps qu'elle habite; tel est pour l'Ame l'état de Veille. La cause occasionnelle immédiate de tout cela, c'est le jeu libre & régulier des fibres qui aboutissent au siege de l'Ame; jeu occasionné par l'action du fluide animal. 2°. Ce fluide animal, pendant sa circulation, se dissipe & s'épuise en partie: après cette dissipation & cet épuisement, diminué & affoibli, il n'est plus en état de continuer à imprimer un ébranlement sensible & général à ces fibres. L'ébranlement de ces fibres, considérablement diminué, & enfin totalement suspendu, ôte la cause occasionnelle des pensées, des sensations, des mouvemens libres, qui caractérisent l'état de veille: de-là l'assoupissement, & enfin le Sommeil profond, pendant lequel le repos du Corps donne lieu aux sucs nourriciers de renouveller & de réparer ce fluide animal; lequel reprenant son action & son cours, produit le reveil, où cet état où l'Ame recouvrant la cause occasionnelle de ses principales fonctions, reprend de nouveau l'exercice de ces mêmes fonctions. Pendant le Sommeil l'Ame semble ne point penser: ou si elle a quelque pensée, c'est uniquement la connoissance de son existence; connoissance qui ne l'affecte point sensiblement, parce qu'elle est toujours la même. 3°. Si, pendant que le grand nombre des fibres qui aboutissent au siege de l'Ame est dans le repos & dans l'inaction, quelques-unes de ces fibres s'agitent & s'ébranlent accidentellement, comme elles ont été ébranlées antérieurement dans l'état de Veille à la présence de certains objets qui ont frappé les sens; l'Ame aura des *Rêves*, c'est-à-dire, des pensées & des sentimens plus ou moins réguliers, selon la plus ou moins grande régularité de l'ébranlement de ces fibres. 4°. Si l'Ame, dans ces rêves, a des pensées ou des sentimens qui soient connexes avec certains mouvemens libres, qu'elle se donne habituellement dans l'état de veille à l'occasion de ces mêmes pensées ou de ces mêmes sentimens; l'Ame, pendant toute la durée de ces rêves, imprimera ces mêmes mouvemens à son Corps, comme si elle veilloit réellement. La cause étant la même, l'effet ne doit point être différent: de-là les mouvemens plus ou moins réguliers des *Somnambules*.

V°. Si ces fibres du siege de l'Ame, dont l'ébranlement régulier donne l'ordre & la régularité aux pensées & aux sentimens, s'ébranlent tumultueusement & sans liaison, comme dans l'ivresse; cet état sera un état de *Déraison*; état passager, qui cessera après la dissipation des esprits tumultueux qui l'occasionnent. Si ces fibres du siege de l'Ame n'éprouvent habituellement aucun ébranlement net & sensible, ce défaut permanent d'ébranlement net & sensible, occasionnera un défaut permanent d'idées & de sentimens: c'est l'état de *Stupidité* ou d'Imbécillité. Si ces mêmes fibres s'ébranlent vivement & irrégulièrement, cet ébranlement vif & irrégulier occasionnera des idées & des sensations bisarres & discordantes: c'est l'état de *Folie*. Si ces mêmes fibres éprouvent des mouvemens convulsifs, elles occasionneront des idées & des sentimens violens & furieux, qui donneront lieu à des mouvemens frénétiques dans les nerfs moteurs du Corps: c'est l'état de *Fureur* ou de frénésie. (326. II°.)

VI°. L'existence & l'action du fluide animal semblent n'avoir rien de douteux; mais quand même on pourroit révoquer en doute l'une & l'autre, il n'en seroit pas moins certain que cet *ébranlement des fibres* du siege de l'Ame, (quelle qu'en soit la source & l'occasion) est lui-même la cause occasionnelle de ces différens états de l'Ame, que nous venons de tracer & de caractériser.

337. OBJECTION V. Si Dieu est l'unique cause du mouvement, à quoi sert l'admirable méchanisme du Corps de l'Homme, & du Corps de la Brute? Pourquoi nous sentons-nous fatigués, après quelques mouvemens un peu violens, que Dieu seul a produits?

RÉPONSE. I°. L'admirable méchanisme du Corps animal, auquel a évidemment présidé un Artiste d'une intelligence infinie, n'est point inutile dans l'hypothése que nous admettons. Car ce méchanisme

& cet artifice servent, & à empêcher que les différentes parties du Corps animal ne se rompent ou ne se dérangent par l'ébranlement; & à faire que le plus petit mouvement puisse se communiquer sensiblement, quand il est nécessaire, aux différentes parties isolées du Corps animal : ce qui ne pourroit arriver selon les loix générales de la communication du mouvement, si le Corps animal n'étoit qu'une masse lourde & informe. Le mouvement d'un simple faisceau de lumiere, ébranle assez sensiblement les fibres délicates de mon œil, pour me procurer la sensation nette & distincte d'un objet. Si ce même mouvement affectoit une masse trop grande & moins mobile, ce mouvement se divisant trop, ou trouvant trop de résistance, deviendroit nul & insensible. Donc la délicatesse de ces fibres de mon œil n'est point inutile dans l'hypothése que nous adoptons : puisqu'elle est nécessaire pour me donner, ou pour m'occasionner les sensations que j'éprouve. On peut dire la même chose des autres sens, & de tout le méchanisme du Corps humain.

II°. Il seroit absurde de dire avec ceux qui soutiennent le sentiment opposé au nôtre, que l'Ame éprouve une sensation de fatigue ; parce que la force motrice s'épuise en elle. Car qu'est-ce que cette force motrice ? Est-ce l'Ame ? mais l'Ame ne s'épuise point. Est-ce quelque chose dans l'Ame, qui soit distingué de l'Ame ? Mais l'Ame est une substance simple, qui exclud toute composition substantielle, la seule qui pourroit avoir une vertu motrice. D'où vient donc la sensation de fatigue, après un travail violent? C'est parce que le mouvement du Corps dissipe une grande quantité d'esprits vitaux ; & que cette dissipation & cet épuisement des esprits vitaux, est la cause occasionnelle à laquelle le Créateur a attaché la sensation de fatigue, que nous éprouvons en ces circonstances.

338. OBJECTION VI. Si l'Homme n'est point la cause efficiente de ses mouvemens, pourquoi les lui attribuer ? Pourquoi lui donner la dénomination d'agent, tandis qu'il n'agit point ?

RÉPONSE. Les mouvemens de l'Homme lui sont attribués avec raison, parce que l'Homme met la condition qui donne lieu à l'existence de ces mouvemens. Il a donc une vrai influence, relativement à ces mouvemens; puisque ces mouvemens n'existeroient pas, si l'acte de sa volonté ne donnoit lieu à leur existence.

339. OBJECTION VII. Il n'y a pas plus de connexion entre la volonté de Dieu & la production du mouvement, qu'il y en a entre ma volonté & la production du même mouvement : donc, ou il faut nier que Dieu puisse produire le mouvement, ou il faut accorder que l'Ame humaine peut aussi le produire.

RÉPONSE. Dieu étant un Etre essentiellement infini dans sa nature & dans ses perfections, on conçoit évidemment que sa volonté doit nécessairement être active & efficace par elle-même, quand elle le veut : on conçoit donc évidemment que sa volonté peut produire le mouvement. L'Homme au contraire, étant un Etre essentiellement borné & fini dans sa nature & dans ses perfections, on conçoit qu'on ne doit point lui attribuer des effets avec lesquels on ne lui connoît aucune proportion.

340. OBJECTION VIII. Si tout mouvement étoit produit par le Créateur, un Chasseur ne manqueroit jamais le lievre qu'il tire. Car l'Homme met de son côté tout ce qu'il faut pour frapper le lievre, sçavoir sa volonté : Dieu de son côté ne se trompe point dans la direction du fusil, qui doit frapper le lievre : donc le lievre ne devroit jamais être manqué.

RÉPONSE. C'est Dieu qui produit nos mouvemens ; mais c'est nous qui en déterminons la quantité & la direction. Le Chasseur manque le lievre qu'il tire, parce qu'il détermine ou une somme ou une direction de mouvement dans ses fibres, qui ne doit pas aboutir à pointer juste le fusil. Que fait donc l'habitude de chasser ? Elle fait que l'Ame s'accoutume à déterminer, & la juste quantité, & la juste direction, qu'il faut procurer aux esprits animaux ou aux fibres, pour mouvoir le bras avec la promptitude & avec la justesse requise. Elle fait encore que l'Ame s'accoutume à estimer & à évaluer les angles de direction sous lesquels doit être pointé le fusil, pour frapper à son but. Le Chasseur manque donc son coup ; parce que sa volonté détermine un mouvement en vertu duquel, selon les loix de la communication du mouvement, l'objet ne doit pas être atteint & frappé.

341. OBJECTION IX. Si Dieu est l'unique auteur de tout le mouvement de la Nature, la science de la Physique n'est plus qu'un vain nom. L'explication de tous les phénomenes de la Nature se réduit à dire, que la chose arrive parce que Dieu le veut & le fait ainsi ; par exemple, qu'une pierre tombe, parce que Dieu la pousse vers le centre de la Terre : ce qui semble également faux & absurde.

RÉPONSE. Si Dieu produisoit le mouvement sans suivre aucune regle fixe & constante dans la production du mouvement, il est évident que l'étude de la Physique ne seroit plus qu'une frivolité. Mais si Dieu, en produisant le mouvement, suit des regles fixes & constantes, qu'il faille observer pour estimer la nature & la quantité de l'effet qui doit en résulter ; la Physique n'en est pas moins une science infiniment propre à exercer nos lumieres & à enrichir notre esprit. En quoi consiste donc la science de la Physique ? Elle consiste à observer, autant qu'il est possible, quel est le méchanisme intérieur des Corps, & selon quelles loix se fait le mouvement ; à regarder ce que nous voyons arriver constamment, comme une dépendance ou comme un effet d'une loi fixe & invariable de la Nature ; & à parvenir, par des observations réiterées & multipliées, à découvrir certaines loix ou certaines regles générales, d'où découlent tous les grands phénomenes de la Nature. Le mouvement d'une pierre qui tombe, est produit par le Créateur ; mais ce mouvement est une dépendance de la gravitation générale des Corps, dont il faut évaluer les forces motrices, conséquemment à leurs masses, à leurs distances, à leurs accélérations : ce qui a exigé, & beaucoup d'observations, & beaucoup de sagacité. La Physique ne cesse donc point, dans cette hypothése, d'être une science digne d'occuper & d'intéresser l'Esprit humain.

SECTION SECONDE.

L'AME DES BRUTES.

VOICI une matiere de nature à mériter toute l'attention d'un Esprit vraiment philosophique. Tous les efforts qu'a faits la Philosophie depuis tant de siecles pour l'éclaircir, n'ont encore produit que très-peu de lumiere en ce genre ; & je doute que l'Esprit humain en produise jamais davantage sur cet objet. Nous allons exposer & examiner les différens sentimens, qui partagent les Philosophes sur cette matiere.

342. *DIVERS SYSTÊMES.* I°. Selon Descartes, les Brutes sont de pures machines, de vrais automates, assez semblables pour la vie, à une plante qui végéte; assez semblables pour le mouvement, à une montre qui se meut par des ressorts. II°. Selon les Péripatéticiens, les Brutes ont pour Ame une substance distinguée de la Matiere & de l'esprit, capable de sentir & incapable de penser, qu'ils appellent *Forme substancielle.* III°. Selon quelques autres Philosophes, les Brutes ont une Ame spirituelle, d'une espece inférieure à l'Ame humaine, capable de sentiment & de pensée ; incapable de moralité, à cause du défaut de liberté.

La raison & le sentiment naturel se révoltent contre la premiere opinion : la religion s'allarme de la troisieme : la seconde, qui n'offense ni la Raison ni la Religion, paroît assez s'accorder avec les opérations que nous découvrons dans les Brutes. Le Péripatétisme, qui a souvent radoté, peut ne pas se tromper en tout & par tout: & la Philosophie doit s'attacher à la Vérité, sous quelque banniere qu'elle se montre.

PROPOSITION I.

343. *Les Brutes ne sont point des Machines ou des Automates, sans sentiment.*

DÉMONSTRATION. Si les Brutes n'étoient que des machines ou des automates, tous leurs mouvemens seroient une suite & une dépendance des loix de la Méchanique : or plusieurs mouvemens des Brutes, ne sont point une suite & une dépendance des loix de la Méchanique. Car soit un Chien de chasse, attaché à poursuivre une compagnie de perdrix : ce chien est attiré méchaniquement, selon Descartes, par les corpuscules émanés du corps de ce gibier. Mais si ce chien, en poursuivant sa proie, rencontre un précipice; ne devroit-il pas, selon les loix de la méchanique, se jetter dans ce précipice ; au lieu qu'il s'arrête d'abord, qu'il se détourne ensuite pour chercher un passage assuré ? Non, dit Descartes, ce chien ne doit point se jetter dans le précipice ; parce qu'il sort de ce précipice une émanation de corpuscules, qui suspendent & détournent la marche de ce chien! Je doute que la solide & sublime raison de Descartes ait été jamais bien satisfaite d'une telle explication, qu'il seroit aisé de ruiner en mille manieres, & par mille exemples. Quoiqu'il en soit, j'admets & l'existence & l'activité fabuleuses de ces corpuscules; & je dis: ces corpuscules qui s'échappent du sein du précipice, & qui changent méchaniquement le mouvement du chien de chasse, doivent selon les loix de la méchanique, produire dans ce chien, ou un mouvement diamétralement opposé, ou un mouvement obliquement opposé, au mouvement qui étoit produit par les corpuscules du gibier.

I°. Si le mouvement imprimé par les corpuscules émanés du précipice, est diamétralement opposé au mouvement primitif: selon les loix générales du mouvement & de la méchanique, le chien doit s'arrêter, dans le cas où les mouvemens opposés seroient égaux; le chien doit reculer en ligne droite, dans le cas où le mouvement imprimé par les corpuscules du précipice, seroit plus grand que le mouvememt primitif; le chien doit tomber dans le précipice, dans le cas où le mouvement primitif seroit plus grand que le mouvement produit par les corpuscules du précipice. Ce qui n'a point lieu.

II°. Si le mouvement imprimé par les corpuscules émanés du précipice, est obliquement opposé au mouvement primitif: selon les loix générales du mouvement & de la méchanique, le chien livré à ces deux forces motrices, doit se mouvoir en suivant la diagonale d'un parallélogramme construit sur la direction & sur la proportion du mouvement primitif & du mouvement qui naît de l'impulsion de ces corpuscules. Ce qui n'arrive pas.

Donc les divers mouvemens des Brutes, ne sont point une suite & une dépendance des loix de la méchanique: donc les Brutes ne sont point de purs automates ou de pures machines, dont les mouvemens soient produits ou occasionnés uniquement par l'émanation des corpuscules qui affectent leurs organes: donc il y a dans les Brutes un principe distingué & des organes & des corpuscules, qui produit ou occasionne leurs mouvemens contraires aux loix générales de la méchanique, ou indépendans des loix générales de la méchanique. C. Q. F. D.

Preuve confirmative. I°. Nous avons des organes qui nous donnent des sensations: nous voyons dans les Brutes des organes tous semblables: pourquoi ces organes semblables ne seroient-ils pas destinés dans les Brutes à une semblable fin? II°. nos sensations s'annoncent & se manifestent par divers signes de plaisir & de douleur, d'affection ou d'aversion: nous voyons dans les Brutes des signes tous semblables de plaisir & de douleur, d'affection ou d'aversion: pourquoi ces signes semblables, sinon pour montrer de part & d'autre un principe ou un sujet également capable de sentiment? III°. Nous voyons les Brutes, selon l'exigence de leurs besoins, employer, augmenter, diminuer à propos & d'une maniere convenable, l'activité de leurs forces; nous les voyons imiter & retracer le méchanisme de nos divers mouvemens, quoiqu'elles soient toujours incapables de saisir le rapport abstrait &

réfléchi de ces forces & de ces mouvemens : tout cela ne paroît-il pas annoncer évidemment qu'elles ont, comme nous, un principe distingué de la Matiere, lequel préside au méchanisme de leurs mouvemens ; quelle que soit la nature de ce principe, que nous n'examinons pas encore.

IV°. Interrogeons-nous le sentiment & le cri de la Nature, qui est toujours l'organe & l'interpréte de la vérité ? Nous pensons & nous jugeons par un instinct naturel & nécessaire, qu'il y a dans les Brutes un principe de sentiment : on ne peut nous arracher cette persuasion, qu'en nous arrachant la Nature. Qu'un Carthésien, le plus entiché de son système, voye son chien favori meurtri de coups & couvert de plaies : ne sera-t-il pas ému de compassion pour lui ? Pourquoi lui compâtir, s'il ne souffre pas plus qu'une montre dérangée & fracassée par une chûte ? C'est un préjugé, dit-on : mais une opinion générale dont aucune nation & aucun siecle n'est exempt ; une opinion nécessaire & inévitable, dont on ne peut se défaire qu'en se persuadant (ce qu'il est impossible de se persuader) qu'un chien meurtri de coups & couvert de plaies ne souffre point, lorsqu'il pousse des cris & des gémissemens lamentables ; est-elle bien évidemment un préjugé ? Pour l'assurer, il ne faudroit rien moins que des preuves bien démonstratives : or quelles preuves démonstratives en donne-t-on ? Aucune, si ce n'est une romanesque hypothèse, qui ne prouve rien. Donc par l'observation des opérations des Brutes, on est bien fondé à penser & à juger que les Brutes ne sont point de pures machines, que les Brutes ont un principe de sentiment. C. Q. F. D.

PROPOSITION II.

344. *Les opérations que nous appercevons dans les Brutes, n'annoncent point une substance spirituelle de sa nature.*

DÉMONSTRATION. I°. Il n'est pas démontré qu'une substance distinguée de la Matiere & de l'Esprit, répugne : puisqu'il ne répugne pas que le Tout-Puissant, qui a créé la Matiere privée d'intelligence & de sentiment, qui a créé l'Esprit doué d'intelligence & de sentiment, ait créé une substance intermédiaire, privée d'intelligence & douée de sentiment.

II°. Il n'est pas démontré qu'une substance distinguée de la Matiere & de l'Esprit, soit insuffisante pour expliquer les diverses opérations des Brutes, en qui nous voyons indubitablement du sentiment, & en qui nous ne voyons pas indubitablement de l'intelligence ; qui par leurs opérations annoncent évidemment une substance sensible, mais qui par leurs opérations n'annoncent pas également une substance spirituelle.

III°. Le signe caractéristique par où s'annonce & se manifeste une substance spirituelle, c'est de connoître la fin pour laquelle elle agit ; de comparer les moyens avec la fin ; de perfectionner ses connoissances ; de concevoir d'autres objets que les objets sensibles & matériels : or rien de tout cela ne convient à l'Ame des Brutes. 1°. Les Brutes ne connoissent pas la fin pour laquelle elles agissent : sans quoi un chien qui va sans examen & sans expérience, choisir au milieu de mille plantes, celle qui est propre à guérir le mal qui le presse, auroit plus d'intelligence que tous les Hypocrates du monde. 2°. Les Brutes ne comparent point les moyens avec la fin, pour connoître la proportion de ceux-là avec celle-ci. Car cette comparaison suppose un examen & une délibération de la part de l'entendement qui la fait : cet examen & cette délibération entraîne quelque intervalle de tems entre l'objet connu & la tendance à cet objet : or nous n'observons rien de semblable dans les Brutes. Un aveugle instinct, fruit ou cause du jeu des organes, les porte à un objet, ou les éloigne d'un objet, sans qu'elles examinent si les moyens qu'elles prennent, ont une aptitude à les mener à leur fin. 3°. Les Brutes ne perfectionnent pas leurs connoissances. Les Hommes & les Castors ont eu primitivement à peu près la même architecture. L'architecture chez les Hommes, successivement perfectionnée par l'observation & la réflexion, est enfin parvenue à convertir les anciennes cabannes, incommodes & ruineuses, en édifices élégans, en superbes palais, en temples majestueux, où la régularité unie à la solidité, est destinée à résister aux injures du tems, & à passer aux siecles à venir. L'architecture, chez les Castors, est toujours la même. Les Castors d'aujourd'hui ne bâtissent ni mieux ni autrement que les premiers Castors qui ont existé : c'est toujours la même maniere de se loger ; maniere que l'expérience des désastres passés, & la prévoyance de l'avenir, leur feroient changer en mieux, s'ils avoient le moindre rayon d'intelligence. 4°. Les Brutes ne s'élevent point, dans leurs connoissances, au-dessus des objets sensibles & matériels. Chez elles nulle connoissance de vice & de vertu, d'honneur & d'infamie : c'est en leur montrant le bâton qui les frappe, ou l'appas qui les flatte, & non en leur proposant les motifs de l'honneur & du devoir, qu'on les guide, qu'on les instruit, qu'on les corrige : ce qui démontre que ce n'est point l'intelligence, mais simplement la sensation qui les gouverne.

Résultat. Il n'est point démontré qu'une substance intermédiaire entre la Matiere & l'Esprit, capable de sentiment & incapable d'intelligence, répugne : il n'est point démontré que cette substance intermédiaire entre la Matiere & l'Esprit, capable de sentiment & incapable d'intelligence, soit insuffisante pour produire ou pour occasionner les différentes opérations que nous appercevons dans les Brutes, en qui nous ne voyons rien qui annonce & suppose évidemment une substance intelligente & spirituelle : donc il n'est point nécessaire d'admettre dans les Brutes une substance spirituelle de sa nature. C. Q. F. D.

PROPOSITION III.

345. *Il est vraisemblable qu'il y a dans les Brutes, outre le Corps organisé, une substance qui les anime ; & qui n'étant ni Esprit ni Matiere, tient un milieu entre l'un & l'autre.*

Démonstration. I°. Il conste par les opérations que nous appercevons dans les Brutes, que les Brutes ne sont pas simplement des machines ou des automates : car avec quelque perfection que soit travaillé un automate, c'est toujours une machine, soumise à toutes les loix de la méchanique, incapable de tout sentiment : ce qui ne convient point aux Brutes. (343.) Il y a donc dans les Brutes une substance capable de sentiment, une substance dont les sensations sont la cause occasionnelle des divers mouvemens que nous appercevons dans les Brutes, & que nous ne pouvons expliquer par les loix de la méchanique.

II°. Cette substance capable de sentiment, qui anime les Brutes, n'est ni la Matiere ni l'Esprit. 1°. Cette substance capable de sentiment n'est point la Matiere. Car si la Matiere étoit capable d'avoir du sentiment, il faudroit qu'elle l'eût ou en vertu de sa nature, ou en vertu de ses configurations, ou en vertu de son mouvement : or on conçoit que la Matiere ne peut avoir du sentiment à aucun de ces titres, sur lesquels on peut faire précisément les mêmes raisonnemens que nous avons faits, en démontrant que la Matiere étoit incapable de penser. 2°. Cette substance capable de sentiment, n'est point un Esprit ou une substance spirituelle : puisqu'elle n'a point les signes & les caracteres qui annoncent & décelent une substance spirituelle, & qu'une substance spirituelle n'est point absolument nécessaire pour produire & pour expliquer les diverses opérations que nous appercevons dans les Brutes : (344.) donc il est vraisemblable qu'il y a dans les Brutes, outre le Corps organisé, une substance immatérielle, qui les anime, & qui n'étant ni Esprit ni Matiere, tient un milieu entre la Matiere & l'Esprit. C. Q. F. D.

346. REMARQUE. I°. Cette Ame des Brutes ne peut point être extraite de la Matiere, où elle n'est contenue ni virtuellement ni formellement : elle ne peut donc recevoir l'existence que par une vraie création. II°. Cette Ame des Brutes n'étant point composée de parties comme la Matiere, elle ne peut périr par décomposition : mais elle doit périr par anéantissement ; n'ayant plus de fin à remplir, dès qu'elle n'a plus de Corps à animer. III°. La seule fin que pourroit avoir l'Ame des Brutes après la décomposition du Corps organisé qu'elle animoit, seroit d'être destinée à passer dans une autre Corps de même nature, selon le systême de la Métempsycose : systême qui, borné aux Brutes de même espece, n'est point absolument démontré absurde, quoiqu'il ne présente rien qui le rende positivement probable. IV°. Cette substance immatérielle, cette Ame des Brutes, n'ayant point de parties, elle est indivisible de sa nature. Ainsi quand on coupe par le milieu un ver ou un serpent, on ne divise pas l'Ame de cet animal. Le mouvement qui subsiste quelque tems dans les deux sections de l'insecte, est un mouvement purement méchanique dans l'une des deux parties, produit par le sang & par les esprits vitaux. V°. S'il y a quelque espece d'insecte qui vive étant divisée en deux parties ; (ce que je ne pense pas, quoique je n'ose le nier) cela vient de ce que cette espece d'insecte, par son organisation, fait équivalemment un double individu, qui aura une double Ame. VI°. Il est assez probable que l'Ame des Brutes, ainsi que l'Ame humaine, réside dans quelque partie principale du Corps organisé, où elle puisse être plus à portée de recevoir les sensations destinées à sa

nature, & occasionner les mouvemens nécessaires à la conservation de l'individu.

OBJECTIONS A RÉFUTER.

347. OBJECTION I. Toutes les opérations que nous appercevons dans les Brutes, sont des mouvemens locaux, conformes aux loix de la méchanique; car le Corps des Brutes ne se meut & ne peut se mouvoir contre les loix de la méchanique : or des mouvemens méchaniques n'annoncent que des machines ou des automates.

RÉPONSE. Toutes les opérations que nous appercevons dans les Brutes, sont à la vérité des mouvemens locaux : mais ce sont des mouvemens locaux qui annoncent, dans les Brutes, un principe de vie & de sentiment qui ne convient point à des Automates; ce sont des mouvemens locaux qui ne sont pas produits ou occasionnés par la seule Matiere. Ces mouvemens locaux, dans la Brute, comme dans l'Homme, s'oppèrent selon les loix de la méchanique : mais dans la Brute, comme dans l'Homme, ils ont pour cause ou pour occasion une substance distinguée de la Matiere. Ou la nature nous trompe & nous trompe invinciblement, ou il est certain que les gémissemens des Brutes annoncent un principe capable de douleur; que les caresses de certaines Brutes annoncent un principe capable d'affection : ce qui ne peut convenir à la seule Matiere. Il ne s'agit donc pas, pour prouver que les Brutes sont de purs automates, de démontrer que le Corps des Brutes, dans ses mouvemens, observe les loix de la méchanique : puisqu'il est certain que le Corps humain suit aussi dans ses mouvemens les loix de la méchanique; sans qu'il résulte de-là que l'Homme soit un pur automate. La question est donc de sçavoir si les mouvemens méchaniques des Brutes annoncent un principe de vie & de sentiment, qui soit la cause ou l'occasion de ces mouvemens; ou si ces mouvemens ont pour cause ou pour occasion la seule émanation des corpuscules, qui échappés des Corps, frappent les organes des Brutes, & leur impriment les mouvemens que nous leur voyons opérer : & c'est ce que nous disons être évidemment contraire aux loix de la méchanique. (343.)

348. OBJECTION II. Une substance qui a des connoissances, est une substance spirituelle : or il y a dans les Brutes une substance qui a des connoissances; puisqu'un chien connoît son Maître, qu'il distingue de tout autre; connoît ce qui lui est bon, pour se le procurer; connoît ce qui lui est préjudiciable, pour l'éviter : donc il y a dans les Brutes une substance spirituelle.

RÉPONSE. Des connoissances intellectuelles annoncent une substance spirituelle. Des connoissances simplement sensitives n'annoncent point une substance spirituelle; puisqu'il ne répugne pas qu'il y ait une substance intermédiaire entre la Matiere & l'Esprit, capable de sentiment & incapable d'intelligence : & telle s'annonce par ses opérations, l'Ame des Brutes. Cette substance sensitive est douée d'un instinct plus ou moins parfait, dans les différentes especes & dans les différens individus : mais qu'est-ce que cet instinct ?

Iº. Cet *instinct* des Brutes, (formé & dirigé par le Créateur, toujours admirable & inconcevable dans ses œuvres) est un penchant pour certains objets, une aversion pour certains autres objets, selon que les uns & les autres sont utiles ou nuisibles à l'individu. Cet instinct se réveille par la sensation du plaisir ou du besoin, & se déploie par le jeu des organes qu'il met en mouvement. Par exemple, un chien malade éprouve une sensation, qui le détermine à chercher un remede ou une plante salutaire. Ses organes mis en jeu & en action par cette sensation de mal-être, déterminent sa marche vers un pré voisin, où ils sont affectés par les corpuscules émanés du sein des différentes plantes: la sensation présente occasionnée par ces divers corpuscules, & dirigée par le penchant de sa nature, guide le chien malade à la plante bienfaisante, dont les corpuscules le flattent; plutôt qu'à une autre plante, dont les corpuscules ne le flattent pas dans cette circonstance.

IIº. Cet *instinct* fait assez souvent opérer aux Brutes des choses merveilleuses, où l'on seroit quelquefois tenté de soupçonner des vestiges d'intelligence & de raison. Mais quand on réfléchit qu'une substance intelligente est marquée à des caracteres qui ne conviennent point à la substance qui anime les Brutes; quand on réfléchit d'ailleurs que cet instinct, dont nous ne connoissons pas assez la nature & la perfection, peut s'étendre à des effets qui échappent à notre intelligence; on sent qu'il n'y a aucune raison d'attribuer ce qui paroît de merveilleux dans les opérations des Brutes, à une substance semblable à la substance qui nous anime. Un Esprit d'une espece subalterne, ne cesse pas d'être Esprit; & s'il ne cesse pas d'être Esprit, pourquoi cesseroit-il d'avoir en sa nature les propriétés qui caractérisent l'Esprit? Non; un Dieu sage & conséquent n'a point fait des substances intelligentes, pour être privées universellement & persévéramment, dans tous les tems & dans tous les lieux, dans toutes les especes & dans tous les individus, de la plus noble fonction de leur nature, de l'usage de leur intelligence & de leur raison. Quelle différence sensible de lumiere & de conduite, entre l'Homme le plus stupide & le plus grossier dans son espece, & la Brute la plus déliée & la plus raffinée dans la sienne? (288. 344.)

349. OBJECTION III. Nous n'avons aucune idée de cette substance intermédiaire, qui n'est ni Matiere ni Esprit: donc il ne faut point admettre une telle substance intermédiaire; d'autant plus que la division de la substance en Matiere & en Esprit, paroît une division exacte qui embrasse tout.

RÉPONSE. Cette objection qu'on rebasse toujours avec emphase, nous paroît bien humiliante pour l'Esprit humain, dans qui elle annonce & des lumieres bien bornées, & des préjugés bien puissans. Philosophes, Êtres pensans, examinez comment vous connoissez les diverses substances, & vous conclurez que c'est à tort que vous vous imaginez connoître toutes les substances possibles.

Iº. C'est un axiome avoué en genre de connoissances, *que nous ne connoissons la nature des choses existantes, que par les idées que nous en donnent leurs effets*: puisque nous ne voyons point intuitivement en elle-même cette nature des choses. Quelle idée a un Carthésien de la substance spirituelle qui anime l'Homme ? Il en a l'idée qu'entraine l'observation des effets qu'il voit dans l'Homme. Nous observons dans l'Homme des opérations qui ne peuvent être attribuées à la matiere : & de-là se forme dans nous l'idée d'une substance capable d'opérer ce que nous voyons opérer à l'Homme, d'une substance capable de sentiment & d'intelligence, d'une substance spirituelle. C'est précisément de la même maniere que se forme en nous l'idée de cette substance intermédiaire qui anime les Brutes. Nous appercevons dans les Brutes des opérations qui surpassent la vertu de la Matiere, & qui n'atteignent point la vertu de l'Esprit : & par-là nous concevons dans les Brutes une substance qui n'a ni les propriétés de la Matiere, ni les propriétés de l'Esprit ; une substance capable de sensations, incapable d'intelligence & de raisonnement ; une substance intermédiaire entre la Matiere & l'Esprit. Nous avons donc une idée de ces deux substances : & si nous n'avons pas une idée fort lumineuse de cette Ame des Brutes, avons-nous une idée infiniment lumineuse de l'Ame humaine ? Quelque obscurité qu'il puisse y avoir sur la nature de ces deux substances, l'existence de la substance spirituelle qui anime l'Homme, est l'objet d'une démonstration : l'existence de la substance immatérielle qui anime la Brute, est l'objet d'une opinion assez vraisemblable.

II°. Quant à la division de la substance en matiere & en esprit, je dis qu'il n'est point démontré que cette division embrasse toutes les substances possibles ; qu'il est même très-vraisemblable qu'il y a au moins une troisieme espece de substance, différente des deux premieres. Quelle témérité n'y auroit-il pas de penser que nous connoissons toutes les différentes especes de substances, qui peuvent être produites par le Créateur ? Notre foible intelligence égale-t-elle la Toute-Puissance infinie de l'Être suprême ? Si dans la classe des Brutes nous ne connoissions que le Chien & le Cheval, nous diviserions la Brute en chien & en cheval, & nous trouverions peut-être fort mauvais que l'on nous contestât l'exactitude de notre division. S'ensuivroit-il de-là que le lion, la fourmi, l'aigle, la baleine, fussent des especes impossibles ; parce qu'elles seroient différentes des deux premieres, & qu'elles ne seroient pas comprises dans notre division ? Et celui qui, par des effets bien observés, prouveroit l'existence d'une espece différente des deux premieres, seroit-il bien condamnable d'oser admettre une troisieme espece de Brutes ? Disons la même chose des trois substances en question. Il y a des effets qui démontrent l'existence de la substance matérielle : il y a des effets qui démontrent l'existence de la substance spirituelle : il y a des effets qui ne conviennent ni à la premiere, ni à la seconde ; & qui annoncent très-vraisemblablement l'existence d'une troisieme substance, distinguée des deux premieres : donc il est vraisemblable qu'il existe dans la Nature une substance distinguée & de la Matiere, & de l'Esprit : c'est l'Ame des Brutes. Voyez encore sur cet objet, une objection assez frivole, qui se trouve précédemment exposée & réfutée dans la note de la page 51.

ÉLÉMENS DE MÉTAPHYSIQUE SACRÉE ET PROFANE; OU THÉORIE DES ÊTRES INSENSIBLES.

SIXIEME TRAITÉ.
LA MORALE.

La Morale est la science des Devoirs que chacun doit remplir; ou bien, la Morale est la science qui regle les Mœurs de l'Homme : d'où il s'ensuit que la Morale doit être la premiere science d'un Philosophe. Dans les beaux siecles de l'Antiquité profane, la Morale étoit le principal objet de la saine Philosophie : elle occupa les sublimes génies des Socrates, des Platons, des Séneques, des Cicerons; qui crurent ne pouvoir pas mieux mériter, & de leur siecle, & de la postérité, qu'en les éclairant sur la regle des Mœurs. Dans une Religion où tous les devoirs sont tracés & détaillés par une main divine, la science des Mœurs semble se confondre avec la science de la Religion. C'est d'après cette idée que nous avons conçu & tracé le plan de Morale que nous allons succintement développer. Il embrasse & la Théorie de la Religion, & la Théorie des Mœurs.

SECTION PREMIERE.
THÉORIE DE LA RELIGION.

350. LEMME I. *Il existe un Dieu, auteur & moteur de la Nature; ou un Être infini en tout genre de perfection.*

Ce Lemme a été démontré dans toute la premiere section du traité de Dieu. Nous devons ici un aveu dont nous ne rougirons jamais : c'est que les principes qui établissent l'existence de Dieu, nous paroissent ne céder ni en force, ni en lumiere persuasive, aux principes qui démontrent la plûpart des Vérités mathématiques.

351. LEMME II. *Il y a dans l'Homme, outre le Corps organisé, une substance spirituelle, libre, immortelle.*

Ce Lemme (*) a été démontré dans toute la premiere section du traité de l'Ame : & nous pensons que cette vérité est de nature à ne pouvoir jamais être révoquée en doute par aucun Homme, chez qui la raison n'est point entiérement déréglée & corrompue.

PROPOSITION FONDAMENTALE.

352. *De l'idée d'un Dieu découle la nécessité d'une Religion, c'est-à-dire, la nécessité d'un Culte & d'une Loi.*

DÉMONSTRATION. Un Être dont la nature est essentiellement l'assemblage de toutes les perfections possibles actuellement existentes, renferme évidemment dans sa nature, & *un souverain domaine sur l'Homme*, puisque l'Homme est sa créature & son ouvrage ; & *un sage & inaliénable amour de l'Ordre*, puisque l'amour de l'ordre est une perfection : or, par le principe fondamental de toutes les Sciences, (74.) de cette double source découle évidemment la nécessité d'une Religion, ou la nécessité d'un Culte & d'une Loi. Suivons ces deux principes, & développons-en les lumineuses conséquences.

1°. *De l'idée d'un Dieu, essentiellement maître & souverain de toutes choses, découle la nécessité d'un Culte, premier constitutif d'une Religion.* S'il y a un Dieu, il a un pouvoir suprême & inaliénable sur l'Homme sa créature : s'il a un pouvoir suprême & inaliénable sur l'Homme, l'Homme est donc dans une essentielle & indispensable dépendance de Dieu ; & c'est le sentiment de cette dépendance qui est la base & l'exercice commencé d'une Religion. Dieu a créé l'Homme, & n'a pu créer l'Homme, que pour lui-même ; Dieu étant essentiellement la fin de toutes ses œuvres : donc le souverain domaine d'un Dieu créateur entraîne dans l'Homme sa créature, une dépendance absolue & universelle de Dieu ; une obligation indispensable & permanente de rapporter à Dieu, & tout ce qu'il a, & tout ce qu'il est. Mais si l'Homme ne rend point de culte à Dieu ; si l'Homme oublie ou néglige cet Etre créateur, n'est-il pas évident qu'il rend vaine & illusoire sa dépendance ; puisqu'il n'en fait aucune fonction ? N'est-il pas évident qu'il se soustrait à l'indispensable obligation qu'il a de se rapporter à Dieu ; puisqu'il ne peut se rapporter à Dieu que par son culte & ses hommages ? Dieu, en qualité de Créateur, a un droit inaliénable à la soumission, à la reconnoissance, à la confiance, à l'amour, aux respects de sa créature : il est donc juste, il est donc naturel que Dieu en exige un culte & un aveu de dépendance.

(*) *Un Lemme est une proposition que l'on ne prouve & que l'on n'établit, que pour démontrer d'autres propositions suivantes.*

L'Homme, en qualité de créature raisonnable, voit & reconnoît nécessairement dans Dieu, l'auteur de son Etre, l'arbitre de ses destinées, son bienfaiteur & son pere : il est donc juste, il est donc naturel qu'il lui rende un culte & des hommages : à l'auteur de son Etre, par sentiment de dépendance ; à l'arbitre de ses destinées, par besoin & par intérêt ; à son bienfaiteur, par reconnoissance ; à son pere, par amour & par tendresse. Les rapports de Dieu avec l'Homme, & les rapports de l'Homme avec Dieu, sont donc les titres éclatans & sensibles qui nous imposent l'obligation d'un culte ; & qui rendent raison des sacrifices, des prieres, des hommages, des sentimens de reconnoissance & d'amour, que nous adressons à cet Etre Suprême : & telle est la raison plausible qui fonde & justifie le double culte que nous rendons à Dieu ; le culte intérieur & le culte extérieur, qui ne sont l'un & l'autre qu'un aveu & de sa souveraineté & de notre dépendance.

II°. *De l'idée d'un Dieu, essentiellement amateur de l'ordre, découle la nécessité d'une Loi, second constitutif d'une Religion.* Un Dieu ennemi de l'ordre ou indifférent pour l'ordre, ne pourroit être, ou qu'un Dieu aveugle, qui n'en connût pas la perfection ; ou qu'un Dieu mauvais, qui ne voulût point ce qui est essentiellement bien ; ou qu'un Dieu stupidement indolent, qui, plongé dans une inertie léthargique, sans sagesse & sans providence, eût livré l'Homme & l'Univers aux aveugles Loix du hasard ; ou qu'un Dieu absurdement inconséquent, qui fût en opposition & avec sa nature, qui est l'ordre essentiel & primitif ; & avec ses ouvrages, dont la constitution & la conservation exigent nécessairement l'ordre. Conséquences affreuses & révoltantes, qui renversent ce qu'elles établissent, qui détruisent l'existence d'un Dieu qu'elles supposent ! S'il y a un Dieu, s'il existe un Etre infiniment parfait, il est donc nécessairement amateur de l'ordre : puisque l'amour de l'ordre est une perfection ; puisqu'il est lui-même l'ordre éternel & incréé. S'il y a un Dieu amateur de l'ordre, il n'a donc point livré l'Homme au caprice de ses penchans & de ses passions : puisque les penchans & les passions de l'Homme, tendent le plus souvent au renversement de l'ordre. Si Dieu n'a point livré l'Homme au caprice de ses penchans & de ses passions, il a donc assigné & posé des bornes aux puissances de l'Homme : & s'il a posé & assigné des bornes aux puissances de l'Homme, tout n'est donc pas permis à l'Homme ; il y a donc une regle & une Loi pour l'Homme. L'idée d'un Dieu entraine la nécessité de l'ordre : l'idée de l'ordre nous mene à la distinction de ce qui est permis & de ce qui n'est pas permis, à la distinction du bien & du mal : & la distinction du bien & du mal nous conduit à une Loi nécessaire & éternelle, qui approuve l'un & qui défende l'autre. Il y a donc une Loi divine & émanée du Ciel ; une Loi antérieure à toutes les Loix des Peuples & des Empires ; une Loi éternelle, immuable, universelle, qui lie indifféremment & le fort & le foible, & le Tyran qui opprime, & l'Esclave qui est opprimé ; qui proscrit & poursuit également, & ces crimes obscurs qui s'ensevelissent dans les ténebres, & ces forfaits hardis & éclatans qui affrontent & bravent la lumiere. Dieu auroit manqué essentiellement, & à ce qu'il se doit à lui-même, & à ce qu'il doit à ses Créatures ; s'il n'avoit pas lié les Hommes entr'eux par des devoirs mutuels, qu'il ne fût jamais permis d'enfreindre, & auxquels ils fussent astreints autant que peut l'être une Créature libre. Or il répugne que Dieu manque à ce qu'il se doit à lui-même, & à ce qu'il doit à ses Créatures : donc il répugne qu'il n'y ait pas une Loi à laquelle l'Homme soit soumis & astreint.

De l'idée d'un Dieu, essentiellement maître & souverain de l'Homme sa créature, découle la nécessité d'*un Culte*; de l'idée d'un Dieu, nécessairement amateur de l'ordre, découle la nécessité d'*une Loi* : voilà la Religion ; voilà la nécessité d'une Religion. C. Q. F. D.

253. COROLLAIRE I. *L'Homme doit à Dieu un Culte intérieur.*

DÉMONSTRATION. I°. Dans le composé humain, la principale partie c'est l'Ame : donc l'obligation essentielle à l'Homme de dépendre de Dieu & de se rapporter à Dieu, regarde principalement l'Ame. II°. L'adoration, l'amour, la confiance, la soumission, la reconnoissance, qui constituent principalement le vrai Culte, ont leur siege & leur principe dans l'intérieur de l'Ame : donc si un Culte est nécessaire & indispensable, c'est principalement le Culte intérieur. C. Q. F. D.

354. COROLLAIRE II. *L'Homme doit à Dieu un Culte extérieur.*

DÉMONSTRATION. I°. L'Homme étant composé de Corps & d'Ame, il est juste & nécessaire que la partie matérielle de ce composé, contribue aussi à rendre hommage à son Créateur : donc l'Homme est indispensablement obligé de rendre à Dieu un Culte extérieur. II°. Le Culte intérieur, pour se soutenir, a un besoin essentiel du Culte extérieur, qui le fortifie & l'anime. Car l'expérience ne nous apprend-elle pas avec quelle facilité notre esprit se dissipe & s'égare en rendant ses hommages à son Créateur, si des cérémonies saintes & augustes, si une attitude modeste & religieuse, si un spectacle auguste & touchant de Religion, ne fixe & ne concentre en Dieu notre attention ? Donc si un Culte est nécessaire & indispensable, il faut nécessairement un Culte extérieur, un appareil sensible de Religion. C. Q. F. D.

355. COROLLAIRE III. *L'Homme doit une constante obéissance, & à la Loi éternelle, & à la Loi positive, s'il y en a quelqu'une.* (214.)

DÉMONSTRATION. Dieu, en vertu de son souverain domaine sur l'Homme sa créature, a évidemment une autorité légitime sur l'Homme. L'autorité légitime dans celui qui commande, entraîne essentiellement l'obligation d'obéir, dans celui qui est soumis à cette autorité : donc l'Homme doit indispensablement obéir à la Loi éternelle, & aux Loix positives que Dieu lui impose. C. Q. F. D.

356. COROLLAIRE IV. *L'Homme doit se soumettre & obéir, & à la Loi divine, & à la Loi politique.*

DÉMONSTRATION. Comme il est assez indifférent que Dieu commande ou immédiatement par lui-même, ou médiatement par l'autorité légitime qu'il a établie ou consacrée ; il s'ensuit que l'Homme est également obligé de se soumettre & d'obéir, & aux Loix que Dieu a portées par lui-même, & aux Loix que Dieu a portées par ses

Ministres. L'Homme doit obéir à Dieu, lorsque Dieu lui intime ses volontés par lui-même : parce que Dieu a un droit essentiel & inaliénable de commander par lui-même. L'Homme doit obéir à l'autorité légitime des Législateurs humains : parce que Dieu, pour le bien de la société, a communiqué aux Législateurs humains une portion de son autorité, un droit de le représenter sur la terre, le pouvoir de faire des Loix qui lient les consciences : ce qui ne peut être révoqué en doute, ni par aucun Citoyen qui a de saines idées de l'ordre, ni par aucun Chrétien instruit des principes fondamentaux de sa Religion. C.Q.F.D.

357. COROLLAIRE V. On voit par les principes que nous venons d'établir & de démontrer, en établissant la nécessité d'une Religion :

I°. *Combien conforme à la Raison est cet instinct de la Nature, qui nous porte & nous incline à la Religion.* Jettons les yeux d'un Pole à l'autre, de l'orient au couchant : par-tout nous voyons les Sociétés & les Empires policés, soumis à une Religion qui les attache à quelque Divinité, & qui fait la base de leur union civile & politique. C'est le cri & l'impulsion de la Nature, qui les porte à reconnoître quelque Etre suprême, de qui ils dépendent, à qui ils doivent des hommages, dont l'œil pénétrant les regarde, & dont le bras vengeur les menace. Plusieurs de ces Peuples ont défiguré la Religion ; mais aucun n'en a entièrement étouffé le germe & le principe. (216.)

II°. *Combien opposée à la Raison est l'impiété d'Epicure, lorsqu'il fait de la Religion un vain fantôme, uniquement destiné à épouvanter & à tyranniser le Genre humain.* Ce que la Nature inspire, ce que la Raison démontre, peut-il être regardé comme un vain fantôme, par quiconque n'a pas étouffé dans lui à la fois & la Nature & la Raison ?

III°. *Combien absurdes & insensés sont les blasphemes de Machiavel, qui fait naître la Religion, non du cri de la Nature & des lumieres de la Raison, mais de l'imposture & de l'artifice des Princes qui l'ont imaginée pour consolider leur autorité.* Les Princes ont appuyé leur autorité par la Religion ; parce qu'ils ont trouvé existante chez tous les Peuples, la persuasion d'une Religion : c'est un moyen existant qu'ils ont employé, & non un moyen qu'ils aient créé & fait naître. Que penseroit-on d'un Homme qui prétendroit que les passions humaines doivent leur existence à l'artifice & à l'imposture des Princes & des Politiques ; parce que les Princes & les Politiques ont fait assez souvent servir à leurs fins, les passions humaines ? On penseroit qu'il fait précisément comme Machiavel ; qu'il renverse l'ordre & la nature des choses, pour appuyer un bisarre & extravagant paradoxe.

OBJECTIONS A RÉFUTER.

358. OBJECTION I. Dieu n'a pas besoin de notre culte : donc Dieu n'exige point notre culte.

RÉPONSE. I°. Ce raisonnement des Déistes suppose une chose également fausse & absurde ; sçavoir, qu'il n'y a dans le Créateur d'autres volontés, que celles qui sont déterminées par l'indigence & le besoin :

ce qui est heurter de front le sens commun. Dieu n'avoit pas besoin de l'existence de ce monde visible; & cependant Dieu a voulu l'existence de ce Monde visible. II°. Pour connoître les volontés du Créateur, il ne faut donc pas examiner quel besoin il a des choses, ou quel avantage il peut retirer des choses: mais il faut examiner ce qui convient à la nature du Créateur, ce qui convient à la nature de sa Créature. Or il est clair qu'il convient au Créateur d'exiger de l'Homme, qu'il n'a créé & qu'il n'a pu créer que pour sa gloire, un culte par lequel l'Homme le glorifie. Il est clair qu'il convient à l'Homme, à une Créature douée de raison, de faire usage de sa raison, pour témoigner sa reconnoissance & son amour à celui de qui il tient & l'existence, & la conservation, & tout ce qu'il a de biens; soit dans l'ordre de la nature, soit dans l'ordre de la fortune, soit dans l'ordre de la grace.

359. OBJECTION II. Notre culte est fini & imparfait de sa nature: donc Dieu n'exige point notre culte; qui, à raison de son imperfection, est indigne de la Majesté de cet Etre infiniment parfait, à qui d'ailleurs il ne procure aucune gloire réelle.

RÉPONSE. I°. Ce raisonnement des Déistes suppose encore une chose également fausse & absurde; sçavoir, qu'il n'y a dans Dieu d'autres volontés que celles qui sont terminées à des objets infinis dans leur nature. Dieu a voulu l'existence de ce Monde visible; & cependant ce Monde visible n'est point un objet infini dans sa nature. II°. Pour connoître les volontés de Dieu relativement à l'Homme, examinons encore ce qui convient à Dieu & ce qui convient à l'Homme; & de-là nous aurons droit de conclure ce que Dieu veut & exige. Or il est clair qu'il convient à la Nature humaine, d'user de sa raison pour honorer la Majesté de son Créateur & de son Bienfaiteur: il est clair qu'il convient à la Nature divine d'accepter & d'agréer les efforts que fait l'Homme, sa créature, pour l'honorer & pour lui plaire. III°. Ce culte, quoique fini & imparfait de sa nature, est cependant l'action la plus noble & la plus sainte dont l'Homme soit capable: il n'est donc pas indigne d'un Dieu dont la nature exclud essentiellement le ridicule orgueil, l'insensé dédain, que lui attribue follement le Déiste. IV°. Notre culte n'ajoute rien à la gloire & à la félicité intrinsèques du Créateur: mais il ajoute à la gloire extérieure, à la satisfaction accidentelle du même Créateur; qui se complait dans les affectueux hommages des Créatures raisonnables, qui aime que tout soit dans l'ordre & que tout remplisse ses vues adorables.

360. OBJECTION III. Dieu étant essentiellement libre, il peut dispenser l'Homme & de l'obligation d'un culte & de l'obligation d'une Loi: donc de l'idée d'un Dieu ne découle pas la nécessité d'un culte & d'une loi.

RÉPONSE. La liberté de Dieu ne s'étend pas à faire des choses indignes de lui. Il est libre à Dieu d'agir ou de ne pas agir: mais s'il agit, il est nécessité par sa sagesse & par sa perfection, à agir d'une manière qui convienne & à sa nature & à la nature de ses ouvrages. Or il convient nécessairement & indispensablement à Dieu, d'imposer à l'Homme l'obligation d'un culte & d'une loi. Il n'est pas libre à Dieu de se dépouiller du titre & du caractère de fin dernière de toutes choses: il n'est pas libre à Dieu de cesser d'être amateur de l'ordre & de la sainteté : donc il n'est pas libre à Dieu de se dispenser d'exiger ce qu'exigent essentiellement ces attributs inaliénables de la Divinité ; donc il n'est pas libre à Dieu de dispenser l'Homme de l'obligation d'un Culte & d'une Loi.

361. OBJECTION IV. Il y a des Hommes qui n'observent point de Loi, qui ne rendent point de Culte à Dieu ; donc le Culte & la Loi ne sont pas d'une nécessité absolue.

RÉPONSE. La nécessité dont il est question dans la proposition fondamentale, est une nécessité d'obligation, & non une nécessité d'exécution. L'Homme étant libre, il peut se dispenser de l'exécution, mais il ne peut se dispenser de l'obligation.

PROPOSITION II.

362. *Cette Religion que nous avons démontré nécessaire à l'Homme, ne peut point être une Religion indifférente & arbitraire, comme le prétend absurdement le Tolérantisme.*

DÉMONSTRATION. Il est évident que la Divinité n'est ni absurde, ni ignorante, ni corrompue : donc il est évident que la Divinité ne peut & n'a jamais pu & ne pourra jamais, ou former ou approuver ou agréer des Religions, où se trouve empreint l'indigne caractere d'erreur, d'absurdité, de corruption. Or plusieurs des Religions qui ont régné & qui regnent encore dans l'Univers, sont marquées à cet indigne caractere : donc plusieurs des Religions qui ont régné ou qui regnent encore dans l'Univers, sont telles par leur nature, que Dieu ne peut en être l'auteur, que Dieu ne peut en être l'approbateur, que Dieu ne peut en agréer la pratique & l'exercice. L'idolâtrie ancienne & moderne n'est-elle pas évidemment marquée au sceau de l'extravagance, de l'ignorance, de la corruption ? Le Mahométisme, né pour enflammer plutôt que pour captiver la volupté, est-il autre chose qu'un ridicule assemblage de fables décousues, de délires insensés, d'erreurs grossieres & palpables, entées sur quelques principes & sur quelques pratiques de la vraie Religion, totalement défigurée chez Mahomet par la superstition & par le fanatisme ? Donc il est évident que la Divinité n'est point l'auteur de telles Religions ; que la Divinité ne peut point être honorée par de telles Religions. Donc il est évident que la Religion nécessaire à l'Homme pour honorer son Dieu & pour s'unir à son Dieu, ne peut point être une Religion arbitraire & indifférente, de telle façon que toute Religion indifféremment soit bonne & suffisante à l'Homme : donc le Tolérantisme, qui applaudit indifféremment à toute Religion, & qui regarde toute Religion comme suffisante, est un systême faux & absurde. C. Q. F. D.

RELIGION NATURELLE, RELIGION RÉVÉLÉE.

363. REMARQUE. L'Homme ne peut honorer son Dieu, connoître ses volontés, & s'unir à lui par une Religion digne de lui, qu'en

deux manieres & par deux voies : *par la Raison*, ou *par la Révélation*; par la Religion naturelle, ou par une Religion révélée.

I°. Qu'est-ce que *la Religion naturelle* ? C'est ce cri de la Nature & de la Raison, qui nous intime la Loi éternelle, qui nous avertit qu'il y a un Dieu de qui nous dépendons, & à qui nous devons des hommages. On l'appelle *Loi naturelle*, ou *Religion naturelle*; parce qu'elle nous est tracée par les seules lumieres de notre Raison ou de notre Nature.

II°. Qu'est-ce que *la Révélation* ? Ce sont des oracles émanés immédiatement de la Divinité, qui a daigné nous instruire par elle-même ; ou bien, c'est la voix de Dieu même parlant à l'Homme & instruisant l'Homme, par une autre voie que par la voie de la seule Raison. On l'appelle *Révélation*, ou *Religion révélée* ; parce que c'est par l'organe de Dieu même, que nous sont manifestées les vérités qu'elle nous découvre & nous enseigne. Les vérités qui composent le dépôt de la révélation, nous viennent de Dieu en trois manieres : 1°. Par voie de *révélation* : c'est ainsi qu Dieu, dans l'ancienne & dans la nouvelle alliance, éclaira les Prophetes, à qui il manifesta des vérités mystérieuses, inaccessibles à l'Esprit humain. 2°. Par voie d'*impulsion* : c'est ainsi que Dieu inspira les Historiens sacrés, qu'il mut & détermina, à écrire les événemens sacrés dont ils avoient été témoins, ou qu'ils avoient appris de témoins fideles ; & à ne mettre dans leurs Histoires que des événemens vrais & indubitables. 3°. Par voie de *direction* ou d'*assistance* : c'est ainsi que Dieu éclaire l'Eglise, en lui prêtant son assistance divine ; & en l'empêchant efficacement, selon sa promesse, de tomber jamais dans l'erreur, soit en genre de Dogme, soit en genre de Morale.

PROPOSITION III.

364. *La Religion qui doit unir l'Homme à Dieu, doit être nécessairement une Religion fixe & déterminée dans sa Nature, du moins dans ce que cette Religion renferme d'essentiel & de fondamental.*

DÉMONSTRATION. La Religion, par son essence & par sa destination, doit être nécessairement & la lumiere & la regle de l'Homme ; regle & lumiere émanées du Créateur, ou par la voie de la Raison, ou par la voie de la Révélation : or, soit que Dieu se manifeste à l'Homme par la Raison ou par la Révélation, il est évident que la Religion émanée de Dieu ou immédiatement ou médiatement, ne peut point être contraire à elle-même ; que la Religion émanée de Dieu doit être une Religion fixe & déterminée dans sa nature ; c'est-à-dire, dans ce qu'elle enseigne & dans ce qu'elle commande, dans ses Dogmes & dans ses Préceptes.

I°. *La Religion doit être fixe & déterminée dans ce qu'elle enseigne* ; c'est-à-dire, dans les vérités spéculatives, à la créance desquelles elle soumet notre Esprit. La Vérité est une & indivisible, éternelle & invariable : donc l'indéfectible véracité de Dieu ne peut enseigner en un lieu comme vérité, ce qu'elle réprouve en un autre comme mensonge : donc ce qui est vrai en un lieu, ou sur la nature de Dieu, ou sur la nature de l'Homme, ou sur quelque autre objet manifesté par la Religion, est vrai par-tout : donc les vérités enseignées par une Religion émanée de Dieu ou avouée de Dieu, sont par-tout les mêmes. Donc de deux Religions qui sont en opposition en fait de Dogmes, soit sur la nature de Dieu ou sur la nature de l'Homme, soit en genre de Culte ou en genre de Morale, l'une est évidemment une Religion fausse, une Religion qui ne vient point de Dieu, une Religion que Dieu improuve & rejette.

II°. *La Religion doit être fixe & déterminée dans ce qu'elle commande;* c'est-à-dire, dans le Culte qu'elle exige, & dans la Morale qu'elle trace. 1°. Le Culte de la Religion doit être fixe & déterminé. Par-tout l'amour, la reconnoissance, la confiance, l'invocation, l'adoration, la soumission d'esprit & de cœur, sont l'essence du Culte que l'on doit rendre à Dieu: donc un tel Culte, le Culte intérieur, est par-tout nécessaire, & doit être par-tout le même. Le Culte extérieur ne doit pas moins être fixe & déterminé : sans quoi ce Culte, par l'ignorance & la dépravation de l'aveugle multitude, peut devenir ou un Culte superstitieux & absurde, ou un Culte impur & criminel, ou un Culte barbare & féroce ; tel que les Peuples privés de la Révélation nous en ont donné plus d'un exemple, & tel que la Divinité ne peut en être honorée. 2°. La Morale de la Religion doit être fixe & déterminée. La sagesse & la sainteté de Dieu sont la source éternelle & invariable d'où découle la regle des Mœurs : donc un Dieu unique entraîne une unique regle de mœurs : donc ce Dieu ne peut pas défendre en un lieu comme crime, ce qu'il commande en un autre lieu comme vertu : donc la regle générale & fondamentale des Mœurs est & doit être par-tout la même. Et quand le Créateur, à la Loi éternelle & naturelle ajoute des Loix positives, ces Loix positives sont encore fixes & déterminées pour la Nation qu'elles regardent. Donc la Religion qui doit unir l'Homme à Dieu, est une Religion fixe & déterminée dans sa nature ; ou dans ce qu'elle enseigne & dans ce qu'elle ordonne d'essentiel & de fondamental. C. Q. F. D.

365. COROLLAIRE. *Une Religion fixe & déterminée dans sa nature, est nécessairement une Religion unique* : donc il n'y a & ne peut y avoir pour l'Homme qu'une seule & unique Religion émanée de Dieu : donc il est faux qu'il y ait ou qu'il puisse y avoir plusieurs Religions émanées de Dieu, plusieurs Religions agréables à Dieu, plusieurs Religions qui puissent unir l'Homme à Dieu.

PROPOSITION IV.

366. *Dans l'état d'ignorance & de dépravation où se trouve maintenant la Nature humaine, qu'elle qu'en soit la cause, la Religion, pour être possible à l'Homme, doit nécessairement être révélée.*

DÉMONSTRATION. Nous n'avons que deux voies pour connoître & pour déterminer la Religion par laquelle nous devons nous unir à Dieu ; sçavoir, la Raison & la Révélation : donc si la Raison est insuffisante pour nous donner une Religion digne de Dieu, la Révélation devient d'une nécessité absolue & indispensable. J'ai donc à démontrer uniquement que la Raison, privée du flambeau de la Révélation, est insuffisante pour éclairer l'Homme, & sur la Divinité, & sur le Culte, & sur la Morale : par-là même j'aurai démontré, que la Révélation est nécessaire pour donner à l'Homme une Religion digne de Dieu & digne de l'Homme.

1°. La Raison seule n'a pas été capable de donner à la brillante Antiquité, aux beaux siecles de la Grece & de Rome, une Religion pure & digne de Dieu : donc la Raison seule ne seroit pas plus capable de nous donner à nous-même une Religion pure & digne de Dieu. Dans ce raisonnement, l'antécédent & la conséquence sont également incontestables : donc ce raisonnement forme une démonstration complette. 1°. La conséquence est incontestable : puisqu'il est certain que la Raison livrée à elle-même, n'est pas plus parfaite aujourd'hui, qu'elle le fut dans les beaux siecles de l'Antiquité profane. 2°. L'antécédent n'est pas moins incontestable : puisque la Raison livrée à elle-même, ou privée du flambeau de la Révélation, ne put jamais réussir à donner une Religion pure & sainte, une Religion saine & sensée, une Religion digne de Dieu & de l'Homme, ni à la Multitude, ni aux Sages. Je dis d'abord que la Raison livrée à elle-même, ne donna point à la *Multitude* une Religion digne de Dieu & de l'Homme : puisque la Multitude, en suivant cette aveugle Raison, embrassa l'idolâtrie ; se fit une Religion composée d'insensés délires ; crut honorer la Divinité par des extravagances, par des impudicités, par des sacrifices barbares, par d'abominables parricides, par un Culte & par une Religion qui déshonorent la Raison. Je dis ensuite que la Raison, livrée à elle-même, ne donna point aux *Sages* une Religion digne de Dieu & de l'Homme. En suivant la Raison abandonnée à elle-même, dans quelles erreurs ne tomberent pas les Sages de l'Antiquité profane, & sur la Divinité, & sur la Morale ? Les uns bannirent de l'Univers la Divinité, & tomberent dans l'aveugle & stupide Athéisme : les autres diviserent la Divinité, & se déciderent pour l'insensé Polythéisme : ceux même qui reconnurent une seule & unique Divinité, lui attribuerent ou une fatalité nécessitante, ou une stupide inertie, ou une aveugle & sotte ignorance ; qualités essentiellement incompatibles avec la nature de la Divinité. La Morale ne fut pas moins défigurée par eux que la Divinité. Selon Epicure, l'unique fin de l'Homme, c'est le bonheur ; & l'unique bonheur, c'est le plaisir & la volupté : selon Zénon, la vertu & la perfection de l'Homme consistent dans une austérité bisarrement sauvage, dans une insensibilité stupidement apathique. Les Loix établies par les Sages de l'Asie, permirent l'inceste & la polygamie : les Loix de Rome & d'Athenes autoriserent la fornication & le divorce : les Loix de Sparte approuverent & consacrerent le vol & l'adultere. Les plus beaux génies furent ceux précisément qui donnerent dans les plus grands égaremens. Tant la Raison privée de lumieres de la Révélation, est incapable de saisir le vrai en genre de Morale & de Religion !

11°. Si vous ôtez la Révélation, il faut nécessairement & indispensablement, ou que chacun suive aveuglément une Religion arbitraire ; ou que chacun se compose un système de Religion : il n'y a point de milieu entre ces deux partis, dans l'hypothèse d'une Religion nécessaire à l'Homme. 1°. Si chacun suit une Religion arbitraire, voilà l'Homme inévitablement exposé au danger de déférer à Dieu un Culte impur & insensé ; de suivre une regle de mœurs vicieuse & criminelle ; de se soumettre à une Religion composée de délires, de fables, d'infamies, de fureurs, monstre dont l'idolâtrie ne nous a que trop montré la possibilité. Or la providence & la sainteté d'un Dieu sage peuvent-elles lui permettre d'exiger de l'Homme, une Religion qui l'expose sans cesse & inévitablement à devenir irréligieux & criminel, en s'efforçant d'être saint & vertueux ? 2°. Si chacun est obligé de se composer un système de Religion, n'est-il pas évident que le défaut de lumieres, le trouble des passions, l'embarras des affaires, en rendent incapables plus des deux tiers du Genre humain ; & que la Religion que nous avons démontré nécessaire à l'Homme, devient impossible à la plus grande partie des hommes ? Ce qui est évidemment absurde & contradictoire de la part du Créateur. Donc si Dieu exige de l'Homme une Religion, il faut que Dieu lui manifeste cette Religion par la voie de la Révélation. C. Q. F. D.

367. REMARQUE. En démontrant la nécessité d'une Révélation, nous ne prétendons donner qu'une preuve préparatoire aux preuves de fait, qui sont encore infiniment plus sensibles & plus convaincantes ; & que nous exposerons avec toute l'étendue convenable, dans la premiere partie du troisieme Discours suivant. Nous ferons voir aussi dans le second Discours suivant, que cette Religion révélée ne se trouve que dans la Religion Chrétienne-Catholique.

OBJECTIONS A RÉFUTER.

368. OBJECTION I. Dieu n'est point tenu de se manifester à l'Homme par la voie de la Révélation : donc il est faux que la Révélation soit nécessaire.

RÉPONSE. Dieu n'est point tenu absolument, mais il est tenu hypothétiquement à se manifester à l'Homme par la voie de la Révélation. Je m'explique : Dieu en créant librement l'Homme, est tenu par la rectitude & par la perfection de sa nature, de donner à l'Homme les moyens qui lui sont nécessaires pour remplir sa fin & sa destination : sans quoi Dieu seroit inconséquent & absurde, puisqu'il voudroit la fin sans vouloir les moyens. Comme Dieu destine l'Homme à pratiquer une Religion pure & sainte, & que l'Homme dans l'état d'ignorance & de corruption où se trouve sa nature, ne peut connoître & pratiquer cette Religion pure & sainte, sans le secours de la Révélation : il s'ensuit que Dieu, qui n'est ni absurde ni inconséquent, est tenu, ou de changer l'état présent de la nature de l'Homme, ou de se manifester à l'Homme par la Révélation. Or, comme il nous conste que Dieu ne changé point l'état présent de l'Homme, il s'enfuit que Dieu doit, ou s'être manifesté, ou se manifester à l'Homme par la Révélation.

369. OBJECTION II. La nécessité de la Révélation exclud la possibilité d'un état de nature pure, ou la possibilité d'un état où l'Homme pourroit remplir sa destination, par les seules lumieres de sa raison, par les seules forces de sa nature : or il est certain & évident qu'un tel état est possible : donc la nécessité d'une révélation est opposée à une vérité certaine & évidente. Donc la nécessité d'une révélation est fausse & fabuleuse.

RÉPONSE. Je n'examine pas si dans un autre ordre de choses, si dans un état de nature différent de l'état présent, l'Homme auroit eu besoin de la révélation pour remplir sa fin & sa destination, pour connoître qu'elle regle de mœurs il devroit suivre, quel Culte il devroit rendre à Dieu. J'examine simplement (& c'est-là l'état précis de la question) si l'Homme, tel qu'il est maintenant, avec les ténebres dont son esprit est enveloppé, avec les passions effrénées dont son cœur est tourmenté, peut, par les seules lumieres de sa nature, se former une Religion pure & digne de Dieu; une Religion où il ne s'égare ni en genre de croyance, ni en genre de Culte, ni en genre de Morale : & c'est ce qui paroît évidemment impossible, du moins pour le commun & pour la très-grande pluralité des Hommes.

J'accorde que Dieu auroit pu former la Nature humaine dans un état différent, où elle n'auroit pas eu besoin de la révélation. Mais dans cet état différent, l'Esprit de l'Homme n'eût pas été plongé dans de si épaisses ténebres; le Cœur de l'Homme n'eût pas été en proie à une concupiscence si déréglée & si effrénée. Dans l'état de corruption & de dépravation où se trouve aujourd'hui notre nature, je vois ses ténebres si profondes, son penchant au mal si violent; que si l'on ôte la révélation, la connoissance & l'exercice d'une Religion digne de Dieu, paroissent évidemment impossibles à la plûpart des Hommes : d'où je conclus que dans l'état où je vois la Nature humaine, la révélation est indispensablement nécessaire à l'Homme, sans examiner si cette révélation seroit nécessaire ou non-nécessaire dans un état différent.

370. OBJECTION. III. Avant la naissance du Messie, la Religion naturelle étoit une Religion suffisante; puisque telle étoit la Religion sainte des Melchisédec, des Loth, des Abraham, des Job, & de tant d'autres Saints personnages : donc il est faux que la révélation soit nécessaire, même dans l'état présent de notre nature.

RÉPONSE. Avant la naissance du Messie il y avoit trois especes de Religion dans le Monde. I°. *La Religion de Moïse*, qui obligeoit tous les Juifs, & les seuls Juifs. II°. *La Religion naturelle révélée*, qui embrassoit & les principes de Religion que dicte la raison, & les principes de Religion manifestés par la révélation & conservés par la tradition. Elle est appellée quelquefois *Loi naturelle* ou *Religion naturelle*, par opposition à la Religion & à la Loi de Moïse, que l'on appelloit *Loi écrite*. Ces deux Religions étoient respectivement suffisantes. III°. *La Religion des Gentils*, ou des peuples qui avoient oublié & abandonné la révélation : cette derniere religion fut toujours impure & insuffisante; comme il conste par la raison d'après l'histoire. Donc il est faux qu'il y ait jamais eu un tems où la Religion du genre humain ou d'une partie du genre humain, ait été une Religion pure & suffisante sans les lumieres de la révélation.

371. OBJECTION IV. Il y a bien des peuples à qui la révélation est inconnue: donc ou Dieu n'exige point d'eux une Religion, ou Dieu exige d'eux une Religion impossible.

RÉPONSE. I°. Les Peuples, à qui la révélation est inconnue, ont une Religion impure, insuffisante, indigne de Dieu: ce qui, bien-loin de détruire la nécessité de la révélation, contribue au contraire à l'établir & à la démontrer. II°. Dieu exige de ces Peuples une Religion pure & sainte; comme il est démontré qu'il l'exige, & qu'il doit l'exiger de tous les Hommes : (352.) donc Dieu, qui n'est point absurde & inconséquent, donne à ces Peuples des moyens, prochains ou éloignés, intérieurs ou extérieurs, par lesquels ils peuvent connoître & pratiquer cette Religion révélée. Mais quels sont ces moyens? C'est demander qu'on explique & qu'on développe toutes les ressources & toutes les opérations possibles d'une Providence infinie, qui se plait quelquefois à se cacher à nos foibles regards. Quoiqu'il en soit de ces moyens qu'emploie la Providence, il conste par les principes de la Foi, que Dieu exige des infideles la pratique d'une Religion pure & sainte : il conste par le témoignage de l'expérience qu'il n'y a point de Religion pure & sainte sans la révélation : il conste par les lumieres de la raison, que Dieu n'est ni injuste ni inconséquent : donc Dieu fournit aux Peuples qui méconnoissent la Religion révélée, des moyens suffisans pour connoître & pour pratiquer cette Religion révélée, quels que soient ces moyens dont ils ne font point usage. Mais c'est à la Théologie de concilier la Providence avec la privation de la révélation chez ces Peuples : ce Traité théologique n'entre point dans le plan de notre ouvrage. Il nous suffira de conclure avec S. Paul, que ces Peuples ne seront point jugés sur la Loi révélée, mais sur les points de la Loi naturelle, qu'ils n'ont pas pu ignorer invinciblement. (*)

───────────

(*) REMARQUE. *Il est probable que l'observation de ces points de la Loi naturelle, est la condition de laquelle la providence fait dépendre la vocation de ces infideles à la Religion révélée ou à l'Evangile : vocation gratuite de la part de Dieu ; ils ne peuvent rien faire qui exige & qui demande que Dieu la leur accorde : vocation qui est cependant en leur pouvoir; pour l'obtenir, ils n'ont qu'à ne s'en point rendre indignes.*

Un grand nombre de Théologiens pense que la connoissance de la Loi Evangélique n'est point nécessaire à ces infideles pour être sauvés ; & que la simple observation de la Loi naturelle, sans aucune connoissance de la Révélation, suffit pour les conduire à l'éternelle félicité. Tous les Théologiens François, & quelques Théologiens étrangers, pensent avec plus de fondement, d'après saint Thomas, qu'il faut à ces infideles, outre l'obser-

372. OBJECTION V. Les Déistes de nos jours ont une Religion pure ; & cependant ils rejettent la révélation : donc une Religion pure peut exister sans le secours de la révélation.

RÉPONSE. I°. Parmi les Déistes de nos jours, les uns rejettent toute espece de culte, comme inutile. Les autres n'admettent que le culte de l'esprit & du cœur ; & dédaignent le culte extérieur, comme vain & superstitieux. Ceux-là rayent du nombre des crimes, la fornication, le divorce, la polygamie ; qu'ils jugent n'avoir rien de criminel & d'illicite. Ceux-ci ne placent au rang des crimes, que les actions qui attaquent la Justice & l'ordre public ; & ne reconnoissent pour crimes, que les crimes politiques. Presque tous, en dogmatisant sur la Divinité, ils nous représentent cet Etre adorable, sans justice, sans providence, sans récompenses pour les Justes, sans vengeances pour les méchans ; en dogmatisant sur l'Ame humaine, ils en font ou une Matiere qui pense, ou un Esprit qui meurt & se détruit ; & par-là ils ouvrent la porte à tous les crimes. Donc il est faux que la Religion des Déistes de nos jours soit aussi pure & aussi raisonnable, que l'on voudroit le faire accroire & le persuader.

II°. Quand même les Déistes de nos jours seroient en état de nous tracer un plan de Religion qui n'eut rien de répréhensible, s'ensuivroit-il que la révélation ne fût pas nécessaire pour éclairer l'Homme sur la Divinité, sur le Culte, sur les Mœurs ? Non ! il s'ensuivroit simplement que les Déistes de nos jours, éclairés par la révélation dont la lumiere est répandue dans tout l'Univers, doivent à cette lumiere divine, qu'ils combattent, l'avantage de ne point tomber dans de grands égaremens en fait de Religion. Les Déistes de nos jours ont-ils plus de génie, plus de pénétration, plus de justesse, que ces beaux génies de l'antiquité profane, que nous révérons comme nos modéles & nos maîtres dans

---

vation de la Loi naturelle, la Foi au moins sur les mysteres de la Trinité & de l'Incarnation ; mysteres qu'ils ne peuvent connoitre que par la voie de la Révélation: mais que s'ils sont fideles à observer les points qu'ils connoissent de la Loi naturelle, la Providence toujours juste & bienfaisante, ne manquera jamais de les éclairer suffisamment sur ces dogmes essentiels, soit par des voies naturelles, soit par des voies miraculeuses ; la providence ayant une infinité de moyens intérieurs & extérieurs, naturels & surnaturels, pour leur donner, soit en général, soit en particulier, cette connoissance nécessaire à leur salut. Il est donc absurde d'objecter contre la doctrine catholique, (comme font sans cesse quelques Incrédules, déterminés à déraisonner emphatiquement, plutôt que de renoncer à dénigrer la Religion) que ces infideles doivent être réprouvés pour avoir ignoré la Loi de JESUS-CHRIST. Ces infideles ne seront réprouvés que pour avoir transgressé la Loi naturelle qu'ils connoissoient, & dont l'observation les eût indéfectiblement conduit à la connoissance de JESUS-CHRIST, & des dogmes essentiels de la Religion Evangélique. A combien d'objections contre la Religion couperoit racine, un peu plus de Logique ou de bonne foi dans ceux qui les font !

tout

tout ce qui a été du ressort de la simple raison ; & qui cependant sont tombés dans de si grands égaremens sur la Divinité, sur le Culte, sur la Morale ? Nous devons à la Religion, outre les bienfaits d'un ordre supérieur & surnaturel, le bienfait naturel & politique d'avoir éclairé nos Esprits & adouci nos Mœurs ; d'avoir perfectionné l'Homme, par les lumieres dont elle l'a enrichi ; par l'amour de la justice & de l'humanité qu'elle lui a inspiré.

373. OBJECTION VI. L'ancienne Religion des Hébreux, cette Religion que Dieu donna à son Peuple par le ministere des Patriarches, de Moïse, des Prophetes, a été changée & transformée en la Religion chrétienne : donc il est faux que la Religion émanée d'un Dieu, doive être fixe & déterminée.

RÉPONSE. I°. L'ancienne religion des Hébreux, tant qu'elle subsista, fut fixe & déterminée dans ses préceptes, dans ses dogmes, dans son culte, dans tout ce qu'elle eut d'essentiel. La Religion de JESUS-CHRIST, qui est aujourd'hui l'unique Religion par laquelle Dieu veut & doit être honoré, est également fixe & déterminée dans ses préceptes, dans son culte, dans ses dogmes, dans tout ce qu'elle a d'essentiel.

II°. La Religion est perfectible de sa nature ; ou est capable de plus & de moins, en genre de perfection. L'ancienne Religion a été changée en une Religion plus parfaite : mais comment ? par le changement d'une moindre lumiere en une plus grande lumiere ; par le changement d'une moindre perfection en une plus grande perfection. L'ancienne & la nouvelle Religion forment un seul tout, une Religion unique, qui commence avec Adam ; qui subsiste & se propage avec les Patriarches ; que les miracles de Moïse & des Prophetes réveillent & raniment ; que JESUS-CHRIST renouvelle & perfectionne ; que les Apôtres répandent & cimentent de leur sang dans tout le Monde connu ; qu'une suite non interrompue de Pontifes & de Ministres de l'Eternel, porte jusqu'à nous. Il n'y a de changement dans la Religion, depuis Adam jusqu'à JESUS-CHRIST qui lui a donné toute la perfection qu'elle doit jamais avoir, que le changement d'une aurore plus ou moins brillante, en un jour pur & lumineux.

PROPOSITION V.

374. *Si parmi les Religions qui se disent révélées, il se trouve une Religion qui seule soit pure & raisonnable dans sa doctrine, & qui seule remonte par son origine jusqu'à l'origine du Monde : cette Religion est la Religion que l'Homme doit suivre & pratiquer.*

DÉMONSTRATION. I°. La Religion qui doit unir l'Homme à Dieu, étant nécessairement une Religion révélée ; (366.) il s'ensuit que toute Religion qui exclud la révélation, n'est pas la Religion qui doit unir l'Homme à Dieu : donc l'Homme ne peut choisir la Religion qu'il doit suivre & pratiquer, que parmi les Religions qui ont ou qui prétendent avoir une origine divine.

II°. Dieu étant essentiellement sage, essentiellement véridique, il est évident que la Religion qu'il a donnée à l'Homme, ne peut être qu'une Religion sage, qu'une Religion sainte, qu'une Religion vraie, qu'une Religion dont l'esprit & le cœur puissent s'applaudir : donc si parmi les Religions qui se disent révélées, il y a une Religion qui seule renferme ces caracteres, il est évident que cette Religion est la seule qui ait Dieu pour Auteur.

III°. La Révélation étant le moyen nécessaire pour unir l'Homme à Dieu, pour donner à l'Homme une Religion digne de Dieu; il est évident que ce moyen, que cette Religion révélée, doit avoir existé dans tous les tems, & depuis l'origine du Monde; sans quoi Dieu eût exigé de l'Homme une Religion qui eût été impossible à l'Homme. Donc si parmi les Religions qui portent un caractere de révélation, il se trouve une Religion qui seule remonte par son origine, jusqu'à l'origine du Monde, cette Religion est la Religion que Dieu a donnée à l'Homme; cette Religion est la seule Religion, à laquelle l'Homme doit s'attacher & se soumettre. C. Q. F. D.

OBJECTIONS A RÉFUTER.

375. OBJECTION I. Il suit de cette proposition que la Religion des Juifs, est la Religion que l'Homme doit suivre : puisque seule elle remonte jusqu'à l'origine du Monde.

RÉPONSE. I°. La Religion Chrétienne, entée sur l'ancienne Religion, & substituée à l'ancienne Religion, recueille en soi toute l'antiquité de la Religion des Hébreux, & remonte par-là jusqu'à l'origine du Monde. II°. La Religion des Hébreux, séparée de la Religion Chrétienne, porte un caractere de réprobation, incompatible avec la Religion d'un Dieu: témoins les oracles des anciens livres des Hébreux, qui annoncent que la Religion de ce Peuple doit cesser & finir; que cette Religion doit se transformer en une Religion plus sainte & plus parfaite : témoins les délires & les extravagances du Talmud, qui démontrent que le Dieu de vérité ne préside plus, comme autrefois, à la Religion de ce Peuple.

376. OBJECTION II. La proposition que l'on vient d'établir, ne favorise pas plus le Catholicisme, que le Mahométisme & le Protestantisme, qui se donnent aussi pour des Religions révélées : donc cette proposition est frivole & ne prouve rien.

RÉPONSE. I°. Notre but n'est pas d'examiner & de rechercher quelle est déterminément la Religion qu'il faut suivre & pratiquer : notre but est uniquement de fixer & d'établir démonstrativement les regles & les principes métaphysiques, sur lesquels & d'après lesquels on doit faire cette recherche & cet examen. II°. Il ne faut qu'une très-légere teinture d'érudition & de raison, pour décider que, parmi les Religions qui se disent révélées, il n'y en a qu'une seule qui possede & réunisse les deux caracteres de Divinité que nous venons d'établir; sçavoir, la *pureté de doctrine*, & la *perpétuité de durée*; comme on le verra dans les deux parties du second Discours suivant : que l'Idolâtrie, très-impure & dans ses dogmes, & dans son culte, & dans sa morale, est née après le déluge, environ deux mille ans après la création du Monde : que le Mahométisme, très-absurde & dans ses dogmes, & dans son culte, & dans sa morale, ne remonte pas au-delà du septieme siecle de l'Ere Chrétienne : que le Protestantisme, très-peu raisonnable dans les décrets nécessitans, qui font de Dieu un absurde tyran, & de l'Homme un vil esclave, n'est rien avant Calvin & Luther; dont les fureurs & les brigandages, en soulevant les Sujets contre les Souverains, en renversant l'ancien Culte & l'ancienne Religion, en ouvrant la porte à tous les genres de vice & de libertinage, en déshonorant les derniers siecles, n'ont point assurément annoncé & montré dans leurs personnes, des Envoyés & des Ministres de l'Eternel.

377. OBJECTION III. Cette Religion révélée, que l'on dit si pure dans sa doctrine, enseigne une insigne fausseté, sçavoir que tous les Hommes viennent d'Adam & de Noé : or n'est-il pas évident que les Negres & les Blancs sont deux espèces d'Hommes totalement différentes ; à qui il est aussi absurde de donner un pere commun, qu'il seroit absurde de donner une origine commune aux Dogues & aux Barbets, qui sont évidemment deux espèces, dont l'une ne vient point de l'autre ?

RÉPONSE. Les Negres & les Blancs ont une nature parfaitement semblable dans tout ce que cette nature a de constitutifs essentiels. La différence totale de couleur, quelques différences accidentelles de traits, démontrent-elles une origine primitivement différente pour les uns & pour les autres ? Il ne faut rien moins que toute la simplicité de Foi de quelques-uns de nos Incrédules modernes, pour croire cette diversité d'origine sur de tels motifs de crédibilité. Pour les désabuser & pour les convaincre du contraire, il suffiroit simplement de les renvoyer à l'Ouvrage moderne de Monsieur le Cat, Docteur en Médecine, & Chirurgien en chef à l'Hôtel-Dieu de Rouen. (*) Mais comme tout le monde n'a pas cet Ouvrage entre les mains, voici quelques réflexions & quelques observations décisives sur l'objet en question.

I°. Comme pour donner l'origine à l'espece blanche, il n'a évidemment fallu qu'un homme & une femme de cette couleur, par exemple, Adam & Eve, Noé & son Epouse : de même pour donner l'origine à l'espece maure, il n'a absolument fallu qu'un Negre & une Négresse.

II°. Il conste par une foule de faits que l'on ne peut contester & suspecter, (comme on le verra dans l'Ouvrage de M. le Cat, & dans plusieurs autres Ouvrages dont l'autorité ne peut être révoquée en doute) qu'en Ethiopie des Parens maures donnent naissance à de

---

(*) *Traité de la Couleur de la peau humaine en général, de celle des Negres en particulier, & de la métamorphose d'une de ces couleur en l'autre, soit de naissance, soit accidentellement. A Amsterdam 1765 ;* & *se vend à Paris chez Despilly, rue Saint Jacques.*

Enfans blancs, & qu'ailleurs des Parens blancs donnent naissance à des Enfans noirs : avec cette différence cependant, qu'il arrive beaucoup plus souvent que des Parens negres mettent au monde des Enfans blancs, qu'il n'arrive que des Parens de couleur européenne donnent le jour à des Enfans noirs. » Ce qui est une preuve, dit M. de Maupertuis, que » le blanc est la couleur primitive des Hommes ; que le noir n'est qu'une » couleur dégénérée ; & que de tems en tems chez le Maure, la Nature » paroît rentrer dans ses droits : » comme on pourroit dire que chez nous elle semble quelquefois les oublier & les aliéner. Quoiqu'il en soit de cette conjecture, le fait est certain & indubitable ; & c'est ce qu'il y a d'intéressant & de décisif dans la matiere présente.

III°. Ce qui arrive aujourd'hui, pourquoi n'aura-t-il pas pu arriver dans les siecles antérieurs, dans les siecles qui suivirent de près le déluge ? Donc en supposant que la couleur européenne est la couleur primitive du Genre humain, l'expérience nous apprend & nous démontre qu'il est très-possible que des parens de cette couleur primitive, aient par hasard donné le jour à des enfans de l'un & de l'autre sexe, d'une couleur totalement différente, d'une couleur noire. Deux enfans de cette couleur, dédaignés par les autres pour qui ils sont des especes de monstres, assortis entr'eux par une ressemblance & une sympathie naturelles, unis & mariés ensemble, auront donné l'origine à des familles, & ensuite à des nations ; que leur sympathie entr'elles, & que leur antipathie pour les autres, auront engagé à vivre isolées & séparées. Telle évidemment a pu être l'origine des Noirs.

IV°. Le reste de la différence entre le Maure & le Blanc, n'est plus d'un grand poids pour annoncer une différence d'espece. Ce n'est primitivement que quelque bisarrerie de la Nature, dont on voit tous les jours des exemples aussi frappans ; & qui se transmettant des peres aux enfans, peut mettre des nuances différentes entre une famille & une autre famille, & ensuite entre une nation & une autre nation. J'ai vécu une année entiere avec un Européen d'une belle figure & d'un beau tein, dont la chevelure étoit une laine crépue & frisée comme la chevelure d'un Maure. Nous voyons tous les jours dans une famille, entre des freres & des sœurs, des différences de tailles & de traits, par lesquelles nos Incrédules modernes pourroient tout aussi solidement prouver une différence d'espece entre ces freres ou entre ces sœurs.

V°. L'explication de ce phénomene, du changement d'une couleur en l'autre, peut intéresser la Physique ; mais elle n'intéresse en rien la Religion, dont il est ici uniquement question, & à qui la vérité & la certitude du fait est parfaitement suffisante. Quoiqu'il en soit de la cause de cette différence de couleur entre le Maure & le Blanc, il est sûr qu'on ne peut nullement l'attribuer à la différence des climats : puisqu'il y a des races maures sous le pole comme sous la ligne, au nord comme au midi ; & que les Negres, dans les Zones tempérés & glaciales, conservent inaltérablement leur couleur primitive ; comme les Européens dans la Zone torride, transmettent toujours à leurs enfans, de génération en génération, leur couleur européenne, qui devient d'abord basanée & olivâtre par l'excessive chaleur à laquelle elle est exposée, mais qui ne change & n'augmente plus dans les générations suivantes. Il faut donc nécessairement en revenir à l'ancienne opinion de Strabon; sçavoir, que la couleur des Hommes a sa source dans ceux qui leur donnent le jour : ce qui n'empêche pas qu'une grande altération de tempérament, ou dans le Maure ou dans le Blanc, ne produise quelquefois une différence totale de couleur chez l'un & chez l'autre. Que ce suc muqueux qui va nourrir & noircir la peau du Negre, soit intercepté par le rétrecissement des canaux qui le conduisent, & des mamelons de la peau qui le reçoivent : le Negre perdra son beau noir, & deviendra cendré & blanchâtre. Que ce suc muqueux qui va nourrir & blanchir la peau de l'Européen, s'empreigne d'une forte quantité de particules noires, comme il arrive en certaines maladies; l'Européen deviendra noir : & si ces particules noires, dont ce suc muqueux est imbibé, sont permanentes sans avoir rien de venimeux & de mal sain, comme elles le sont chez le Maure; cet Européen marié avec une semblable Européenne ou avec une Négresse, ne doit-il pas mettre au monde des enfans qui lui ressemblent ? Voilà donc une nouvelle espèce d'Hommes, qui viendra de la même tige que les autres. On voit par cet échantillon, combien l'étude & l'observation de la Nature peuvent servir à justifier & à venger la Religion, que la seule imposture peut rendre douteuse & suspecte à l'ignorance ou à la mauvaise foi.

378. OBJECTION IV. Que les Maures viennent d'Adam & de Noé; la chose est évidemment possible, & la Religion nous en atteste la vérité & la réalité ! Mais les Peuples d'Amérique peuvent-ils également venir d'Adam & de Noé, eux qui sont séparés & qui ont toujours été séparés des Peuples d'Europe & d'Asie, par des mers immenses ? Mais les Animaux d'Amérique viendront-ils aussi de l'arche de Noé ? Comment faire passer d'Europe ou d'Asie en Amérique, & des chevaux, & des taureaux, & des chiens, & des chats, & des rats, & des moutons, & des poules, & des pigeons, & des serpens, & des fourmis, &c. &c. &c? Car il me faut de tout cela, dit un Auteur moderne, qui quelquefois ne réussit pas mieux à plaisanter qu'à raisonner; sans quoi votre histoire de la création & du déluge, n'est qu'une fable.

RÉPONSE. Notre Foi nous enseigne & nous oblige à croire que les Peuples d'Amérique viennent d'Adam & de Noé : mais notre Foi ne nous enseigne rien sur la généalogie & sur l'histoire des taureaux, des moutons, des fourmis, & des autres animaux d'Amérique.

379. *Les Peuples d'Amérique.* C'est un dogme de notre Religion, que tous les Hommes ont péché en Adam leur premier pere : donc les Américains ont Adam pour pere, puisqu'ils sont Hommes. Mais comment les descendans d'Adam & de Noé ont-ils pu passer en Amérique ? Il ne faut qu'une très-médiocre connoissance de l'Histoire & de la Géographie, pour satisfaire à cette difficulté que l'Incrédulité fait sonner si haut.

I°. Suivant la carte des nouvelles découvertes au nord de la mer du Sud, publiée en 1752 par MM. de Lisle & Buache, la pointe la plus orientale de la Tartarie Moscovite vers le cercle polaire, n'est éloignée de la côte la plus occidentale de l'Amérique septentrionale, que d'environ trente lieues marines : faut-il attendre des Christophes Colomb pour entreprendre & pour faire un tel trajet ? Donc il a été à peu près aussi facile aux Tartares d'aller peupler l'Amérique, qu'il auroit été facile aux Italiens d'aller peupler l'isle de Sardaigne ou de Malthe : donc il n'est pas plus difficile d'expliquer comment les différentes especes d'animaux d'Asie ont été transportées en Amérique, qu'il seroit difficile d'expliquer comment les différentes especes d'animaux d'Italie ont été transplantées à Malthe & en Sardaigne. Je sçais que la carte en question a essuyé quelques contradictions de la part d'un Officier Russe, qui avoit été de l'expédition de l'Amiral de Fonte : mais je sçais aussi que l'Officier Russe n'attaque point la proximité de l'Amérique & de l'Asie, qu'il juge contigues & unies du côté du nord; & que l'Officier Russe a été solidement réfuté par un mémoire de M. Buache, mémoire approuvé par l'Académie des Sciences. Et qu'importe d'ailleurs une différence de quelques lieues, relativement au sujet présent ?

II°. Il conste par l'Histoire, que l'Empire de la Chine est ou le plus ancien ou un des plus anciens Empires du Monde. Est-il bien difficile de concevoir comment cette Nation située sur la mer du sud, n'ayant que quelques centaines de lieues à faire en côtoyant ses rivages du midi au nord, aura pu envoyer quelques colonies en Amérique ; soit pour purger son Empire de certains mauvais sujets de l'un & de l'autre sexe ; soit pour faire en ces contrées un utile commerce ; soit en un tems de trouble & de révolution, pour se soustraire à la tyrannie d'un vainqueur & d'un oppresseur ? Un tel voyage n'étoit ni plus long ni plus difficile, que le voyage de Troye en Italie, ou de Tyr en Espagne. Donc l'Amérique a pu facilement être peuplée, non-seulement par les Tartares, mais encore par les Chinois.

III°. Il y a près de trois mille ans que les vaisseaux de Salomon, sans le secours de la Boussole, alloient chercher & les richesses de l'Inde, & les richesses de toutes les côtes méridionales de l'Afrique jusqu'en Espagne, par des courses marines qui duroient plusieurs années. Pourquoi les Empereurs de la Chine, dont la puissance devoit bien égaler celle de Salomon, n'auront-ils pas pu équiper & entretenir de semblables flottes pour commercer en Amérique ? Pourquoi aura-t-il été impossible que quelqu'une de ces flottes s'y soit fixée fort avant vers le midi ? Pourquoi même aura-t-il été impossible que les vents contraires aient emporté ou quelque vaisseau, ou quelque petite flotte, des côtes de la Chine aux côtes de la Californie & du Mexique, dans un espace d'environ 1600 lieues : espace qu'un vent soutenu & constant a pu leur faire parcourir facilement dans l'intervalle de dix-huit à vingt jours ? Les Peuples d'Amérique ont dans leur caractere, dans leur temperament, dans leur Religion, dans leurs usages & leurs mœurs, des ressemblances trop marquées avec les Peuples d'Asie, pour qu'on puisse y méconnoître leur origine primitive : comme l'a fort judicieusement observé l'Auteur de l'Histoire des Sauvages d'Amérique, le Pere

Lafiteau, qui ne se tient sûrement pas pour battu & pour réfuté par une fade & rance parodie, qui s'efforce en vain de donner à ses raisonnemens un ridicule qu'ils n'ont pas.

IV°. Il est très-vraisemblable que l'Amérique est unie & contiguë à l'Asie du côté du nord ; & quand même les deux continens n'y seroient pas unis & contigus, les mers qui les séparent dans les parages connus, fortement glacées en hiver, y tiennent lieu de terre ferme pour donner passage de l'un à l'autre, aux Habitans de ces contrées : donc encore l'Amérique a pu absolument être peuplée par cette voie.

De tout cela il résulte évidemment qu'il est très-possible que les Peuples d'Amérique aient la même origine que le reste des Hommes : & comme il ne s'agit dans l'objection présente que de la possibilité, il est très-bien démontré que cette objection, que certains Incrédules modernes regardent comme une preuve victorieuse & décisive contre la Religion, n'est qu'une objection frivole & ruineuse, propre à démontrer d'une maniere victorieuse & décisive, non que la Religion se trompe, mais qu'ils sont eux-mêmes trompés ou trompeurs, ignorans ou imposteurs.

380. *Les Animaux d'Amérique.* I°. Notre Religion nous apprend & nous enseigne que tous les Animaux furent créés au commencement des tems, par le Tout-Puissant ; & qu'au tems du Déluge universel qui inonda & ravagea la Terre entiere, une paire au moins de chaque espece d'Animaux terrestres fut conservée dans l'arche salutaire, destinée à sauver avec l'Espece humaine, toutes les autres Especes. Voilà tout ce que notre Religion nous enseigne en ce genre ; & tout cela n'a rien de commun avec l'existence des divers Animaux en Amérique. II°. Il est très-vraisemblable que les différentes especes d'animaux domestiques ont été transportées en Amérique par les premiers Hommes qui peuplerent ce continent, pour leur service & pour leur utilité : que quelques autres especes, telles que les loups & les ours, y ont passé par les plages arctiques ; ou par le moyen de la contiguïté des deux continens, ou par le moyen des glaces qui, pendant l'hiver, affermissent les mers qui les séparent. III°. S'il y a en Amérique ou des especes d'animaux qui ne se trouvent point dans notre continent, ou des especes d'animaux de notre continent qu'il soit difficile d'y faire passer par le Nord, ou d'y transporter par la navigation ; qu'a de commun ce phénomene avec la Religion ? Il en résulte simplement que ces animaux y ont été conduits & placés d'une maniere qui nous est inconnue ; soit qu'il y ait eu dans notre globe de grands changemens ignorés par l'Histoire ; & que des plages considérables, aujourd'hui couvertes par les eaux de la mer, aient été autrefois des terres & des Provinces unies au continent d'Amérique : soit que le Tout-Puissant, dont le bras ne s'est point raccourci, ait créé immédiatement par lui-même en Amérique ces sortes d'animaux quadrupedes, ou volatiles, ou reptiles, après le Déluge dont l'existence est aussi démontrée que puisse l'être aucun fait historique. (332. II°.) Notre Religion nous enseigne formellement que tous les Hommes viennent d'Adam & de Noé : mais notre Religion ne nous enseigne

pas formellement que tous les animaux qui exiftent aujourd'hui fur la Terre, viennent de ceux qui étoient dans l'Arche.

381. OBJECTION V. Cette Religion révélée nous enfeigne l'exiftence d'un péché d'origine : or eft-il rien de plus injufte & de plus tyrannique, que de punir le genre humain pour l'infidélité d'un pere, à laquelle fa poftérité n'a participé en rien? Donc il faut néceffairement ou que Dieu foit injufte ; ou que la Religion qui enfeigne l'exiftence d'un péché d'origine, foit fauffe.

RÉPONSE. Dieu, qui créa le premier Homme avec des perfections & des privileges que nous n'avons plus, ne devoit à l'Homme, par aucun titre, ces privileges & ces perfections que n'exige point abfolument fa nature ; que Dieu lui accorda par un pur effet de fa bienveillance, comme un don de furérogation : donc Dieu, effentiellement libre par fa nature, a pu faire dépendre de telle condition qu'il lui plairoit de déterminer, la permanence de ces perfections & de ces privileges gratuits dans l'efpece humaine : donc Dieu, en privant le genre humain de cet état de perfection & de félicité originelles, en punition de la défobéiffance du premier Homme, n'a fait aucune injuftice au genre humain. Un pere noble, dans quelquet Eat que ce foit, vient-il à trahir la patrie, ou à commettre quelque autre grand crime? On le punit, & on dégrade fa poftérité. Fait-on quelque injuftice à cette poftérité dégradée? Non : elle n'avoit par fa nature aucun droit aux privileges qui la diftinguent de la roture : elle rentre par cette dégradation dans la claffe commune des Citoyens, dont la vertu permanente du pere l'auroit féparée : dans cette dégradation elle a à fe plaindre d'un malheur ; mais elle n'a à fe plaindre d'aucune injuftice, d'aucune tyrannie. Tel ou femblable eft le péché d'origine : il nous a fait perdre de grands avantages, auxquels nous n'avions point droit : il nous a plongé dans bien des maux, dont la plus grande partie découle de notre nature, & dont nous aurions été exempts. Mais par un nouveau bienfait de Dieu, l'admirable économie de la Rédemption nous a mis en état, & de recouvrer avec avantage les biens que ce péché d'origine nous avoit fait perdre ; & de nous rendre utiles & falutaires les maux qu'il nous a procurés.

382. OBJECTION VI. Les dogmes myftérieux de la Religion chrétienne choquent la Raifon : donc la Religion chrétienne n'eft pas une Religion émanée de Dieu.

RÉPONSE. I°. Les dogmes myftérieux de la Religion chrétienne font au-deffus de la Raifon ; elle ne les comprend pas : mais ils ne font point contre la Raifon, qui ne découvre aucune répugnance intrinféque ou extrinféque dans ces dogmes myftérieux. II°. Ces dogmes mêmes, envifagés & examinés avec un efprit tranquillement amateur de la vérité, fe convertiffent en preuve pour cette Religion : comme on le verra dans la premiere partie du fecond difcours fuivant.

383. OBJECTION VII. La Tranffubftantiation opérée par quelques paroles que prononce un Prêtre ; quel myftere, ou plutôt quelle abfurdité ! Y a-t-il quelque proportion entre la caufe & l'effet? Donc cette Religion eft abfurde, du moins dans un de fes dogmes.

Réponse. Il répugne que les paroles sacramentales soient la cause efficiente du miracle de la transsubstantiation : mais il ne répugne pas que ces mêmes paroles sacramentales soient ou la cause occasionnelle, ou le motif de ce même miracle.

I°. La *Cause efficiente* du miracle de la Transsubstantiation, c'est Dieu lui-même. Pourquoi cette infinie Puissance, qui tira le Monde du néant au commencement des tems, qui convertit l'eau en vin aux noces de Cana, qui meut & anime & conserve la nature à chaque instant, par le seul acte de sa volonté, ne pourroit-elle pas changer la substance du pain & du vin en la substance du Corps de l'Homme-Dieu ? La Raison nous démontre que Dieu le peut : la Foi nous atteste que Dieu le veut : donc Dieu le fait.

II°. La *Cause occasionnelle*, ou *le Motif*, du miracle de la Transsubstantiation, ce sont les paroles sacramentales. (*) L'Homme-Dieu, par sa parole efficace, opéra ce prodige la veille de sa mort : & il voulut que le même prodige fût opéré, toutes les fois que les paroles par lui désignées & instituées, seroient prononcées sacramentalement sur le pain & sur le vin, par les Prêtres, ses ministres & ses représentans. Ces paroles sacramentales sont, ou la *Cause occasionnelle* de la transsubstantiation ; en ce que ces paroles étant prononcées sacramentalement, Dieu, à l'occasion de ces paroles, est déterminé par sa sagesse & par sa fidélité à opérer ce miracle : ou le *Motif* de la transsubstantiation ; en ce que ces paroles, revêtues des mérites de l'Homme-Dieu, & représentant les mérites de l'Homme-Dieu, sollicitent & engagent efficacement le Tout-Puissant, à opérer indéfectiblement le même miracle que demanda ou opéra la veille de sa mort l'Homme-Dieu. Voilà la doctrine de l'Eglise : y a-t-il en cela rien d'absurde ou de révoltant ? De combien de frivoles clameurs nous auroient fait grace les ennemis de la transsubstantiation, s'ils avoient plus tranquillement réfléchi sur cette doctrine des Catholiques ! Le célèbre Saurin se seroit épargné & la peine & le ridicule, d'employer si fréquemment son éloquence, souvent sublime & pathétique, souvent aussi un peu fanatique & enthousiaste, à calomnier l'Eglise de Jesus-Christ; comme il l'employa à dénigrer son Roi, le plus grand Roi de son siecle, & un des plus grands Rois du Monde.

384. Objection VIII. Quelle fable que cette longue vie des Patriarches depuis la création jusqu'au déluge ! La Religion n'est-elle pas évidemment démentie en ce point, & par la Physiologie, (**) & par l'expérience constante de tous les Peuples du Monde ? Pourquoi les Hommes d'aujourd'hui vivroient-ils moins que les Hommes d'autrefois ?

Réponse. La longue vie des Patriarches est un fait authentiquement attesté par l'histoire & par la tradition ; & ce fait authentiquement attesté par l'histoire & par la tradition, n'a rien qui répugne en lui-même : donc ce fait, quoique non conforme à notre expérience présente, n'a

---

(*) *Les Théologiens les appellent* Causa moralis *ou* Causa motiva.

(**) Étymologie. *Physiologie*, Sermo de Physica Hominis constitutione : science qui a pour objet l'état sain & naturel du Corps humain.

rien d'incroyable ; n'a rien qui doive choquer & révolter la Raison, qui ne le croit que fur une autorité fûre & infaillible. La Physiologie est-elle donc aussi opposée, qu'on l'assure, à ce fait historique ? Non sans doute. Donnons une idée & de l'*Accroissement* & du *Dépérissement* du Corps humain : & cherchons dans la Physiologie même, la réponse à l'objection tirée de la Physiologie.

1°. L'ACCROISSEMENT. Il conste par l'expérience, que le *Fœtus* dans le sein de la mere, croit toujours de plus en plus, jusqu'au moment de la naissance : que l'*Enfant* au contraire croit toujours de moins en moins, jusqu'à l'âge de puberté : que le *Pubere* croit ensuite, pour ainsi dire, tout à coup ; & arrive en fort peu de tems à la hauteur qu'il doit avoir pour toujours, ne devant plus croître dans la suite qu'en épaisseur, jusqu'au tems où il commencera à décroître & à dépérir. 1°. Selon M. de Buffon, le Fœtus, (qui n'est primitivement qu'une molécule organique, (*) dont le cœur doit être le point le plus vif & le plus saillant) croissant toujours de plus en plus, à un mois se trouve avoir environ un pouce ; à deux mois, deux pouces & un quart ; à trois mois, trois pouces & demi ; à quatre mois, cinq pouces & plus ; à cinq mois, près de sept pouces ; à six mois, près de neuf pouces ; à sept mois, onze pouces & plus ; à huit mois, quatorze pouces ; à neuf mois, dix-huit pouces. On prend ici, avec M. de Buffon, une mesure moyenne entre les plus grands Fœtus, qui au moment de la naissance ont vingt-deux pouces de hauteur ; & les plus petits, qui n'en ont que quatorze. Au bout d'environ neuf mois, le Fœtus, par son poids & par son volume, force sa prison, qui n'est plus susceptible d'une ultérieure expansion, à s'ouvrir & à lui donner passage à la lumiere. 2°. L'Enfant au contraire qui a dix-huit pouces en naissant, croissant toujours de moins en moins, après un an, aura grandi d'environ sept pouces ; après deux ans, d'environ quatre pouces ; après trois ans, d'environ trois pouces : & ensuite il ne grandira guere que d'environ deux pouces ou un pouce & demi par an, jusqu'à l'âge de puberté. 3°. Lorsque l'Enfant est devenu Pubere, la nature semble faire tout à coup un effort général, pour achever de développer & de perfectionner son ouvrage.

La vitesse & la facilité de cet accroissement dans le *Fœtus*, vient & d'une très-grande force dans le cœur, (**) & d'une très-grande ductilité dans la nature visqueuse & musqueuse de tous les membres. Tandis

---

(*) *Voyez la note de la page* 130 : II°.

(**) *Le Cœur (le plus noble & le plus précieux de tous les visceres, celui par lequel le jeu & le mouvement de toutes les parties du Corps commencent, & avec lequel l'un & l'autre finissent) est un double muscle creux, construit en forme de cône renversé & un peu applati, capable de dilatation & de resserrement, placé dans la cavité de la poitrine à peu près sous le mammelon gauche, divisé par le milieu de haut en bas en deux cavités ou ventricules dont l'un est vers la droite & l'autre vers la gauche, suspendu & soutenu par quatre gros vaisseaux qui reçoivent & distribuent le sang. Les*

que le Fœtus grandit dans le sein maternel, *la force* du cœur croit toujours en plus grande proportion, que *la résistance* des membres qui se forment. Quand l'*Enfant* est né, l'impression vive & active de l'air qui l'environne & qu'il respire, la nature plus terreuse & moins onctueuse des alimens qui le nourrissent, durcissent & fortifient de plus en plus ses fibres, ses organes, ses muscles, toute sa substance. La *résistance* des membres au développement, croit en plus grande proportion, que *la force* du cœur qui contribue à ce développement. Quand l'Enfant est devenu *Pubere*, la surabondance des sucs nourriciers, (quelle qu'en soit

---

vaisseaux par lesquels le cœur élance & porte le sang dans les différentes parties du Corps, se nomment Arteres : les vaisseaux par lesquels le cœur reçoit le sang qui revient des différentes parties du Corps, se nomment Veines. Chaque ventricule du cœur a deux vaisseaux, l'un artériel & l'autre veineux. Le ventricule droit a pour vaisseaux veineux, la Veine cave, par laquelle il reçoit le sang qui revient de toutes les parties du Corps ; & pour vaisseau artériel, l'Artere pulmonaire, par laquelle il porte le sang des veines dans la région du poumon. Le ventricule gauche a pour vaisseau veineux la Veine pulmonaire, qui des poumons apporte le sang dans ce ventricule ; & pour vaisseau artériel, l'Artere aorte, qui divisée en Aorte ascendante & en Aorte descendante, de ce ventricule porte le sang dans toutes les parties du Corps. Le cœur a deux mouvemens principaux, l'un de Diastole ou de dilatation, & l'autre de Sistole ou de resserrement ; quelle qu'en soit la cause. Par son resserrement, le cœur élance le sang, du ventricule droit dans les poumons ; & du ventricule gauche dans tout le Corps : par sa dilatation, le cœur reçoit le sang des veines, dans son ventricule droit ; & le sang des poumons, dans son ventricule gauche. C'est par cet admirable méchanisme que s'opère la circulation du sang ; ou son passage successif & continuel du cœur dans toutes les parties du Corps, & de toutes les parties du Corps dans le cœur : circulation à peine soupçonnée, avant le dernier siecle ; & enfin exposée & démontrée, vers le milieu du dernier siecle, par le célébre Harvey. Les veines & les arteres du cœur sont garnies de pellicules flottantes, en forme de soupapes, destinées à faciliter cette circulation. Quand le cœur se contracte ou se resserre, les soupapes placées au-dessus des deux arteres, s'ouvrent, laissent échapper le sang ; & se referment au moment ou la dilatation commence, pour empêcher le sang de rentrer dans les deux ventricules par la même voie. Quand le cœur se dilate, les soupapes placées à l'extrémité intérieure des deux veines, s'ouvrent, laissent entrer le sang dans les deux ventricules ; & se referment au moment de la contraction, pour empêcher le sang de sortir des deux ventricules par la même voie qui l'a amené. Ce double mouvement du cœur est plus fréquent dans l'enfance que dans les âges suivans. Le cœur se resserre & se dilate jusqu'à soixante-dix fois par minute, dans l'Homme en santé. Ces pulsations du cœur, exprimées par les battemens du poux qui naissent du resserrement, sont de beaucoup plus fréquentes dans l'enfance, & un peu moins fréquentes dans la vieillesse : elles varient encore selon l'état de santé ou de maladie.

la cause) accumulée dans le sang & dans les humeurs, étend & développe avec violence tous les conduits qui doivent lui donner passage; se fige & se coagule en partie, successivement & assez rapidement, dans les interstices qu'a formé l'extension forcée des veines, des arteres, des fibres, des membranes, des muscles, de tous les membres. La force d'expansion est en plus grande raison que la force d'adhésion; & la nature est portée dans peu à un degré d'accroissement & de développement, ou la *force expansive* du cœur & du sang, n'a plus d'excès sur la *force résistante* des membres aggrandis & affermis. Cet état subsiste plus ou moins parfaitement, tant que la force expansive du cœur & du sang, conserve sa proportion avec la résistance des différentes parties du Corps: mais la résistance des membres allant toujours en croissant, & la force du cœur, après trente ou quarante ans, cessant de croître, & allant ensuite toujours en diminuant, il en doit résulter à la fin un dépérissement.

II°. *Le Dépérissement.* A mesure qu'on avance en âge, les différentes parties du Corps humain croissent en consistance & en rigidité. Quelques vaisseaux se détruisent continuellement, & se changent en fibres d'autant plus solides, que la pression gravitante des muscles & l'action impulsive du sang, ont plus de force dans différentes parties. Les liquides devenus moins onctueux & moins coulans, contractent plus facilement des adhérences nuisibles; s'insinuent avec moins de facilité dans leurs conduits plus rigides. Le tissu cellulaire, (cette substance membraneuse, qui divisée en petites cellules, & formée en réseau, s'étend par tout le Corps; & fournit aux différentes parties, tantôt une enveloppe onctueuse qui les conserve & les nourrit, tantôt un lien souple & solide, qui les unit sans les priver de leur mobilité) le tissu cellulaire devient continuellement plus épais, plus inflexible, moins accessible aux liquides qui doivent le pénétrer & le nourrir. Les cartilages, (ces corps solides qui ne semblent differer de la nature des os que par leur moins de rigidité) les cartilages, flexibles & élastiques dans le bel âge, vont toujours en se durcissant: un grand nombre en vient même jusqu'à s'ossifier entièrement. Le poumon, à qui l'action de l'air donne de jour en jour plus de rudesse & d'inflexibilité, devenant successivement moins susceptible de dilatation, résiste de plus en plus au ventricule droit du cœur, de qui il reçoit le sang; affoiblit, rallentit, détruit à la fin le mouvement de ce viscere essentiel. Le sang lui-même, qui jusqu'à trente ou quarante ans, croit en volume sans décroître sensiblement en perfection, cédant ensuite peu à peu à la trop grande résistance qu'il essuie en une foule de passages, ne va plus avec la même aisance se modifier & se lubréfier dans plusieurs de ses routes primitives; perd successivement de sa fluidité & de son activité; dégénère enfin en une masse moins onctueuse, plus terreuse, plus acre & plus séche, & par-là même plus propre à éprouver des résistances, & à rencontrer des obstacles dans sa circulation. De tout cela que doit-il résulter? Il en doit résulter que *la force active* du cœur & du sang doit toujours aller en décroissant, & que la *force résistante* des membres doit toujours aller en croissant : & par là même que ces deux forces opposées doivent enfin arriver à un terme, où l'action sera nulle par rapport à la résistance. De-là l'insuffisance d'action pour la coction & la digestion des alimens, pour la préparation & la formation des sucs nourriciers, destinés à réparer les pertes que fait la nature : de-là l'affoiblissement successif des nerfs, des muscles, de tous les organes du sentiment & du mouvement : de-là la contraction & l'affaissement dans les cartilages & dans les os, lesquels n'étant plus écartés & soutenus comme auparavant par la substance nutritive qui en emplissoit les pores & les interstices, plient sous le poids du Corps, se rapprochent & se recourbent, rendent plus difficile & plus imparfaite la circulation du sang & des esprits vitaux : de-là enfin la vieillesse, le dépérissement, la dissolution, la mort ! La mort est la cessation totale du mouvement & de l'action du cœur : c'est à cette inertie entiere & totale du cœur, que l'Auteur de la nature a librement attaché la destruction du composé humain, ou la séparation de la substance spirituelle d'avec la substance matérielle.

IIIº. S'il y avoit un *Ordre de choses*, dans lequel, lorsque l'individu est parvenu à son parfait accroissement, la proportion entre l'*action* du cœur & la *résistance* des diverses parties du Corps humain, fût constante & invariable ; la vie n'auroit point de terme ; l'individu seroit immortel. S'il y avoit un *ordre de choses*, ou cette même proportion ne dût être notablement altérée, & enfin totalement détruite, qu'après un grand nombre de siecles ; la vie auroit une très-grande durée ; l'individu n'arriveroit à son dépérissement & à sa destruction, qu'après ce grand nombre de siecles. Ces deux assertions ne sont que des corollaires qui découlent des premiers principes de la Physiologie. Il ne s'agit donc plus que de chercher dans l'ordre présent des choses, la cause destructrice de cette proportion.

Il est vraisemblable que la principale cause de la destruction des Etres vivans, c'est l'éternelle vicissitude des Elémens. L'air qui nous environne & que nous respirons, tantôt chaud & tantôt froid, tantôt sec & tantôt humide, communique & imprime sans cesse son intempérie à toutes les parties de notre Corps, soit au dehors, soit au dedans. Une extrême chaleur desseche & calcine : une extrême froidure divise & émousse : une trop grande sécheresse absorbe & dissipe l'humide onctueux, qui doit assortir les liquides & les solides : une crasse humidité gonfle & embarrasse les conduits qui doivent donner accès à la circulation du sang, des humeurs, des sucs nourriciers, des esprits animaux. Le passage continuel d'un de ces extrêmes à l'autre, donne à la machine humaine d'éternelles secousses, qui tendent sans cesse à son dérangement, à son altération, à sa destruction. De-là la courte durée des Etres vivans, exposés à cette intempérie de l'air & des autres élémens : durée qui varie cependant selon la diversité des tempéramens plus ou moins résistans, que le Créateur a donnés & aux diverses especes & aux différens individus. Il conste par les observations, qu'en général les animaux aquatiques vivent plus long-tems que les animaux terrestres. Il y a dans les fossés du château de Pontchartrain, des carpes qui ont au moins cent soixante ans bien avérés, & qui paroissent aussi vives & aussi agiles que les carpes ordinaires. Frappé de cette longue vie des animaux aquatiques, Leuwenoeck s'imagina que les poissons étoient immortels par leur nature, & qu'ils ne pouvoient mourir de vieillesse : imagination fausse, mais occasionnée par une observation vraie. D'où vient cette différence de durée entre les animaux aquatiques & les animaux terrestres ? Elle vient vraisemblablement de ce que les premiers vivent dans un Elément plus uniforme, à l'abri des grandes & subites vicissitudes qu'éprouvent incessamment les derniers. Chez les animaux terrestres, les nerfs, les cartilages, les os, les muscles, les membranes, les viscères, toutes les parties solides, vont toujours en prenant plus ou moins rapidement, plus de solidité & de rigidité ; & enfin lorsque ces diverses parties sont absolument durcies, rigides, obstruées & remplies, le mouvement cesse, & la mort s'ensuit. Chez les animaux aquatiques, les arêtes s'allongent, se gonflent, prennent de l'accroissement en tout sens, sans prendre sensiblement d'une année à l'autre, & quelquefois d'un siecle à l'autre, plus de dureté & de rigidité : cette réplétion & cette obstruction qui causent la mort naturelle, ne se font chez eux que par degrés beaucoup plus lents & plus insensibles ; & il faut beaucoup plus de tems, pour que les poissons, garantis par leur élément des rapides & destructrices vicissitudes de l'air, arrivent à l'état de vieillesse & de dépérissement.

IV°. Un *Ordre de choses*, propre à entretenir long-tems cette proportion d'égalité entre l'action du cœur & la résistance des différentes parties du Corps humain ; un *ordre de choses*, propre à faire durer pendant plusieurs siecles la vie humaine, c'est celui que l'on peut très-vraisemblablement supposer avant le déluge. (246. II°.) Supposons qu'au tems du déluge, pour punir persévéramment le Genre humain, dont la dépravation criminelle attira ce terrible fléau sur la Terre, Dieu ait incliné l'axe terrestre sur l'axe de l'Ecliptique d'environ vingt-trois degrés & demi, comme il l'est aujourd'hui. Avant le déluge, l'axe de la Terre aura été parallèle à l'axe de l'Ecliptique : de-là l'égalité constante des jours & des nuits pendant toute l'année, & dans toute la Terre ; de-là l'invariabilité permanente des saisons ; de-là un printems continuel dans tout le globe terrestre ; de-là le défaut ou l'absence de ces chaleurs excessives, qui calcinent & dévorent ; de ces froidures extrêmes, qui déchirent & meurtrissent ; de ces altérations successives & toujours renaissantes, qu'entraine nécessairement dans la machine animale le passage éternel d'un extrême à l'autre ! Est-il donc surprenant que dans une telle hypothése, ou dans un tel *ordre de choses*, la Nature humaine, infiniment moins exposée aux secousses destructrices qui l'assaillent dans l'ordre présent des choses, ait été incomparablement moins prompte à se durcir, à s'altérer, à se déranger, à se décomposer, à se détruire ? La longue vie des Patriarches, constatée par l'histoire & par la tradition, n'est donc qu'une suite des principes de la Physiologie dans l'hypothése très-vraisemblable que nous admettons : cette longue vie des Patriarches n'a donc rien qui doive révolter la raison contre la Religion.

Dans l'hypothése du parallélisme entre l'axe céleste & l'axe terrestre, il y auroit eu beaucoup plus de chaleur sous l'Equateur que sous les Poles : parce que la lumiere du Soleil dardée perpendiculairement sur les régions de l'Equateur & obliquement sur les régions des Poles, auroit eu plus d'action sur les premieres que sur les dernieres. Mais l'Equateur & les Poles auroient eu une température toujours à peu près uniforme, qui assortie au tempérament de leurs habitans respectifs, n'eût point été propre à altérer rapidement leur constitution. Les régions situées entre l'Equateur & les Poles, devoient être comme aujourd'hui, les régions tempérées : & c'est celles qu'habitoient les Patriarches, & où nous plaçons le printemps perpétuel dont nous venons de parler.

V°. *RÉSULTAT.* Selon les principes de la Physiologie, dans un *Ordre de choses* propre à conserver & à entretenir la vie humaine pendant un nombre plus ou moins grand de siecles, les hommes ont dû vivre pendant ce nombre plus ou moins grand de siecles : or il est vraisemblable que les Patriarches avoient cet *Ordre de choses*, que nous n'avons plus : donc il ne doit pas être surprenant que la vie des Patriarches ait été différente de la nôtre en durée.

385. OBJECTION IX. L'amour des ennemis est impossible ; parce qu'il est impossible d'aimer un objet qui n'a rien que d'odieux : donc une Religion qui commande l'amour des ennemis, est une Religion absurde.

RÉPONSE. Le grand Kam de Tartarie, Kinki-Man-Oulan, avoit un fils & un ami. Son ami étoit un Sage & un Philosophe, assez éclairé pour un Tartare, qu'il avoit tiré du sein de la misere, & élevé aux premieres dignités de son Empire. Son fils étoit un mauvais sujet, né avec un penchant rapide & effréné pour tous les vices. Le grand Kam prie son ami de se charger de l'institution du jeune Prince, qu'il aime tendrement malgré ses vices & ses défauts. Le Philosophe, sensible & reconnoissant envers son bienfaiteur, accepte la commission, & transporte au fils une partie de l'affection qu'il a pour le pere. Pour rendre ses leçons plus efficaces, il commença par éloigner son éleve des sources de dépravation qu'il trouvoit dans la Cour paternelle, & il se met à voyager avec lui. Il arrive à Agra, Capitale du Mogol, où son mérite lui concilie bientôt l'estime & la bienveillance du Monarque Indien. Le Philosophe admiré & applaudi, n'eut d'autre ennemi dans la Cour du grand Mogol, que le jeune monstre qu'il promenoit avec lui, & dont il s'efforçoit en vain d'adoucir les mœurs, d'éclairer l'esprit, & de rectifier le caractere. Le Prince Tartare le dénigre & le calomnie journellement : il attente plus d'une fois à sa vie, tantôt par le fer, tantôt par le poison : & le Philosophe, plus attentif à veiller à sa sûreté, ne cesse point de s'intéresser avec le même zele & le même soin au fils de son Souverain & de son bienfaiteur. Le jeune monstre trouve enfin le moyen d'assouvir sa rage, & de plonger un poignard dans le sein de son Maître. Le Philosophe sanglant & frappé à mort, ouvre ses yeux mourans, & voit son malheureux Eleve qui va être livré à toute la rigueur des Loix, & finir son abominable vie dans l'ignominie & dans les supplices. Son ame sensible & généreuse s'émeut : il ne voit dans fon aſſaſſin que le fils de ſon Souverain, de ſon ami, de ſon bienfaiteur. Il recueille ſes forces défaillantes, pour aller ſe jetter aux pieds du Monarque Indien ; pour lui demander, par l'amitié dont il l'honore, que ſon meurtrier ſoit renvoyé au Monarque Tartare, ſon Pere & ſon Juge. Il l'obtient ; & il expire, content & ſatisfait d'avoir été fidele & reconnoiſſant juſqu'à ſon dernier ſoupir, envers ſon bienfaiteur & ſon Roi.

Le Philoſophe aimoit ſon ennemi : puiſqu'il s'appliqua toujours à lui faire du bien. Cet ennemi n'avoit rien d'aimable par lui-même : puiſque c'étoit un monſtre à tous égards. Cet ennemi, odieux en lui-même, étoit cependant cher au Philoſophe : parce que le Philoſophe voyoit dans cet ennemi, d'intimes rapports avec ſon Souverain & ſon bienfaiteur, qui l'avoit chargé d'aimer ce monſtre.

Tel eſt, en allégorie, l'amour des ennemis preſcrit par l'Evangile. Tel fut, en réalité, l'amour d'Etienne pour les bourreaux qui le lapidoient. L'Evangile ne preſcrit pas envers les ennemis un amour de penchant ſenſible, de tendreſſe ſympathique ; mais un amour d'indulgence & de bienfaiſance : amour qu'il eſt poſſible d'accorder à un ennemi, ſoit en vue des rapports qu'a cet ennemi avec le Créateur, qui eſt ſon pere & ſon juge, comme le nôtre ; ſoit en vue du maître adorable qui commande cet amour, & qui a droit, comme notre Dieu, comme notre pere, comme notre bienfaiteur, de régner ſur toutes nos affections ; ſoit en vue des recompenſes attachées à cet amour généreux, & qui doivent éternellement nous dédommager au centuple de la petite violence que nous faiſons à nos ſentimens. Il eſt donc faux, quoiqu'en diſe le Citoyen de Geneve, que l'amour des ennemis n'ait aucun motif qui l'excite & qui le fonde : il eſt donc faux que l'amour des ennemis ſoit abſurde & chimérique.

386. OBJECTION X. Si la Religion eſt réellement auſſi indubitable que nous l'aſſurons, pourquoi tant de doutes ſur les vérités de la Religion, tandis qu'on n'en a point ſur les vérités étrangeres à la Religion ?

RÉPONSE. Les vérités étrangeres à la Religion, ne gênent point les Paſſions : les Paſſions n'ont donc aucun intérêt à les rendre ſuſpectes. Les vérités de la Religion captivent & réfrenent les Paſſions : les Paſſions font donc tous leurs efforts pour les rendre équivoques & douteuſes.

Si les vérités géométriques, les plus lumineuſes & les plus ſenſibles, entraînoient l'obſervation de la Loi Evangélique ; que d'incrédules ne verrions-nous pas s'élever contre ces vérités dont perſonne ne doute aujourd'hui ! Que n'imagineroient pas les paſſions, pour répandre des nuages ſur ces objets ſi lumineux ! D'où ſçavez-vous, diroit l'incrédulité, que les trois angles d'un triangle ſont égaux à deux angles droits ? Vous ne le ſçavez, que parce que vous concevez évidemment que la choſe eſt ainſi. Mais d'où ſçavez-vous que ce que vous concevez évidemment dans une choſe, eſt réellement dans cette choſe ? Par où démontrez-vous que votre Eſprit n'eſt pas un miroir trompeur, qui repréſente les choſes autrement qu'elles ſont ?

Il est évident qu'on ne peut donner aucune preuve démonstrative, qui démontre directement que les choses sont en elles-mêmes, comme l'Esprit les conçoit. Le premier principe de toutes les Sciences, sçavoir *qu'on doit affirmer des choses, ce que l'Esprit voit essentiellement renfermé dans l'idée des choses*, ne peut être prouvé qu'indirectement; en montrant qu'abattre ce principe, c'est abattre absurdement toutes les Sciences, c'est avouer qu'on ne peut faire aucun raisonnement : (74) conséquences qui ne paroîtroient pas trop indigestes à un aveugle Pyrrhonien, intéressé à les adopter. Et comme toutes les vérités mathématiques portent sur ce principe, (*) toutes les vérités mathématiques deviendroient suspectes & douteuses pour un incrédule que ses Passions inclineroient à en suspecter la vérité.

On voit par-là que les vérités les plus évidentes ne sont pas à l'abri des travers d'un Esprit misérablement vétilleur & chicaneur. Donc les nuages & les doutes que l'incrédulité élève contre la Religion, ne sont point un titre pour suspecter les vérités de la Religion.

REMARQUE. L'incrédulité, amie des chicanes, objecte encore contre cette Religion divine, mille & mille vétilles que des Maîtres habiles réfutent tous les jours solidement dans les Ecoles théologiques, & que des Ecoliers bien instruits sçavent détruire avec triomphe. La réfutation de ces chicanes & de ces vétilles n'entre point dans le plan de ce traité, dont l'unique but est d'établir les principes fondamentaux sur lesquels porte cette Religion divine, & de renverser les principales batteries que dresse contre elle l'impiété. Nous nous bornerons donc à avoir réfuté & dans ce traité, & dans les deux traités précédens, les principales objections de l'incrédulité; celles qui attaquent ou l'existence d'un Dieu, ou l'existence d'une Providence, ou la spiritualité & l'immortalité de l'Ame, ou la nécessité & la divinité d'une Religion révélée; celles qui étant plus sensibles & plus frappantes, sont plus propres à séduire; & qui étant victorieusement réfutées, entraînent la ruine de presque toutes les autres.

L'ECRITURE, LA TRADITION.

387. Le *Dépôt de la Révélation* embrasse & l'Ecriture & la Tradition : ou bien, les Vérités révélées sont contenues & dans les Livres saints,

---

(*) *Descartes voulut ériger en premier principe de nos connoissances, cette vérité : je pense, donc j'existe : mais cette vérité n'est point un principe ; puisqu'elle n'est point un germe fécond en d'autres vérités. C'est une vérité isolée, qui nous est indubitablement manifestée par le sentiment intime; mais qui ne mene à aucune autre connoissance qui en découle. Cette conséquence même, donc j'existe, considerée comme conséquence & comme séparée du sentiment intime, ne devient sûre & certaine, que parce qu'elle suppose qu'il faut affirmer des choses, ce que l'on voit essentiellement renfermé dans l'idée des choses : qu'il faut affirmer l'existence, d'un Etre qui pense, parce que l'on conçoit qu'il ne peut pas penser sans exister.*

R

& dans la Tradition. L'Ecriture est la collection de tous les Livres inspirés, ou de tous les Livres divins : c'est le Livre de l'ancien & du nouveau Testament, avoué & reconnu par l'Eglise.

I°. Avant Moïse, qui fut l'auteur des premiers Livres divins, les vérités révélées n'étoient conservées & transmises aux générations suivantes, que par la voie de la *Tradition*. Des cérémonies saintes, des fêtes solemnelles, des monumens durables, étoient destinés à en rappeller & à en éterniser le souvenir : l'éducation domestique & l'enseignement paternel faisoient tout le reste. Les enfans apprenoient fidellement de leurs peres, ces vérités révélées; & les transmettoient ensuite eux-mêmes religieusement à leurs enfans.

II°. Depuis Jesus-Christ, outre l'écriture, il y a eu aussi une tradition; c'est-à-dire un corps de vérités révélées, qui ont été enseignées par les Apôtres, & qui ne sont point consignées dans les Livres saints. Ces vérités enseignées oralement par les Apôtres dans leurs Eglises respectives, furent recueillies par leurs Disciples, & transmises & conservées d'âge en âge chez leurs successeurs. Le saint Concile de Trente a défini qu'il falloit avoir pour cette tradition, le même respect & la même soumission que pour l'Ecriture. Cette tradition se divise en *Tradition écrite*, que l'on trouve dans les Ouvrages des Saints Peres; & en *Tradition non-écrite*, qui s'est conservée dans l'esprit & dans l'enseignement journalier des différentes Eglises du Monde Chrétien. La Tradition se divise encore en Tradition Apostolique & en Tradition Ecclésiastique. La *Tradition Apostolique* est celle dont nous venons de parler, ou celle qui est consignée & dans les Ouvrages des Saints Peres, & dans l'enseignement permanent des diverses Eglises. La *Tradition Ecclésiastique* consiste dans certains statuts & dans certains réglemens qui regardent les Mœurs & les Rits : statuts & réglemens qui ont été introduits après le tems des Apôtres, par les Pontifes & par les Conciles, & qui sont venus jusqu'à nous par la continuelle observation des Fideles.

III°. Je me trouvai un jour avec un Protestant qui frondoit fort éloquemment la nécessité & l'infaillibilité de la tradition. Monsieur ne croit donc point à l'Ecriture sainte, lui dis-je. Et qu'a de commun, me répondit le Protestant, ce Livre divin avec votre fabuleuse tradition ? Donnez-moi, ajoutai-je, une Ecriture sainte, & je vous montrerai l'essentielle connexion de l'un avec l'autre. Le Protestant accepte le défi; & me présente un volume de l'ancien & du nouveau Testament. Je l'ouvre, je le parcours; & le lui rendant ensuite avec une indignation simulée, je vous demande, Monsieur, lui dis-je, l'Ecriture sainte, & non le livre fabuleux que vous me présentez. Le livre que je vous présente, repart le Protestant scandalisé de mon propos, est le grand livre des Chrétiens, le livre par excellence, le livre qui renferme l'ancienne & la nouvelle alliance de Dieu avec les Hommes. Et d'où sçavez-vous, Monsieur le Protestant, que ce livre est l'Ouvrage divin dont vous me parlez, & non quelque Ouvrage fabuleux fabriqué dans ces derniers tems à Rome, ou à Paris, ou à Geneve, ou à Amsterdam ? D'où je le sçais, replique le Protestant, je le sçais par le témoignage infaillible de nos Peres, qui de siecle en siecle nous ont transmis ce livre comme un livre divin. Ah! vous tenez donc une tradition infaillible, Monsieur le Protestant, qui protestez si fièrement contre la Tradition!

PROPOSITION VI.

388. *Il a été très-convenable à la sagesse de Dieu, d'établir un tribunal infaillible, toujours existant, pour fixer la créance des Hommes sur ce qu'il y a d'obscur & de contesté dans le dépôt de la Révélation.*

DÉMONSTRATION. I°. Dieu, essentiellement libre dans sa maniere d'agir, nous a donné un dépôt de Révélation où il y a quelques vérités fort obscures : vérités infiniment intéressantes par le droit ; puisque d'elles dépend & notre créance & notre conduite : vérités infiniment intéressantes par le fait ; puisque souvent une seule vérité contestée, a occasionné dans le Monde Chrétien les guerres les plus sanglantes : donc il a fallu pour le bien de la société, pour la paix des consciences, pour la perfection de la providence extérieure, que ces vérités pussent être indéfectiblement connues.

II°. Il n'y a que deux voies ou deux manieres de fixer la créance des Hommes sur ces vérités infiniment intéressantes : sçavoir, ou l'*Esprit particulier* d'un chacun, qui éclaire & instruise indéfectiblement chaque Homme dans l'intérieur de son Ame, sur ces vérités; comme le prétendent les Protestans : ou un *Tribunal commun*, qui, assisté d'une providence spéciale, éclaire & instruise indéfectiblement les Hommes en général, sur ces vérités; comme le prétendent les Catholiques.

III°. Il conste par le fait que l'Esprit particulier n'est point la voie que Dieu a choisie pour instruire indéfectiblement les Hommes sur le dépôt de la révélation : puisque dans toutes les Sectes opposées, cet Esprit particulier trouve & voit dans le dépôt de la révélation des choses toutes contradictoires, qui évidemment n'y sont pas; Dieu de qui nous vient la révélation, n'étant ni absurde, ni inconséquent. Il conste par le droit que l'Esprit particulier n'est pas une voie que le Créateur ait dû choisir pour éclairer les Hommes sur le dépôt de la révélation : puisque Dieu qui regle & gouverne l'Univers par des Loix également simples & fécondes, cesseroit d'être semblable à lui-même dans le gouvernement de sa Religion, si, au lieu d'employer une voie simple & générale d'instruction, il s'abaissoit à éclairer chaque homme en particulier par des illustrations isolées, qui exigeroient une absurde continuité de miracles, si elles viennent immédiatement de Dieu ; qui exposeroient l'Homme à une infinité d'incertitudes & d'égaremens, si elles ne viennent que de l'Homme. (366. II°.)

IV°. L'*Ecriture* sainte nous apprend que Dieu a promis l'infaillibilité au Corps des Pasteurs; que Dieu a érigé ce Corps des Pasteurs en un tribunal infaillible, destiné à instruire les Fideles, à fixer leur foi, à faire évanouir leurs doutes & leurs incertitudes sur la Religion : comme il conste par une foule de passages, qu'il seroit inutile d'entasser

& d'accumuler. Nous nous bornerons à en indiquer quelques-uns en preuve authentique & irréfragable pour tout Fidele. (*) La *Raison* nous apprend à son tour que Dieu, en agissant ainsi, regle & gouverne son Eglise, comme il regle & gouverne la Nature; c'est-à-dire par les voies les plus simples, les plus efficaces, les plus universelles; & par-là même, les plus dignes & de son infinie sagesse & de son infinie puissance: donc il a été très-convenable à la sagesse de Dieu d'établir un tribunal infaillible, toujours existant, pour fixer la créance des Hommes sur tout ce qu'il y a d'obscur & de contesté dans le dépôt de la Révélation, soit en genre de dogme, soit en genre de culte, soit en genre de morale. C. Q. F. D.

389. REMARQUE. Les Protestans, qui au tems du saint Concile de Trente, avoient nié hautement l'existence d'un tribunal établi dans l'Eglise de JESUS-CHRIST pour terminer les différends sur la Foi & sur la Morale, changerent de ton & de principes, selon leur usage toujours fécond en variations, au fameux Conciliabule de Dordrecht, commencé en 1718. Les Arminiens & les Gomaristes, deux Sectes célebres & rivales en Hollande, se trouvant en opposition sur quelques articles de leur créance, le Conciliabule Protestant s'assembla à Dordrecht pour juger & pour terminer définitivement ce grand différend. Les Arminiens qui se virent les plus foibles, protesterent contre l'autorité du prétendu Concile; & lui opposerent précisément les mêmes raisons qu'avoient objecté les Protestans contre l'autorité du saint Concile de Trente; raisons que le Protestantisme jugeoit alors si solides & si triomphantes : ce qui n'empêcha pas le Conciliabule Protestant d'aller en avant, de juger, de condamner, d'anathématiser la doctrine des Arminiens; & par un changement de scene assez singulier, de répondre aux plaintes & aux objections des Arminiens, par les mêmes raisons que les Catholiques faisoient valoir au Concile de Trente contre les Protestans. ,, Les Catholiques, dit à cette occasion l'Auteur des Mé-
,, moires chronologiques & dogmatiques, ont prétendu tirer un grand
,, avantage du Synode de Dordrecht. Il soutiennent que la procédure

---

(*) *Quòd si non audierit eos, dic Ecclesiæ: si autem Ecclesiam non audierit, sit tibi sicut Ethnicus & Publicanus.* Math. 18.

Euntes ergo docete omnes gentes, baptizantes eos in nomine Patris, & Filii, & Spiritûs Sancti; docentes eos servare omnia quæcumque mandavi vobis : & ecce ego vobiscum sum omnibus diebus, usque ad consummationem sæculi. Math. 28.

Et ego rogabo Patrem; & alium Paraclitum dabit vobis, ut maneat vobiscum in æternum, Spiritum Veritatis quem Mundus non potest accipere. Joann. 14.

Ut scias quomodò oporteat te in Domo Dei conversari, quæ est Ecclesia Dei vivi, columna & firmamentum Veritatis. Iâ. Tim. 3.

Tu es Petrus, & super hanc Petram ædificabo Ecclesiam meam; & portæ Inferi non prævalebunt adversùs eam. Math. 16.

» que l'on y a tenue prouve invinciblement que lorsqu'il se forme des
» contestations dans l'Eglise, c'est à elle à faire droit aux parties, &
» à juger en dernier ressort. Si cela n'est pas, il n'y avoit rien de plus
» juste que la protestation que firent les Arminiens contre leurs Juges;
» ni rien de plus frivole que ce qui fut dit par les Députés pour en
» montrer la nullité. Tous les avis des Gomaristes allerent à établir que
» lorsque l'Eglise est assemblée, elle a l'autorité nécessaire pour décider
» ce qui est de foi; & qu'on ne peut s'écarter de ses décisions, sans
» tomber dans l'erreur & dans le Schisme. Le Synode de Delpht,
» consulté par les Etats de Hollande & de Westfrise, avoit prononcé
» de la même maniere. Les Arminiens alléguoient entr'autres causes de
» récusation contre le prétendu Concile, sa faillibilité, qui les mettoit
» en droit de ne s'en pas tenir à ses décisions. Sur cela les Députés à
» l'assemblée de Delpht répondirent, que comme JESUS-CHRIST
» promit son Esprit à ses Apôtres pour leur enseigner toute vérité, il a
» promis à son Eglise qu'il seroit avec elle jusqu'à la consommation des
» siecles : que lorsque de pieux & sçavans Pasteurs s'assemblent dans la
» crainte du Seigneur, de différentes contrées du Monde Chrétien,
» pour juger par la parole de Dieu ce que l'on doit tenir ou rejetter
» dans l'Eglise; il faut croire fermement que JESUS-CHRIST, suivant
» ses promesses, présidera à cette assemblée pour l'éclairer & la con-
» duire par son Esprit, de maniere qu'on n'y décide rien contre la vé-
» rité : qu'il n'y auroit ni ordre, ni paix dans l'Eglise de Dieu, si
» chacun avoit la liberté d'enseigner tout ce que bon lui sembleroit,
» sans être obligé de rendre compte de sa doctrine, & de la soumettre
» au jugement d'un Synode; selon le commandement de l'Apôtre qui
» veut que les Prophetes jugent les Prophetes mêmes. Ces Messieurs,
» en établissant ce principe si naturel & si vrai, ne faisoient pas réflexion
» qu'il se renversoit sur eux-mêmes. En effet, s'il a été permis aux
» Calvinistes de citer les Arminiens à leur assemblée, comme des No-
» vateurs qui abandonnoient la doctrine reçue depuis cinquante ans,
» & de prononcer sur l'héréticité de leurs sentimens; il l'a été sans doute
» aux Peres du Concile de Trente de citer à leur tribunal ceux qui
» dogmatisoient de leur tems, & de décider sur les opinions de Luther
» & de Calvin. Les Protestans ne devoient pas se séparer; ou ils de-
» voient reconnoître après leur séparation, qu'il n'y a point de puissance
» ici bas qui ait le pouvoir de décider souverainement de la doctrine,
» & de terminer les différends de Religion. Cet argument est sans ré-
» plique.

390. REMARQUE. L'infaillibilité de ce tribunal divin ou de l'Eglise, n'est point une infaillibilité naturelle, fondée sur les lumieres des Pasteurs qui la gouvernent; mais c'est une infaillibilité surnaturelle, fondée sur une assistance spéciale de l'Esprit saint qui préside à cette Eglise : assistance formellement promise par l'organe même de JESUS-CHRIST; assistance essentiellement connexe avec la sagesse & la sainteté d'une providence qui s'intéresse à la Religion & aux Hommes.

PROPOSITION VII.

391. *L'Homme est coupable & digne de châtiment, s'il fait le mal qui lui est défendu, s'il omet de faire le bien qui lui est prescrit & ordonné.*

DÉMONSTRATION. L'Homme étant libre, l'Homme étant dépendant de Dieu, il est évident qu'il est coupable & criminel, s'il enfreint les ordres & les volontés de l'Etre suprême, qui le soumet & aux Loix qu'il donne par lui-même, & aux Loix qu'il donne par l'autorité légitime qui le représente. Dieu détestant le crime, Dieu étant juste, il est évident qu'il doit punir les coupables transgresseurs de ses volontés saintes. C. Q. F. D.

PROPOSITION VIII.

392. *L'idée d'un Dieu juste, qui en ce monde ne recompense pas toujours la vertu, ne punit pas toujours le crime, entraine la nécessité d'une vie future, où la vertu ait sa recompense, & le crime son châtiment.*

DÉMONSTRATION. Un Dieu essentiellement juste, est tenu par sa nature infiniment parfaite, à mettre une différence entre le crime & la vertu; entre l'impie qui vomit contre lui d'indignes blasphêmes, & l'homme religieux qui l'honore par ses cantiques & ses hommages; entre le fils barbare & parricide qui porte le poignard ou le poison dans le sein de son pere, & le fils tendre & bien né qui sacrifie son repos & sa fortune pour l'aider & le soulager; entre le mauvais Citoyen qui trahit ou persécute sa Patrie, & le bon Citoyen qui s'immole pour la défendre ou pour la conserver. Or le châtiment & la recompense n'ont pas toujours lieu en cette vie, comme l'histoire & l'expérience nous l'apprennent : donc il faut qu'il y ait une autre vie, où Dieu se montre juste & équitable en punissant le crime & en recompensant la vertu. C. Q. F. D.

OBJECTIONS A RÉFUTER.

393. OBJECTION I. Le crime trouve toujours son châtiment & son bourreau en lui-même, par les craintes & les remords qui lui sont attachés & qui le dévorent : la vertu trouve toujours sa récompense en elle-même, par l'ineffable plaisir de bien faire : donc une autre vie n'est point nécessaire pour que le crime ait un juste châtiment, pour que la vertu ait une juste récompense; pour que le Créateur se montre vengeur du crime & rémunérateur de la vertu.

RÉPONSE. I°. Est-il bien décidé que les méchans & les scélérats soient toujours bien malheureux en ce monde ? L'expérience n'apprend-elle pas au contraire qu'il n'y a communément que les premiers crimes qui alterent la paix de l'Ame, & que l'on devient tranquille à force de scélératesse ? L'excès & l'habitude du crime seroient-ils donc destinés à être la récompense du crime ? II°. Est-il bien décidé que le plaisir de bien faire, soit toujours une digne & juste récompense de la vertu? Un homme vertueux, que la calomnie noircit, que l'infortune accable, qui coule ses jours dans la misere & dans les fers, qui les termine dans l'ignominie & dans les supplices, est-il bien récompensé de sa vertu en ce monde, par le plaisir d'être juste & vertueux? S'il n'y avoit point d'autre bonheur pour la vertu, quel homme aspireroit au bonheur attaché à la vertu? III°. Les remords qui accompagnent le crime, les douceurs qui suivent la vertu, supposent toujours qu'il y a un Dieu juste, qu'il y a une autre vie: ils peuvent être un commencement de punition ou de récompense en ce monde; mais ils ne sçauroient être la punition ou la récompense complette & suffisante, ou de la vertu ou du crime: donc il faut nécessairement qu'il y ait une autre vie, où la Justice divine se déploie plus abondamment & dans ses châtimens & & dans ses récompenses.

394. OBJECTION II. Il peut se faire que Dieu donne aux scélérats, au moment où ils cessent de vivre, une grace efficace qui les convertisse & qui les sanctifie: donc s'il y a une autre vie, il n'est pas démontré qu'elle doive être malheureuse pour les scélérats.

RÉPONSE. Dieu agit, & il convient à la sagesse de Dieu d'agir dans l'ordre de la grace, comme dans l'ordre de la nature, conformément à certaines Loix générales qu'il peut quelquefois interrompre par miracle; mais qu'il seroit contre sa sagesse d'interrompre constamment. Ainsi quoiqu'il ne soit point décidé que tel homme que l'on a vu vivre & qui a paru mourir en scélérat, soit du nombre des réprouvés; il est indubitable que le très-grand nombre en général de ceux que l'on voit vivre & mourir ainsi, n'ont à attendre de la Justice divine que des châtimens & des supplices.

BÉATITUDE OBJECTIVE ET FORMELLE.

395. REMARQUE. L'Homme est né pour le bonheur; comme le lui annonce le cri & le vœu de sa nature: mais en quoi consiste ce bonheur ou cette béatitude de l'Homme?

I°. La *Béatitude objective* de l'Homme, est la cause qui produit ou qui occasionne son bonheur. Dans la vie présente, la jouissance pure & honnête des biens naturels, la douce & ferme espérance des biens éternels, sont sa béatitude objective commencée: dans la vie future, la vision intuitive de Dieu, sera sa béatitude objective, parfaite & consommée.

II°. La *Béatitude formelle* de l'Homme, est ce qui rend l'Homme formellement heureux. Le plaisir né de la vertu, l'absence des inquiétudes & des maux, la satisfaction occasionnée par la jouissance des biens honnêtes, constituent sa béatitude formelle commencée, sur la Terre: des délices ineffables & intarissables, nées de la vision & de la possession inamissible de Dieu, seront sa béatitude formelle, entiere & consommée, dans le Ciel.

396. CONCLUSION. Des principes que nous avons établis & démontrés, découle une regle générale & universelle de Mœurs, telle qu'il n'y en a point & de plus pure & de plus sublime & de plus puissante, sçavoir, la Religion. Si nous l'exécutons & si nous la suivons, cette regle divine de Mœurs, de quel genre de devoirs pouvons-nous nous écarter? Sous la direction d'une Religion émanée du Ciel, religieux & reconnoissans à l'égard de Dieu, justes & fideles à l'égard de nos semblables, austeres & réservés à l'égard de nous-mêmes, pouvons-nous ne pas avoir la satisfaction délectable de penser qu'en pratiquant cette Religion divine, avec le secours de la grace de JESUS-CHRIST, nous remplissons pleinement & tout devoir & toute justice?

SECONDE SECTION,

Théorie des Mœurs.

397. COMME il y a une Métaphysique de l'Esprit, il y a aussi une Métaphysique du Cœur. On peut analyser les opérations de celui-là; pourquoi ne pourroit-on pas analyser les opérations de celui-ci? La Métaphysique de l'Esprit pique & intéresse: parce qu'il est satisfaisant pour l'Homme de pouvoir se rendre raison des différentes lumieres qu'il voit naître & germer dans son Ame; de tenir d'une main la chaîne des principes, & de l'autre, la chaîne des conséquences; de voir & de saisir à la fois la source, la généalogie & l'enchaînement des différentes opérations, qui lui frayent la route & qui lui ouvrent le sanctuaire de la Vérité. Mais la Métaphysique du Cœur est-elle moins piquante & moins intéressante? Est-il moins satisfaisant pour l'Homme, de pouvoir se rendre raison des divers sentimens qui agitent son Cœur; de connoître & le germe & la nature de toutes ses passions; de les voir toutes découler d'une source commune, avec les traits qui les caractérisent, avec les nuances qui les diversifient, avec les principes qui les fortifient, ou les diminuent, ou les métamorphosent, ou les détruisent?

LES MŒURS.

398. QU'EST-CE que les *Mœurs*? C'est la maniere d'agir & de se conduire, ou d'après les lumieres de l'Esprit, ou d'après les sentimens du Cœur: lumieres & sentimens dont la Raison & la Religion doivent être les sources. Agir d'après la Raison & la Religion, c'est avoir des mœurs vertueuses & irréprochables: agir contre la Raison ou contre la Religion, c'est avoir des mœurs vicieuses & criminelles. Les mœurs sont donc bonnes ou mauvaises, selon qu'elles sont conformes ou non conformes aux principes invariables qui doivent les régler & les former. La regle invariable des mœurs, le frein puissant & perma-

ment des mœurs, c'est la Religion. Attaquer & détruire la Religion, c'est toujours pervertir & corrompre les mœurs.

L'ESPRIT ET LE CŒUR.

399. L'Esprit & le Cœur, telle est la division ordinaire de l'Homme, envisagé relativement & à ses connoissances & à ses sentimens. Adoptons cette division; mais donnons-en une juste idée.

I°. Ce qu'on entend par l'*Esprit*, c'est l'Ame considérée relativement à ses connoissances, ou à sa maniere quelconque d'appercevoir & d'envisager les choses. L'Esprit varie, selon la différence des lumieres & des caracteres. L'*Esprit gai* voit ou présente les choses sous des images riantes : il possede & il communique l'aménité. L'*Esprit faux* voit ou présente les choses sous des points de vue qu'elles n'ont pas : il est aveugle ou fourbe, trompé ou trompeur. L'*Esprit caustique & malin* ne voit ou ne présente les choses que sous leur mauvais jour : semblable à ces verres colorés qui impriment à tous les objets la couleur qu'ils ont eux-mêmes, il impute & il attribue à tout ce qu'il voit, le caractere qu'il porte dans son propre fond. L'*Esprit fin & délicat* voit ou présente les choses sous des traits ingénieux, sous des allusions piquantes & intéressantes : il annonce ou un tact & un sentiment plus fin pour saisir, ou une imagination plus souple & plus facile pour exprimer. L'*Esprit profond* creuse les choses, & s'efforce d'en voir toutes les faces & tous les rapports, avant d'en juger : il suppose de la force, de l'étendue, de la stabilité. L'*Esprit prévenu* voit ou présente les choses, non d'après la vérité & la réalité, mais d'après ses préjugés ou d'après ses passions : il prend le degré de sa prévention, pour le degré de l'évidence des choses : c'est principalement l'Esprit de secte & de parti. L'*Esprit vrai*, ou l'*Esprit droit*, voit ou présente les choses sous leur vrai jour, sans égard à ses préjugés ou à ses intérêts, sans partialité pour ou contre : ami de la Justice & de la Vérité, il les reconnoît & il les respecte partout où elles se rencontrent. L'*Esprit vétilleur* & chicaneur voit ou présente par-tout dans les choses, de faux jours, de mauvaises difficultés : les raisons futiles absorbent l'attention qu'il doit aux solides, & en empêchent l'impression. L'*Esprit subtil* disseque & analyse les idées des choses, pour y découvrir des jours & des rapports imperceptibles, qui échappent au commun : l'Esprit subtil est souvent limitrophe du vétilleur.

II°. Ce qu'on entend par le *Cœur*, c'est l'Ame envisagée relativement à ses passions, ou relativement à ses mouvemens de haine ou d'amour, de crainte ou d'espérance, de tristesse ou de plaisir. Le Cœur matériel n'étant qu'une masse de chair & de sang, il est évident qu'il est incapable d'avoir en lui-même ces différens sentimens, qui sont essentiellement des modifications d'une substance spirituelle & sensible de sa nature. Cependant comme ces sentimens de joie ou de tristesse, d'espérance ou de crainte, de haine ou d'amour, occasionnent communément ou des dilatations, ou des resserremens physiques & sensibles dans le cœur matériel, on a coutume de rapporter & d'attribuer ces différentes modifications au Cœur lui-même, où elles ne sont pas : comme on rapporte au pied ou à la main, une sensation de plaisir ou de douleur, qui n'est & ne peut être que dans l'Ame. La science du Cœur humain n'est donc point la science ou la connoissance du Cœur matériel ou charnel ; (*) mais la science ou la connoissance de l'Ame même, en tant qu'agissante d'après ses passions, ou d'après ses affections & ses aversions. Connoître le Cœur humain, c'est connoître la marche & l'influence des passions humaines, selon la diversité des caracteres & des circonstances.

On entend par *Caractere*, l'assemblage des qualités naturelles, bonnes ou mauvaises : assemblage qui donne une maniere propre & particuliere de penser & d'agir. Le caractere est le résultat des lumieres de l'Esprit & des passions du Cœur, ou de la maniere dont l'Esprit envisage les choses, & dont le Cœur les affectionne.

LES TEMPÉRAMENS.

400. IL est constant que les *Tempéramens* influent beaucoup sur les mœurs : il n'est donc pas hors de propos de donner une notion générale des divers tempéramens, qui mettent tant de variété dans les caracteres.

I°. La diversité des tempéramens consiste dans la diverse constitution des solides & des fluides, plus ou moins subtils, plus ou moins onctueux, plus ou moins inflammables, plus ou moins mobiles & élastiques, chez les uns que chez les autres.

II°. On divise communément les tempéramens, en bilieux, en sanguins, en mélancoliques, en phlegmatiques. Chez le *Bilieux* abonde & domine la bile, liqueur résineuse & sulfureuse, amere & jaunâtre, qui se sépare dans le foie, pour servir à la dissolution des alimens & à la sécrétion du chyle : principe inflammable & irritable, il mene au grand, & quelquefois à l'excès, soit en bien soit en mal. Chez le *Sanguin* abonde & domine le sang, principe plus onctueux & moins irritable, plus homogene & moins sujet à l'effervescence, chaud & mobile, mais modéré dans sa chaleur & dans sa mobilité : l'égalité & l'aménité en sont assez communément le fruit & l'appanage. Chez le *Mélancolique* abonde & domine la mélancolie, humeur pesante & embarrassée, triste & incommode, acre & inflammable, née d'une bile échauffée & desséchée, & par-là même dépouillée de sérosité & de ductilité : elle paroît plus propre aux noires idées, aux noirs chagrins, aux noirs complots. Chez le *Phlegmatique* abonde & domine le phlegme, humeur aqueuse & insipide, froide & apathique, privée par-là même de sel, de chaleur, d'action, de ton, de lien : l'inertie & l'insensibilité paroissent en devoir être le distinctif & le partage.

III°. Le bilieux semble né pour être grand ; le sanguin, pour être aimable ; le mélancholique, pour être rêveur ; le phlegmatique, pour

(*) *Voyez la note de la page* 238.

être fade & inutile. Le bilieux est propre pour ce qui exige de la force & de l'énergie ; le sanguin, pour ce qui demande de l'aménité & de l'aisance ; le mélancolique, pour ce qui requiert de la constance & de l'opiniâtreté ; le phlegmatique, pour ce qui n'a besoin que d'inertie & de patience. Le bilieux est ardent pour le plaisir, & ne s'allarme point de la peine : le sanguin s'effraie aisément de la peine, & aime vivement le plaisir : le mélancolique est peu sensible au plaisir, & peu épouvanté de la peine : le phlegmatique ne sent que médiocrement la peine & le plaisir.

IV°. Le mélange & l'assortiment des tempéramens est si varié & si difficile à saisir, qu'il n'y a que peu de fond à faire sur toutes les conséquences qu'on peut tirer en ce genre. D'ailleurs la substance spirituelle qui anime & gouverne le Corps humain, libre & indépendante par sa nature, n'est point absolument & universellement asservie aux principes & aux constitutifs des organes, par le moyen desquels elle opère. Un Leclerc tire encore de beaux sons d'un mauvais violon ; & tel maudit racleur écorche encore les oreilles avec le violon qui ravissoit sous l'archet de Leclerc.

LES PASSIONS.

401. QU'EST-CE que les *Passions* ? Ce sont ces divers mouvemens d'affection ou d'aversion, de crainte ou d'espérance, de joie ou de tristesse, qu'éprouve l'Ame, selon la différence des objets qui affectent les sens, ou qui se tracent dans l'imagination : mouvemens plus ou moins impétueux, ils sont destinés à mettre en jeu les forces & les talens de l'Homme, pour l'exciter & l'animer à veiller à sa sûreté, à s'intéresser à sa conservation, à procurer son bien-être, à étendre & à perpétuer sa félicité. Un Auteur ingénieux définit les passions, *le besoin plus ou moins vif de certains sentimens*. Ce besoin plus ou moins vif de certains sentimens, cet élans plus ou moins impétueux qui emporte l'Ame vers les objets sensibles, tel est le grand mobile de toutes les actions humaines, soit en bien, soit en mal. L'abus des passions peut être coupable & funeste : mais la nature & la destination des passions est honnête & utile. Leur violence & leur déréglement annoncent une corruption dans la nature humaine : mais cette violence & ce déréglement n'ayant rien d'irrésistible & de nécessitant, ces passions peuvent encore, malgré leur désordre, devenir une vraie source de bien & pour le particulier & pour la société. La Morale & la Religion doivent donc les conduire & les régler ; & non les étouffer & les proscrire.

L'AMOUR PROPRE.

402. LE Créateur, en formant l'Homme, a imprimé dans sa nature un ardent & véhément amour de soi-même ; amour, qui l'intéresse puissamment & persévéramment à sa conservation & à son bonheur ; amour, qui l'irrite & l'arme promptement contre tout ce qui tend ou paroît tendre à sa destruction ou à son mal-être. Toutes les passions de

l'Homme, passions si différentes dans leur nature & dans leurs effets, ont un germe & un principe commun : c'est cet amour propre, ou cet amour de soi-même. De l'amour propre naissent & découlent originairement l'amour & la haine, l'indolence & l'ambition, la générosité & l'avarice, la bienfaisance & la cruauté, &c. L'amour propre, bien réglé, produit les vertus : l'amour propre, mal réglé, enfante les vices & les crimes. La Religion consacre le premier, & proscrit le second.

LE GOUT DU PLAISIR.

403. DE l'amour propre naît le goût du *Plaisir*, ou de ces émotions sensibles & délectables, qui réveillent & chatouillent l'Ame, qui semblent lui donner un nouveau genre d'existence & de vie.

I°. C'est par l'appas du Plaisir que la Providence nous intéresse à notre conservation, nous lie à nos semblables, nous attire & nous attache à Dieu. C'est le plaisir attaché à l'usage des alimens, qui nous invite à en réitérer l'usage, nécessaire pour réparer & renouveller nos forces : nous ne serions pas assez attentifs à notre conservation, si nos besoins ne faisoient pas nos plaisirs. C'est le plaisir attaché au commerce de la société, qui nous fait entrer en commerce & en liaison les uns avec les autres, soit dans la société œconomique, soit dans la société civile : cette double espece de société, nécessaire dans les vues du Créateur, cesseroit bientôt parmi les Hommes; si les charmes du plaisir n'en faisoient la base inébranlable. C'est le plaisir attaché à la connoissance & à la jouissance de Dieu, qui nous fait ambitionner son amitié & sa possession. Quand nous ne contemplons en Dieu que son éternité, que son immensité, que son intarissable puissance, que son infinie lumiere, notre cœur est tout de glace pour cet Etre suprême. Mais quand nous voyons en Dieu, le Dieu de paix & de miséricorde, le Dieu bienfaisant & rémunérateur, le Dieu qui nous aime & qui veut être aimé de nous, le Dieu qui se regarde comme notre pere, & qui nous regarde comme ses enfans; ces images délicieuses ouvrent notre cœur, & l'attirent à Dieu, par la charme des plaisirs que nous devons trouver un jour dans cette source intarissable de délices éternelles. Tout plaisir n'est donc pas illicite & criminel : puisque le plaisir est un des moyens qu'emploie la Providence pour conduire l'Homme à sa destination.

II°. Le plaisir peut être considéré ou relativement à celui qui l'éprouve, ou relativement à la société, ou relativement à Dieu. Le plaisir est illicite & criminel, lorsqu'il est opposé, ou au bien de celui qui en jouit, ou au bien de la société, ou au commerce que nous devons avoir avec Dieu. De ce principe il est facile de tirer des conséquences qui anathématisent & proscrivent une foule de plaisirs infames, dont l'unique fin est d'altérer & d'énerver le tempérament, de porter le trouble & la confusion dans la société, de renverser l'ordre & la providence du Créateur, d'éteindre & d'extirper dans sa source l'espece humaine, de cimenter & d'éterniser l'oubli de Dieu & de soi-même dans le cœur de l'Homme. En général, le plaisir est illicite & criminel, quand il est défendu par la Loi de Dieu ; ou quand il détruit ou qu'il affoiblit le commerce que nous devons avoir avec Dieu, en nous attachant illégitimement aux Créatures.

L'AMOUR DE LA GLOIRE.

404. DE l'amour propre naît l'amour de la gloire, de l'estime, des préférences. Qu'est-ce que la gloire ? C'est le mérite connu. Qu'est-ce que l'estime ? C'est l'hommage rendu à l'excellence du mérite. La persuasion de notre excellence nous flatte dans nous ; parce qu'elle nous éleve dans nos idées. La persuasion de notre excellence nous flatte dans autrui ; parce qu'elle étend & multiplie dans les idées d'autrui, une image flatteuse de nous-mêmes, avec laquelle nous nous plaisons à nous identifier, qui semble ou nous reproduire, ou nous éternifer.

I°. L'amour de la gloire & de l'estime, renfermé dans les bornes de la modération, n'a rien que d'honnête & de légitime ; & la Religion même l'avoue & le consacre. (*) C'est la passion des belles Ames, qui estiment assez leurs semblables, pour ambitionner de mériter leur attention & leur suffrage par l'exercice des talens & des vertus. Elles feroient encore mieux de n'ambitionner que les regards de l'Eternel ; mais un moins de perfection n'est point un crime, ni aux yeux de Dieu, ni aux yeux des Hommes.

II°. L'amour de la gloire & de l'estime, outré & porté à certain excès, devient *Orgueil*, vice également détesté & de Dieu & des Hommes. L'orgueil est une estime immodérée de soi-même, qui fait que l'on s'exalte sans mesure dans ses propres idées ; que l'on se croit tout dû, à raison de ses titres ou de ses talens ; que l'on se préfére insolemment à ses égaux, & peut-être à ses maîtres ; & que l'on croit ne devoir que des mépris inhumains ou des dédains barbares, à tout ce qu'on voit placé au-dessous de soi. C'est à toi, Raison humaine, de porter les premiers coups à cette passion odieuse & funeste, qui née dans l'Homme & de l'oubli de Dieu & de l'oubli de soi-même, rompt tous les nœuds d'amour & d'union qui doivent lier entr'eux les Hommes, ces enfans communs du Pere céleste. Apprends à l'Homme en général, la frivolité & la fragilité de tout ce qu'il estime ; & tu lui apprendras à ne s'enorgueillir de rien. Apprends à cet Homme, enflé de ses lumieres & de ses talens, que les talens & les lumieres ne font pas toujours le bonheur & le mérite des humains : & que quand ils le feroient, une subite altération dans ses humeurs, un léger dérangement dans ses organes, peuvent étouffer ce feu de génie qui l'anime, & le plonger pour toujours dans une inertie & dans une stupidité, qui le ravaleront au-dessous de ce peuple simple & ignoré, qu'il daigne à peine regarder. Apprends à cet Homme, enorgueilli de sa naissance & de son rang, que le rang & la naissance ne donnent pas toujours les vertus, les lumie-

---

(*) *Curam habe de bono nomine*, Ecclesiast. 41.

res, les grands sentimens: & que quand ils les donneroient, une malheureuse rencontre, un moment de passion & d'emportement, l'imposture même & la calomnie, peuvent le plonger dans un état d'opprobre & d'ignominie, où il enviera l'irréprochable obscurité de ce petit bourgeois qu'il dédaigne, de ces infortunés vassaux qu'il vexe & qu'il rebute. Apprends à cet Homme, trop fier de ses possessions & de ses richesses, que l'opulence ne rend pas toujours l'Homme plus heureux & plus estimable; & que quand elle le rendroit plus estimable & plus heureux, une disgrace imprévue, un revers funeste, peuvent le précipiter dans un abyme d'indigence & de misere, où il aura peut-être besoin de l'assistance de ceux même qui implorent en vain la sienne. Apprends à cette Femme mondaine, trop admiratrice de quelques agrémens périssables, que ces agrémens dont elle est si jalouse, ne sont pas toujours la gloire & le mérite & la félicité de celles qui les possedent; & que quand ils les feroient, un ulcere dévorant, une maladie envenimée, peuvent subitement, sans attendre le ravage des années, la rendre hideuse & révoltante, & aux yeux de ceux qui l'idolâtrent, & aux yeux de celles qui la jalousent. Apprends à quelques-uns de ces Hommes récemment parvenus à la noblesse & à l'éclat, & trop éblouis du phosphore nouveau de leur petite grandeur, que l'orgueil & la fierté dédaigneuse ne furent jamais l'étiquette & l'enseigne du mérite & de la grandeur; que l'enflure qu'ils étalent, & la morgue qu'ils affichent, les décelent & les trahissent; que la vraie noblesse, simple & accessible, est marquée au sceau de l'affabilité & de l'humanité; qu'accoutumée de longue main aux titres qui la distinguent, aux égards qu'elle mérite, elle semble les oublier, parce qu'elle suppose qu'on se les rappelle; & ne semble se les rappeller, qu'à l'égard de ceux qui les oublient. Apprends à quelques-uns de ces Hommes à talens médiocres, & qui se perdent dans leur petite gloire, souvent imaginaire, quelquefois empruntée, toujours boursoufflée, que les vrais génies sont modestes, parce qu'ils ont de grandes vues, au dessous desquelles ils se voyent toujours placés; qu'ils sont rarement contens d'eux-mêmes, parce qu'ils ont une immense idée du beau, qu'ils ne se flattent jamais d'avoir atteinte & remplie. Apprends à tous les Ordres & à tous les Etats, que tout est vain & périssable dans le monde; que tout ce qui nous enchante & nous éblouit, n'est au fond que boue & qu'argile; que l'Homme n'est grand que par ses rapports avec Dieu; & que le Sage doit ne s'enfler de rien, parce qu'il doit voir le vuide de tout. Et toi, Religion sainte, fais entendre aux Hommes à ton tour ta voix céleste & divine: apprends-leur que tout don excellent vient d'en haut, & descend du pere des lumieres; (*) & que la gloire en appartient essentiellement & exclusivement à celui qui en est la source: qu'avoir été plus avantagé des biens de la nature & de la fortune, ce n'est point un titre légitime pour oublier la main

---

(*) *Omne datum optimum & omne donum perfectum desursùm est, descendens à patre luminum.* Jac. x.

adorable qui les dispense, pour dédaigner & mépriser ceux que le pere commun a moins favorisés : que si les rangs & les conditions distinguent & séparent les humains, l'Humanité les rapproche, le Tombeau les concentre, le Juge éternel les confond.

III°. L'humilité chrétienne, qui détruit l'orgueil, ne détruit point l'amour de la gloire & de l'estime. Un impie Apostat, moins grand que bisarre, plus fanatique que philosophe, l'Empereur Julien, faisoit consister l'humilité chrétienne dans une petitesse d'esprit & dans une bassesse de sentimens. S'il avoit plus réfléchi sur cet objet, il auroit vu que l'humilité chrétienne découle des lumieres de l'Esprit, & perfectionne les sentimens du Cœur. L'orgueil n'est qu'un déréglement dans l'Esprit & dans le Cœur, que l'humilité chrétienne remet à leur place. De quoi peut en effet s'enfler & s'enorgueillir l'Homme, chez qui la Raison & la Religion ne sont point éteintes ? Ce qu'il est dans l'ordre de la Nature, l'humilie & le confond : ce qu'il est dans l'ordre de la Grace, l'effraie & l'épouvante. Lequel fait donc plus d'honneur aux lumieres & aux sentimens de l'Homme ? Ou l'orgueil, qui se perd dans ses propres idées, & s'aveugle sur ce qu'il est ; ou l'humilité, qui descend dans son propre néant, & s'estime ce qu'elle vaut ? ou l'orgueil, qui se repaît de mensonge & d'illusion ; ou l'humilité, qui n'est que la connoissance & le sentiment du vrai ? ou l'orgueil, qui nous fait méconnoître & pervertir les dons de Dieu ; ou l'humilité, qui nous les fait appercevoir avec modestie, sentir avec reconnoissance, employer avec mérite ? ou l'orgueil, qui nous inspire l'indifférence, le mépris, la dureté, pour tout ce que la providence a placé au dessous de nous ; ou l'humilité, qui ouvre nos cœurs à l'humanité, & nous montre nos freres dans tous nos semblables ? ou l'orgueil, qui déchire & tourmente sans cesse notre cœur par mille prétentions effrénées, toujours fécondes en odieux démêlés, en dissenssions éclatantes, en troubles rongeurs & dévorans ; ou l'humilité, qui simple & paisible, possede la paix & la communique, mérite tout & ne prétend à rien, cultive les talens & en abandonne à Dieu le succès ; flattée si elle réussit, consolée si elle échoue ?

LES AMITIÉS.

405. DE l'amour propre naissent & découlent nos amitiés. On aime son ami : parce qu'on trouve son plaisir ou son bien dans son ami. On défend son ami, on pleure la perte de son ami : parce que la conservation d'un ami est le plus grand de tous les biens ; parce que la perte d'un ami est le plus grand de tous les maux. Le Cœur séduit & trompé croit aimer un autre ; & au fond il n'aime que soi-même ou que pour soi-même. Il s'applaudit du bien de l'objet aimé, il souffre du mal de l'objet aimé : parce que le bien de l'objet aimé le flatte, parce que le mal de l'objet aimé l'afflige. Tout changeroit de face pour lui, si l'objet aimé cessoit d'intéresser son amour propre. Il n'aime pas pour cela moins noblement & moins généreusement : parce que la noblesse & la générosité en ce genre, consistent à vouloir ardemment & efficacement que l'objet qui fait ses délices, soit heureux sans mélange & sans mesure.

1°. Qu'est-ce donc qu'*être aimé pour soi*, si les personnes qui nous aiment, ne nous aiment que par le motif de leur amour propre ? Etre aimé pour soi, c'est être soi-même & le *motif* & le *terme* de l'affection qu'on nous porte. N'être pas aimé pour soi, c'est devoir l'affection qu'on a pour nous, non à notre personne, mais à quelque motif étranger à notre personne ; par exemple, à notre fortune, à notre crédit. Le premier amour flatte beaucoup, le second flatte fort peu : parce que le motif du premier intéresse de bien plus près, & flatte bien plus sensiblement l'amour propre, que ne le fait le motif du second.

II°. L'amitié se diversifie selon la diversité des intérêts qui la font naître. D'un intérêt de volupté naissent les amitiés galantes : d'un intérêt d'ambition naissent les amitiés politiques : d'un intérêt de vanité naissent les amitiés illustres : d'un intérêt de cupidité naissent les amitiés utiles : d'un intérêt de satisfaction sympathique naissent les amitiés d'inclination & de goût. Quand tous ces motifs concourent ensemble à former une liaison, la force de cette liaison est proportionnée à la somme & à l'activité de toutes les causes qui la produisent.

LES HAINES.

406. DE l'amour propre naissent & découlent nos haines & nos antipathies. Nous haïssons le mérite éclatant ; parce qu'il nous ravit l'attention publique à laquelle nous aspirons. Nous haïssons l'orgueil ; parce qu'il nous dédaigne & nous méprise. Nous haïssons la cruauté ; parce qu'elle nous menace ou peut nous menacer. Nous haïssons l'avarice ; parce qu'elle resserre avidement des trésors qui pourroient couler directement ou indirectement jusqu'à nous. Nous haïssons l'injustice ; parce qu'elle nous fait tort, ou qu'elle est une disposition à nous faire tort. Nous haïssons la malpropreté, la grossiereté, l'obscénité, l'indécence ; parce qu'elles nous présentent des images disgracieuses & déplaisantes. Nous haïssons le mal en général ; parce qu'il est révoltant par lui-même. Par la raison contraire nous aimons la clémence, qui nous pardonne ; la modération, qui nous épargne ; la justice, qui nous protége ; la vaillance, qui nous défend ; l'humilité, qui nous respecte ; la prudence, qui nous guide & nous éclaire ; la libéralité qui se dépouille pour nous enrichir.

Il y a des sympathies & des antipathies naturelles & indélibérées, qui paroissent sans cause & sans motif, & qui naissent aussi de l'amour propre. Je vois pour la premiere fois deux Joueurs, qui ne me sont rien, que je ne connois point, de qui je ne suis point connu, avec qui je ne veux & ne dois jamais avoir aucune liaison : pourquoi m'intéressé-je intérieurement à l'un au préjudice de l'autre ? C'est que l'un me plaît, ou par sa figure, ou par son ton de voix, ou par son caractere entrevu ; & que l'autre me déplaît par quelqu'un de ces endroits. Peut-être aussi que l'un des deux m'offre, sans que je m'en aperçoive, quelque ressemblance avec telle personne qui m'intéresse ; & que l'autre a quelque ressemblance avec telle autre personne qui m'aura déplu & offensé. En faut-il faut-il plus à l'amour propre, pour occasionner & pour fonder une sympathie & une antipathie?

L'AMOUR DU SANG.

407. DE l'amour propre naît l'amour du Sang, ou cette affection de préférence qui nous intéresse & nous attache à notre famille, plus qu'aux étrangers.

I°. Un pere aime ses enfans; parce que ces enfans sont d'autres lui-même; parce que ces enfans sont destinés à être son petit Etat, son petit Royaume; parce que ces enfans doivent être l'appui de sa fortune & le soutien de sa vieillesse. Un enfant aime son pere; parce que son pere lui a donné l'existence & l'éducation; parce que le fruit du travail de son pere lui est assuré, en tout ou en partie; parce que son pere est pour lui un ami nécessaire, dont l'affection & l'assistance lui sont acquises dans le besoin. Ces divers motifs n'excluent pas le grand motif du Devoir, qui chez les belles ames est toujours le plus puissant de tous les motifs, mais qui n'est point incompatible avec l'amour propre bien réglé : comme nous le dirons ailleurs. (413.)

Un époux aime son épouse; parce que cette épouse est la compagne de ses plaisirs & de sa fortune; parce que cette épouse est pour lui une amie & une compagne, dont les intérêts sont pour toujours concentrés avec les siens. L'affection réciproque seroit moins puissante & moins solide, si les nœuds étoient moins durables & moins intéressans. Des intérêts moins sensibles & moins énergiques, n'eussent pas été suffisans pour faire vaincre les ennuis, inséparables de l'union & de l'engagement; pour faire surmonter les inquiétudes & les travaux, attachés à l'éducation d'une famille.

II°. A l'égard des autres degrés de liaison & de parenté, l'amour décroît, comme décroissent les degrés de proximité : parce que les intérêts de l'amour propre décroissent dans la même proportion. On aime donc mieux, & on doit mieux aimer, un frere qu'un cousin; un parent en ligne directe, qu'un parent en ligne collatérale.

III°. Pourquoi aime-t-on mieux & plus affectueusement un ami, qu'un parent? Parce que le cœur est plus en liberté & goûte plus de satisfaction avec l'ami, qu'avec le parent. Pourquoi cependant le parent est-il communément préféré à l'ami, quand il s'agit d'accorder une grace ou un poste, à l'un ou à l'autre? Parce que la grace ou le poste accordé au parent, est un avantage qui rejaillit sur la famille entiere, que l'on envisage comme un tout dont on est membre & partie : parce que d'ailleurs on regarde l'affection du parent comme une amitié nécessaire & inaliénable, qui ne peut pas nous manquer; & qu'on regarde l'affection de l'ami comme une amitié libre & amovible, qui peut cesser & finir. La premiere a donc un titre & un droit de préférence sur la seconde. On voit par-là que l'amour propre a naturellement & sans y faire attention, une métaphysique assez subtile & assez réfléchie.

IV°. Pourquoi l'amour du Sang descend-il plus qu'il ne monte? Ou pourquoi l'amour des peres pour leurs enfans, est-il communément plus vif & plus puissant que l'amour des enfans pour leurs peres ? L'amour propre résoudra encore ce problême. Le pere se voit revivre & rajeunir dans ses enfans : les enfans se voient vieillir & mourir dans leurs peres. Le pere voit dans ses enfans un petit état dépendant & soumis : les enfans voient dans leur pere un maître, affectueux & bienfaisant à la vérité ; mais enfin un maître, qui commande & domine, qui réprimande & captive, qui possede & administre la fortune commune. L'amour propre, plus flatté dans le pere que dans les enfans, doit donc naturellement former dans celui-là des nœuds plus forts que dans ceux-ci. Heureux les Peres qui, sans énerver & dégrader leur autorité, sçavent se rendre aimables à leurs enfans ; qui, sans cesser de les dominer, sçavent descendre jusqu'à se rendre leurs amis, leurs égaux, leurs confidens ! ils font remonter l'amour, à peu près autant qu'il descend.

V°. Les liaisons s'affoiblissent en se divisant, & se fortifient en se resserrant : parce que les intérets de l'amour propre s'affoiblissent ou se fortifient dans les mêmes proportions. A-t-on un grand nombre de proches parens, & vient-on à en perdre quelqu'un ? C'est un bien qui nous échape ; c'est un appui qui nous manque ; c'est comme une partie plus ou moins chere de nous-mêmes, qui nous est enlevée. Le coup est affligeant ; mais il est supportable, par la ressource & l'asyle que trouve l'amour propre dans les liaisons qui lui restent. N'a-t-on plus qu'un seul proche parent, par exemple, qu'un seul frere ; & la mort vient-elle à l'enlever ? C'est un coup de foudre qui atterre & accable, qui semble dévorer & consumer tous les nœuds qui attachent à la vie. On croit voir la Nature entiere s'écrouler autour de soi ; & on semble rester seul au monde, enveloppé dans son désastre & enseveli dans sa ruine. Il en est de même des liaisons patriotiques & nationales. Je ne m'intéresse que foiblement en France, à un François : parce qu'en France, un François n'a & ne doit avoir qu'environ un dix-huit-millionieme de mon affection nationale. En Chine ce François seroit pour moi un homme très-intéressant : parce qu'en Chine ce François, lié à moi par les intérets de nation & de patrie, recueilliroit & concentreroit en soi toute mon affection nationale.

L'AMOUR DE LA PATRIE.

408. DE l'amour propre naît & découle l'amour de la Patrie, ou ce penchant sympathique qui nous attache & nous rappelle aux climats qui nous ont vu naître.

I°. La machine humaine, en prenant son accroissement & son développement dans un climat, se constitue & se forme imperceptiblement d'une maniere analogue à la qualité de l'air qu'elle respire, à la nature des alimens dont elle se nourrit, au degré de chaleur qui l'échauffe & la vivifie. Dans un changement de Patrie que doit-il arriver ? Un air plus épais, plus froid, moins élastique que l'air natal, ne s'insinue pas avec assez de liberté dans les canaux & dans les conduits qui doivent lui donner paſſage ; ne donne pas le jeu néceſſaire & convenable au ſang, aux fibres, aux organes ; laiſſe languir ou défaillir la facilité primitive des fonctions animales & ſpirituelles : de-là une inertie, une langueur, un engourdiſſement, un ennui, un mal-être, qui font ſoupirer après un ciel plus pur, plus chaud, plus riant, où l'on goûtoit plus de bonheur. Un air plus ſubtil, plus ſec & plus chaud que l'air natal, s'inſinue avec trop de liberté & de véhémence dans les poumons ; agite & ébranle trop impétueuſement la maſſe du ſang & des humeurs ; fatigue & altere la conſtitution des fibres & des organes : de-là encore un mal-être, une inquiétude, un dépériſſement, qui fait regretter un ciel plus onctueux & moins dévorant, ou l'on jouiſſoit d'une plus grande ſomme de ſenſations paiſibles & gracieuſes.

II°. Accoutumé dès l'enfance aux goûts & aux mœurs patriotiques, on s'eſt fait inſenſiblement une maniere de voir, de penſer, de ſentir, d'agir, qui s'eſt convertie en nature, & qui ſe trouve étrangere & déplacée loin du ſéjour natal. Quand on quitte ſa patrie, il faut, pour ainſi dire, refondre la nature, & s'en faire une nouvelle ; il faut ſe faire de nouvelles idées, de nouveaux goûts, de nouvelles habitudes, preſque de nouveaux ſens : & la gêne permanente où il faut ſe mettre pour vivre en ſociété au ſein d'une nation étrangere, fait ſans ceſſe regretter à l'amour propre, l'heureuſe aiſance qu'il goûtoit dans les climats auxquels il doit le jour.

III°. Le tems de l'enfance & de la jeuneſſe, eſt le tems de la douce & paiſible félicité. On a une grande ſomme de biens : parce que les ſenſations vives & élaſtiques s'attachent pleinement à leur objet, & goûtent toute l'étendue des amuſemens & des plaiſirs. On n'a qu'une petite ſomme de maux : parce que la réflexion, encore à naître, n'enfante pas les inquiétudes & les ſoucis, qui empoiſonnent les douceurs du préſent, qui anticipent les peines & les horreurs de l'avenir. Tranſplanté, dans un âge plus avancé, au ſein d'une terre étrangere, on y a des inquiétudes & des peines, qu'on ignoroit dans ſa patrie ; & on attribue à la différence des climats, ce qui ne vient que de la différence des âges. De-là le retour de l'amour propre vers le ſéjour de ſon enfance ou de ſa jeuneſſe : ſéjour où il goûtoit un calme & un bonheur qu'il ſe rappelle avec ſatisfaction, & qu'il ne trouve plus dans le nouveau ſéjour qu'il habite.

IV°. L'amour de la Patrie croît & diminue, ſelon la proportion des intérêts qui lient l'amour propre à la Patrie. Le Souverain s'intéreſſe plus à la Patrie que les Sujets ; les grands Seigneurs, plus que le Peuple. Quand on trouve hors de la Patrie une plus grande ou une égale ſomme de bien-être, alors l'amour de la Patrie, cet amour de prédilection & de préférence, ceſſe & devient nul ; & la Patrie ſe trouve, où ſe trouve le bonheur. *Patria, ubi bené.*

ENVIE, JALOUSIE.

409. DE l'amour propre naiſſent & découlent l'*Envie* & la *Jalouſie*, paſſions communément mieux ſenties que définies.

I°. L'Envie est un chagrin occasionné par le mérite ou par la prospérité d'autrui : mérite & prospérité qu'on voudroit avoir, & qu'on n'a pas. L'envie est un hommage que la bassesse rend malgré elle, ou au mérite, ou à la vertu, ou à la faveur. Il faut ne point confondre l'envie, avec un juste sentiment d'indignation qu'éprouvent quelquefois les belles ames, en voyant la bassesse & le vice ravir des postes & des honneurs, qui seroient mieux placés chez la vertu & chez le mérite.

II°. La jalousie est cette crainte ou ce chagrin qu'éprouve l'amour propre, quand il se croit menacé de perdre ou de partager un bien qu'il possede, & qu'il est intéressé à posséder toujours tout entier, sans vouloir ni le perdre, ni le partager. La jalousie est plus souvent un ridicule, qu'un crime.

III°. L'envie & la Jalousie supposent des prétentions, & en suivent l'étendue & les rapports. Le Sçavant n'est point envieux ou jaloux de la gloire du Militaire ; le Militaire n'est point envieux ou jaloux de la gloire du Sçavant : parce que l'amour propre, chez l'un & chez l'autre, a un objet totalement différent. Mais le Militaire est envieux ou jaloux de la gloire d'un autre Militaire : parce que l'amour propre, chez l'un & chez l'autre, aspire & prétend à la même espece de gloire ; qu'il voudroit avoir, s'il en est privé ; qu'il voudroit avoir seul & exclusivement, s'il la possede.

RECONNOISSANCE, INGRATITUDE.

410. DE l'amour propre naissent & découlent la reconnoissance & l'ingratitude. La *Reconnoissance* est le sentiment permanent d'un bienfait reçu : l'*Ingratitude* est le défaut contraire. Le cœur reconnoissant se rappelle avec satisfaction un bienfait reçu : parce que, juste & sensible, il met sa gloire & son plaisir, à se rappeller l'image de son bienfaiteur ; à répondre à l'affection qui l'a obligé, par un retour d'affection que l'équité impose, & dont un cœur bien-né s'applaudit. Le cœur ingrat oublie un bienfait reçu : soit, parce qu'enflé d'un lâche orgueil, il craint une idée qui lui rappelle un besoin passé, & qui lui impose une dépendance présente ; soit parce qu'uniquement esclave du vil intérêt, il ne s'attache aux hommes, qu'autant qu'ils lui sont utiles ou nécessaires.

AMOUR DE LA DISSIPATION.

411. DE l'Amour propre naît l'amour de la Dissipation. L'Homme ne craint rien tant que de rentrer en lui-même, & de se trouver vis-à-vis de lui-même : parce qu'il trouve toujours en lui-même deux idées affligeantes & fatigantes, l'idée de sa misere & l'idée de son devoir. L'idée de sa *Misere* lui présente le vuide & la fragilité des biens du monde, la certitude & l'approche de la mort, la honte & les remords du vice, la perspective & l'appareil de la Justice divine. L'idée de son *Devoir* lui montre mille obligations à remplir ; obligations pénibles & effrayantes pour un cœur indolent & voluptueux ; tristes & humiliantes pour un

esprit indocile & superbe ; odieuses & insupportables à l'amour propre, toujours ennemi de la gêne & de la sujétion. De-là ce goût dominant pour tout ce qui le tire hors de lui-même ! Les occupations les plus fatigantes, les amusemens les plus insipides, les sociétés les moins intéressantes, tout est bon ; pourvû que le tems coule insensiblement, que l'on s'évite soi-même, & qu'on espere échapper à l'ennui. L'*Ennui* est un besoin d'idées ou de sensations intéressantes ; besoin qu'on cherche à satisfaire par la dissipation, laquelle n'aboutit assez souvent qu'à le reproduire & à le diversifier.

Esprit de Secte.

412. DE l'amour propre nait l'*Esprit de Secte*, cet esprit si opposé à la justice & à la vérité, si humiliant pour les saines lumieres de la raison & pour les beaux sentimens du cœur, souvent si funeste au repos & au bonheur de l'humanité. On aime les dogmes & les principes de sa secte, sans les avoir trop fondés & approfondis : parce qu'on aime les idées dont on a été imbu dès l'enfance ; parce qu'on aime sa maniere de penser. On s'attache opiniatrément aux égaremens de sa secte, lors même que la vérité perce le nuage, & se fait jour dans l'Esprit : parce qu'il seroit disgracieux & humiliant, de reconnoître qu'on a été dans l'erreur, d'avouer qu'on a manqué de lumiere & de discernement. On s'efforce de faire des Prosélites à sa secte, lors même qu'on en a senti les travers & les égaremens : parce qu'il est flatteur pour l'amour propre, de jouer un rôle ; de donner le ton ; de faire taire sa conscience ; de voir des idées qu'on épouse & qu'on chérit, se reproduire & s'éterniser, pour nous faire un nom qui se reproduit & s'éternise avec elles. Tel est le motif qui fait écrire & dogmatiser l'Hérésiarque, le Déiste, le Matérialiste, l'Athée. L'esprit de secte prend différentes formes, selon la différence des principes qui le produisent.

I°. L'esprit de secte peut être une *Opiniâtreté libre*, qui fait résister & renoncer à la vérité connue. Digne de tous les anathêmes du Ciel, il ne mérite que la haine & le mépris de la Terre.

II°. L'esprit de secte se transforme en *Superstition*. La Religion est une crainte légitime de déplaire à Dieu, un empressement raisonnable de lui plaire. La Superstition est l'abus ou l'excès de tout cela : c'est une crainte insensée de lui déplaire, par des actions licites, qu'il n'improuve point : c'est un empressement insensé de lui plaire, par des pratiques extravagantes qu'il n'avoue point. La superstition peut naître de la Religion ; mais la Religion cesse, où la superstition commence : parce que la Religion est toujours sage, & la superstition toujours insensée.

III°. L'esprit de secte peut se convertir en enthousiasme & en fanatisme. L'*Enthousiasme*, en fait de religion, est une aveugle agitation de l'Ame, née de persuasions sans motifs, de sentimens sans cause & sans objet. Le *Fanatisme* est un violent accès de zele aveugle & insensé, qui né d'une humeur sombre & mélancolique, se repait des plus noirs projets, & consacre les plus détestables attentats. L'Enthousiasme est au Fanatisme, ce que la démence est à la frénésie.

LA VERTU ET LE VICE.

413. DE l'amour propre naissent & découlent nos vertus & nos vices quelconques.

I°. La Vertu est l'inébranlable adhésion au Devoir: le Vice est le défaut contraire. La Vertu & le Vice ont également leur source dans l'amour propre, mais par des principes & avec des caracteres tout différens. L'Homme vertueux doit ses vertus à l'amour propre: parce qu'il place son plaisir & sa satisfaction, où la Raison & la Religion veulent qu'ils soient placés. L'Homme vicieux doit ses vices à l'amour propre: parce qu'il place sa satisfaction & son plaisir, où la Raison & la Religion défendent de les placer. L'Homme vertueux envisage dans les combats qu'il livre à ses penchans déréglés, & *l'approbation présente* de l'Etre suprême qui applaudit au pénible exercice de la vertu, & les *récompenses futures* qui sont destinées à l'héroïque & constante pratique de la vertu. L'Homme vicieux n'envisage dans ses passions criminelles, que sa satisfaction présente, qu'il veut se procurer malgré l'improbation, malgré la défense, malgré les menaces du souverain Juge. On voit par-là comment les motifs du Devoir & les motifs de la Passion, vont se résoudre en derniere analyse dans l'amour propre.

La vertu est communément un sacrifice que nous faisons de nous-mêmes ou à Dieu ou aux Hommes: le crime est communément un sacrifice que nous faisons de Dieu ou des Hommes à nous-mêmes. C'est en vue de nous-mêmes, en vue de notre perfection présente ou de notre bonheur futur, que nous nous sacrifions nous-mêmes ou à Dieu ou aux Hommes. C'est en vue de nous-mêmes, en vue de notre satisfaction sensible & présente, que nous sacrifions ou Dieu ou les Hommes à nous-mêmes. L'Homme libéral & bienfaisant se détache de ses trésors, & en fait part à ses semblables: parce qu'il fait consister sa gloire & son bonheur, à être le soutien & le pere des malheureux. L'Homme avare & impitoyable resserre ses trésors, & laisse barbarement souffrir ses semblables: parce qu'il met tout son plaisir & tout son bonheur, à voir ses trésors s'entasser & s'accumuler. Ce n'est point la possession même des biens, mais le sentiment attaché à cette possession ou né de cette possession, qui fait le plaisir ou le bonheur en ce genre. L'Homme avare & l'Homme généreux ont également le sentiment de leurs possessions: mais le premier ne les chérit & ne les estime, que pour le brutal plaisir de les resserrer; & le second ne les estime & ne les chérit, que pour l'honnête plaisir de les répandre & de les communiquer. Le premier agit par un motif que la Raison & la Religion anathématisent; le second agit par un motif que la Raison & la Religion avouent & consacrent. Le premier est ce hibou odieux, que peint le Satyrique romain: *Populus me sibilat, at mihi plaudo ipse domi, simul ac nummos contemplor in arca.* Le second est cet homme aimable & vertueux, auquel applaudit le même Poëte: *Dii tibi divitias dederant, artemque fruendi.* La vertu & le vice, en agissant l'un & l'autre d'après l'amour propre, méritent respectivement ou l'éloge ou le blâme : parce que l'amour propre ne captive point la liberté ; (309.) & que l'amour propre est soumis à des loix, qui doivent le détourner du vice, & l'attacher à la vertu.

II°. La vertu, ainsi que le vice, est ou un *Acte*, ou une *Habitude*. Comme acte, c'est une action passagere & isolée : comme habitude, c'est une disposition & une facilité au bien ou au mal, facilité & disposition acquises par la fréquente répétition des mêmes actes. Ainsi que l'usage & l'habitude de faire des armes, de jouer des instrumens, de parler une langue, d'écrire en vers ou en prose, donnent de l'aisance & de la facilité pour ces différens actes : de même l'usage & l'habitude de la vertu ou du vice inclinent & disposent ou au bien ou au mal, & en facilitent la pratique. Malheur à ceux qui par des habitudes vicieuses & criminelles, ajoutent à la dépravation de la nature humaine, & se préparent un divorce éternel avec la vertu !

III°. Les vertus & leurs habitudes se divisent en naturelles & en surnaturelles. Les vertus & les habitudes *naturelles* sont celles qu'on acquiert par l'exercice des facultés de l'Ame ou du Corps. Les vertus & les habitudes *surnaturelles* sont la foi, l'espérance, la charité : ce sont des graces surnaturelles, que Dieu seul peut produire & former en nous. La *Foi* nous soumet aux vérités célestes, que Dieu nous a révélées. L'*Espérance* nous attache aux biens futurs, que Dieu nous promet. La *Charité* nous lie & nous unit, ou par les liens de la reconnoissance, ou par les liens de l'intérêt du salut, ou par les liens de la pure affection, à ce Dieu infiniment aimable & en lui-même & par rapport à nous. La Charité, mesure de notre perfection présente, & titre de notre félicité future, est le sceau céleste & divin, qui nous dévoue & nous consacre à ce Dieu sanctificateur.

L'amour de la Vertu & la haine du Vice, tel est le digne fruit que doit produire en l'Homme la Morale, ou la théorie de la Religion & des Mœurs.

ELEMENTS DE MÉTAPHYSIQUE SACRÉE ET PROFANE :
OU THEORIE DES ETRES INSENSIBLES.

SEPTIÉME TRAITÉ.
L'ESSENCE ET LES ACCIDENTS DE LA MATIERE.

414. LA MATIÈRE, sous certains points de vûe, est aussi du ressort de la Métaphysique : parce que tout n'est pas *Etre sensible* dans la Matière. Quelle est l'essence de la Matière ? Quelle est la nature des Accidents de la Matière ? Voilà des objets sur lesquels les sens n'ont point de prise ; sur lesquels l'expérience & l'observation n'ont aucunes lumières à nous donner. Ils sont donc du district de la Métaphysique, qui a pour objet les êtres dont la connoissance est indépendante des sens.

SECTION PREMIERE.
L'ESSENCE DE LA MATIÈRE.

415. LA Nature a ses mystéres, comme la Religion. L'Esprit humain, ainsi que l'Océan, a des bornes qu'il ne lui est pas permis de franchir (*). Qu'est-ce que la Matière ? Tous les Philosophes ont inutilement tenté jusqu'à présent d'en saisir l'essence & d'en donner une définition exacte. Nous allons exposer & examiner les différents systêmes qu'à enfanté l'esprit humain, acharné à

(*) *Et dixi : Usque huc venies, & non procedes amplius ; & hic confringes tumentes fluctus tuos.* JOB 38.

découvrir

découvrir un secret, & à percer un myſtère, que la Nature s'eſt toujours obſtinée à nous cacher.

DIVERS SENTIMENS SUR CET OBJET.

416. SENTIMENT I. Deſcartes plaça l'eſſence de la Matière, *dans la triple Dimenſion déterminée*, ou dans l'étendue actuelle & déterminée en longueur, largeur & profondeur: en telle ſorte que l'eſſence d'un corps croiſſe ou diminue, à proportion que croit ou diminue cette étendue. D'où il s'enſuit, ſelon Deſcartes:

I°. Que la Compénétration répugne; ou qu'il répugne que deux corps occupent un même eſpace: ſans quoi deux corps, ou deux eſſences, ne ſeroient qu'une même eſſence; puiſqu'ils ſeroient identifiés avec une même étendue qui fait leur eſſence.

II°. Que la Reproduction répugne également; ou qu'il répugne qu'un même corps ſoit en deux lieux: ſans quoi un même corps, ou une même eſſence, ſeroit identifiée avec deux étendues ou avec deux eſſences.

417. REMARQUE. Il eſt à propos de donner une idée nette de ce qu'on entend par compénétration & par reproduction.

I°. La *Compénétration* eſt l'exiſtence de pluſieurs élémens de matière l'un dans l'autre. Suppoſons deux globes de marbre d'un pouce de diamètre, ſans aucun pore & ſans aucun vuide. Si la puiſſance divine place le premier globe dans le ſecond, enſorte que les deux globes enſemble n'occupent préciſément que le même eſpace qu'occupoit le ſecond, ces deux globes ſeront compénétrés. On voit par là, que la Compénétration n'a rien de commun avec la *Condenſation* & la *Compreſſion*, qui ne diſent que le rapprochement des parties les unes auprès des autres, & la diminution ou le rétréciſſement des pores ou des vuides qui les ſéparoient avant la condenſation & la compreſſion.

II°. La *Reproduction* eſt l'exiſtence d'un ſeul & même corps en différens lieux au même inſtant. Le Corps adorable de Jeſus-Chriſt exiſte en même temps par reproduction, au Ciel & ſur la Terre, dans une Hoſtie conſacrée à Paris, & dans une Hoſtie conſacrée à Rome, par tout le même, par tout unique & indiviſible.

418. SENTIMENT II. Quelques diſciples de Deſcartes, voyant que le ſentiment de ce grand homme étoit incompatible avec les vérités qui découlent du dogme de l'Euchariſtie, placerent l'eſſence de la Matière *dans la triple Dimenſion indéterminée & variable*. Dans ce ſyſtême, une quantité déterminée de matière, par exemple, un pouce cubique de marbre ſans pores & ſans vuides, a pour eſſence, non l'étendue déterminée qu'il a actuellement, ou le réſultat déterminé de ſes trois dimenſions actuelles; mais une étendue quelconque, une étendue indéterminée, une étendue variable, une étendue qui peut croître ou décroître à l'infini, ſans que ce corps, qui eſt néceſſairement identifié avec ſon eſſence, change & varie en lui-même dans tous les changements poſſibles d'étendue qu'il peut éprouver. Par là leur ſyſtême ſe concilie, & avec la compénétration, & avec la reproduction, qui découlent de la vérité inconteſtable du dogme de l'Euchariſtie.

419. SENTIMENT III. Gaſſendi veut que l'eſſence de la Matière

consiste *dans l'Impénétrabilité de ses parties*. On entend par *impénétrabilité*, la propriété qu'a un corps d'occuper exclusivement un espace déterminé, ou d'occuper cet espace déterminé de telle sorte qu'il en exclue essentiellement tout autre corps. Ce sentiment ne diffère que de nom de celui de Descartes : car pourquoi un corps est-il essentiellement impénétrable, sinon parce que l'inamissible étendue de ses parties met un obstacle invincible à l'existence d'un autre corps dans le même lieu ?

420. SENTIMENT IV. Quelques Philosophes placent l'essence de la Matière, *dans la simple Exigence d'étendue & d'impénétrabilité* : en telle sorte qu'un corps déterminé puisse exister, privé absolument de toute étendue par miracle, mais exigeant toujours son étendue naturelle. Ce système a été imaginé pour concilier avec les idées philosophiques, le Mystère de l'Eucharistie, où il y a (disent-ils) une matière, sçavoir, le Corps de Jesus-Christ, sans aucune étendue ; & une étendue, sçavoir, les accidents du pain & du vin, sans aucune matière. D'où ils concluent que l'essence de la matière consiste, non dans l'étendue déterminée ou indéterminée, puisqu'il existe une matière sans aucune étendue quelconque ; mais dans la simple exigence de l'étendue ; parce que ce Corps, privé miraculeusement de son étendue naturelle, exige encore son étendue, & qu'il ne peut jamais cesser de l'exiger, même par miracle. Cette exigence de l'étendue & de l'impénétrabilité, est ce qu'ils entendent & expriment quelquefois par le terme *d'exigence & d'impénétrabilité radicales*.

421. SENTIMENT V. Selon d'autres Philosophes, l'essence de la matière consiste *dans la Multitude des parties substantielles & physiques* : ensorte qu'un corps déterminé puisse être privé de toute étendue, sans altération ou diminution d'aucune des parties qui le composent, & qui subsistent toujours les mêmes, dépouillées de leur étendue naturelle. Cette opinion a été aussi imaginée pour accorder avec les principes philosophiques, les conséquences qui découlent du Dogme de la présence réelle dans l'Eucharistie. Le Corps de Jesus-Christ (disent-ils) n'a aucune étendue dans l'Eucharistie ; mais il a identiquement tous les mêmes élements de matière qui le composoient sur la Croix, & qui le composent encore aujourd'hui dans le Ciel. Le Corps de Jesus-Christ dans l'Eucharistie est privé de toute étendue : donc l'étendue n'est point son essence. Privé de son étendue, ce Corps adorable conserve inaliénablement & inamissiblement toutes les parties & tous les élements de matière qui le forment : donc son essence consiste dans cette multitude de parties substantielles & physiques, qui subsistent encore après la destruction de leur étendue, & qu'on ne conçoit pas pouvoir cesser d'exister en tout ou en partie, sans entraîner en tout ou en partie la destruction du Corps qu'elles composent. Ce qui arrive au Corps de Jesus-Christ (ajoûtent-ils) peut arriver par miracle à tout autre corps : donc l'essence d'un corps ou d'une matière quelconque, consiste, non dans l'étendue déterminée ou indéterminée ; mais dans la multitude des parties physiques & substantielles : en telle sorte qu'il y ait toujours essentiellement un Corps, par tout où il y a multiplicité de parties substantielles ; & multiplicité de parties essentielles, par tout où il y a un corps, sans que l'étendue réelle quelconque soit en rien de la partie.

DOGME CATHOLIQUE SUR L'EUCHARISTIE.

422. REMARQUE. La question présente étant essentiellement liée au dogme de l'Eucharistie, avant d'adopter ou de rejetter aucun sentiment sur cette matière, il est à propos de commencer par exposer fidélement & lumineusement le Dogme catholique : afin d'établir des points fixes d'où l'on puisse partir, & sur lesquels on puisse compter, & dans l'attaque & dans la défense de quelque systême que ce soit, sur l'essence de la matière. Voici donc les points fixes & invariables, qui doivent servir de base assurée à l'édifice philosophique en ce genre, & dont on ne peut s'écarter, sans s'égarer évidemment.

1°. Le Concile de Trente a solemnellement défini d'après l'Ecriture & d'après la Tradition, que la substance du pain & du vin est totalement changée & transsubstantiée par la Consécration, en la substance du Corps & du Sang de Jesus-Christ : qu'après la Consécration, Jesus-Christ est tout entier sous les espèces du pain & sous les espèces du vin, & sous toutes les parties séparées de ces espèces. *Si quis dixerit in Sacrosancto Eucharistiæ Sacramento, remanere substantiam panis & vini unà cum Corpore & Sanguine Domini nostri Jesu Christi; negaveritque mirabilem illam & singularem conversionem totius substantiæ panis in Corpus & totius substantiæ vini in Sanguinem, manentibus dumtaxat speciebus panis & vini ; quam quidem conversionem Catholica Ecclesia aptissimè Transubstantiationem appellat ; anathema sit.* (Trid. Sess. 13. can. 2°.) *Si quis negaverit, in venerabili Sacramento Eucharistiæ, sub utraque specie & sub singulis cujusque speciei partibus, separatione factâ, totum Christum contineri, anathema sit.* (Trid. Sess. 13. Can. 3°.) En vertu des paroles Sacramentelles prononcées sur le pain, ce pain devient le Corps de Jesus-Christ ; en vertu des paroles Sacramentelles prononcées sur le vin, ce vin devient le Sang de Jesus-Christ : voilà la séparation mystique, qui dans ce Mystére constitue le Sacrifice. Mais comme & le Corps, & le Sang, & l'Ame, & la Divinité de Jesus-Christ, dans leur état actuel, sont inséparablement unis en un même Tout indestructible & indivisible; le Sang, l'Ame, la Divinité de Jesus-Christ se trouvent nécessairement dans l'Hostie consacrée, unis au Corps de Jesus-Christ ; non à raison de l'efficacité directe & formelle des paroles Sacramentelles prononcées sur le pain, mais à raison de l'inséparabilité actuelle & du Corps & du Sang & de l'Ame & de la Divinité de Jesus-Christ, ou par *Concomitance*. On peut dire la même chose du Calice, dans lequel avec le Sang de l'Homme-Dieu, sont contenus & la Chair, & l'Ame, & la Divinité de l'Homme-Dieu, ou l'Homme-Dieu tout entier. *Sub utraque specie totum Christum contineri*. Ce changement miraculeux n'a rien qui doive révolter un Philosophe Chrétien. La raison nous démontre évidemment que Dieu peut le faire : l'Ecriture, la Tradition, l'Eglise, nous attestent indubitablement que Dieu veut le faire : donc Dieu le fait. (383)

II°. La persuasion générale & constante de l'Eglise sur le Mystére de l'Eucharistie, c'est que le Corps de Jesus-Christ qui y est réellement & substantiellement présent, est identiquement le même Corps qui fut formé par l'opération miraculeuse du Saint Esprit dans le sein de la Vierge Marie, qui fut immolé sur la Croix pour les péchés du monde, qui est maintenant assis à la droite du Pere dans le séjour de la gloire : persuasion conforme & aux textes de l'Ecriture, & aux décisions des Conciles ; persuasion fondée sur la Tradition universelle & permanente de l'Eglise, comme il conste par une foule de passages des Saints Peres de tous les siécles : nous nous bornerons à en citer quelques-uns en preuve, pour servir d'exemple. (*)

PROPOSITION I.

423. *L'essence de la Matiere ne consiste point, comme l'a pensé Descartes, dans l'Etendue actuelle, fixe & déterminée.* (416)

DÉMONSTRATION. I°. L'essence d'un Corps est identifiée avec

(*) Voici quelques passages sur la nature du Corps Eucharistique de Jesus-Christ, propres à nous manifester la façon de penser de l'Eglise dans les différents siécles.

1°. Saint Ignace Martyr au premier siécle, dans l'Epitre aux Fidéles de Smirne, qui est une des sept Epitres que l'on reconnoit être indubitablement de lui, dit, en parlant des Disciples de Simon & de Ménandre, hérésiarques de son temps : *Ab Eucharistia & Oblatione abstinent, eo quod non confiteantur Eucharistiam carnem esse Salvatoris nostri, quæ pro peccatis nostris passa est.* Donc dans le premier siécle, l'Eglise regardoit comme un point de foi essentiel & fondamental, la présence réelle de ce Corps adorable immolé sur la Croix, dans l'Eucharistie.

II°. Saint Irénée, Evêque de Lyon au second siécle, dit dans son cinquiéme Livre contre les hérésies, chap. 2 : *Eum Calicem qui est creatura, suum Sanguinem qui effusus est, proprium ; & eum panem qui est à creaturâ, suum proprium Corpus, confirmavit.*

III°. Saint Ambroise, Evêque de Milan au quatriéme siécle, dans son Livre *de Initiandis*, cap. 9, dit expressément : *Hoc quod conficimus Corpus, ex Virgine est . . . Vera utique Caro Christi, quæ crucifixa est, quæ sepulta.*

IV°. Saint Jean Chrysostome, Patriarche de Constantinople vers le commencement du cinquiéme siécle, dit dans sa 24e. Homélie sur la seconde Epitre aux Corinthiens : *Id quod est in Calice, est id quod fluxit è latere ; & illius participes sumus.*

V°. Saint Pierre Chrysologue, Evêque de Ravenne vers le milieu du cinquiéme siécle, dans son 67e. Discours, s'exprime ainsi : *Ipse est panis, qui satus in Virgine, fermentatus in Carne, in Cruce confectus, in fornace coctus Sepulchri, in Ecclesiis conditus, illatus Altaribus, cœlestem Cibum quotidie Fidelibus subministrat.*

VI°. La formule de Foi que l'Eglise donna à souscrire à Berenger au onziéme siécle, en admettant cet hérésiarque à la réconciliation, achevera de nous tracer la Tradition sur cet objet. Cette formule se trouve dans le dixiéme tome des Conciles, pag. 378. Il y est dit : *Panem & Vinum per Mysterium sacræ Orationis & Verba nostri Redemptoris, substantialiter converti in veram & propriam & vivificatricem Carnem & Sanguinem Jesu Christi Domini nostri ; & post Consecrationem, esse verum Christi Corpus, quod natum est de Virgine, & quod pro salute Mundi oblatum in Cruce pependit, & quod sedet ad dexteram Patris ; & verum Sanguinem Christi, qui de latere ejus effusus est, non tantum per signum & virtutem Sacramenti, sed in proprietate naturæ & veritate substantiæ.*

VII°. Tous les Catéchismes Catholiques s'expriment conformément à cette doctrine des Saints Peres ; doctrine qui ne s'est point démentie depuis la naissance de l'Eglise jusqu'à nos jours.

SON ESSENCE. 275

e corps ; puisqu'un Etre & l'essence de cet Etre ne sont qu'une seule & même chose : donc par tout où existe un Corps, là existe nécessairement l'essence de ce Corps. Or dans l'Eucharistie existe le Corps de Jesus-Christ, le même qui fut immolé sur la Croix : (422) donc dans l'Eucharistie le Corps de Jesus-Christ a la même essence qu'il avoit sur la Croix. Mais il est sensiblement évident que le Corps de Jesus-Christ n'a pas dans l'Eucharistie l'étendue ou la triple dimension qu'il avoit sur la Croix : donc l'étendue ou la triple dimension, fixe & déterminée, qu'il avoit sur la Croix, ne constitue point l'essence du Corps de Jesus-Christ.

II°. Ce qui arrive au Corps de Jesus-Christ par miracle, peut arriver par un semblable miracle à quelque corps que ce soit : donc quelque corps que ce soit peut perdre son étendue fixe & déterminée, sans perdre son essence. Donc l'essence de quelque corps que ce soit peut exister, sans son étendue fixe & déterminée : donc l'essence de la matière ou d'un corps quelconque, ne consiste point dans l'étendue fixe & déterminée, ou dans sa triple dimension. C. Q. F. D.

424. *COROLLAIRE I.* Le Corps de Jesus-Christ, le même qui fut immolé au Calvaire, étant tout entier dans la plus petite parcelle sensible d'une Hostie divisée, *separatione factâ*; il semble évident qu'il ne peut y être ainsi que par la voie de la Compénétration des parties : *donc l'existence de la Compénétration semble découler évidemment du dogme de la présence réelle dans l'Eucharistie.*

425. *REMARQUE.* En vain voudroit-on recourir à la compression ou à la condensation, pour expliquer l'infiniment petite étendue où se trouve réduit le Corps de Jesus-Christ dans l'Eucharistie. Quelque expérience que l'on fasse ou que l'on cite, il est évident qu'il n'en résultera jamais qu'un corps humain, parvenu à son accroissement naturel, puisse être réduit par cette voie à un volume égal au volume d'une petite parcelle d'Hostie à peine sensible.

I°. La condensation & la compression ne changent point l'étendue *intrinséque & absolue* d'un corps ; ou l'étendue qui convient à ce corps, à raison de la somme positive de ses éléments, déduction faite de la somme négative des vuides semés entre ses éléments : elles ne changent que l'étendue *extrinséque & relative* de ce corps ; ou l'étendue qui convient à ce corps, tant à raison de ses éléments, qu'à raison des vuides semés entre ses éléments. Un corps comprimé ou condensé, a ses éléments plus rapprochés ; un corps dilaté, a ses éléments plus écartés : mais dans l'un & dans l'autre cas, la somme de ses éléments est la même ; l'étendue intrinséque & absolue de ses éléments est la même.

II°. Soit un pouce cubique d'or, que je suppose sans pores & sans vuides. L'étendue intrinséque & absolue de tous ses éléments, réunis ou divisés, est toujours un pouce cubique : parce que la somme de toutes les parties, réunies ou séparées, ne peut être ni plus grande, ni plus petite que le tout. On ne conçoit pas que ce pouce cubique d'or puisse perdre la moitié de son étendue intrinséque & absolue, que dans le cas où la moitié de ses éléments existeroit dans l'autre moitié de ses éléments ; ce qui se feroit par le moyen & par la voie de la compénétration : donc si un corps restant le même, & conservant toute son essence, perd la moitié de son étendue intrin-

THÉORIE DE LA MATIERE.

séque & absolue, il ne la perd que par la voie de la compénétration.

426. COROLLAIRE II. Le Corps de Jesus-Christ existant en même temps & dans le Ciel, & dans toutes les Hosties consacrées sur la Terre, il semble évident qu'il ne peut y exister ainsi que par la voie de la reproduction : *donc l'existence de la Reproduction semble découler évidemment du dogme de la présence réelle dans l'Eucharistie.*

PROPOSITION II.

427. *L'ESSENCE de la Matière ne consiste point dans une Étendue indéterminée & variable.* (418)

DÉMONSTRATION. I°. L'étendue en général, selon les Carthésiens, est l'essence du Corps considéré en général : donc un corps déterminé doit avoir pour essence, une étendue déterminée. Car l'essence d'une chose n'étant point distinguée de cette chose, il est évident que l'essence d'une chose déterminée, doit être quelque chose de déterminé.

II°. Si l'essence de la Matière consistoit dans une étendue indéterminée, un corps déterminé seroit quelque chose d'indéterminé, puisqu'il seroit identifié avec quelque chose d'indéterminé ; ce qui répugne : donc l'essence d'un corps déterminé est quelque chose de déterminé ; donc l'essence d'un corps déterminé n'est point quelque chose d'indéterminé.

III°. Il n'y a point d'étendue indéterminée en soi, dans la Nature. Car toute étendue assignable a essentiellement ses dimensions fixes & déterminées ; tout corps étendu a aussi ses dimensions fixes & déterminées, qui peuvent changer à la vérité en plus & en moins par la reproduction & la compénétration, mais qui seront encore fixes & déterminées après tout changement possible effectué : donc l'essence d'un corps actuellement existant & déterminé, ne consiste point dans une étendue fabuleuse & chimérique, qui n'existe & ne peut exister nulle part. C. Q. F. D.

PROPOSITION III.

428. *L'ESSENCE de la Matière ne consiste point dans l'Impénétrabilité de ses parties ou de ses éléments.* (419)

DÉMONSTRATION. I°. L'impénétrabilité des parties ou des éléments de la matière, semble n'être autre chose dans le fond, qu'une inamissibilité d'étendue dans les parties ou dans les éléments de la matière ; ce qui ramene ce sentiment de Gassendi, au sentiment de Descartes que nous avons réfuté : donc la réfutation du sentiment de Descartes, entraîne la réfutation du sentiment de Gassendi ; d'autant mieux que l'un & l'autre sentiment n'a aucune preuve positive qui l'établisse, & n'est fondé que sur ce que la chose semble d'abord devoir être ainsi. II°. On ne conçoit pas qu'un corps, ou une somme d'éléments de matière, puisse perdre son étendue intrinsèque & absolue, autrement que par la voie de la compénétration : or le Corps de Jesus-Christ dans l'Eucharistie perd évidemment son étendue intrinsèque & absolue : donc on doit juger qu'il la perd par la voie de la compénétration. Dans l'Eucharistie le Corps de Jesus-Christ existe privé de cette impénétrabilité : donc cette impénétrabilité ne constitue point son essence ; donc, pour les mêmes raisons, cette impénétrabilité ne constitue point l'essence d'un autre corps quelconque. C. Q. F. D.

PROPOSITION IV.

429. L'ESSENCE *de la Matière ne doit point être placée dans la simple Exigence d'étendue & d'impénétrabilité.* (420)

DÉMONSTRATION. On ne doit point admettre sur l'essence de la matière, un sentiment qui paroît heurter de front l'idée que nous avons de la matière, à moins qu'une évidence extrinsèque (c'est-à-dire une raison triomphante, étrangère à la matière) ne nous nécessite à l'admettre : or le sentiment que nous rejettons, paroît heurter de front l'idée que nous avons de la matière ; & ce sentiment ne découle d'aucune raison ou preuve triomphante, étrangère à la matière.

I°. Ce sentiment paroît heurter de front l'idée que nous avons de la matière. Car tout ce que nous connoissons & que nous affirmons de la matière, renferme ou suppose l'étendue. Otez par la pensée, toute étendue absolument à la matière ; & vous concevrez qu'il ne vous en reste plus aucune idée : ou si vous soupçonnez qu'on puisse en conserver encore quelque idée, vous concevez que l'exigence d'étendue sera un état violent de la matière ; or l'état violent d'une chose ne peut être son essence. Donc le sentiment qui place l'essence de la matière dans la simple exigence d'étendue, exigence subsistante après la privation absolue de toute étendue, est un sentiment qui paroît heurter & détruire l'idée que nous avons de la matière.

II°. Ce sentiment ne découle d'aucune preuve triomphante, étrangère à la matière. Car ce sentiment n'a été imaginé que pour concilier l'inétendue du Corps de Jesus-Christ dans l'Eucharistie, avec l'essence de corps qu'il conserve dans ce Sacrement. Or nous établirons & nous prouverons bientôt (432, 444) qu'il n'y a aucun inconvénient d'attribuer & de supposer une étendue vraie & réelle dans le Corps de Jesus-Christ sous les espèces sacramentelles : donc le sentiment que nous combattons, ne découle d'aucune preuve triomphante, étrangère à la matière. C. Q. F. D.

PROPOSITION V.

430. L'ESSENCE *de la Matière ne doit point être placée dans la Multitude des parties physiques & substantielles : ou bien, la matière ne doit point être définie, une multitude de parties physiques & substantielles.* (421)

DÉMONSTRATION. Ce n'est point manifester & faire connoître l'essence de la matière, que d'en donner une explication & une notion, dont le vice radical est de n'être qu'une misérable pétition de principe, qui n'explique jamais ce qu'elle est destinée à expliquer : or telle est l'explication, ou la définition, ou la notion, que ce sentiment nous donne sur l'essence de la matière. Car je vous demande, qu'est-ce que la matière ? Et vous me répondez : C'est un composé de parties. Mais ces parties qui composent ce tout, sont matière? Il me reste donc à vous demander quelle est leur essence, ou quelle est cette propriété caractéristique qui les constitue *matière* plutôt qu'*esprit* ? Si vous répondez encore que ces parties sont en elles-mêmes des touts subalternes composés aussi de parties, la même question revient & reviendra à l'infini, relativement aux parties de ces touts subalternes, lesquelles dans la matière sont nécessairement & préalablement matière. Donc votre définition ne dévoile point l'essence de la matière, puisqu'elle laisse toujours à connoître cette propriété caractéristique qui constitue la matière en qualité de matière : donc vous êtes forcé d'avouer, qu'en voulant manifester & faire connoître l'essence de la matière, vous ne connoissez point & ne saisissez point cette essence de la matière. C. Q. F. D.

REMARQUE. Que penseroit-on d'un Philosophe, qui s'annonçant pour nous dévoile. & nous faire connoître la nature & l'essence, ou de la lumière, ou de l'eau, nous définiroit sérieusement la lumière, *un assemblage de molécules lumineuses*, ou qui sont lumière; & l'eau, *un assemblage de molécules aqueuses*, ou qui ont la nature de l'eau? Que l'on pense précisément la même chose, de quiconque adopte le système que nous combattons ! D'ailleurs, dans ce système, la collection des Anges seroit matière ; puisque c'est *un tout composé de parties substantielles & physiques*.

COROLLAIRE GÉNÉRAL.

431. *L'ESSENCE de la Matière nous est encore inconnue.*

DÉMONSTRATION. C'est une suite & une conséquence manifeste, de ce que nous venons de dire & de démontrer, en réfutant les divers systèmes par où l'on s'est en vain efforcé de saisir & de dévoiler cette essence de la matière. Cette essence de la matière, ou cette propriété essentielle & immuable qui la constitue matière plutôt qu'esprit, est évidemment dans la matière : puisqu'il est évident que l'essence de la matière est évidemment dans la matière avec laquelle elle est identifiée. Mais qu'est-ce que cette essence, ou cette propriété caractéristique, de la matière ? C'est ce qu'aucun Philosophe n'a encore pu saisir & découvrir. La définition exacte & lumineuse de cette essence, reste donc encore à trouver. C. Q. F. D.

PROPOSITION VI.

432. *L'ÉTENDUE, sans constituer l'essence de la Matière, est une propriété inséparable de la matière.*

DÉMONSTRATION. 1°. Nous avons déjà fait voir que *l'étendue* déterminée ou indéterminée, ne constitue point l'essence de la matière. (423, 427) II°. Quoique *l'étendue* ne constitue pas l'essence de la matière, la matière ne peut pas exister sans avoir quelque étendue, plus ou moins grande, plus ou moins petite, toujours positive & réelle. Car on doit affirmer des choses, ce que l'on voit nécessairement représenté par l'idée des choses : or l'idée de la matière présente nécessairement quelque étendue. Parle-t-on d'une substance étendue ? mon esprit conçoit la matière. Parle-t-on d'une substance qui n'ait absolument aucune étendue ? mon esprit ne conçoit point la matière ; ou plutôt mon esprit conçoit quelque chose indéterminément, qui n'a rien de commun avec la matière. Donc l'étendue, nécessairement renfermée dans l'idée de la matière, est une propriété qui convient toujours à la matière, ou une propriété inséparable de la matière. C. Q. F. D.

433. REMARQUE. Il est important d'avoir une idée nette & précise de ce qu'on entend par *Propriété*, & en général dans les êtres, & en particulier dans les corps.

I°. Le terme de *Propriété* en général, exprime ou une qualité ou une vertu que la Nature donne aux diverses espèces d'êtres, dans qui on les apperçoit constamment, & dont on ne découvre point de cause primitive. Telle est dans l'esprit l'*Intellectivité*, ou la faculté d'avoir des pensées & des jugements : telle est dans la matière la *Mobilité*, ou la faculté d'être transportée d'un point de l'espace à un autre point de l'espace.

II°. Parmi les propriétés des êtres, il y en a d'essentielles, il y en a d'accidentelles. On appelle *propriétés essentielles*, ces qualités ou vertus des choses, qu'elles ne peuvent perdre sans cesser d'exister. Telle est dans l'homme la faculté d'avoir des sensations & des raisonnements : Otez par la pensée à l'homme cette faculté, & vous ne concevrez plus l'homme. On appelle *propriétés accidentelles*, ces qualités ou vertus des choses, qu'elles peuvent perdre sans cesser d'exister. Telle est la gravité dans un bloc de marbre : otez par la pensée à ce bloc de marbre sa gravité ou sa tendance vers le centre de la terre, & vous concevrez encore la nature de ce marbre existante.

III°. Il y a dans les corps, considérés dans leur état naturel, & des propriétés communes, & des propriétés particulières. Les propriétés *communes*, sont celles qui conviennent à tous les corps : telles sont la mobilité, l'étendue, l'impénétrabilité. Les propriétés *particulières*, sont celles qui conviennent à une espèce de corps, sans convenir de même aux autres espèces : telle est la solidité, qui convient au marbre sans convenir à l'eau ; telle est la fluidité, qui convient à l'eau sans convenir au marbre.

IV°. Toute propriété essentielle est inséparable des choses ; mais toute propriété inséparable des choses, n'est pas essentielle. Avoir quelque ubication & quelque figure indéterminément, est une propriété inséparable de la matière ; puisqu'on ne peut concevoir la matière sans la concevoir en quelque lieu & sous quelque figure : & cependant on conçoit que sans changer de nature & d'essence, la matière peut changer, & le lieu, & de figure. De même, avoir quelque étendue indéterminément, ou plus grande, ou plus petite, est une propriété inséparable de la matière, sans que cette propriété soit essentielle à la matière, ou constitue l'essence de la matière, qui ne change point d'essence en changeant d'étendue. Un corps d'un pied cubique d'étendue sans pores & sans vuides, existera avec toute son essence, si les éléments qui le composent, compénétrés les uns dans les autres, existent tous dans un espace d'un pouce cubique ou d'une ligne cubique.

OBJECTIONS A RÉFUTER.

434. OBJECTION I. La Philosophie doit faire abstraction des Mystéres, ou ne point s'embarrasser des Mystéres : donc le sentiment de Descartes sur l'essence de la matière, doit être admis & reçu pour vrai, quoiqu'il soit inconciliable avec le Mystére de l'Eucharistie.

RÉPONSE. I°. Le but de la Philosophie est la recherche & la découverte de la vérité : donc quiconque a un but différent, est un imposteur ou un charlatan, & non un Philosophe.

II°. La Vérité n'est point en opposition & en contradiction avec elle-même : donc tout ce qui est opposé & contradictoire à une vérité certaine & indubitable, est une fausseté manifeste, qui ne peut être adoptée par un Philosophe.

III°. Les Mystéres sont des vérités qui nous sont manifestées par l'organe même de la Divinité ; & qui ne cessent point d'être des vérités, pour nous être manifestées par un organe essentiellement infaillible & véridique : donc tout ce qui est opposé aux Mystéres, est une fausseté manifeste. Donc adopter un sentiment opposé à quelque Mystére, c'est adopter, non une vérité, mais un mensonge ; c'est vouloir s'égarer, & non s'éclairer : donc adopter des sentiments opposés aux dogmes de la Religion, c'est pervertir & détruire la Philosophie ; c'est la consacrer & la dévouer, non à la vérité, mais à l'erreur, à l'imposture, au mensonge. Donc s'il est évident qu'un Philosophe peut faire abstraction des Mystéres, en s'abstenant de les concilier avec la raison ; il n'est pas moins évident qu'un Philosophe ne doit jamais donner ou adopter aucun système, qui heurte & contredise les inintelligibles vérités que renferment les Mystéres.

435. OBJECTION II. Le sentiment de Descartes sur l'essence de la matière, a pour objet *le Corps naturel*, avec lequel ce sentiment s'accorde très-bien ; & non *un corps surnaturel*, tel qu'est le Corps de Jésus-Christ dans l'Eucharistie, lequel corps surnaturel n'a rien de commun avec celui dont Descartes cherche l'essence : donc les conséquences qu'on tire du dogme de l'Eucharistie, n'attaquent en rien le sentiment de Descartes sur l'essence de la matière ou du corps en général.

RÉPONSE. I°. Tout corps, tandis qu'il reste corps, conserve son essence : donc le Corps de Jésus-Christ dans l'Eucharistie, soit qu'on le nomme corps naturel, soit qu'on le nomme corps surnaturel, conserve son essence de corps ; l'essence d'un corps & ce corps étant évidemment une seule & même chose.

II°. Le Corps de Jésus-Christ dans l'Eucharistie, en conservant son essence, ne conserve point la triple dimension qu'il avoit sur la Croix : donc cette triple dimension ne constitue point son essence.

III°. Un miracle, & tous les miracles possibles, ne peuvent pas faire changer les choses d'essence ; puisqu'un miracle & un million de miracles ne peuvent pas faire qu'une chose soit & ne soit pas, qu'une chose soit ce qu'elle est & ne soit pas ce qu'elle est : donc quelque nombre & quelque qualité de miracles que renferme le Sacrement de l'Eucharistie, le même Corps de Jésus-Christ y étant réellement, il est impossible que la même essence n'y soit pas.

IV°. En quel sens le Corps de Jésus-Christ dans l'Eucharistie est-il un corps furnaturel? Ce Corps adorable eſt un corps *naturel* en lui même & dans ſes conſtitutifs: parce qu'il a dans l'Euchariſtie, tous les mêmes conſtitutifs eſſentiels qui le formoient & le compoſoient, lorſqu'il exiſtoit ſelon l'ordre naturel. Ce Corps adorable eſt un corps *furnaturel* dans la manière miraculeuſe dont il exiſte: parce que la manière ineffable dont il exiſte dans l'Euchariſtie, ne reſſemble en rien à la manière dont il exiſtoit dans l'état naturel & hors du Sacrement. Dans ſon état naturel il exiſtoit avec ſa triple dimenſion naturelle: dans le Sacrement il exiſte privé de ſa triple dimenſion naturelle, par le miracle de la compénétration. Dans ſon état naturel il exiſtoit & il vivoit par la circulation du ſang, par la digeſtion des aliments: dans le Sacrement il eſt exiſtant & vivant d'une manière miraculeuſe & ineffable, &c. Dans le Sacrement & hors du Sacrement, c'eſt le même corps & la même eſſence: mais ce même corps ou cette même eſſence, a dans le Sacrement une manière d'être ou d'exiſter, différente de celle qu'il avoit dans l'état naturel.

436 OBJECTION III. Un Philoſophe ne doit admettre & adopter que ce qu'il conçoit évidemment & intuitivement: donc un Philoſophe ne doit point admettre & adopter la compénétration & la reproduction, qui étant inconcevables, ſont par là même révoltantes & abſurdes.

REPONSE. I°. Un Philoſophe, accoûtumé à lire dans un principe, doit admettre toutes les conſéquences qui découlent d'une vérité certaine & inconteſtable: donc ſi la compénétration & la reproduction découlent d'une vérité certaine & inconteſtable, du dogme de la préſence réelle de Jeſus-Chriſt dans l'Euchariſtie, un Philoſophe doit admettre la compénétration & la reproduction; ſoit qu'il les conçoive, ſoit qu'il ne les conçoive pas. Un Philoſophe ne conçoit pas la création, ou le paſſage de l'état de non-exiſtence à l'état d'exiſtence; & cependant un Philoſophe peut & doit évidemment admettre une création. Un Philoſophe ne conçoit pas comment il vit, comment il penſe, comment il voit, comment il imprime le mouvement à ſon corps; & cependant un Philoſophe peut & doit admettre, ſans héſiter, tous ces myſtéres de la Nature. Donc il eſt faux qu'un Philoſophe ne doive admettre & adopter, que ce qu'il conçoit évidemment & intuitivement dans les objets.

II°. Un Philoſophe ne doit rien avancer ou adopter, ſans une raiſon plauſible, ſans un motif ſolide & raiſonnable: mais quand un motif ſolide & plauſible a établi une vérité, les conſéquences qui découlent de cette vérité établie, connue ou inconnue en elle-même, peuvent & doivent être adoptées par un Philoſophe. Or telles ſont & la compénétration & la reproduction dans le Corps Euchariſtique de l'Homme-Dieu.

437. OBJECTION IV. Dans l'hypothéſe de la compénétration, le Corps de Jeſus-Chriſt dans l'Euchariſtie, ou n'eſt point un corps humain, ou eſt un corps humain informe & monſtrueux; la tête & les bras & les pieds de ce Corps adorable, étant concentrés & confondus enſemble, ſans aucun ordre & ſans aucun rapport, par la voie de la compénétration.

REPONSE. I°. La Divinité, qui nous a révélé la vérité de la préſence réelle du Corps de Jeſus-Chriſt dans l'Euchariſtie, ne nous a point manifesté la manière ineffable qui accompagne & caractérise l'existence sacramentelle de ce Corps adorable : donc la Foi se taisant sur cet objet, la Philosophie ne peut faire, d'après les principes de la Foi, que de vagues conjectures sur la manière de cette existence sacramentelle. II°. D'ailleurs, comment le Philosophe prouvera-t'il que la situation de Jesus-Christ dans l'Eucharistie, n'est pas une manière d'être plus parfaite du Corps humain ?

438. OBJECTION V. Il est impossible qu'un même corps soit en même temps en différens lieux, dans le Ciel & sur la Terre, dans une Eglise à Paris & dans une autre Eglise à Rome ; sans quoi ce même Corps seroit circonscrit en soi & ne seroit pas circonscrit en soi, seroit unique & ne seroit pas unique : donc la reproduction, que suppose nécessairement le Mystère de la présence réelle, répugne évidemment.

RÉPONSE. I°. Ce qui existe ne répugne point : or il conste par notre foi, c'est-à-dire par le témoignage infaillible de la Divinité même, que la reproduction existe : donc la reproduction ne répugne point.

II°. Un corps, pour être reproduit, ne cesse point d'être un seul & unique corps, un corps circonscrit & limité dans sa nature. La multiplicité de lieux ne met point en lui une multiplicité de nature ; parce que le corps reproduit n'est point identifié avec les divers lieux qu'il occupe.

III°. L'esprit humain ne conçoit ni la possibilité de cette reproduction, ni la manière dont s'effectue cette reproduction : mais que s'ensuit-il de là, sinon que cette reproduction est un mystère ? Et, n'est-il pas toujours de l'essence du mystère, d'être une chose inintelligible & incompréhensible ?

IV°. Le mystère de la reproduction, qui révolte si fort & les Incrédules, & les Protestants, (*) est-il donc aussi révoltant en effet qu'ils le prétendent ? Est-il bien démontré qu'une nature, que le Tout-Puissant a rendu existante en un lieu, ne puisse pas être rendue encore existante en un autre lieu ? Par exemple, contemplons un individu x dans la classe des possibles. Il est sûr que l'action du Créateur peut s'exercer sur cet individu, & le rendre existant. Mais par où prouvera-t'on que l'action du Créateur, exercée une fois sur cet individu pour le rendre existant au point a, ne peut pas s'exercer une seconde fois sur ce même individu pour le rendre existant au point b ? Est-il bien démontré que la puissance du Créateur soit absolument épuisée relativement à cet individu, par sa première action créatrice de cet individu ? Notre esprit ne conçoit pas comment Dieu rendroit existant une seconde fois l'individu x : mais notre esprit conçoit-il mieux comment Dieu rend existant une première fois ce même individu ? J'adhère & j'acquiesce à cette dernière vérité incompréhensible ; parce qu'elle est fondée sur des raisons solides qui la rendent certaine & incontestable : pourquoi n'ac-

---

(*) En parlant ici des Protestants, nous en exceptons les Luthériens, qui admettant la présence réelle dans l'actuelle manducation de l'Eucharistie, admettent conséquemment avec les Catholiques, le dogme de la Reproduction.

quiescerois-je pas à la première vérité incompréhensible, si des raisons solides la rendent également incontestable & certaine ?

439. OBJECTION VI. Ne pourroit-on pas dire que le Corps de Jesus Christ est dans l'Eucharistie, comme un arbre est dans le germe qui le produit ? Cette explication ingénieuse seroit propre à concilier de la manière la plus satisfaisante, la Raison avec la Foi, le système de Descartes avec le dogme de la présence réelle dans l'Eucharistie.

REPONSE. Cette explication, ingénieuse en apparence, est très-défectueuse & très-fausse dans le fond. Car il s'ensuivroit de cette explication, que le Corps de Jesus-Christ dans l'Eucharistie, n'est pas le même Corps qui fut autrefois immolé sur le Calvaire, & qui jouit maintenant de la gloire divine dans le Ciel. Comme l'arbre dans son germe, n'est point la même chose que l'arbre formé & développé hors de son germe. Adopter une telle explication, ce seroit vouloir renverser le dogme de l'Eucharistie, en faisant semblant de vouloir le rapprocher de la raison.

440. REMARQUE. L'explication que nous venons de réfuter, a beaucoup de rapport & de ressemblance avec une autre explication que donnent sur l'Eucharistie quelques Carthésiens, déterminés à concilier leur système avec les principes de la foi qu'il renverse. Les auteurs de l'explication dont nous parlons, divisent les principes ou les constitutifs d'un corps, *en matière essentielle*, que l'on fait consister dans ces parties inamissibles & inaliénables, dont un corps ne peut être dépouillé sans cesser d'être; & *en matière accidentelle*, que l'on fait consister dans ces parties accessoires & adventices, qui surajoutées aux parties essentielles par le moyen des pores & des canaux où elles s'insinuent, les enflent, les dilatent, les portent à leur développement & à leur accroissement naturel. Le Corps de Jesus-Christ dans l'Eucharistie, disent-ils, ne conserve que la matière essentielle qui le composoit sur l'arbre de la Croix; & c'est par là que sans compénétration, ce Corps adorable, dépouillé de tous ses constitutifs accidentels, se réduit à un volume d'une petitesse inconcevable. Cette explication a plusieurs vices, qu'il suffira d'indiquer pour la détruire.

1°. Il est assez difficile de fixer & de déterminer, ce que c'est que ces parties essentielles d'un corps. Quelques Carthésiens veulent que la matière essentielle du corps humain, consiste dans la glande-pinéale, où Descartes place le siége de l'ame; d'autres en plus grand nombre appellent matière essentielle du corps humain, un certain tissu subtil & délié de fibres organiques, qui fait comme la trame ou le canevas du corps humain, & qui s'enfle & se développe par le suc nourricier des aliments. Ils apellent parties intégrantes, celles qui sont formées par ce suc nourricier.

II°. Cette matière essentielle du Corps de Jesus-Christ, quelle qu'elle soit, dépouillée & séparée de toute la matière accidentelle du même Corps, formeroit encore évidemment une masse & un volume, qui excéderoient de beaucoup en grandeur, une petite parcelle sensible d'Hostie consacrée : donc il est faux de dire que le Corps de Jesus-Christ soit dans cette parcelle d'Hostie consacrée, par la simple soustraction de la matière accidentelle du Corps de Jesus-Christ.

III°. Le Corps de Jesus-Christ, réduit à ce qu'ils appellent la matière essentielle d'un corps humain, & dépouillé de ce qu'ils appellent la matière accidentelle d'un corps humain, seroit-il le même Corps que celui qui fut immolé sur la Croix, & qui est maintenant dans le Ciel assis à la droite du Pere céleste ? Il est évident que non : Donc cette explication, qui ne s'accorde point avec le dogme de l'Eucharistie, & qui n'est appuyée sur aucun solide fondement, doit être absolument rejettée & proscrite.

442. OBJECTION VIII. Il y auroit une explication bien simple & bien naturelle à donner sur le Sacrement de l'Eucharistie ; explication qui, sans déroger à la vérité du dogme de la présence réelle, feroit évanouir les mystéres révoltants de la compénétration & de la reproduction, qui n'en sont que des conséquences. Ne pourroit-on pas dire 1°. Que Jesus-Christ en instituant l'Eucharistie, la veille de sa mort, fit miraculeusement par la vertu de sa parole, ce qu'il eût fait naturellement par l'action intérieure & méchanique de son Corps ; ou que Jesus-Christ, par la vertu miraculeuse de sa parole, convertit le pain & le vin en son Corps & en son Sang, de la même manière qu'il eût converti ce même pain & ce même vin en sa propre substance, par l'action intérieure de son Corps, appliqué à ce pain & à ce vin devenus son aliment ? Ne pourroit-on pas dire II°, que les paroles sacramentelles prononcées par les Prêtres qui représentent la Personne de l'Homme-Dieu, opérent encore aujourd'hui par miracle, ce qu'opérerent alors par miracle les paroles de l'Homme-Dieu ? Dans cette double hypothése évidemment possible, sans altérer le dogme de la transsubstantation & de la présence réelle, on conserve à la matière sa triple dimension déterminée : puisque la matière transsubstantiée au Corps de l'Homme-Dieu, n'est pas tout le Corps de l'Homme-Dieu ; mais simplement une portion de ce corps adorable, telle que cette matiere eut été, si l'homme Dieu eût mangé ce même pain & bu ce même vin sur lesquels ont été prononcées les paroles sacramentelles.

REPONSE. Cette explication, ingénieuse & séduisante en apparence, ne peut nullement être adoptée, pour plusieurs raisons:

1°. Selon le dogme catholique, dans l'Eucharistie il ne reste rien de la substance du pain & du vin, laquelle, aux accidents près, est toute convertie au Corps & au Sang de Jesus-Christ, par une vraie *transsubstantiation*: Selon cette hypothése au contraire, dans l'Eucharistie reste toute la substance du pain & du vin, laquelle n'est changée au Corps de Jesus-Christ que par une simple *transformation*.

II°. Selon le dogme catholique, le Corps eucharistique de Jesus-Christ, est identiquement le même Corps qui fut immolé sur la Croix : Selon cette hypothése au contraire, le Corps eucharistique de Jesus-Christ, ou ne seroit rien du Corps immolé sur la Croix, ou ne seroit qu'une portion comme infiniment petite de ce Corps adorable.

III°. Comme on ne pourroit pas dire, sans abuser des termes & des idées, qu'une legére quantité de pain & de vin, qui dans moi, par l'action interne de la fermentation & de la digestion, se convertit actuellement en ma substance, est vraiment & réellement & simplement mon Corps : de même on ne peut pas dire, sans abuser évidemment des termes & des idées, sans renverser de fond en comble le dogme exprimé par ces termes & ces idées, qu'une legére quantité de pain & de vin, miraculeusement convertie en une égale quantité du Corps de Jesus-Christ, soit vraiment & réellement & simplement le Corps de Jesus-Christ. Donc ce dernier subterfuge des Cartésiens, ne concilie point leur systême avec le dogme catholique ; ne garantit point leur systême

443. OBJECTION IX. Assurer qu'on ne connoît point l'essence de la Matière, c'est fournir des armes au Matérialisme : car si nous ne connoissons pas l'essence de la matière, il s'ensuit que nous ne pouvons pas assurer que notre ame ne soit pas matière.

RÉPONSE. Pour assurer qu'une chose n'est pas une autre chose, il n'est pas absolument nécessaire de connoître l'essence de ces deux choses : Il suffit de connoître dans l'une de ces deux choses, une propriété qui soit inséparable de l'une & incompatible avec l'autre. Telle est *l'Etendue impénétrable*, qui, quoique variable, convient inséparablement à la matière ; & qui ne peut jamais convenir à l'esprit. Telle est aussi *l'Intellectivité*, qui caractérise indivisiblement l'esprit & qui ne peut jamais convenir à la matière. Donc sans connoître l'essence de l'esprit & de la matière, nous avons des signes caractéristiques qui nous font infailliblement discerner l'un de l'autre.

444. OBJECTION X. Admettre une étendue réelle dans le Corps Eucharistique de Jesus-Christ, c'est contredire la plûpart des Saints Peres & des Docteurs catholiques, qui ont écrit sur cette matière. Car, selon ces Saints Peres, selon ces Docteurs, selon presque touts les Catéchismes catholiques ; I°. le Corps de Jesus-Christ existe dans l'Eucharistie à la manière des esprits : donc il y existe sans aucune étendue. II°. Le Corps de Jesus-Christ est tout entier dans chaque partie de l'Hostie : donc le Corps de Jesus-Christ n'a aucune étendue dans l'Hostie ; puisque s'il y avoit une étendue réelle, chaque partie de l'Hostie auroit précisément, de ce Corps adorable, la portion d'étendue qui lui répond déterminément, & non la portion d'étendue qui répond déterminément à une autre partie de la même Hostie.

RÉPONSE. En enseignant que le Corps de Jesus-Christ existe dans l'Eucharistie à la manière des esprits, les Saints Peres, les Docteurs, les Catéchismes n'ont jamais prétendu & n'ont jamais pu prétendre qu'on dût prendre leurs expressions dans toute l'étendue & dans toute la rigueur des termes. Touts les êtres ont une manière spécifique d'exister, qui leur est aussi propre & aussi inaliénable que leur essence même. Comme il répugne qu'un esprit existe entièrement & en toute rigueur à la manière des corps, il répugne aussi qu'un corps existe entièrement & en toute rigueur à la manière des esprits : donc ces expressions des Saints Peres & des Docteurs catholiques, doivent nécessairement être entendues avec quelques modifications.

I°. En quel sens le Corps de Jesus-Christ existe-t'il dans l'Eucharistie, à la manière des esprits ? Le voici : Une des propriétés des esprits, c'est d'exister dans un lieu, sans exclure de ce lieu ou un autre esprit ou un autre corps : or telle est la manière dont le Corps de Jesus-Christ existe dans l'Eucharistie, où un nombre immense d'éléments de ce Corps adorable, compénétrés entr'eux, existent miraculeusement & ineffablement dans le même espace, sans s'exclure les uns les autres de l'espace qu'ils occupent en entier.

II°. Est-il décidé en point de foi, que le Corps de Jesus-Christ soit tout entier dans chaque partie de l'Hostie ? Séparons ce qui est de foi, de ce qui ne l'est point. C'est un article de foi, que le Corps de Jesus-Christ est tout entier dans une parcelle sensible d'hostie consacrée, après que cette parcelle a été divisée & séparée de l'Hostie ; *separatione factâ* : mais ce n'est point un article de foi, que le Corps de Jesus-Christ soit tout entier dans chaque partie de l'Hostie, avant la division

& la séparation. Une Hostie étant divisible en un nombre infini de parties, si le Corps de Jesus-Christ étoit tout entier dans chaque partie, il s'ensuivroit que le Corps de Jesus-Christ seroit une infinité de fois tout entier dans une seule & même Hostie : ce qui seroit multiplier les miracles sans utilité & sans raison ; & telle n'est point la manière d'agir de l'Etre infiniment sage.

III°. Le Corps de Jesus-Christ est tout entier dans une Hostie isolée, grande ou petite. Et comme l'essence du Sacrement est d'être un signe sensible, il s'ensuit que dès qu'une Hostie cesse d'être sensible, elle cesse de contenir le Corps de Jesus-Christ. Mais quelque petite que soit une Hostie sensible, elle a une étendue capable de répondre à une étendue réelle de la part du Corps de Jesus-Christ : donc sans altérer aucun principe de la foi, on peut attribuer une étendue réelle au Corps eucharistique de Jesus-Christ, sçavoir l'étendue ou l'espace auquel les espèces sacramentelles répondent.

IV°. Quand on divise une Hostie consacrée, après la division faite, le Corps de Jesus-Christ, qui étoit tout entier dans la totalité de l'Hostie entière, est tout entier dans la totalité de chaque portion de l'Hostie divisée. Il ne s'ensuit pas de là que la division soit une nouvelle Consécration : il s'ensuit simplement que cette division est une condition, laquelle étant posée, le Corps de Jesus-Christ, en vertu de la Consécration unique faite sur l'Hostie totale, se trouve tout entier dans les deux parties de l'Hostie divisée.

SECTION SECONDE.
LA SENSIBILITÉ DE LA MATIÈRE.

445. Nous appellerons *Sensibilité de la Matière*, ce par quoi la Matière nous est rendue sensible : soit que ce soit quelque chose d'intrinsèque, soit que ce soit quelque chose d'extrinsèque, à la Matière. La qualité sensible de la Matière, ou ce par quoi la matière est rendue sensible, semble d'abord n'être point quelque chose de distingué de la matière. Cependant une matière peut exister, sans être sensible ; & la qualité sensible d'une matière peut exister, sans que cette matière existe : comme il conste par la vérité incontestable du dogme de l'Eucharistie, où la substance du Corps de Jesus-Christ existe sans sa qualité sensible, & où la qualité sensible du pain & du vin existe sans la substance du pain & du vin. Donc la Matière, & la sensibilité de la matière, ne sont point une seule & même chose.

446. Les *Accidents* de la matière ou des corps, se divisent en accidents modaux & en accidents absolus.

I°. On appelle *accidents modaux*, les différentes modifications ou les différentes manières d'être d'une substance, lesquelles ne peuvent ni exister, ni être conçues, que dans la substance qu'elles modifient. Telles sont dans un pain non consacré, la figure du pain, la couleur du pain, la saveur du pain, l'ubication du pain ; qui, en tant que modifications du pain, n'existent & ne peuvent exister sans le pain, ne se conçoivent & ne peuvent se concevoir que dans le pain. (18)

II°. On appelle *Accidents absolus*, les Espèces ou aparences eucharistiques

ristiques, qui existent sans la substance du pain, & hors de la substance du pain ; quelle que soit la nature de ces espèces ou apparences, sur laquelle la foi ne nous apprend rien, & sur laquelle elle laisse conjecturer & disputer les Philosophes Catholiques.

III°. Il y a cette différence essentielle entre les accidents modaux & les accidents absolus ; sçavoir, que les accidents modaux sont un *État réel & physique*, ou une manière d'être réelle & physique, de la chose qu'ils modifient & à laquelle ils sont inhérents ; au lieu que les accidents absolus ne sont qu'un *État apparent*, ou une manière d'être apparente, de la chose qu'ils semblent modifier intrinséquement, & qu'ils ne modifient pas réellement en elle-même. La figure d'une Hostie non consacrée, en tant qu'accident modal, est la manière dont cette Hostie est réellement & intrinséquement terminée en elle-même & dans toutes ses faces : La figure de la même Hostie, en tant qu'accident absolu, est la manière dont cette Hostie paroit à mes yeux terminée dans toutes ses faces, soit qu'elle soit ainsi réellement terminée en elle-même, soit qu'elle ne le soit pas, ou qu'elle ne le soit qu'en apparence.

446. ASSERTION. *On ne peut se dispenser d'admettre des Accidents absolus, quelle que soit leur nature.*

DÉMONSTRATION. La Foi, c'est-à-dire un Oracle indéfectible & infaillible, nous atteste & nous apprend que la substance du pain n'existe point dans une Hostie consacrée. La Foi nous atteste, & l'expérience nous démontre, que les accidents sensibles du pain restent dans une Hostie consacrée ; ou que dans l'Eucharistie restent les mêmes espèces, ou les mêmes apparences sensibles, que nous y appercevrions, si la substance du pain y étoit existante. Donc quelle que soit la nature des accidents absolus, il est sûr & incontestable qu'il y a des accidents absolus, ou des apparences d'une substance sans l'existence de cette même substance. C. Q. F. D.

447. REMARQUE. S'il est facile d'établir & de démontrer l'existence des accidents absolus, il n'est pas également facile d'en saisir & d'en déterminer la nature. Nous allons exposer & examiner les différents sentiments des Philosophes sur cet objet.

SYSTÈMES SUR LES ACCIDENTS ABSOLUS.

448. SENTIMENT I. Quelques Philosophes prétendent que tout ce qu'on nomme accidents absolus dans l'Eucharistie, (sçavoir la couleur, la saveur, la figure, l'étendue, l'ubication.) c'est autant d'accidents modaux miraculeusement séparés de leur sujet, ou de la substance qu'ils doivent naturellement modifier.

449. ASSERTION. *Les Espèces eucharistiques ne sont point des Accidents modaux, séparés de leur sujet, ou existants sans leur sujet.*

DÉMONSTRATION. Les accidents modaux, comme nous l'avons expliqué & établi dans le premier traité de cet ouvrage, (18) ou sont des *Entités* qui exigent essentiellement d'être inhérentes à leur sujet, ou ne sont que de simples *Rapports* de la substance modifiée, lesquels rapports ne disent point un être distingué de la substance modifiée. Dans l'un & dans l'autre système, les accidents modaux ne peuvent point, pas même par miracle, exister sans la substance modifiée : donc les Espèces eucharistiques, qui existent sans la substance du pain & du vin, ne sont point des accidens modaux du pain

V.

& du vin, miraculeusement séparés de leur sujet ou de la substance du pain & du vin. C. Q. F. D.

450. SENTIMENT II. D'autres Philosophes admettent un seul & unique Accident absolu, à qui ils donnent le nom de *quantité radicale*, ou *de quantité interne* ; & ils veulent que cet accident absolu, ou cette quantité radicale, soit le sujet auquel sont essentiellement inhérents tous les autres accidents qu'ils nomment accidents modaux. Ainsi dans cette opinion, les accidents modaux du pain naturel, par exemple, n'ont point pour sujet immédiat la substance du pain ; où ne sont point immédiatement inhérents à la substance du pain : Le sujet immédiat des accidents modaux du pain, c'est la quantité radicale du pain ; & cette quantité radicale du pain, a pour sujet immédiat, la substance du pain, de laquelle elle est séparable par miracle. Dans l'Eucharistie, Dieu, par un miracle de sa toute-puissance, après avoir détruit la substance du pain, conserve la quantité radicale du pain, & tous les accidents de couleur, de saveur, de figure, de gravitation, inhérents à cette quantité radicale du pain : & avant le miracle, comme après le miracle, les accidents modaux du pain se trouvent immédiatement inhérents à cette quantité radicale du pain. On peut dire la même chose du vin : Avant & après la Consécration, les accidents modaux du vin sont immédiatement inhérents à la quantité radicale du vin ; & cette quantité radicale du vin a pour sujet immédiat, la substance du vin, de laquelle un miracle peut la séparer.

451. ASSERTION. *Les Espèces eucharistiques ne sont point des Accidents modaux, inhérents à la quantité radicale du pain & du vin.*

DÉMONSTRATION. On ne doit point admettre sur les Espèces eucharistiques, un sentiment bizarre qui ne tend & n'aboutit qu'à donner sans aucun fondement, à une chose obscure une explication plus obscure encore : or tel est le sentiment que nous rejettons. Car interrogeons quelque antique zélateur de cette opinion surannée, le plus sensé & le plus éclairé de sa secte, s'il est possible : suivons-le de près, & forçons-le à attacher des idées aux mots, & des objets aux idées. Ami, qu'entendez-vous par quantité interne, ou radicale du pain & du vin, laquelle n'est ni le pain, ni le vin ? Quel objet se présente à votre esprit, quand vous prononcez ou que vous entendez ces mots, *quantité interne*, *quantité radicale* du pain & du vin ? 1°. Est-ce la dernière superficie de chaque élément du pain & du vin ? Mais cette dernière superficie est de la substance du pain & du vin ; c'est la substance du pain & du vin qui aboutit jusqu'à tels points de l'espace, & qui cesse & finit à ces points de l'espace. II°. Est-ce l'espace même, où est le pain & le vin ? Mais cet espace existoit avant les accidents du pain & du vin, & il existe encore après les accidents du pain & du vin : cet espace n'est donc rien du pain & du vin. III°. Est-ce quelque qualité occulte du pain & du vin, résidante dans ces corps, sensible dans ces corps, & séparable de ces corps ? Mais, ami, la saine Philosophie a enfin victorieusement proscrit & exterminé ces misérables rêveries, qu'enfanta stupidement dans des siècles d'ignorance & de barbarie, le génie gothique ou arabesque ; & elle n'admet & ne reconnoît plus dans les divers corps, que la seule matière différenciée par ses modifications de figure & de mouvement. IV°. Qu'est-ce donc qu'on entend & qu'on doit entendre par cette quantité radicale? Rien, rien du tout ; un mot vuide de sens, que l'ignorance adopte mystérieusement, sans lui attacher aucune idée & aucun objet. Donc cette quantité radicale doit être bannie du sol Philosophique. C. Q. F. D.

452. *SENTIMENT III.* Le Minime Magnan, l'un des Êtres pensants du dernier siécle, & l'un des restaurateurs de la Philosophie, a donné sur les Espèces eucharistiques un sentiment plus raisonnable & plus ingénieux, s'il n'est pas plus vrai. Ce Philosophe reconnoit qu'après la Consécration du pain & du vin, il reste dans l'Eucharistie les mêmes espèces, ou les mêmes apparences, ou les mêmes accidents : car ces trois mots sont parfaitement synonimes. Mais il prétend que ces espèces Eucharistiques ne sont précisément que *l'Action de Dieu*, qui fait miraculeusement dans nos organes les mêmes impressions & les mêmes sensations, que produiroient dans ces mêmes organes le pain & le vin non transsubstantiés au Corps de Jésus-Christ. Selon Magnan, avant la Consécration, c'est le pain lui-même qui cause & produit en nous les sensations relatives à ce pain : après la Consécration, c'est Dieu seul qui cause & produit en nous, par lui-même, les mêmes sensations relatives à ce pain qui n'est plus. Ce systême ingénieux a besoin d'un développement que nous allons lui donner, développement qui le vengera, ou qui le mettra à l'abri des clameurs qu'il a excitées contre lui dans l'École.

PROPOSITION.

453. *Dans le systême de Magnan, on peut dire qu'après la Consécration, l'Hostie consacrée a la même sensibilité qu'elle avoit avant la Consécration.*

DÉMONSTRATION. Qu'est-ce que la Sensibilité des corps? C'est de cette théorie que dépend & que doit découler la démonstration présente. Voici donc quelques Lemmes qui vont développer & établir cette théorie générale, dont la proposition à démontrer ne sera plus qu'une application ou un corollaire.

I°. Il est évident que la *Sensibilité* d'un corps, consiste dans l'*Aptitude* qu'il a d'exciter ou de faire naître quelque sensation : donc par tout où est la même aptitude, là est la même sensibilité.

II°. Il est sûr & constant qu'aucun corps n'a par lui-même cette aptitude ou cette vertu d'exciter & de faire naître des sensations : donc cette *Aptitude* ou cette vertu consiste dans une *Loi libre* du Créateur, qui a voulu que la présence d'un tel corps fût l'occasion de telles sensations qu'il produit en nous par lui-même. (93)

III°. Dans l'hypothése où Dieu est l'unique cause efficiente de tout mouvement, hypothése qui est évidemment la plus vraisemblable, s'il n'est pas rigoureusement démontré qu'elle soit la seule vraie ; (330) la *Sensibilité des corps*, ou la loi en vertu de laquelle les corps sont sensibles, revient & se réduit à ceci ; sçavoir, que *Dieu veut*, à l'occasion d'un corps présent, imprimer un tel mouvement à nos organes.

IV°. La sensibilité du pain, avant le miracle de la transsubstantiation, consiste donc en ce que, conséquemment à la loi générale par lui établie, Dieu veut à l'occasion du pain existant & présent, imprimer un tel mouvement à nos organes : lequel mouvement de nos organes sera ensuite en nous la cause occasionnelle de la sensation intérieure & mentale.

V ij

V°. Après le miracle de la transsubstantiation, reste la même volonté, ou le même décret, ou la même loi du Créateur, en vertu de laquelle il veut, à l'occasion du Corps de Jesus-Christ existant & présent dans l'Eucharistie, imprimer à nos organes le même mouvement qu'il leur imprimoit à l'occasion du pain présent & existant en sa propre substance.

RÉSULTAT. La sensibilité des corps *est leur Aptitude* à faire naître des sensations : cette aptitude *est la loi ou la volonté du Créateur*, d'imprimer tels mouvements à nos organes, à l'occasion de tels corps existants & présens : Cette loi ou cette volonté du Créateur *est la même & produit les mêmes effets*, relativement à l'Hostie consacrée ou non consacrée : Donc l'Hostie consacrée ou non consacrée *a réellement la même sensibilité*, quoique l'occasion de cette sensibilité (sçavoir, la substance du Corps de Jesus-Christ dans le premier cas, & la substance du pain dans le second cas) soit entièrement différente. Donc on peut dire qu'après le miracle de la transsubstantiation, il y a dans l'Eucharistie la même sensibilité, qu'avant le miracle de la transsubstantiation. C. Q. F. D.

454. *COROLLAIRE*. Il suit de cette théorie, que *la Sensibilité générale* des corps, quels qu'ils soient, consiste dans *la loi générale* par laquelle le Créateur a résolu de toute éternité, de produire par lui-même dans les corps organisés tels mouvements & telles sensations, toutes les fois que tels corps seroient, ou présens à ces organes, ou appliqués à ces organes : ce qui n'empêche pas que le Créateur ne puisse quelquefois par miracle, produire ces mêmes sensations organiques, sans l'occasion & la présence de ces corps.

455. *REMARQUE*. Le sentiment de Magnan ainsi développé & réformé mérite quelques réflexions. I°. Ce sentiment est un sentiment évidemment ingénieux : puisqu'il explique d'une manière très-simple & très-philosophique, une chose fort obscure en elle-même ; sçavoir, les espèces eucharistiques. II°. Ce sentiment n'a rien de contraire au dogme de l'Eucharistie: puisqu'il ne déroge en rien à la réalité & à la dignité de la présence réelle du Corps de Jesus-Christ dans cet adorable Sacrement. III°. Ce sentiment doit être regardé, non comme une vérité certaine à laquelle il faille s'attacher ; mais simplement comme une opinion satisfaisante qu'on peut vraisemblablement adopter. Il est démontré que la chose peut être ainsi : mais est-elle ainsi réellement ? c'est ce qu'aucune preuve démonstrative ne constate. IV°. Il s'ensuit de là, qu'on n'a pas encore démonstrativement découvert en quoi consiste la nature des Espèces eucharistiques : puisque, quelque vraisemblance que puisse avoir ce sentiment de Magnan, il y a loin souvent de la vraisemblance à la vérité.

OBJECTIONS A RÉFUTER.

456. OBJECTION I. Le Concile de Constance a anathématisé cette proposition de Wiclef ; *dans l'Eucharistie les Accidents ne demeurent point sans sujet* : donc la contradictoire de cette proposition est une proposition de foi ; donc c'est un article de foi que *dans l'Eucharistie les Accidents demeurent sans sujet*. Mais s'il est vrai qu'il y a

dans l'Euchariſtie des Accidents exiſtants ſans ſujet, n'eſt-il pas naturel de penſer que ces accidents ſont, & quelque choſe de permanent en ſoi, & quelque choſe de diſtingué de l'action de Dieu? Comment donc concilier la déciſion du Concile de Conſtance, déciſion adoptée par l'Egliſe univerſelle, avec la doctrine de Magnan?

RÉPONSE. Wiclef ſoutenoit, entr'autres erreurs, que la ſubſtance du pain & du vin demeure dans l'Euchariſtie, après la Conſécration ; & pour le prouver, il raiſonnoit ainſi : Les accidents du pain & du vin ne demeurent point ſans leur ſujet, qui eſt la ſubſtance du pain & du vin ; or dans l'Euchariſtie, après la Conſécration, les accidents du pain & du vin demeurent ; donc après la Conſécration les accidents du pain & du vin demeurent adhérents à leur ſujet ou à la ſubſtance du pain & du vin : donc dans l'Euchariſtie, après la Conſécration, reſte & demeure la ſubſtance du pain & du vin. Telle eſt la doctrine qu'a anathématiſé & foudroyé avec raiſon le Concile de Conſtance.

En quel ſens a donc été condamnée la propoſition de Wiclef, qu'on objecte contre le ſentiment de Magnan ? Elle a été condamnée dans le ſens de Wiclef, dans le ſens où elle détruit le dogme de la tranſſubſtantiation : mais elle n'a point été condamnée dans le ſens des Philoſophes catholiques, qui admettant une vraie & entière tranſſubſtantation, s'efforcent d'expliquer philoſophiquement la nature des accidents euchariſtiques. Il eſt décidé que les accidents euchariſtiques ne ſont point adhérents à la ſubſtance du pain & du vin : mais il n'eſt point décidé que les accidents euchariſtiques ſoient quelque choſe de permanent en ſoi & de diſtingué de l'action de Dieu. L'Egliſe, toujours ſage dans ſes déciſions, foudroye impitoyablement les ſacriléges principes de l'orgueilleuſe Héréſie, qui ſappe le dogme ; & ne touche point aux explications reſpectueuſes de la ſaine Philoſophie, qui révére le dogme en s'efforçant de le concilier avec la raiſon. Ainſi la déciſion du Concile de Conſtance, qui anathématiſe la doctrine de Wiclef, ne regarde en rien la doctrine de Magnan.

457. OBJECTION II. Il eſt de l'eſſence de tout Sacrement, d'être un ſigne ſenſible : caractére que l'Euchariſtie, dans le ſyſtême de Magnan, n'auroit point d'une manière permanente ; puiſqu'elle ne ſeroit Sacrement ou ſigne ſenſible, qu'autant que l'action de Dieu produiroit actuellement des ſenſations ſur quelque ſujet : ce qui n'a point lieu en mille circonſtances ; par exemple, quand l'Hoſtie conſacrée eſt renfermée dans le ſaint Ciboire.

RÉPONSE. I°. Dans le ſyſtême de Magnan, le Sacrement de l'Euchariſtie eſt toujours un ſigne ſenſible : puiſqu'à l'occaſion d'une Hoſtie conſacrée & préſente, nous éprouvons toujours des ſenſations relatives à cette Hoſtie. II°. Il eſt ſûr que le Sacrement de l'Euchariſtie, comme tous les autres Sacrements, doit être un ſigne ſenſible : mais ce Sacrement doit-il être ſenſible en ſoi? & comment doit-il être ſenſible en ſoi ? C'eſt ce que l'Égliſe n'a jamais décidé. III°. Dans le ſyſtême de Magnan, tel que nous l'avons expliqué & développé, le Sacrement de l'Euchariſtie eſt ſenſible en ſoi : puiſque l'Hoſtie, par exemple, après le miracle de la tranſſubſtantiation, a préciſément la même ſenſibilité qu'elle avoit avant le miracle de la tranſſubſtantiation. IV°.

Quand le St. Ciboire est fermé, l'action de Dieu, relativement aux Hosties dont elle fait la sensibilité, cesse-t-elle totalement? Non; puisque Dieu continue de faire persévéramment dans ce Ciboire plein d'Hosties consacrées, tout ce qu'il y feroit si ces Hosties n'étoient pas consacrées. L'action de Dieu conserve à ces Hosties consacrées & renfermées, leur même figure, leur même saveur, leur même volume, leur même gravitation; c'est toute leur sensibilité: donc dans le système de Magnan, quand le saint Ciboire est fermé, les Hosties consacrées qu'il renferme, ne cessent pas d'être sensibles.

458. OBJECTION III. Selon le système de Magnan, il n'y a rien de miraculeux dans la permanence des espèces eucharistiques: puisque c'est toujours la même action de Dieu qui rend sensibles ces Hosties, après comme avant la Consécration. Avant la Consécration il n'y avoit point de miracle relativement à la sensibilité de ces Hosties: donc après la Consécration, il n'y a point non plus de miracle relativement à la sensibilité de ces mêmes Hosties.

RÉPONSE. I°. Le miracle est une interruption des loix constantes de la nature : donc il y a un miracle toutes les fois qu'il y a une interruption de ces loix. II°. C'est une loi constante, que Dieu ne produise point en nous les sensations du pain, sans la réalité & la présence du pain ; & que Dieu ne conserve point & la figure & la saveur & la couleur & la gravitation du pain, sans que la substance du pain existe. Dieu fait tout cela à l'occasion d'une Hostie consacrée, où il n'y a point de pain : donc il y a un vrai miracle, & un miracle permanent, dans la conservation des accidents ou des espèces eucharistiques.

Avant la Transsubstantiation, la substance du pain, la lumière réfléchie à la rencontre de cette substance du pain, l'impression organique faite sur les fibres de notre œil à l'occasion de cette lumière réfléchie ; voilà toutes les causes occasionnelles de la vision mentale relative à cette Hostie non consacrée. Après la Transsubstantiation, la lumière réfléchie par miracle, l'impression ou la sensation organique faite sur les fibres de notre œil à l'occasion de cette lumière réfléchie ; voilà toutes les causes occasionnelles de la vision mentale relative à cette Hostie consacrée. On peut dire la même chose des sensations du goût, du tact, de l'ouïe, & de l'odorat.

Les autres qualités ou propriétés de la Matière, dont la connoissance dépend, en tout ou en partie, du rapport des sens, n'ont rien de commun avec la Métaphysique. Objet de la Physique & des Mathématiques, elles sont la matière d'un autre Ouvrage.

On peut voir par cet Essai sur la Métaphysique, que cette Mer immense, semée d'écueils & d'abymes, est plus facile & plus navigable qu'on l'imagine. On ne s'y perd, que quand on y vogue sans Carte & sans Boussole.

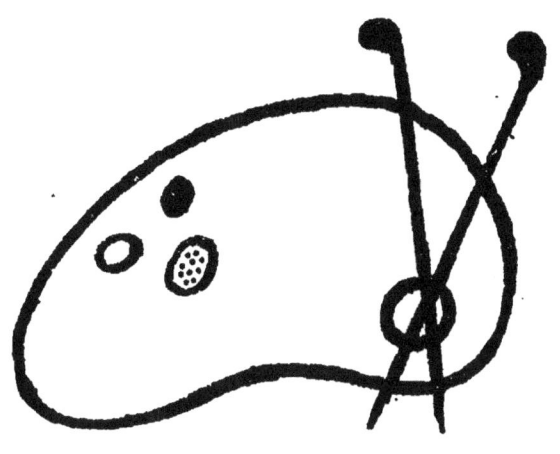

Original en couleur

NF Z 43-120-8

www.ingramcontent.com/pod-product-compliance
Lightning Source LLC
Chambersburg PA
CBHW071524160426
43196CB00010B/1644